Tempos modernos

João Paulo dos Reis Velloso

memórias do desenvolvimento

ORGANIZADORES

Maria Celina D'Araujo e Celso Castro

Tempos modernos

João Paulo dos Reis Velloso

memórias do desenvolvimento

FGV
EDITORA

ISBN — 85-225-0491-1

Direitos desta edição reservados à
EDITORA FGV
Praia de Botafogo, 190 — 14º andar
22250-900 — Rio de Janeiro, RJ — Brasil
Tels.: 0800-21-7777 — 21-2559-5543
Fax: 21-2559-5532
e-mail: editora@fgv.br
web site: www.editora.fgv.br

Impresso no Brasil / *Printed in Brazil*

1ª edição — 2004

Revisão de Originais: Claudia Martinelli Gama

Editoração Eletrônica: FA Editoração Eletrônica

Revisão: Fatima Caroni e Mauro Pinto de Faria

Capa: Adriana Moreno

Foto de Capa: Reis Velloso ministra a aula inaugural de 1968 na UFRGS, em que rebate a tese de Herman Khan, do Hudson Institute, no livro *The year 2000.*

Ficha catalográfica elaborada pela Biblioteca
Mario Henrique Simonsen/FGV

Tempos modernos: João Paulo dos Reis Velloso, memórias do desenvolvimento / Organizadores Maria Celina D'Araujo e Celso Castro. — Rio de Janeiro : Editora FGV, 2004.
388 p. : il.

Inclui caderno de fotos, bibliografia, índice onomástico e de instituições.

1. Velloso, João Paulo dos Reis, 1931- . 2. Brasil — Política e governo. I. D'Araujo, Maria Celina. II. Castro, Celso, 1963- . III. Fundação Getulio Vargas.

CDD — 923.281

Às mulheres de minha vida: Izabel, "amá-la é um privilégio", Ana Paula e Xuxa. E Maria Lúcia também.

Aos homens da minha vida: Felipe, João Marcos, João Paulinho, Ricardo Augusto (in memoriam). *E Assis também.*

Ao clã Velloso, tutti buona gente.

Ao Zózimo, in memoriam. *"Oi, rapaz!"*

Sumário

Apresentação

Este livro traz a história de vida do ex-ministro do Planejamento João Paulo dos Reis Velloso. Trata-se de mais um resultado das atividades de pesquisa do Centro de Pesquisa e Documentação de História Contemporânea do Brasil (Cpdoc) da Fundação Getulio Vargas, dedicadas à compreensão do processo de modernização e crise do Estado brasileiro na segunda metade do século XX. De maneira direta, complementa aspectos importantes abordados na entrevista que fizemos com o ex-presidente Ernesto Geisel, publicada em 1997.* No arquivo pessoal de Geisel, doado ao Cpdoc após sua morte, há pouquíssimos documentos referentes ao Ministério do Planejamento, o que tornava a realização desta entrevista ainda mais necessária.**

O livro associa-se a uma linha de pesquisa iniciada em 1991 que teve como objetivo central registrar a memória de personagens que ocuparam posições importantes durante o regime militar. Para além desta linha de pesquisa, coordenada pelos organizadores do livro, devemos registrar que o Cpdoc manteve, ao longo de sua trajetória, outras áreas de pesquisa convergentes com a temática desta entrevista e os assuntos nela abordados. Podemos citar, entre tantos outros, pesquisas, já finalizadas, sobre o Banco Central, o Itamarati e a Petrobras, assim como o projeto sobre a memória do Instituto de Pesquisa Econômica Aplicada (Ipea), em andamento.

---

* D'ARAUJO, Maria Celina; CASTRO, Celso (Orgs.). *Ernesto Geisel.* Rio de Janeiro: FGV, 1997.

** Sobre o arquivo, ver: CASTRO, Celso; D'ARAUJO, Maria Celina (Orgs.). *Dossiê Geisel.* Rio de Janeiro: FGV, 2002.

Fizemos um total de 39 horas de gravação, em 11 sessões realizadas entre 20 de dezembro de 2002 e julho de 2003. Uma sessão complementar foi efetuada em 26 de março de 2004. As conversas ocorreram nas instalações do Instituto Nacional de Altos Estudos (Inae), no Centro do Rio, em meio à vasta biblioteca e aos arquivos pessoais do ministro. Após a transcrição, editamos o material em capítulos, suprimindo repetições, e o entrevistado fez uma revisão final do texto, acrescentando informações ou esclarecendo algumas passagens. O resultado atendeu às nossas expectativas: produzir um documento histórico que ajudará analistas e pesquisadores a entender melhor as duas décadas de regime militar em que o país cresceu muito em poucos anos, ao mesmo tempo em que suprimia liberdades públicas e individuais. O livro mostra tensões dentro do regime, mas também a convicção de vários técnicos e políticos da época sobre o futuro do Brasil: um país destinado a crescer economicamente, sem limites para sua expansão, a não ser os entraves políticos que o autoritarismo se encarregaria de expurgar.

Ponto forte do livro é a maneira como são narrados a ação desenvolvimentista do Estado no Brasil e o esgotamento do modelo de substituição de importações, modelo esse que o ministro questiona. Além de ser mais uma fonte para a compreensão da política econômica do regime militar, este depoimento cobre boa parte da história econômica brasileira a partir dos anos 1930, focalizando prioritariamente uma atividade central para os rumos do moderno Estado brasileiro: o planejamento.

Paralelamente, acompanha-se a trajetória intelectual de Reis Velloso, seus livros e filmes preferidos, a formação religiosa, a paixão pelo cinema e pelos "descobridores" e "revisores" da história do Brasil.

Agradecemos a colaboração de Clodomir Oliveira Gomes, nosso técnico de som, dos assistentes de pesquisa Leonardo Paz Neves e Marisa Schincariol de Mello, bem como de Maria Amélia Martins, responsável pela transcrição de toda a entrevista.

Rio de Janeiro, junho de 2004

Maria Celina D'Araujo
Celso Castro

Capítulo 1

Tempos de Piauí, cinema e livros

MINISTRO, COMECEMOS PELA INFÂNCIA, SUA FAMÍLIA...

A primeira recordação que tenho da vida é a do momento em que nasci. Nasci em 12 de julho de 1931, em Parnaíba, no Piauí, em torno do meio-dia. Chorava, porque recebera a primeira palmada, dada pelo médico assistente, que depois veio a ser meu padrinho de batismo. Enquanto isso, meu irmão mais velho, Francisquinho, corria na areia quente em frente a nossa casa, tentando ver um avião que passava, um avião da Condor, com 12 motores.

Claro que preciso explicar como me lembro do meu nascimento. Obviamente, não me vi nascer. É que minha mãe repetiu tantas vezes essa história, que me ficou na memória, como se a tivesse presenciado. A segunda coisa a explicar é a presença do avião com 12 motores. Quando contava às pessoas, todas diziam que não havia esse tipo de avião. Só que, nos anos 1970, fui ao gabinete do ministro da Aeronáutica e, quando entrei, vi a foto de um avião do Sindicato Condor Ltda., com 12 motores. Era verdade, existia o avião do qual minha mãe e meu irmão tanto falavam.

O avião desceu em Parnaíba e causou espécie. Mas vamos entender uma coisa: minha família não morava em Parnaíba. Morava numa pequena cidade, com não mais de 300 habitantes, chamada Buriti dos Lopes, a cerca de 50km de Parnaíba. Não sei realmente por que razão meus pais estavam em Parnaíba quando nasci. Um outro irmão, Antônio Augusto, também nasceu lá.

Nasci em uma casa em frente à praça do mercado público de Parnaíba. A casa tinha um sol pintado no muro externo, um anúncio de fósforo de segurança, qualquer coisa assim.

Seus pais mudavam-se para Parnaíba para os filhos nascerem, depois voltavam para Buriti dos Lopes?

Não. Isso ocorreu apenas por ocasião do meu nascimento e o do meu irmão Antônio Augusto, mas desconheço a razão. Meu irmão mais velho nasceu em Buriti dos Lopes e a minha irmã Maria Augusta, que tem dois anos menos do que eu, também.

Vocês eram quatro?

Digamos que na primeira fornada, sim. Doze anos depois de mim, começou a segunda fornada: minha irmã Geysa e depois meu irmão Raul, hoje economista, especialista em contas públicas, 13 anos mais moço do que eu. Éramos seis, quatro homens e duas mulheres. Mas, durante a minha infância, éramos quatro: três homens e uma mulher. Da mesma forma que eram quatro os filhos da minha tia Eunice, em cuja casa morávamos em Buriti dos Lopes. Meu pai era o telegrafista local e o marido dela, tio Natanael, o tabelião, com um nível de renda muito superior ao nosso. A casa deles era um desses sobradões de cidade de interior, lembra até *Sobrados e mocambos*, do Gilberto Freyre.[1] Tinha pelo menos uns 15 quartos e, atrás, um sítio que não tinha fim.

Tenho lembranças de coisas que devem ter acontecido quando eu tinha dois ou três anos. Guardo bem o primeiro escândalo a que assisti: a empregada de confiança da minha tia ficou grávida de um homem da minha família. O mais grave para mim é que eu, naquela idade, achava que só podia ter filho quem fosse casado. Comecei a querer entender como Joana tivera um filho com um cara com quem não era casada. O escândalo foi resolvido em família, Joana continuou trabalhando na casa de minha tia, onde criou o filho, e a vida seguiu. Outra recordação da época é que papai tinha fama de ser o único marido fiel à mulher, em Buriti. A verdade é que papai era apaixonado por mamãe.

Quais são as lembranças de seu pai?

Meu pai foi apaixonado por minha mãe a vida inteira, mesmo depois que ela faleceu, em 1948, aos 38 anos. Eu tinha 17 anos. Meu pai nasceu em 1900, minha

---

[1] FREYRE, Gilberto. *Sobrados e mocambos*. 1. ed. Rio de Janeiro: José Olympio, 1936.

mãe exatamente 10 anos depois, em 1910. Ele morreu com 94 anos, ainda estava bem aos 92, mas nunca mais casou. E tinha a característica de ter muito bom senso. Nunca se deslumbrou. Pouco depois de eu ter assumido o Ministério do Planejamento, um amigo foi falar com ele: "Seu filho agora é ministro e dizem que está se saindo bem." A resposta dele: "Não está fazendo mais do que a obrigação."

Seus pais também eram de Buriti dos Lopes?

Não, minha mãe nasceu em Floriano, meu pai em Valença, duas cidades ao sul do Piauí. Quando casaram, foram morar em Buriti, não sei se dentro de uma política de transferência de pessoal dos Correios e Telégrafos, ou se por uma possível vontade de meu pai de querer viver fora do clima das duas famílias, a dele e a de minha mãe.

O senhor conviveu com seus avós?

Não, exceto com minha avó materna, Isolina. O meu avô materno e os meus avós paternos já haviam falecido quando nasci.

Qual era a ocupação dos seus avós?

Não tenho idéia. Conheci o segundo marido da minha avó Isolina, que era, possivelmente, libanês, José Tajra. Só que, no Piauí, libanês, árabe, tudo se chamava turco. Mas, de avós, como disse, só convivi com minha avó Isolina, que não morava em Parnaíba, morava em Teresina e, eventualmente, ia a Parnaíba.

Seus pais contavam histórias da infância deles?

Não me recordo de nada nesse sentido. Tanto que não faço idéia de como seja Valença nem Floriano. Passei pelo aeroporto de Floriano uma vez, era uma cabana e só.

Seu pai era telegrafista, um emprego de classe média. Além disso, era uma distinção ser funcionário público.

Até certo ponto, porque ele era o mais antigo funcionário dos Correios e Telégrafos da cidade, foi chefe ou gerente da agência e, mesmo depois que deixou de ser gerente, era a pessoa a quem os comerciantes e industriais de Parnaíba se dirigiam para resolver os assuntos, por causa da antigüidade, da experiência. Ele nunca saiu de lá, enquanto os outros gerentes chegavam e saíam.

E QUANTO À SUA MÃE? COMO ERA ELA?

Mamãe era, falando objetivamente, uma mulher bem-dotada. Tinha um ateliê de costura, como fazia questão de dizer. Não se dizia costureira. Copiava muito bem os modelos de vestidos de figurinos franceses e do Rio de Janeiro. Além disso, fazia pintura convencional, paisagens em geral, um pouco em aquarela, mas principalmente a óleo.

Ela me ensinou a pintar, só que eu pintava muito pior do que ela. E durante muitos anos havia um quadro meu na sala que me envergonhava. Não sei se minha mãe era boa pintora, mas eu pintava muito mal. Nem sei onde andam suas pinturas, mas sei que desenhava bem.

Era bonita, loura, só que havia um segredo: na verdade, tinha os cabelos castanho-claros. Eu era o único a conhecer o segredo, porque ela me ensinara e era eu quem fazia a mistura vegetal de macela, ou seja, de camomila, que ela passava no cabelo para clarear. Para a população da cidade, era loura. E lia muito, por isso todos os filhos também aprenderam a gostar de ler.

Lia principalmente de noite, porque trabalhava o dia todo, tinha o ateliê com várias auxiliares e freqüentemente ainda trabalhava à noite, até umas 8h, quando meu pai estava de plantão nos telégrafos. Ou esperava meu pai lendo. Lembro-me de acordar, assim, meia-noite, e ver mamãe com um livro na mão.

Lia de tudo, sem muita orientação. Lia desde Elinor Glyn, autora de *It*, que resultou no filme famoso, do mesmo nome, do fim dos anos 1920, até Alberto Moravia, nos anos 1940. Havia um clube do livro que enviava uma revista mensalmente. Eu recebia a revista e ela escolhia os livros que queria. Meu irmão e eu também.

HAVIA BIBLIOTECA NA CIDADE?

Havia, mas nunca fui lá. Lia os livros da minha mãe, ou das amigas dela, e os que nós comprávamos.

E SOBRE ESPORTES?

Joguei muito futebol quando criança e uma lembrança forte do Piauí tem a ver exatamente com isso. Para mim, é como se fosse a primeira Copa do Mundo. Quando ainda morávamos em Buriti dos Lopes, houve um jogo entre a seleção de Buriti e a de Parnaíba. Nos primeiros 15 minutos, o jogo estava indefinido, talvez porque o campo fosse muito pequeno e os jogadores de Parnaíba não tinham se adaptado a ele. Nessa altura do jogo, o Salomão, atacante da seleção de Parnaíba, pediu ao goleiro que lhe passasse a bola na porta do gol de Parnaíba e ninguém entendeu aquilo. Só que ele deu um chute e fez um gol contra Buriti dos Lopes no outro extremo do campo. Isso desmoralizou a seleção de Buriti e, a partir daí, foi uma goleada: Parnaíba fez tantos gols quantos quis.

E música? Havia em casa?

Não na minha infância. Mas, na verdade, isso é uma traição. O nome completo do Raul é Raul Wagner dos Reis Velloso. Minha mãe devia ter uma grande admiração por Wagner, devia ter lido a respeito, embora eu não saiba se alguma vez o ouviu.

Quando cheguei aos 15, 16 anos, tivemos em casa a nossa primeira eletrola, como se chamava à época, e formei uma pequena discoteca: valsas vienenses de Johann Strauss, um pouco de MPB, boleros e outros ritmos.

Um belo dia, comprei o *long-play* de *O cavaleiro da rosa*, de Richard Strauss, mais por causa do sobrenome. Foi o meu primeiro disco de música clássica e, em se tratando de Richard Strauss, custei a me acostumar.

E sobre as relações com a vizinhança durante a infância, como eram?

Enquanto fui criança, minha família mesmo eram meus pais, que eu adorava, e meus três irmãos. A família de meus pais estava longe, no sul do estado. Primos eram esses de Buriti. De vez em quando, havia um tio, um dos irmãos de minha mãe que moravam em São Luís ou em Teresina, que aparecia lá, visita rápida. Fui a Teresina pela primeira vez já adulto, quando resolvi morar no Rio de Janeiro, ou seja, em 1951.

Quando a gente foi morar em Parnaíba, em 1936 ou 1937, comecei a perceber a importância que a rua Visconde de Itaboraí, rua sem calçamento, onde morávamos, no número 570, tinha para a família e, particularmente, para mim. Foi importante em dois sentidos: primeiro, fazia a ligação da rua Grande, que o Getúlio obrigou a se chamar avenida Presidente Vargas, na época do Estado Novo, com o maior bairro pobre da cidade, o da Coroa, que ficava a duas quadras e ia até a margem do rio. E em outro sentido, por causa, principalmente, dos meus anos de vadiagem. Terminei cedo o primário, com nove anos e meio, e fiquei até os 11 sem estudar, um ano e meio de vadiagem. Aliás, quando terminei o primeiro ano primário, tive uma discussão com papai porque achava que, depois de ter estudado um ano, tinha direito a férias também de um ano. E custei a ser convencido de que o sistema era de nove meses de aula e três de férias, dois no início do ano e um em julho. Achava injusto, mas voltemos à minha vadiagem.

A rua era o meu elemento, eu era de fato moleque de rua, jogávamos futebol todos os dias e, às vezes, jogávamos o dia todo. Tínhamos um time: o Bequinho. Isto porque a rua transversal à nossa era um beco só. Nossa rua era um microcosmo, havia o pedreiro, que morava ao lado da nossa casa, um negro. O filho dele, também negro, era um dos meus maiores amigos e, em frente, morava o dono da nossa casa e de várias casas da rua, o seu Justino Vieira, um português. De modo que havia gente de todas as cores, de todos os níveis sociais e econômicos. Uma pequena rua em que todo o meu mundo de infância e juventude aconteceu. Era cinema, futebol, histórias em quadrinhos, praia, livros. Por sinal, tínhamos o nosso próprio cinema. O projetor era uma caixa de cartolina, dentro da qual pusemos uma lâmpada, com uma lente na frente. O filme era uma tira formada com uma sucessão de cenas de filmes verdadeiros – sobras de filmes que conseguíamos dando uns trocados ao operador do Cine Éden, que fazia os consertos nos filmes. Acendíamos a lâmpada, colocávamos os pedaços de filmes logo atrás da lente e a imagem, naturalmente ruim, era projetada na parede, mas para nós era o máximo.

Quanto às leituras, eram, evidentemente, livros bem diferentes daqueles que minha mãe lia, porque eram livros de ação. Lia histórias em quadrinhos e criava verdadeiros mitos. Li tudo de Conan Doyle, *Sherlock Holmes*. Li os livros e vi filmes como *O cão dos Baskervilles*.

A curiosidade intelectual começou cedo.

Foi nessa ocasião, aliás, acho que com uns 10 anos, que escrevi o meu primeiro livro, uma mistura de Flash Gordon, Príncipe Valente e Tarzan, obras dos três maiores desenhistas de histórias em quadrinhos, respectivamente: Alex Raymond, Harold Foster e Burne Hogarth. Aquelas figuras eram mitos e até havia uma noção de romance, porque para mim a grande heroína de todos os tempos era Aleta, a rainha das ilhas Nevoentas, mulher do Príncipe Valente.

O livro que escrevi era uma aventura interplanetária, só que o herói tinha muito do Tarzan desenhado pelo Hogarth, que eu considerava o melhor desenhista. Mas o personagem estava mais para Flash Gordon, embora fisicamente lembrasse Tarzan.

Fiz o livro sozinho, só meu irmão mais velho sabia. Chamava-se *Sombras da derrota*. Evidentemente eu escrevia em caixa-alta, para poder ser lido. E eu mesmo dei um jeito de encaderná-lo. Acho que ainda existe, metido em uma de minhas gavetas. E, em meio a isso, ia ao cinema, que era o mais importante de tudo. Ia ao cinema com meu irmão, Francisquinho, dois anos e meio mais velho. Depois os outros dois irmãos se incorporaram.

A QUE TIPO DE FILMES O SENHOR ASSISTIA?

Tudo, tudo. Íamos ao cinema umas três vezes por semana. Tínhamos um "permanente" no Cineteatro Éden, que era do Miguel Carcamano. Carcamano lá no Piauí não é italiano, é turco, é árabe. O filme mudava três vezes por semana, e nós assistíamos de graça.

Tínhamos um "permanente", uma gratuidade, porque, na verdade, a minha família tinha um *status* social mais elevado do que o *status* econômico. O *status* econômico era definido pelos vencimentos de meu pai como telegrafista e pelo que minha mãe podia ganhar com a sua costura. Mas, pela personalidade dos dois, a gente tinha um *status* social mais elevado. Quer dizer, meu pai se comunicava de você para você com os principais industriais e comerciantes.

Parnaíba, entre 1940 e 1945, era uma cidade importante, porque era a grande exportadora dos óleos vegetais e da cera de carnaúba das indústrias extrativas do interior do Piauí e do Maranhão. Quando terminei o ginásio, fui logo trabalhar na principal empresa de Parnaíba, Moraes S.A., maior exportadora de cera de carnaúba do Brasil – essa cera era material de guerra muito importante e era exportada principalmente para os Estados Unidos. Eu redigia toda a correspondência do setor de exportação e o interessante é que as cartas que nós recebíamos do exterior vinham para "Parnaíba, norte do Brasil", e não "Parnaíba, Piauí". Trabalhei nessa empresa desde que terminei o ginásio até pouco antes de vir para o Rio de Janeiro, em 1951.

Voltando ao cinema, assistíamos a qualquer gênero de filme, era o que passava. Mas tínhamos nossas preferências: *western*, policial, filme de ação, de mistério, suspense, aventuras. Cinema e leitura estavam integrados. Cinema, história em quadrinhos e livros, tudo era parte do gosto da ação pela ação, o que a gente realmente gostava.

Seu pai tinha algum tipo de atuação política?

Nenhuma, tinha aversão à política, como em geral as pessoas da faixa de idade dele tinham. Mas, como disse, ele tinha prestígio e foi graças à sua interferência que fui fazer o ginásio. Porque, quando terminei meu período de vadiagem, passei a ter diante de mim duas opções: trabalhar como carteiro – eu estava com 11 anos – ou fazer o Ginásio São Luís Gonzaga, que nós chamávamos de instituto, porque anteriormente era Instituto São Luís Gonzaga. Ele fez um acordo com o secretário da prefeitura: se eu tirasse o primeiro lugar no exame de admissão para o São Luís, teria uma bolsa da prefeitura, a única bolsa que a prefeitura dava. Foi assim que pude fazer o ginásio, porque o São Luís era pago. Depois do ginásio, fiz um curso técnico de comércio na Escola Técnica do Comércio União Caixeiral, da associação dos lojistas. Fiz três anos desse curso, porque não havia ensino médio em Parnaíba. Acabou que fiz o resto dos meus estudos sempre trabalhando.

Seus irmãos estudaram onde?

Todos no São Luís, porque havia o Ginásio Parnaibano, que era público, mas era de qualidade muito inferior.

E a escola primária?

Fiz o primeiro ano, alfabetizei-me num grupo escolar, público, mas depois fui para um excelente colégio particular, a escola de d. Maria Luísa Bastos. Lá adquiri uma boa base, principalmente em matemática e português. A escola permitia que eu fizesse o curso primário no ritmo que eu apresentasse com relação ao que era ensinado. Fiz o segundo e o terceiro anos num ano só e não adiantou nada porque, como já disse, fiquei na vadiagem um ano e meio, sem estudar, indo ao cinema.

No cinema, o senhor tinha atores preferidos?

Não particularmente. Mas me apaixonei por uma atriz, minha primeira paixão. Foi quando assisti – devia ter 10, 11 anos – a *Romeu e Julieta*, dirigido pelo George Cukor, com Leslie Howard e a Norma Shearer. Eu me apaixonei por ela, passei dois dias completamente apaixonado...

O Romeu do filme, Leslie Howard, depois fez o marido da Olivia de Havilland em *...E o vento levou*. Era um ator inglês excelente que fez *Pigmaleão*, baseado na peça do Shaw. Todo mundo diz que ele e a Norma Shearer eram muito velhos para o papel, mas eu não achei nada disso: achei que estavam muito bem, passei dois dias pensando nela... Nunca vi uma mulher tão bonita. Era um pouquinho vesga, mas nem percebi isso na época. Depois, revendo os filmes dela, é que comecei a observar esse detalhe.

NÃO HAVIA LIMITE DE IDADE, O SENHOR ASSISTIA A QUALQUER FILME QUE CHEGASSE À CIDADE?

Qualquer um. Na verdade, o cinema daquela época era semiconvencional. O não convencional eram os filmes de gângster de fins dos anos 1930, a que a gente também assistia. Vi todos os filmes do James Cagney e vi *Scarface* com Paul Muni. Vi também *O inimigo público número um* e *Anjos de cara suja*, também com James Cagney. Mas um dia, por acaso, minha mãe foi com meu pai ver um episódio qualquer do seriado *Sombra* e saiu de lá horrorizada: "Como é que vocês assistem a esses filmes? São muito violentos, estão de castigo, 15 dias sem ir ao cinema." Ao fim dos 15 dias, falamos com ela: "Mamãe, podemos ir ao cinema?" E ela: "Podem." Só que era outro episódio do *Sombra*, continuação do que tínhamos assistido, de modo que não perdemos nada.

Não creio que a violência desses filmes fosse muito prejudicial, era bastante gratuita, exceto, repito, nos filmes de gângster. Os filmes de gângster eram mais realistas e aí, sim, a gente pode discutir a influência deles sobre mentes de oito, 10 anos.

Hoje, em matéria de cinema, Izabel e eu somos mais seletivos. Eu prefiro drama e acho que ela também. Raramente há tragédia no cinema e a comédia precisa ser muito inteligente. Na infância adorava comédia, vimos tudo que passou do Chaplin em Parnaíba. *Tempos modernos* vi todas as vezes que passou lá. O filme ficava em cartaz três, quatro dias, e eu ia todos os dias. Também vi *Luzes da cidade* e tudo de Buster Keaton e Harold Lloyd. Eram os poucos filmes mudos que ainda passavam. Eram filmes exclusivamente americanos.

Os filmes europeus surgiram em Parnaíba depois da guerra, em outro cinema, e, pelo seu realismo, foram um escândalo para mim. Vi *Le diable au corps*, do Claude Autant-Lara, que em português se chamou *A adúltera*. Não me esqueço de *Fabiola*, um filme de Alessandro Blasetti, de 1951, com a Michèle Morgan, sobre os primeiros tempos do cristianismo, quando os cristãos ainda se escondiam em catacumbas para celebrar seus ritos. O que me escandalizou no filme, vejam bem, foram as cenas do Coliseu, quando apareciam as cristãs para serem devoradas por leões. Elas estavam com o peito descoberto, eu nunca tinha visto aquilo e fiquei chocado. Estava acostumado com a fase mais bem-comportadinha do cinema americano.

EM TERMOS DE LAZER, ALÉM DE CINEMA, FUTEBOL, O SENHOR MENCIONOU QUE IA À PRAIA.

Sim, porque Parnaíba fica a 13km do litoral. O litoral do Piauí é o menor dos estados do Brasil, mas um dos mais bonitos. Nós nunca íamos à praia convencional, que era a de Luís Correia, uma pequena cidade. Íamos a duas praias que ficavam afastadas de Luís Correia, uma à direita, chamada praia do Coqueiro, onde minha família freqüentemente passava as férias, e outra, a que a gente ia mais raramente, porque era mais complicado para chegar, mas que para mim era a preferida: a praia da Pedra do Sal, na ilha Grande de Santa Isabel, onde havia um farol. Era a única ilha que conhecíamos do delta do Parnaíba, não sei bem por que razão, talvez por questão de transporte. Depois fiquei apaixonado pelo delta do Parnaíba, são 70 ilhas, algumas delas belíssimas, como a do Caju, que hoje tem um albergue para turismo ecológico e que lembra os Everglades, da Flórida.

SUA FAMÍLIA AINDA É LIGADA ÀS COISAS DO PIAUÍ?

Até hoje, felizmente, minha família gosta de ir ao Piauí. Falo da família atual, nós dois e os cinco filhos, entre "os seus, os meus, os nossos". Dois, Xuxa e Felipe, do primeiro casamento da Izabel; dois do meu primeiro casamento – depois, apenas um porque o mais velho, Ricardo Augusto, morreu num acidente de automóvel no Nordeste, com 19 anos. Hoje, do meu primeiro casamento, há o João Paulo Filho, que chamamos de João Paulinho, e dois do nosso casamento, Ana Paula e João Marcos. Ela tem 26 anos, é cardiologista, e ele, com 22, estuda marketing e faz estágio na Bradesco Seguros. Quer dizer, já tenho um filho de 44 anos e o meu mais velho teria 46, se fosse vivo. Há ainda a Maria Lúcia, filha do meu irmão mais velho, que nasceu duas semanas depois de ele ter falecido num desastre de avião e a quem trato como filha. E o Assis, irmão dela.

O senhor era muito apegado aos seus irmãos, não?

Meus irmãos e eu mantivemos a percepção de que o que caracterizava os Vellosos era a idéia do clã, a solidariedade em quaisquer circunstâncias. Isso continua até hoje, felizmente. Embora, naquela época, quando ainda era a primeira fornada de quatro, nós brigássemos como o diabo. Lembro de uma vez que saí correndo atrás da minha irmã Maria Augusta, porque ela quebrou uns bonecos de cera de abelha que eu havia feito. Saí correndo atrás dela com uma vara e gritei: "Eu te mato, Garrincha." Garrincha é gralha, para mim, a coisa mais feia que podia haver.

Eu sabia muito palavrão, mas não dizia porque minha mãe não deixava. Todos os palavrões que aprendi na vida, aprendi entre os seis e 10 anos, na barbearia do Pedro, um desses tipos locais que se encontram em toda cidade do interior. Nós íamos lá cortar o cabelo e ficavam os adultos conversando, dizendo palavrão, contando safadeza. Tudo que sei de safadeza, palavrão, aprendi nessa faixa de idade, na barbearia. E havia também um homossexual, que a garotada chamava o *Macaco V8*. Havia, acho, um carro da Ford que tinha um "V" e um "8" que era considerado um símbolo de indecência. Saíamos correndo atrás dele: "Macaco V8!" E ele gritava: "Seu filho disso, seu filho daquilo!", saía correndo atrás da gente e nós desaparecíamos. Quando vim para o Rio, dizia que só havia um homossexual em Parnaíba, o *Macaco V8*. Claro, devia haver mais, mas era tudo enrustido.

Há uma coisa misteriosa que ocorreu comigo quando tinha uns 12 anos e estudava no São Luís. A aula de educação física era muito cedo, às 6h da manhã. Saía de casa ainda escuro, voltava, às vezes, também ainda meio escuro, e havia um cara que ficava me acompanhando. Eu ia, ele me acompanhava, voltava, ele me acompanhava. Até hoje não sei quem era. Nunca se aproximou de mim, nunca disse uma palavra. Mas ficava em frente de casa até papai ou mamãe aparecerem, aí fazia de conta que estava ali por acaso e sumia. Nunca contei nada para meus pais. Era um homem pardo. Nunca entendi. Será que era homossexual?

O senhor ia fazer ginástica onde?

No próprio Ginásio São Luís, que ficava perto da estrada de ferro, no fim da avenida Presidente Vargas. Isso significava umas oito quadras lá de casa e, depois, ficou ainda mais distante, no início da Nova Parnaíba.

O SENHOR IA FAZER GINÁSTICA, VOLTAVA PARA CASA E DEPOIS RETORNAVA AO COLÉGIO? ERA ISSO?

Sim, tomava banho, trocava de roupa e voltava.

O SENHOR COMENTOU QUE A SUA MÃE MORREU NOVA, COM 38 ANOS.

No dia da morte, meu irmão mais moço, Raul, passou o dia brincando e eu ficava olhando. Houve uma hora em que falei: "Você sabe que a mamãe morreu?" E ele disse: "Sei." E continuou brincando. Devia ter quatro anos. Que idéia podia ter da morte?

Gosto de falar nos meus mortos. E talvez o que mais me influencie até hoje seja a mamãe. Ela morreu da forma mais incrível, estúpida. Operou-se de um fibroma no útero, com o melhor cirurgião de Parnaíba, que era o nosso médico. Parecia uma operação comum, mas houve um problema de rejeição da anestesia, que era feita com clorofórmio naquele tempo. Droga fortíssima, hoje não se pode nem admitir. Teve uma rejeição e ficou vomitando durante sete dias, até ter um colapso cardíaco. Uma semana depois da operação, meu pai vem em casa, pega a mim, ao Francisquinho, leva-nos ao hospital, a Santa Casa, e diz: "Sua mãe morreu."

Entre meus mortos, ela é especial. Particularmente porque foi ela quem me fez pensar em ir além de Parnaíba. Um dia, eu devia ter de 16 para 17 anos, me chamou para conversar. Ela me via metido em muitas atividades de que ela e meu pai não gostavam, embora eu ainda não tivesse atividade política propriamente dita. Mas me envolvia em atividades intelectuais, Associação Parnaibana de Letras, Ação Católica e coisas assim. E, em certa medida, com política. Eu falava muito de política, embora não praticasse. Só militei mesmo em 1950, dois anos depois de ela morrer.

Não sei exatamente o que a preocupava em minhas atividades, mas sei que nesse dia ela disse: "Por que você não se prepara para sair de Parnaíba?" Quer dizer, era uma mãe sugerindo ao filho para partir. A essa altura, eu já era o mais velho em casa, porque o meu irmão tinha ido morar em Teresina, tinha sido transferido no trabalho. Ele trabalhava na mesma empresa que eu, a Moraes S.A. Quando perguntei: "Sair de Parnaíba para onde?", ela disse: "Acho que você não deve ir para Recife nem para Belo Horizonte." Geralmente, os piauienses gostavam de ir para uma dessas duas cidades, porque era uma coisa intermediária em relação ao Rio de Janeiro, que era a Cidade Maravilhosa, mas, ao mesmo tempo, a cidade do perigo, em todos os sentidos, inclusive moral, "a cidade perdida". Ela disse: "Você tem de ir para o Rio de

Janeiro porque é onde estão as melhores escolas. Você tem de estudar, fazer curso superior lá." Fiquei com aquilo na cabeça e, realmente, dois anos depois, fiz exatamente o que ela queria.

O senhor vivia na rua, jogando bola, brincando. Os seus amigos pobres freqüentavam sua casa?

Sim, todos nós entrávamos na casa de todos. Não sei se era assim na casa do seu Justino, dono da casa onde morávamos e de várias outras casas na mesma rua. Ele residia em uma casa grande, com muro, portão e cachorro, em frente à nossa. Falei aqui da igualdade, falta de preconceito racial, da democracia social da minha rua, mas lá também havia a história dos mais iguais. Às vezes eu jantava na casa do seu Justino, ele abria uma garrafa de vinho e só ele tomava: nem a mulher nem os filhos nem eu. Eu não me preocupava com a mulher dele nem com os filhos, mas por que eu não podia tomar aquele vinho?

Como era a atmosfera da sua casa? Era um ambiente austero, informal? A família almoçava e jantava junta?

Almoçávamos em casa, juntos. Mesmo quando eu já trabalhava, vinha almoçar em casa com meu pai e a família. Mas era uma coisa informal. A teoria do meu pai era a de que a comida devia ser o suficiente, mas não podia faltar. Não era preciso se vestir muito bem, mas comida tinha de ser à vontade. O ambiente era muito informal, embora meu pai fosse um homem de aplicar disciplina de acordo com os padrões da época. Ele gostava de dar umas palmadas na gente de vez em quando. Minha mãe, não. Minha mãe só puxava a orelha. Uma vez, puxei a orelha do meu filho mais novo e ele ficou superchateado, supermagoado e pediu: "Ah, meu pai, não puxe mais minha orelha." Acho que tinha sete, oito anos. Depois disso, nunca mais puxei a orelha dele. Quer dizer, castiguei de outras formas. Às vezes, acho que teria sido melhor para ele se eu lhe tivesse puxado mais a orelha...

Sua família era religiosa?

Era, no sentido brasileiro. Éramos católicos, papai levava a gente à missa todo domingo, missa de 5h da manhã, já pensou? Tínhamos que acordar às 4h, 4h30min! Ia à igreja de forma convencional até chegar aos 12 anos, quando tive uma espécie de crise religiosa e me "converti" ao catolicismo. Ou seja, adquiri consciência de religião. Por quê? Até então, eu era feliz e sabia. A gente vivia bem, eu gostava do papai, da mamãe, de meus irmãos, tinha os amigos, grandes amigos, e, como disse, alguns deles negros. O Hilário, filho do pedreiro, que morava ao lado de nossa casa, era negro e outros eram pardos, porque, na vida de moleque de rua, cada um está por conta dos seus próprios recursos, então todos são iguais.

Mas voltando, nessa época eu me considerava feliz e, de repente, comecei a achar que não estava bem, que não estava feliz comigo mesmo. Verifiquei que estava fazendo coisas que me tiravam a felicidade e que tinham implicações morais. Tinha uns amigos de quem até hoje gosto, guardo boas recordações, mas havia duas coisas que me criavam problemas na amizade com eles. Eu ia muito à casa de um deles, porque gostava de ficar olhando para a irmã mais velha, que namorava um *playboy*, de quem eu tinha muita raiva. Todo mundo pensava que eu estava interessado na irmã mais moça, mas não era, era na mais velha. Tinha três anos a mais do que eu e três anos, naquele tempo, eram um abismo. De modo que perdia muito tempo, anteriormente dedicado a ler, a estudar.

A segunda coisa que me incomodou era que ficávamos horas e horas nos bancos da praça Santo Antônio, a segunda praça mais importante de Parnaíba, conversando e, às vezes, como eles eram mais "avançados" do que eu em certos assuntos masculinos, contavam histórias escabrosas que me incomodavam. Um dia me peguei perguntando: "*Peraí*, o que é a minha religião?" E concluí: "Não é nada. Religião para mim não tem significado, não tem conseqüências, vou à missa porque meu pai e minha mãe dizem para ir, meu pai me leva." Comecei a pensar, a ler sobre religião e a freqüentar a casa do professor José Rodrigues, diretor do Ginásio São Luís, um líder católico, que virou meu guru.

Um parêntese para explicar por que havia, naquele tempo, um colégio tão bom numa cidade como Parnaíba. Um dos irmãos da família Moraes, o sr. Osias, no final dos anos 1930, achou que Parnaíba precisava ter um colégio muito bom para seus filhos e contratou professores do Ceará, vários deles ex-seminaristas como esse professor José Rodrigues. Assim surgiu o Instituto, depois Ginásio São Luís, realmente de boa qualidade. Se pensarmos nas principais matérias, matemática e português, vemos que era um bom colégio, mesmo comparado com os melhores de hoje do Rio de Janeiro.

Comecei a freqüentar a casa do José Rodrigues, fiquei amigo dele e de sua mulher, d. Bernadete, que ele chamava de Berninha, e dos filhos, que eram muito jovens. Os filhos são hoje muito amigos nossos, mas naquela época eram garotos para mim. Ficava na varanda da casa desse professor a conversar horas e horas, à noite. Às vezes, vinha também o Cipriano, um líder operário, de uma organização católica, creio que da Irmandade de São Vicente de Paulo. E eu a perguntar sobre religião e a discutir com ele. Comecei a ler Alceu Amoroso Lima, padre Leonel Franca, Jacques Maritain, *Humanismo integral*.[2] Gustavo Corção li depois e Jackson de Figueiredo não lia na época porque não gostava, achava o livro dele chato. Era um livro de correspondência[3] e até hoje acho livros de correspondência de escritores um negócio chato. Mas eu o admirava, apesar de saber que era de direita. Li depois outros livros dele e gostei, *Pascal e a inquietação moderna*.[4] Na ocasião, fiz o que era certo, lia muito *sobre* os autores e os temas de filósofos e teólogos. Eu tinha um colega do Ginásio São Luís que começou a querer ler os próprios autores, Santo Tomás, Spinoza, Platão e Aristóteles, e deu um nó na cabeça. Eu lia os livros de introdução à filosofia ou de história da filosofia, por exemplo. Nunca fui muito de teologia, porque religião, até hoje para mim, é uma coisa voltada para a vida, para valores, é uma relação de amor. Comecei a ver que minha religião, o cristianismo, tinha valores humanistas. De modo que aquilo que acho estar certo, pelo que vem do iluminismo modernizado, como na versão do Rouanet,[5] está na minha religião e fico com a vantagem de dar um fundamento mais profundo aos meus valores humanistas, um fundamento religioso.

Além do professor José Rodrigues, outras pessoas influenciaram a sua formação religiosa?

Ia à casa desse professor quase todos os dias. Aos poucos, ele foi se tornando meu guru e me apresentou ao José Bonifácio, advogado do Banco do Brasil em Parnaíba, da sua faixa de idade, e que havia sido líder católico em Fortaleza. Eles me orientaram nas leituras religiosas. Outros professores do ginásio também foram muito importantes na minha formação. Além do José Rodrigues, que era professor de

---

[2] MARITAIN, Jacques. *Humanismo integral*. 1. ed. São Paulo: Companhia Editora Nacional, 1945.

[3] LIMA, Alceu Amoroso; FIGUEIREDO, Jackson de. *Correspondência: harmonia dos contrastes (1919-1928)*. Rio de Janeiro: Academia Brasileira de Letras, 1991/92.

[4] FIGUEIREDO, Jackson de. *Pascal e a inquietação moderna*. Rio de Janeiro: Anuário do Brasil, 1922.

[5] ROUANET, Paulo Sérgio. *As razões do iluminismo*. São Paulo: Cia. das Letras, 1987.

português, havia o José Rebouças, meu professor de português no admissão e que era um filólogo. Diziam que falava oito línguas. Muitos anos depois, li livros seus de filologia. Só que caí na tolice de lhe pedir livros emprestados e ele me emprestou dois. Arrependi-me da graça. Um foi *A vida de Shelley*, do André Maurois.[6] A coisa que mais guardei do Shelley é que andava nu em casa. E o outro foi *Ciropédia*, de Xenofonte, quer dizer, a educação de Ciro, um catatau de 700 páginas, que só consegui ler até a metade. Fiquei pensando como o professor José Rebouças me indicara *Ciropédia*, que interesse tinha eu na educação do Ciro? Sabia quem era Ciro porque estudei em história da civilização. Mas não percebi que ele queria era que eu entendesse os valores da educação de Ciro como se fossem uma paidéia.

Havia o outro professor, Custódio, de ciências. Não que eu tenha aprendido muito de ciências com ele, mas porque ele falava no grêmio do colégio e sempre apresentava os mitos gregos. Pela primeira vez ouvi falar na história de Édipo, que me impressionou muito. O professor de matemática, padre Davi, muito bom nessa área, era uma figura peculiar: usava um relógio de bolso, tipo cebolão, só com o ponteiro das horas.

Havia também as professoras, que me prenderam muito pelo afeto. Uma delas, Maria do Carmo, que me alfabetizou, foi minha professora de francês no terceiro ano ginasial. Era irmã do padre que foi propriamente meu guia religioso em matéria de confissão e sacramentos, o padre Antônio, na verdade monsenhor, muito inteligente. Ele tentou me pôr na cabeça que eu tinha vocação para o sacerdócio. E pensava: "Eu, eu que me apaixonei pela Norma Shearer, não tenho vocação nenhuma, nunca tive." Ele dizia isso porque via que eu tinha convicção religiosa.

Da reflexão sobre a religião o senhor passa à análise sobre o Brasil, é isso?

Meus dois gurus, José Rodrigues e José Bonifácio, me levaram para um terreno que se tornou muito importante na minha formação, o dos intérpretes do Brasil, daquilo que na época chamávamos de realidade brasileira, o debate sobre "país real, país ideal". Li muitos dos grandes intérpretes do Brasil, a começar por Euclides da Cunha, Vicente Licínio Cardoso, Gilberto Freyre. Dos três clássicos dos anos 1930, só li na época Gilberto Freyre, mas depois li os outros dois: Caio Prado Júnior e

---

[6] MAUROIS, André. *A vida de Shelley*. São Paulo: Companhia Editora Nacional, 1957.

Sérgio Buarque de Holanda. Caio Prado, naturalmente, com *Formação do Brasil contemporâneo*[7] e Sérgio Buarque com *Raízes do Brasil*.[8] Li um pouco de Oliveira Viana, de Pandiá Calógeras, de Tavares Bastos. De Alberto Torres, li *Organização nacional*,[9] mas não li Azevedo Amaral. Mais tarde, naturalmente, li o Raimundo Faoro, *Os donos do poder*.[10]

De Euclides, achava que tinha realmente desmascarado a República Velha. Isso foi, aliás, título de uma das manchetes de um suplemento especial de *O Estado de S. Paulo*, quando dos 100 anos de *Os sertões*.[11] Porque, na verdade, a República que se dizia a civilização foi também a barbárie. Com *Os sertões*, aprendi a entender melhor aquela vida do sertanejo, que, sob certos aspectos, eu conhecia, mas não muito bem, porque raramente ia ao interior do Piauí.

Nesses intérpretes, o que me interessava era a discussão sobre o que era o Brasil, a idéia de país mestiço e as vantagens da mestiçagem segundo Gilberto Freyre. Recentemente, a imprensa fez menção a um estudo da National Academy of Sciences sobre o DNA dos brasileiros, em que se revela que os brancos brasileiros têm sangue de africano e os negros brasileiros têm sangue de branco. Quer dizer, a mestiçagem é uma realidade no Brasil.

E Gustavo Barroso, o senhor lia quando adolescente?

Li *Brasil, colônia de banqueiros*,[12] quando comecei a me interessar por política. Mas o Gustavo Barroso era fascista e, como ideólogo, não tinha o nível do Plínio nem do Reale. Na verdade, o que é bom dele é um livro de contos, *A ronda dos séculos*,[13] bom como literatura e como panorama da história. Voltando ao fio da meada, eu havia feito leituras sobre doutrina social cristã, encíclicas papais, sobre democracia cristã, temas que me interessavam muito, inclusive um livro do

---

[7] PRADO JR., Caio. *Formação do Brasil contemporâneo*. 1. ed. São Paulo: Martins, 1942.
[8] HOLANDA, Sérgio Buarque de. *Raízes do Brasil*. 1. ed. Rio de Janeiro: José Olympio, 1936.
[9] TORRES, Alberto. *A organização nacional*. 1. ed. São Paulo: Companhia Editora Nacional, 1938.
[10] FAORO, Raimundo. *Os donos do poder: formação do patronato político brasileiro*. 1. ed. Porto Alegre: Globo, 1958.
[11] CUNHA, Euclides da. *Os sertões*. 1. ed. Rio de Janeiro: Laemmert, 1902.
[12] BARROSO, Gustavo. *Brasil, colônia de banqueiros*. 1. ed. Rio de Janeiro: s.e., 1934.
[13] BARROSO, Gustavo. *A ronda dos séculos*. Rio de Janeiro: s.e., 1920.

Plínio Salgado chamado *O conceito cristão de democracia*,[14] e já sabia separar os campos: Gustavo era e continuava sendo fascista. O Miguel Reale tinha sido fascista em o *Estado moderno*,[15] mas depois deixou de ser e hoje é o grande Miguel Reale, meu amigo, ele e seu filho, Miguel Reale Júnior, que freqüentemente vai ao Fórum Nacional.

O SENHOR LIA SOBRE ARTE, LITERATURA? MÁRIO DE ANDRADE, CASSIANO RICARDO?

Li de Cassiano *Marcha para o oeste*[16] e um pouco de sua poesia, porque nunca fui muito de poesia – até hoje não sou –, a não ser alguns clássicos como Carlos Drummond, Manuel Bandeira, Fernando Pessoa. De Mário de Andrade, por exemplo, li *Amar, verbo intransitivo*,[17] mas não li sobre estética, assunto que não me interessava muito. Gostava e gosto de romance. Também aprecio Shakespeare e os trágicos gregos. Meu primeiro contato com Shakespeare foi através da Norma Shearer. Li boa parte do Shakespeare com 13, 14 anos, em prosa, porque estava interessado na história. A Melhoramentos, nessa época, lançou praticamente toda a obra dele em prosa, com tradução de Carlos Alberto Nunes. Só de 20 anos para cá comecei a ter coragem de ler Shakespeare em inglês. Depois, mais tarde, há uns 15 anos, fiz um curso sobre Shakespeare com a Bárbara Heliodora, minha amiga. Assim mesmo, antes da Bárbara, lia em inglês elisabetano e tinha ao lado a versão em inglês moderno, porque existe uma coleção inglesa com as duas versões.

Até hoje, posso estar lendo algum livro de ciência política, economia, mas, simultaneamente, estou lendo romances. Naquela época, e principalmente hoje, interesso-me pelos grandes romances do século XIX e alguns do século XX. Um pouco de Balzac, muito pouco de Zola, mas os russos, para mim, são os melhores: Dostoievski, Tolstoi e Gogol. Sempre leio e releio. Entre os ingleses, prefiro Thomas Hardy, principalmente *Judas, o obscuro* e *The mayor of Casterbridge*,[18] George Orwell, em especial *1984* e *Animal farm*.[19] Ainda entre os ingleses, tenho particular interesse

---

[14] SALGADO, Plínio. *O conceito cristão de democracia*. São Paulo: Presença, 1945.

[15] REALE, Miguel. *O Estado moderno (liberalismo, fascismo, integralismo)*. 2. ed. Rio de Janeiro: José Olympio, 1934.

[16] RICARDO, Cassiano. *Marcha para o oeste: a influência da "bandeira" na formação social e política do Brasil*. 1. ed. Rio de Janeiro: José Olympio, 1940.

[17] ANDRADE, Mário de. *Amar, verbo intransitivo*. São Paulo: Círculo do Livro, 1986.

[18] HARDY, Thomas. *Judas, o obscuro*. 2. ed. Rio de Janeiro: Tecnoprint, 1987; *o mayor de Casterbridge*. Lisboa: Dom Quixote, 1957.

[19] *1984*, de 1945, e *Animal farm*, de 1949. Em português: *1984*. 20. ed. São Paulo: Nacional, 1986; *A revolução dos bichos*. Rio de Janeiro: Globo, 1964.

por Joseph Conrad, *Lord Jim*, *Heart of darkness* e *Nostromo*,[20] e por George Eliot, principalmente *Middlemarch*.[21]

Dos alemães, ficaria com Jakob Wasserman, *O processo Maurizius*,[22] Herman Hesse, *Steppenwolf*[23] e Thomas Mann. Li um pouco de *A montanha mágica*, *Doctor Faustus*, mas não gosto de livro hermético.[24] Conheço um pouco de Proust, de Joyce, mas estou com o Tolstoi quando diz que é preciso contar uma história. Gosto do sujeito que sabe contar bem uma história. E, em português, são três que fazem isso bem: Machado, Coelho Neto e Guimarães Rosa, que conheci com 13 para 14 anos.

Falei que raramente ia ao interior do Piauí. Numa dessas poucas viagens, fui a uma cidade chamada Esperantina, à beira do rio Longá, afluente do Parnaíba. O nosso professor de educação física, José Nelson – que fazia parte de um grupo de intelectuais católicos de Parnaíba –, meu grande amigo até hoje, levou a turma para conhecer várias cidades do interior, inclusive essa chamada Esperantina. Durante o dia, não tinha o que fazer e fui à biblioteca. Encontrei uma bibliotecária inteligente, perguntei por romances e ela me trouxe dois livros, que foram um presente. Um, *Tropas e boiadas*, muito bom, de Hugo de Carvalho e Ramos, que pouca gente conhece, mas que é um ótimo escritor regional de Goiás. Ele tem um conto chamado "Ninho de periquitos" que é excelente.[25] O outro foi *Sagarana*, de Guimarães Rosa. Comecei a ler, pedi a ela para me emprestar, trouxe para Parnaíba e

---

[20] *Lord Jim* (1900), *Heart of darkness* (1902) e *Nostromo* (1904) estão traduzidos para o português com os títulos: *Lorde Jim* (São Paulo: Abril Cultural, 1971), *O coração das trevas* (São Paulo: Nova Alexandria, 2001), *Nostromo* (São Paulo: Cia. das Letras, 1991).

[21] George Eliot é o nome literário da escritora Mary Ann Evans Cross. Escreveu *Middlemarch* em 1872, traduzido para o português com o título *Middlemarch: um estudo da vida provinciana* (Rio de Janeiro: Record, 1998).

[22] WASSERMAN, Jakob. *O processo Maurizius*. Trad. Octávio de Faria e Adonias Filho. São Paulo: Abril, 1982.

[23] Publicado originalmente em 1927, foi traduzido no Brasil com o título *O lobo da estepe* (15. ed. Rio de Janeiro: Record, 1983).

[24] MANN, Thomas. *A montanha mágica*. Rio de Janeiro: Globo, 1952; *Doutor Fausto: a vida do compositor alemão Adrian Leverkuhn narrada por um amigo*. 3. ed. Rio de Janeiro: Nova Fronteira, 1990.

[25] RAMOS, Hugo de Carvalho. *Tropas e boiadas*. 2. ed. Goiânia: UFG, 1922; Ninho de periquitos. Publicado na *Folha da Manhã*, São Paulo, 18 set. 1949.

custei a devolver, só devolvi porque ela insistiu. Era a primeira edição de *Sagarana*, só tenho a segunda.[26]

Hoje leio permanentemente *Grande sertão: veredas*,[27] ou seja, como não sei se entendi, fico lendo e relendo. Principalmente quando saio do Rio de Janeiro nos feriados longos do verão, o meu livro de viagem é sempre esse. Já contei as vezes em que Riobaldo Tatarana diz a frase "a vida é muito perigosa". São 12, mas vou continuar procurando porque pensei que eram 11, depois descobri que são 12, então vai ver são 13. Vou continuar contando.

Gosto também do chamado livro de *entertainment* de boa qualidade. Hoje existe um negócio chamado de *literary mystery*, romance policial literário, quer dizer, livros policiais bem escritos. Não consigo ler Agatha Christie, porque ela não sabe escrever. Há uma tríade famosa, três mulheres, a P. D. James, que hoje é *lady*, a Ruth Rendell e a Susan Elizabeth George – o nome de guerra é Elizabeth George –, que sabem escrever. Mas o melhor autor de romance sobre temas policiais é James Lee Burke, principalmente em *Sunset limited* – um trem especial ligando a Louisiana e a Flórida – e em *Jolie Blon's bounce*, título de uma música. São livros que oscilam entre o lírico, o existencialmente complexo e o violento.

Como disse, sempre estou lendo alguma literatura. Ou livros de *entertainment*, na classificação dada pelo Graham Greene, que falava de romance sério e romance de *entertainment*, *divertissement*, ou alguns clássicos. Não procuro me manter atualizado em literatura, conheço poucos autores modernos, sejam brasileiros ou estrangeiros.

O SENHOR LEU MARX NESSA OCASIÃO?

Li *O manifesto comunista* e li sobre o Marx. Tenho muitas interpretações sobre *O capital*. Mas *O capital* mesmo eu acho que deve ser muito chato.

MINISTRO, NESSA SUA BUSCA POR ENTENDER O BRASIL, COMO FOI O SEU CONTATO COM O INTEGRALISMO?

Em Parnaíba, o que posso dizer é o seguinte: nunca sofri a "sedução dos anos 1930", a sedução do autoritarismo, nem de esquerda nem de direita. Por quê? Por-

---

[26] ROSA, João Guimarães. *Sagarana*. 1. ed. Rio de Janeiro: Universal, 1946; 2. ed. Rio de Janeiro: José Olympio, 1956.

[27] ROSA, João Guimarães. *Grande sertão: veredas*. Rio de Janeiro: José Olympio, 1956.

que comecei a amadurecer politicamente na altura de 1945, 1946, e meu amadurecimento se deu em meio a um verdadeiro horror à ditadura Vargas, ao Estado Novo. Hoje tenho melhor juízo do Getúlio do que naquela época, porque havia conhecidos nossos que tinham ido para a prisão, sofrido, e não eram comunistas, nada.

O meu antigetulismo tinha essa marca e eu tinha simpatia pelo brigadeiro Eduardo Gomes. Mas, na verdade, eu gostava era daquela coisa que eu chamava de democracia cristã. Então, como disse, não tive a "sedução dos anos 1930" porque o meu amadurecimento se deu quando o Brasil já tinha feito a redemocratização. Quer dizer, conheci o integralismo como história, embora tenha lido livros do Plínio Salgado, o suficiente para saber que havia várias correntes dentro do movimento.

Dos meus gurus, o José Rodrigues era católico, tinha lido muito sobre o integralismo, tinha idade para ter sido integralista, mas se recusou a ser. Primeiro, para evitar confusões, porque, como disse, havia três correntes no integralismo: uma fascista, uma de centro-esquerda – curiosamente, havia um líder no Ceará, oficial do Exército, Jeová Mota, que era quase de esquerda – e havia o Plínio Salgado, que foi fascista quando, no começo dos anos 1930, escreveu sobre a viagem que fez ao Oriente,[28] mas que, na medida em que se foi convertendo ao catolicismo – ele teve uma verdadeira conversão –, tornou-se antifascista, antinazista. No Natal de 1935, publicou uma mensagem denunciando "a perigosa tendência pagã ao hitlerismo, fenômeno que deve impressionar, fundamentalmente, a consciência espiritual dos povos".[29] E, logo após a encíclica papal *Mit brennender Sorge* de Pio XI, de 1937, publicou artigos condenando abertamente o nazismo.[30] Crescentemente, passou a ser um líder espiritual e político, simultaneamente.

O José Rodrigues dizia uma coisa sobre o integralismo com que eu concordava: "Não fui integralista porque não posso me ver metido numa camisa verde, gritando *anauê*, tendo um chefe nacional, tudo isso me parece ridículo." Tenho o mesmo tipo de reação, tenho aversão a qualquer manifestação desse tipo. Até hoje sou extremamente discreto em política. Durante os 10 anos de governo, sempre mantive uma

---

[28] Em 1930, Plínio Salgado viajou para a Europa e Oriente Médio, passando pelo Egito, Palestina, Turquia e mais oito países europeus. Na Itália, teve contato com Mussolini e com o fascismo italiano. Dessa viagem, resultou o livro *Oriente, viagens pelo Mediterrâneo oriental* (São Paulo: Paulista, s.d.).

[29] SALGADO, Plínio. *Palavra nova dos tempos novos*. Rio de Janeiro: José Olympio, 1936. p. 122.

[30] SALGADO, Plínio. *A doutrina do sigma*. Rio de Janeiro: Schmidt, 1937.

atitude discreta, dizendo o que queria, mas nunca me inscrevi em partido. Um dia, o Arnaldo Prieto, que era ministro do Trabalho do presidente Geisel, me levou a ficha da Arena para eu assinar – ele achava que todos os ministros deviam se filiar – e eu disse: "Ah, Prieto, deixa aí que depois eu assino." Até hoje...

O senhor nunca se filiou a um partido?

Não gosto da idéia de filiação partidária. Depois que saí do governo, tive um convite para ser candidato a governador do Piauí. Em seguida, o governador do estado, quando viu que eu não aceitava, quis me convencer a ser candidato a senador. Veio ao Rio com essa finalidade, e os meus amigos lá do Piauí se movimentaram: "Ah, você tem de ajudar o estado, tem de ser senador." Quando o governador veio falar comigo, argumentei: "Governador, posso ser mais útil ao Piauí fora do Congresso." Sempre fui um franco-atirador, tenho as minhas simpatias políticas, mas não me agrada a idéia da filiação partidária. Cada um tem as suas manias.

Na década de 1930, boa parte dos pensadores e ativistas católicos teve participação também no integralismo.

O próprio Alceu escreveu muito favoravelmente ao integralismo, mas foi só uma fase. Tive muito contato, mais tarde, em 1950, 1951, não com o pessoal do integralismo, mas do Partido de Representação Popular (PRP), que era o partido do Plínio, criado depois da redemocratização. Conheci o Plínio e vários outros jovens ligados a ele quando cheguei ao Rio de Janeiro, e creio que ele cometeu um erro. Devia ter feito um movimento político-sociocultural, nacionalmente, de caráter democrata cristão, algo que seria hoje uma ONG, organização não-governamental, uma entidade sem fins lucrativos, um instituto, alguma coisa assim, mas não um partido. Porque já tinha perdido aquela idéia de chefe nacional, tinha estudado em Portugal, escrito *A vida de Jesus*.[31] Creio que não estava mais muito interessado em política. E o PRP fracassou como partido, em pouco tempo, como logo se verificou.

Como sua família reagiu à sua "conversão religiosa"?

Talvez tenham se surpreendido um pouco, porque para eles ainda parecia natural aquele tipo de catolicismo que havia na família e eu passei a ser diferente. Depois

---

[31] SALGADO, Plínio. 1. ed. *A vida de Jesus*. Lisboa: Ática, 1942.

o Antônio Augusto, meu irmão três anos mais moço, passou a ir comigo a esses encontros. Não passou por uma conversão, porque na época ele foi amadurecendo aos poucos para a religião, fazendo as leituras que eu fazia, sob a orientação do José Rodrigues, sobre democracia cristã, doutrina social cristã, tudo isso. Acho que, um pouco além da surpresa, meus pais achavam que eu exagerava um pouco, pois, felizmente, nenhum dos dois era carola. Minha mãe era da Irmandade do Sagrado Coração, mas, como disse, lia autores do tipo Moravia, Vicki Baum, a autora de *Grande Hotel*, que deu um filme com o mesmo nome, em 1932, com John Barrymore e Greta Garbo, dirigido por Edmund Goulding. Li o livro emprestado do irmão do papai, que me disse: "Não deixe as moças – as filhas dele – saberem que você está lendo isso porque é impróprio." Mamãe e papai deviam achar minha religiosidade um pouco exagerada, porque éramos ativistas. E meu pai mais ainda, porque em 1950 eu me tornei ativista político.

O QUE ERA SER UM ATIVISTA RELIGIOSO? O SENHOR ESCREVIA, FAZIA DISCURSOS?

Vou exemplificar contando o fim das minhas relações com o Cineteatro Éden, um desastre. Até 1946, quando começaram a vir os filmes europeus para outro cinema, era o único cinema de Parnaíba. Lá por 1949, 1950, o Éden resolveu passar um filme sobre educação sexual e fui assistir. Na verdade, era um filme pornográfico. Esperei até se caracterizar que realmente era pornografia, levantei-me e fui embora. No dia seguinte, escrevi para o jornal católico da paróquia um artigo: "Cine Éden transformado em bordel." O Miguel Carcamano ficou uma fera e, naturalmente, as opiniões se dividiram. O frei David, que era dos capuchinhos, da Igreja de São Sebastião, em Parnaíba, tinha um programa de rádio, falou sobre o meu artigo, elogiando. O Miguel cassou o meu "permanente".

EM 1949 ESTAVA SENDO PUBLICADO *O SEGUNDO SEXO*, DE SIMONE DE BEAUVOIR.

Pois é, que só fui ler em 1960, em Brasília. Mas aquele filme não era realmente de educação sexual. Fui ao cinema bem-intencionado, mas era pornografia mesmo, inclusive de baixíssima qualidade técnica, porque o filme quebrava, recomeçava, quebrava, recomeçava, e o cinema estava cheio de adolescentes. Então me irritei, fui embora e escrevi o artigo. Deixei de freqüentar o Éden, mas já havia outro cinema, que levava poucos filmes americanos e muitos europeus.

MINISTRO, O SENHOR FEZ LEITURAS ATENTAS DAS ENCÍCLICAS?

Lia em função da doutrina social cristã, porque era o que me interessava realmente, não pela parte teológica em si. As encíclicas que conheço são aquelas que todo mundo conhece, encíclicas a respeito da doutrina social cristã como *Rerum novarum*, de Leão XIII, publicada em 1891, *Quadragesimo anno*, de Pio XI, 1931, e *Populorum progressio*, de Paulo VI, 1967. Li os grandes marcos encíclicos, como o de Pio XI, *Mit Brennender Sorge*, condenando o nazismo. De vez em quando leio livros de autores católicos, como o Thomas Merton, mas geralmente relacionados à sua experiência pessoal. Gosto muito da aplicação prática das coisas, como em economia. Estudei e estudo teoria econômica porque é necessário, mas o que me interessa é a aplicação. Estou interessado em *policy*; o Fórum Nacional, que organizo desde 1988, trata de *policy*. Da mesma forma, o curso que dou na Fundação Getulio Vargas trata de estratégias e políticas de desenvolvimento, e é aplicado. A mesma coisa em religião. Leio quando necessário, para tirar conclusões sobre questões políticas, sociais, econômicas que envolvem aspectos religiosos. Mas, como disse, nunca tive um interesse específico em teologia ou filosofia. A Izabel tem uma turma que estuda filosofia lá em casa, toda quarta-feira. Acho ótimo, mas não é a minha vocação.

NESSE SEU ATIVISMO CATÓLICO, O SENHOR PARTICIPAVA DE REUNIÕES COM PESSOAS FORA DE PARNAÍBA?

Não, eu participava da Academia Parnaibana de Letras, da qual era membro desde 1948. Certa vez, expulsamos um dos membros que era comunista e resolveu fazer proselitismo dentro da academia. Foi expulso não por ser comunista, mas por fazer proselitismo político. E, como disse, participava de um movimento de intelectuais católicos, que terminou envolvido na política.

O QUE O SENHOR ESCREVIA ANTES DE ENTRAR PARA A ACADEMIA?

Escrevia em jornais e tinha feito duas revistas, uma delas a da formatura do ginásio. O Ginásio São Luís tinha uma revista chamada *Argos*, do velocino de ouro, do Jasão, dos argonautas, que fazia uma edição especial na formatura de cada turma. Organizei a da minha turma, exigi que cada um dos formandos escrevesse um artigo, convidei um grande número de ex-alunos para escrever. Houve, inclusive, um artigo sobre Machado de Assis, excelente, feito por um comunista, Cícero Viana, que havia sido colega do meu irmão mais velho. Era comunista, mas escreveu sobre Machado de Assis, não houve problema. Fiz todos os desenhos da revista, inclusive o da capa, exatamente a *Argos*, a nave da mitologia grega. Eu desenhava bem, fiz o desenho para o clichê, porque vigorava o sistema de tipografia impressa à mão: você fazia o desenho com tinta nanquim, mandava para Fortaleza e vinha de lá o clichê para imprimir. Sabia compor naqueles tipos de mão, porque o chefe da tipografia me ensinou.

Fiz também a revista de formatura do Colégio Nossa Senhora das Graças, que era das irmãs de Santa Catarina, quando se formou a Francisquinha, uma grande amiga minha, que sempre ficava lá em casa nas suas folgas, porque a família dela residia no interior. Perguntei: "Francisquinha, você não quer que eu faça a revista de formatura de vocês? Olha aqui a que eu fiz para nós." Foi a mesma coisa, as alunas todas escreveram, fiz os desenhos e tal. Comecei a assumir ares de intelectual e a escrever artigos nos jornais. Escrevia principalmente sobre doutrina cristã e democracia cristã. E na Academia Parnaibana de Letras, escrevi um artigo chamado "A tragédia burguesa", que mandei para o Octávio de Faria e ele me enviou os dois primeiros volumes de *A tragédia burguesa*, com dedicatória.[32] Assim, comecei a fazer contato com escritores do Rio de Janeiro, que depois se tornaram meus amigos quando aqui cheguei, sem emprego, em 1951.

FOI POR ESSA OCASIÃO QUE SUA MÃE O ACONSELHOU A VIR PARA O RIO DE JANEIRO. ELA PODIA ESTAR PREOCUPADA COM A SUA ATUAÇÃO NA ACADEMIA E NO MOVIMENTO CATÓLICO?

Até certo ponto. Mas também havia, não sei se posso chamar assim, um certo bovarismo da parte dela, sem trair o marido. Querer sair da cidade provinciana, ter horror à coisa provinciana. Já meu pai era muito mais acomodado. Ela, não. Começou a ler boa literatura e a ter um movimento interno de achar que aquela vida de cidade pequena estava ficando intolerável, era a fofoquinha das dondocas para quem ela fazia vestidos, que ficavam naquela conversa de falar mal de todo mundo. Ela estava interessada em ler ou em ter outro tipo de conversa. Tinha amigas intelectuais, antigas moças de Parnaíba, que vinham ao Rio estudar, voltavam em férias para ver a família, como a Helena, irmã do Humberto Telles, criminalista no Rio, e das quais ela se tornava amiga.

---

[32] *A tragédia burguesa* começou a ser publicada em 1937. A edição completa dos 15 volumes originais foi feita entre 1984 e 1985, pela Editora Palas, em quatro tomos.

Seu envolvimento com a política partidária também se deu através do movimento católico, não?

Sim. Dentro daquele movimento de intelectuais católicos, resolvemos fazer política, porque achávamos que era preciso ter princípios e valores na política. Vocês imaginam o que é política de cidade de interior, principalmente no final dos anos 1940. Resolvemos fazer um movimento e ter militância no sentido de participar de comícios, só que aí deu um "samba do crioulo doido". Estávamos em 1950. Decidimos apoiar o brigadeiro Eduardo Gomes para a presidência da República, pela UDN, o Pedro de Freitas para o governo do estado, pelo PSD, e o João Orlando de Moraes Correia, médico, para a prefeitura, pelo PTB, e que foi quem ganhou as eleições. Aliás, revelou-se o pior prefeito na história da cidade. Ganhou porque o PTB tinha em Parnaíba um líder trabalhista, Darcy Araújo, meu ex-professor de economia política, que era um grande mobilizador popular. Tanto que o Getúlio, em 1950, foi a Parnaíba fazer campanha. Getúlio prometeu construir o porto de Parnaíba, só que Parnaíba fica a 13km do litoral. Ele queria dizer porto de Luís Correia, mas deram a cola errada para ele. Apoiamos o brigadeiro em Parnaíba e fui eu quem lhe fez a saudação, em nome da juventude local, quando ele foi à nossa cidade.

Ninguém na cidade entendia o que estávamos fazendo. Queríamos apoiar os melhores candidatos, os que tivessem certos princípios, não necessariamente princípios católicos, mas éticos e ligados à doutrina social cristã. Daí a escolha pelo brigadeiro. No caso do prefeito, é porque realmente o PTB fez uma belíssima campanha. O Darcy me falou: "Olha, vamos cumprir o programa que estamos aprovando para Parnaíba." Acreditei e, como disse, foi um desastre. Com isso, encerrei minha carreira política.

Para escapar do ambiente de eleições, fiz mais uma de minhas poucas viagens ao interior, ainda em 1950, quando estava de férias. Nessa ocasião, já dava aula em todos os colégios ginasiais da cidade. Dava aula de português e de matemática, porque achava que sabia. O José Rodrigues estava doente, assumi o lugar dele e também o do padre Davi. Na viagem, hospedei-me na fazenda de um tio do José Nelson, que havia sido meu professor de educação física. A fazenda ficava perto de uma cidade chamada Batalha e chamava-se Monte Alegre. Pertencia ao coronel Magno Pires Alves, que tinha 20 filhos.

Vinte filhos com a mesma mulher?

Sim, 19 filhas, todas adoráveis, que iam dos 30 até um ano, e apenas um filho, que foi meu colega de ginásio, Francisco. Foi ali que entendi aqueles antigos coronéis do interior. Era o líder político, o maior proprietário de terras, uma figura impressionante. Como freqüentemente acontecia, o pai desse fazendeiro tinha uma amante, uma das pretas da fazenda. Até aí, tudo normal, não fugia ao padrão. Mas houve uma festa na casa principal da fazenda, e essa amante do pai do coronel Magno achou de ir à festa e ficou por lá, dançando. De repente, o coronel se voltou e disse: "Na frente da minha mãe, não." Pegou um chicote, e, diante do pai, chicoteou a moça.

E o amante, o pai do coronel, fez o quê?

Nada, porque entendia a ética do filho.

Alguém socorreu a mulher que apanhou?

Ela saiu correndo, e as irmãs foram atrás. Uma cena com seus aspectos simbólicos. Impressionou-me que o coronel tivesse batido na mulher na frente do pai, o amante, que não teve iniciativa de fazer nada, ficou quieto.

Há uma segunda coisa que mostra bem o tipo de pessoa que eram aqueles coronéis. Um belo dia, estava me balançando numa rede, na varanda, ele chegou, sentou em frente de mim, numa mesa pequena: "Olha, João Paulo, a minha unha." A unha estava toda roxa, um hematoma só. E ele: "Fui mexer numa cerca de pedras, caiu uma e fez isso." Pegou um punhal e, na minha frente, conversando, como se nada estivesse acontecendo, perfurou a unha. E eu olhando: "Não posso ter um treco aqui, porque ele vai dizer que sou frouxo." Foi mexendo na unha com o punhal até que o sangue jorrou. Quando jorrou, limpou com um paninho e chamou a empregada: "Olha, limpa isso aqui e leva essa toalha e essa jarrinha com água."

Encerraria estas lembranças relativas aos meus últimos anos de Piauí dizendo que assisti à final da Copa de 1950.

Aqui no Maracanã? O senhor veio especialmente para isso?

Tirei 15 dias de férias e vim ao Rio, seguindo o conselho de minha mãe: "Vai para o Rio de Janeiro, não vai para Recife nem para Belo Horizonte." Fiquei com aquilo na cabeça: "Vamos ver se vou mesmo para o Rio de Janeiro." Nessa época, eu já tinha feito algumas relações com jovens intelectuais católicos do Rio de Janeiro, ligados ao Plínio e a dom Hélder. Tornei-me amigo de dom Hélder depois, quando vim para cá, em 1951, e fomos amigos até sua morte. Como tinha esses amigos, vim passar 15 dias aqui e fiz coincidir com o final da Copa: "Vou assistir à grande vitória."

Eu havia alugado um quarto na casa de uma família ligada a esses meus amigos, na rua Álvaro Ramos, em Botafogo. Fui com o pessoal da própria casa comprar os ingressos, às 10h da manhã. O jogo começava às 15h, salvo engano. Havia notado que nos dias anteriores reinava um clima impressionante de "já ganhou", mas achava natural: "O Brasil, com esse time, não vai perder do Uruguai." É claro que nós subestimamos o time do Uruguai, que era muito bom. E caímos na tolice de subestimar, principalmente, o Obdulio Varela, capitão do time uruguaio.

Depois do jogo, à saída do Maracanã, até onde a vista alcançava, era gente chorando nas calçadas. Chorando, chorando. Homem, mulher, jovem, velho, assim, como dizia Nelson Rodrigues: as lágrimas escorrendo até o chão. Nunca vi tanta gente chorando na minha vida, parecia o fim do mundo. A impressão que tive foi: "Esse negócio de futebol acabou no Brasil." Só que, no domingo seguinte, estava todo mundo torcendo pelo campeonato brasileiro e eu pensava: "Como pode, eu não penso em ir tão cedo a um jogo de futebol, como isso pode acontecer?"

Algum tempo atrás, li uma crônica do Armando Nogueira, contando uma conversa que teve, anos depois, com o Obdulio sobre aquela noite. O Obdulio disse que saiu com alguns colegas, lá pelas 10h, 11h da noite, procurando um bar em Copacabana para tomarem alguma coisa, mas onde entravam, o ambiente era de velório. Tomaram alguma coisa, comeram sem muito apetite, não conseguiam fazer a comemoração da vida deles, "tomar o maior porre da história". Voltaram para o hotel, ficaram conversando, ele se virou para os companheiros e disse: "Nós não tínhamos o direito de ganhar esse jogo. Este país merecia ganhar."

O senhor continua gostando de futebol?

Gosto mais de Copa do Mundo. Torço pelo Flamengo, mais ou menos, passo uma vista na página de esporte. Mas tenho um filho que é maníaco por futebol, o João Marcos. Quando chega a Copa do Mundo, posso estar onde estiver, paro para assistir. À última nós assistimos parte em São Petersburgo e parte em Londres. Já assisti também no Madison Square Garden, em Nova York. Mas é só a Copa do Mundo, o futebol do dia-a-dia não me atrai mais.

Nessa visita ao Rio, em 1950, o senhor passou a achar que Parnaíba era pequena demais?

Houve um movimento de atração e de repulsão. De atração, porque gostei do Rio e comecei a pensar: "Aqui posso estudar." E repulsão no sentido de que, depois das experiências que tivera, inclusive políticas, comecei a querer sair do Piauí. Embora emocionalmente eu goste muito de Parnaíba, não seria mais capaz de morar lá. Como não sou capaz de morar hoje numa cidade que não o Rio de Janeiro. Nunca quis morar em São Paulo, embora também tenha morado lá. Morei em Brasília duas vezes, morei nos Estados Unidos dois anos porque tive que morar. Gostar de morar é no Rio de Janeiro, desde 1951. E havia também a questão da vocação.

Depois que tomei a decisão de vir para o Rio, fiz o seguinte: pedi demissão da empresa onde trabalhava, resolvi dar aula. Como já disse, o último semestre que passei no Piauí foi dando aula. Queria começar a minha preparação intelectual e não tinha mais condições de me readaptar àquela vida de ficar escrevendo carta sobre cera de carnaúba. Essa foi a primeira decisão. E tomei duas decisões sobre que profissões não seguir. A primeira foi a de nunca ser professor em tempo integral, embora eu sempre tenha sido professor, porque sabia que o professor é subvalorizado no Brasil. Eu vi o caso do José Rodrigues, as dificuldades que enfrentava com a família relativamente grande, muitos filhos, era diretor do colégio e tinha dificuldades financeiras. A outra decisão foi de continuar gostando de literatura, mas não procurar seguir a carreira de escritor. E, da forma mais idiota possível, cheguei à conclusão de que devia ser médico. Assim, vim para o Rio de Janeiro na idéia de fazer medicina. Quem me desmascarou, já no Rio, um ano depois, foi um colega de apartamento, que ali também alugava quarto, e me disse: "Você vem com essa história, não tem vocação para médico, nunca será." Naquele tempo havia em Copacabana, e em todos os bairros da Zona Sul do Rio de Janeiro, o hábito de alugar quartos. Eu alugava um quarto em Copacabana, depois de ter morado em Nilópolis, o primeiro lugar em que morei no Rio.

Do que vimos até aqui, há duas presenças importantes em suas lembranças: os mortos e o cinema.

Já disse que gosto de falar do que chamo "meus mortos". Tenho com eles uma relação de vida. Minha galeria começa com minha mãe, mas meu primeiro morto foi um amigo de infância chamado Moacir. Foi a primeira vez que vi uma pessoa morta. Nós estávamos jogando futebol no meio da rua, como sempre, quando vem alguém correndo: "O Moacir morreu, foi tomar banho no rio e foi levado pela água." Horas depois, descobriram que o corpo tinha sido comido pelas piranhas e, pior, me levaram para ver.

A segunda pessoa na minha galeria é minha mãe, em 1948, de cuja morte já falei, e a terceira foi meu irmão mais velho, Francisquinho, que morreu em 1958, quando eu já estava no Banco do Brasil. Eu morava na Tijuca, no último andar de um edifício de quatro andares, o vizinho do apartamento ao lado, lá pelas 2h da manhã, veio falar comigo: "Olha, infelizmente, tenho uma notícia muito ruim. O Lloyd Brasileiro acaba de telefonar, informando que houve um desastre, um avião deles caiu perto de Campina Grande e o seu irmão morreu." Lá fui eu para Campina Grande, imagina, num avião do Lloyd, morrendo de medo: "Será que o próximo vou ser eu?" Fui ver como estava a Conceição, a viúva, e os filhos, em Campina Grande, na Paraíba. Ela teve um filho, Francisco de Assis, o mesmo nome dele, e uma filha que nasceu 15 dias depois da morte de meu irmão, a Maria Lúcia. Ambos são quase filhos para mim.

E há os mortos mais recentes. Meu filho, que morreu em janeiro de 1976, quando eu estava numa fazenda do Herbert Levy, perto de Campinas. Ele me acordou, no meio da noite, dizendo: "Olha, houve um desastre com seu filho no Nordeste." Mas não deu a notícia completa, e só depois completou. Foi um negócio realmente estúpido, tinha 19 anos, estava estudando engenharia mecânica e tinha uma coisa muito especial. Alguns anos atrás, eu e Izabel estávamos num hotel dessa cadeia Caesar Park lá no cabo de Santo Agostinho e veio um rapaz falar comigo: "Fui colega do seu filho, Ricardo Augusto. Era uma pessoa muito especial, só a presença dele fazia bem, nem precisava falar, vinha sempre com um sorriso..." Durante muito tempo, fiquei muito revoltado, mas depois, aos poucos, a gente assimila a perda.

Vi o processo do acidente. Ele foi passar férias no Nordeste, numa excursão, com um grupo de amigos, o motorista estava numa estrada secundária e, para entrar na principal, não prestou atenção ou não respeitou um enorme sinal "PARE". Entrou, uma carreta veio... Meu filho era realmente uma pessoa diferente.

E, também entre os mortos recentes, tem o Zózimo, irmão da Izabel, e o pai dela, o sr. Zózimo. Era chamado de "Boy", mas eu o chamava de sr. Zózimo. O Zózimo, o colunista, era uma pessoa angustiada. Os jornalistas não entenderam quando falei isso por ocasião de sua morte. Tinha problemas existenciais, morreu em 1997, novo, com 56 anos. Fazia questão de dizer que não era colunista social. Realmente, sua coluna falava de política, um pouco de economia e também de sociedade, mas, nos últimos tempos, nem saía. Lembro-me bem de uma conversa que tive com ele na Casa de Saúde São Vicente. A Izabel saiu, nos deixou conversando, voltou duas horas depois, e nós ainda conversávamos. Nossa conversa era o seguinte: "O que é importante na vida?" Chegamos à conclusão de que o importante é a mulher, os filhos, alguns amigos, meia dúzia, não mais que isso, alguns valores, até certo ponto o trabalho, quando a gente gosta do que faz. O resto não é tão importante.

Bom, falei da minha família, dos vivos e dos mortos. Da minha mulher, o que posso dizer, sinceramente, é que hoje gosto mais dela do que gostava há 27 anos, quando nos casamos.

E SOBRE CINEMA, FALEMOS DE SUAS PREFERÊNCIAS.

Cinema sempre foi a minha grande paixão. Fiz a lista dos meus prediletos, os filmes da minha vida. Digamos que são aqueles que considero grandes filmes, mas, naturalmente, não se pode considerar uma ordenação, porque é por categoria. É o que considero os 30 grandes filmes até a altura de 1990, porque acho que ainda falta perspectiva para a gente dizer o que são grandes filmes de lá para cá. Há dois *hors-concours*, porque são mudos, e não me acho em condições de julgar esse tipo de filme, embora tenha visto muitos, mas não de forma sistemática. É uma lista minha com sugestões da Izabel, uma lista em comum, embora a responsabilidade final seja minha. E veja bem, não tenho preferidos. Não existe o melhor jogador do mundo, não existe o melhor escritor do mundo, não existe o melhor filme de todos os tempos. Agora, acho que podemos ter cinco, 10 melhores jogadores ou filmes, embora seja meio arbitrário.

Consultei um livro chamado *The great movies*,[33] que lista 20 filmes, mas fiz a minha com 30, porque incluí alguns gêneros que não foram considerados naquele livro. Talvez filmes como *O boulevard do crime*, do Marcel Carné, sejam o tipo de filme que eu considero realmente grande. E há os que a gente revê, e revê, como os do Chaplin: *Luzes da cidade* e *Tempos modernos*.

---

[33] BAYER, William. *The great movies*. London: Hamlyn, 1993.

Minha lista tem os seguintes temas e filmes:

- Mudos, *hors-concours*: *Luzes da cidade*, Charles Chaplin; *Tempos modernos*, Charles Chaplin.
- *Western*: *No tempo das diligências*, John Ford; *Matar ou morrer*, Fred Zinnemann.
- Suspense, gângster e policial: *Janela indiscreta*, Alfred Hitchcock; *O poderoso chefão*, Francis Ford Coppola; *Era uma vez na América*, Sergio Leone.
- Filme *noir*: *Assassinos*, Robert Siodmak; *Chinatown*, Roman Polanski.
- Comédia: *Quanto mais quente melhor*, Billy Wilder; *A rosa púrpura do Cairo*, Woody Allen.
- Musical: *Cantando na chuva*, Stanley Donen; *Amor, sublime amor*, Robert Wise; *Cabaret*, Bob Fosse.
- Guerra: *A grande ilusão*, Jean Renoir; *A um passo da eternidade*, Fred Zinnemann; *Glória feita de sangue*, Stanley Kubrick.
- Drama: *Fanny e Alexander*, Ingmar Bergman; *O sétimo selo*, Ingmar Bergman; *Rashomon*, Akira Kurosawa.
- Sociedade: *Cidadão Kane*, Orson Welles; *Ladrões de bicicletas*, Vittorio de Sica.
- Tragédia: *Hamlet*, Laurence Olivier.
- Filmes sobre filmes: *Crepúsculo dos deuses*, Billy Wilder.
- Amor: *O morro dos ventos uivantes*, William Wyler; *Na estrada da vida*, Federico Fellini.
- À busca do tempo perdido: *Depois do vendaval*, John Ford.
- Ficção científica: *2001: uma odisséia no espaço*, Stanley Kubrick.
- Filmes de época: *O boulevard do crime*, Marcel Carné; *...E o vento levou*, Victor Fleming (George Cukor).
- Adaptações de grandes romances universais: *Guerra e paz*, Sergei Bondarchuk (filme russo, dublado em inglês); *Grandes expectativas*, David Lean.
- Menções honrosas: *A última tentação de Cristo*, Martin Scorcese; *Tiros na Broadway*, Woody Allen; *Os brutos também amam*, George Stevens; *Apocalypse now*, Francis Ford Coppola; *The thin red line*, Terence Malick; *Morangos silvestres*, Ingmar Bergman; *Hamlet*, Kenneth Brannagh.

Um breve comentário pessoal sobre esta lista: os anos 1930, com a passagem para o cinema falado, assistiram ao fim da era das grandes comédias. Talvez porque os três gigantes, Chaplin, Buster Keaton e Harold Lloyd, tenham adormecido. Os Irmãos Marx foram, provavelmente, o canto do cisne. A comédia continua, mas o que parece ter alto nível é a comédia romântica, não mais a comédia pura. O musical, para sobreviver à ultrapassagem dos anos 1950 e ao fim da época da inocência no cinema, continua produzindo bons frutos de vez em quando, como *Caroussel* e *Cabaret*, mas sob forma dramática.

O *western* teve trajetória semelhante. De vez em quando há um grande filme, como *Os imperdoáveis*, dirigido por Clint Eastwood. Quem sabe, a razão pode ter sido uma associação do fim da época da inocência no cinema com o declínio do culto ao herói solitário, na sociedade. Os demais gêneros – drama, policial-suspense, aventura – sobreviveram bem, através de mutações.

E sobre o cinema brasileiro? Algum filme a destacar?

Talvez não devesse fazer isso porque tenho muitos amigos cineastas. De toda forma, correndo o risco de injustiças, vou dar aqui uma lista de melhores filmes, com respectivas datas de lançamento e seus diretores. São filmes que considero muito bons dentro da filmografia nacional.

- *Ganga bruta* – 1933, Humberto Mauro
- *Simão, o caolho* – 1952, Alberto Cavalcanti
- *Amei um bicheiro* – 1952, Jorge Ileli e Paulo Wanderley
- *Estranho encontro* – 1958, Walter Hugo Khouri
- *O cangaceiro* – 1953, Lima Barreto (apesar do final ridículo)
- *O pagador de promessas* – 1962, Anselmo Duarte
- *Vidas secas* – 1963, Nelson Pereira dos Santos
- *Deus e o diabo na terra do sol* – 1964, Glauber Rocha
- *Menino de engenho* – 1965, Walter Lima Jr.
- *A hora e a vez de Augusto Matraga* –1966, Roberto Santos
- *Todas as mulheres do mundo* –1967, Domingos de Oliveira
- *Macunaíma* – 1969, Joaquim Pedro de Andrade

- *São Bernardo* – 1972, Leon Hirszman
- *Toda nudez será castigada* – 1972, Arnaldo Jabor
- *Vai trabalhar, vagabundo* – 1974, Hugo Carvana
- *Bye Bye Brasil* – 1979, Carlos Diegues
- *Pixote, a lei do mais fraco* – 1981, Hector Babenco
- *Gabriela, cravo e canela* – 1983, Bruno Barreto
- *Memórias do cárcere* – 1984, Nelson Pereira dos Santos
- *Guerra de Canudos* – 1997, Sérgio Resende
- *Central do Brasil* – 1998, Walter Salles
- *Villa-Lobos, uma vida de paixão* – 2000, Zelito Viana
- *Lavoura arcaica* – 2001, Luiz Fernando Carvalho
- *Cidade de Deus* – 2002, Fernando Meirelles
- *Hors-concours*: *Limite* – 1933, Mário Peixoto; *The life and adventures of Nicholas Nickleby* – 1946, Alberto Cavalcanti (realizado na Inglaterra).

Capítulo 2

Do Rio a Brasília, ida e volta

MINISTRO, O SENHOR JÁ NOS CONTOU QUE, QUANDO SE MUDOU PARA O RIO, FOI MORAR EM NILÓPOLIS. COMO FOI ESSA MUDANÇA?

Primeiro, tenho de dizer que, para viajar até o Rio, tive de apelar para o meu irmão mais velho, Francisquinho, pois não tinha dinheiro para a passagem. Fui a Teresina, onde ele era gerente da empresa em que eu trabalhara, e ele conseguiu, não sei de que forma, os recursos. Então, tomei um DC-3 e vim para o Rio, uma viagem de dia inteiro, como acontecia naquele tempo. Havia uma linha aérea que vinha pelo litoral, mas preferi a que vinha pelo interior. Fizemos escala em Teresina, Bom Jesus da Lapa, na Bahia, região do São Francisco, depois Rio de Janeiro. Na chegada ao Rio, houve uma pequena surpresa. Eu ia me hospedar na casa de um amigo, Inácio André Bezerra Salles, cearense que ia freqüentemente a Parnaíba para se encontrar com os jovens intelectuais católicos. Ele morava em Nilópolis e me convidou para ficar na sua casa enquanto eu me ajeitava na cidade. Eu já tinha vindo ao Rio em 1950, na época da Copa, para fazer sondagens, conhecia um pouco a cidade, mas não Nilópolis, nem sabia onde era. Chegamos ao aeroporto Santos Dumont e tomamos um táxi para a Central do Brasil, enfrentamos o *rush* do fim da tarde. Carregando as malas, chegamos à Central, que eu tinha idealizado. Via nos filmes americanos aqueles casais que moravam no subúrbio e iam todo dia de trem para a cidade, confortavelmente instalados. Na Central do Brasil não era bem assim.

Como foi a chegada a Nilópolis?

Minha primeira noite foi memorável. Entre o convite para ficar na casa do André e minha vinda para o Rio, a cunhada foi morar na casa dele, de modo que não havia mais um quarto para mim. Simplificando a coisa, saímos, procuramos uma loja de móveis e compramos um colchão. Então, lá pelas 8h30min, 9h da noite, estávamos, o André e eu, pelas ruas de Nilópolis com um colchão na cabeça.

A cidade já tinha uma certa população, mas nem longe a atual densidade populacional. Hoje Nilópolis é uma das maiores cidades do Brasil. Nessa época, também não se falava em assalto nem havia o problema de violência.

Como o senhor arrumou seu primeiro trabalho no Rio?

Meus amigos católicos do Rio me haviam dito que a melhor forma de arranjar emprego aqui era procurar o recém-eleito deputado Jorge Lacerda, amigo deles.[34] Ele poderia arranjar uma colocação para mim num jornal. Essa foi a primeira visita que fizemos, eu e o Gumercindo Rocha Dória, o líder deste pequeno grupo de intelectuais católicos, que depois se tornou editor das Edições GRD, uma pequena editora. O Jorge Lacerda estava chegando de Santa Catarina, fora eleito deputado federal pela UDN, e era o diretor do suplemento Letras e Artes de *A Manhã*. Era o grande suplemento da imprensa brasileira, não havia no Rio ou em São Paulo algo que se comparasse. Todos os grandes escritores e intelectuais escreviam lá.

O Jorge nos recebeu e disse: "Pois não, vou acompanhar o Velloso aos jornais." Fomos primeiro ao Adonias Filho, responsável pela edição dos jornais *A Noite* e *A Manhã*, que estavam sob a chancela das Empresas Incorporadas ao Patrimônio da

---

[34] Jorge Lacerda nasceu em Paranaguá (PR), em 1915. Estudou em Florianópolis e graduou-se em medicina na Universidade do Paraná. Líder influente do integralismo no sul do país, envolveu-se no *putsch* integralista, no Rio de Janeiro, contra o governo Vargas, em maio de 1938. Fundou e dirigiu o suplemento Letras e Artes, no jornal *A Manhã*. Foi eleito deputado federal pela UDN em Santa Catarina, em 1950 e 1954, e governador do mesmo estado em 1955. Faleceu em um desastre aéreo, perto de Curitiba, em 16 de junho de 1958. Ver: ABREU, Alzira Alves de et al. (Orgs.). *Dicionário histórico-biográfico brasileiro pós-1930*. Rio de Janeiro: FGV/Cpdoc, 2001.

União.[35] Era amigo do Jorge, mas disse: "Olha, estou demitindo gente porque a ordem é reduzir despesas." Acabei colaborando como *free-lancer* em um caderno especial do *Correio da Manhã*, coordenado pelo Olympio Souza Andrade, sobre *Os sertões*, de Euclides da Cunha. A tentativa seguinte foi com um amigo do Jorge Lacerda que dirigia um jornal chamado *A Voz Trabalhista*. Não esqueçamos que estamos em março de 1951, início do segundo governo Vargas. *A Voz Trabalhista* era um jornal peronista, embora eu não soubesse. O diretor me recebeu e disse: "Olha, talvez possamos tentar alguma coisa como colunista de cinema. Você diz que gosta de cinema, entende do assunto, então vamos fazer um teste."

Quem era o dono de *A Voz Trabalhista*?

Não tenho idéia, sei que tinha um financiamento peronista. Foi criado antes da *Última Hora*. Era um jornal getulista e peronista. Fui fazer o teste mas, enquanto estava na redação, percebi que havia outro candidato e vi que não tinha chance. O escolhido foi de fato o outro, porque sabia escrever para coluna de fofocas, algo no estilo da revista *A Scena Muda*, e eu não tinha vocação nem informação para escrever sobre fofocas no meio cinematográfico. Escrevia sobre filmes, já tinha escrito, por exemplo, uma coluna numa revista de Parnaíba sobre um filme do John Ford, *Domínio de bárbaros*, de 1947, baseado em *O poder e a glória*, do Graham Greene.

Depois disso, o Jorge Lacerda ponderou: "Velloso, veja bem, todos os jornais do Rio parecem estar fazendo contenção de custos. Está difícil arrumar emprego para você. Estou precisando de um secretário-assessor, estou assumindo minha cadeira na Câmara dos Deputados e preciso realmente de apoio. Só que você vai ser um factótum, vai dar todo o apoio de que eu precisar." Era uma figura muito interessante, de ascendência grega, e havia até uma polêmica em Santa Catarina sobre a sua nacionalidade. Os adversários políticos diziam que ele tinha nascido na Grécia. Na verdade, parece que os pais vieram para cá de navio, a mãe grávida, e ele nasceu pouco depois de chegarem aqui. Católico, um excelente humanista, talentoso como diretor do suplemento Letras e Artes, amigo de todos os escritores de que eu tinha ouvido falar e de todos os jornalistas importantes, mas voltado para duas coisas: cultura e Santa

---

[35] Empresas Incorporadas ao Patrimônio da União foi uma instituição criada por Getúlio Vargas, em março de 1940, para abrigar as empresas encampadas pelo Estado por motivos políticos. Entre as empresas que sofreram essa intervenção, estavam os jornais *O Estado de S. Paulo*, *A Noite* e *A Manhã*.

Catarina. Era bem mais velho do que eu, tinha uns 40 anos. E assim, para sorte minha, comecei a me integrar nas funções de seu factótum.

Jorge Lacerda era uma figura bastante ligada às artes e atuou muito nesse sentido.

Foi dele o projeto de lei de criação do Museu de Arte Moderna, o MAM, aqui do Rio, e foi o relator do projeto de lei do Instituto Nacional de Cinema, uma experiência interessantíssima para mim. O fato de ele estar como relator do projeto de criação do instituto me permitiu conhecer, por exemplo, o Alberto Cavalcanti, na época o único brasileiro que fazia cinema no exterior. Ainda recentemente revi uns filmes dele na TV. Assisti na época a projeções especiais, porque o Alberto Cavalcanti veio ao Brasil. Viu que estava sendo criado o Instituto de Cinema, que havia uma grande efervescência por causa da criação da Vera Cruz e que havia grandes esperanças para o cinema brasileiro. Por isso, decidiu ficar uns tempos aqui, onde dirigiu *Simão, o caolho*. Nunca havia feito filme no Brasil, e o Jorge tinha, como disse, amizade com os escritores conhecidos e artistas plásticos, a quem até ajudava.

Graças ao trabalho com o Jorge Lacerda, tornei-me também amigo do Adonias Filho, do Ascendino Leite, grande amigo do Jorge, colunista político e escritor. Conheci o Otto Maria Carpeaux, de quem não cheguei a ser amigo, mas conversava bastante com ele e sua mulher porque moravam no mesmo prédio do Jorge, eram grandes amigos. E, como disse, o Jorge ajudava alguns artistas. Lembro-me de levar uns envelopes para o Santa Rosa, o pintor e ilustrador, para o Oswaldo Goeldi, o grande xilogravurista, o mestre, talvez até hoje o maior dos artistas da xilogravura no Brasil. Minha mulher tem a coleção das obras completas do Dostoievski na edição da José Olympio, presente do Zózimo. A maioria dos volumes é ilustrada pelo Oswaldo Goeldi. Esses envelopes, desconfio, tinham dinheiro, um empréstimo semelhante ao que o meu irmão fizera a mim para comprar a passagem para o Rio.

O Jorge era um excelente humanista, tinha muito mais cultura geral do que eu, não só pela idade, mas porque realmente tinha lido muito mais. Para ser diretor do Letras e Artes, tinha de ter essa cultura geral, senão não seria respeitado pelos escritores. Foi ele quem me aproximou da grande poesia universal. Até então, eu tivera contato principalmente com os grandes romances do século XIX e com romances em geral. Nos anos 1950 foi publicado um livro do Temístocles Linhares, *Introdução ao mundo do romance*,[36] e eu o usava como roteiro: "Tenho de ler a maioria dos livros que estão aqui."

No campo da poesia, foi através dele que aprendi a conhecer Rimbaud, *Le bateau ivre*, por exemplo, e a poesia do Rimbaud em geral. Ele, inclusive, costumava citar certos autores nas coisas que escrevia e eu não podia ter ignorância excessiva na matéria. Morreu tragicamente em 1958, quando já era governador de Santa Catariana e eu já estava no Banco do Brasil. Numa vinda de avião ao Rio, houve um desastre que se tornou famoso. Com ele, morreram Nereu Ramos e outros congressistas. Sou amigo da família dele até hoje. Havia tido muito contato com sua mulher, d. Kirana, muito bonita, alta, e com as filhas Irene e Zoê.

O senhor não chegou a ir a Santa Catarina?

Não, apesar de muita gente de Santa Catarina haver se tornado minha amiga e de o Jorge ter-me mandado uma passagem quando assumiu o governo, para assistir à sua posse. Eu já estava no Iapi quando ele assumiu o cargo de governador, a carreira avançando, achava bom não faltar ao meu trabalho.

Foi um parlamentar rigoroso: nenhum assunto de Santa Catarina podia ficar sem resposta, fosse o que fosse. Havia pedidos para tudo. Como é natural, recebia muitas cartas e jamais deixou uma sem resposta.

Foi ainda como secretário do Jorge Lacerda que o senhor se mudou de Nilópolis para Copacabana.

Minha rotina com o Jorge exigia que às 10h eu estivesse na casa dele, onde tinha o escritório. Morando em Nilópolis, eu tinha de acordar de madrugada, não sabia se tomaria o primeiro, o segundo trem, descia na Central do Brasil e tomava um ônibus. Isso demorava umas duas horas. Além do mais, comecei a estudar à noite no cursinho para o vestibular de medicina, na praça Tiradentes, cujas aulas terminavam lá pelas 22h30min. Um dia, eu estava com tanto sono depois das aulas que me vi no meio da avenida Presidente Vargas, o sinal aberto para os carros, e um ônibus a cerca de dois metros de mim. Estava dormindo em pé, só tive tempo de dar um salto de volta para a calçada.

---

[36] LINHARES, Temístocles. *Introdução ao mundo do romance*. 2. ed. São Paulo: Quiron, 1976.

Houve outro incidente mais decisivo. Uma noite em que saí do cursinho mais cedo, tomei o trem da Central e, quando desci em Nilópolis, disseram: "Houve um terrível desastre em Anchieta, morreram dezenas de pessoas." Era a estação seguinte a Nilópolis. Então raciocinei comigo mesmo: "Esse esquema não dá. Eu trabalho em Copacabana, estudo de noite..." Através de um amigo de Parnaíba que alugava um quarto em Copacabana, me mudei para lá. Naquela época, era freqüente alugar quartos em Copacabana para "rapazes e moças de fino trato". Peguei os classificados do *Jornal do Brasil* e, antes mesmo que me decidisse, encontrei, por acaso, esse amigo: "Moro num apartamento em Copacabana, de uma família do Piauí." Fui lá e aluguei um quarto. Ficava na esquina de Souza Lima com a avenida Copacabana, e o Jorge Lacerda morava na rua República do Peru. Nos primeiros meses, o salário que o Jorge me pagava não dava para as minhas despesas e pedia a meu pai para ir mandando alguma coisa.

Fomos montando uma rotina. Chegava lá pelas 10h para ver a correspondência, preparar as respostas ou ver quais providências adotar. Ficávamos trabalhando até as 13h, almoçávamos e íamos para a Câmara. Eventualmente, ele ainda dava um pulo ao Senado e eu o acompanhava. Isto de segunda a sexta-feira, pois o Congresso funcionava todos os dias úteis da semana. A maioria dos deputados e senadores morava no Rio, porque o Rio era a maior atração. O parlamentar do Ceará, do Piauí, não sei de onde, achava ótimo morar no Rio. A Câmara era no Palácio Tiradentes e o Senado ficava no Palácio Monroe, perto do obelisco. Descíamos para a cidade, as sessões ordinárias começavam às 14h, ficávamos lá um pouco, eu passava os telegramas ou expedia cartas, pois lá havia uma agência de correios. Às vezes, íamos para a "Furna da Onça", uma espécie de "Terra de Ninguém" entre o plenário e os gabinetes da Câmara.

Naquele tempo, só quem tinha gabinete era o presidente da Câmara, alguns membros da Mesa e os líderes. Deputado não tinha gabinete e a "Furna da Onça" era onde eles conversavam e se encontravam com os jornalistas. Foi ali que conheci alguns dos mais famosos colunistas políticos daquela época. Eu era apenas o secretário do Jorge Lacerda, um jovem de 20 anos do Piauí, mas conheci Villas-Bôas Corrêa, Carlos Castelo Branco, Murilo Marroquim, Heráclito Salles e muitos outros que iam diariamente à Câmara, como o Villas conta em seu livro de memórias jornalísticas.[37] Além de irem à Câmara, também iam ao Senado. Quando me tornei

---

[37] CORRÊA, Villas-Bôas. *Conversa com a memória; a história de meio século de jornalismo político*. Rio de Janeiro: Objetiva, 2001.

ministro, alguns deles se tornaram meus amigos. O Villas-Bôas hoje é um grande amigo meu, o Odilo Costa Filho também, até morrer. Ele e toda a família — os Odilos, como falamos em casa.

No trabalho com o Jorge Lacerda havia ainda a segunda etapa, as pesquisas para sua atuação na Comissão de Educação. Mas ele também foi o relator do Plano do Carvão Nacional, assunto muito importante para seu estado, e eu o ajudei nisso. Ia sempre aos ministérios, principalmente para resolver assuntos de Santa Catarina. Só faltou cuidar de pedidos de noiva, no mais tudo tinha resposta. Isso serviu muito ao Jorge Lacerda quando se candidatou ao governo do estado. Às vezes, havia alguns problemas com deputados da UDN de Santa Catarina que não tinham secretário. Como eu estava lá todo dia, o líder da bancada da UDN local, deputado Wanderlei, certa vez perguntou ao Jorge: "Você não me empresta o seu secretário? Tem umas freiras me procurando e eu preciso de alguém que as acompanhe ao Ministério da Educação." O Jorge me pediu que fosse até lá com elas. Eu as apresentei aos contatos que já tinha no Ministério e elas ficaram tão gratas que passaram a procurar diretamente o Jorge Lacerda. Quando o líder soube disso, ficou uma fera e eu sumi da Câmara por dois ou três dias, até a raiva dele passar.

Também não esqueço outro episódio, que reflete o comportamento típico do deputado petebista da época. Um dia, eu estava na agência dos Correios da Câmara e o líder do PTB, um cara gordão, me viu com um livro na mão e comentou: "Você é o secretário do Jorge Lacerda, não? Você está perdendo tempo com essas leituras. Pode usar melhor o seu tempo, isso é um desperdício." Eu disse: "Não, mas eu preciso fazer o vestibular para medicina." E ele: "Mesmo assim, leia as apostilas e pronto." Era essa a mentalidade.

Ministro, qual foi a sua impressão ao entrar pela primeira vez na Câmara dos Deputados? É uma instituição imponente, não?

Realmente. E o Congresso daquele tempo não tinha alguns dos problemas que tem hoje. Em Brasília, por exemplo, passou a funcionar com uma semana de três dias. Nesse tempo em que eu era assessor, a Câmara tinha muito mais prestígio e havia algumas bancadas, principalmente na UDN, com grandes oradores. Havia grandes figuras em todos os partidos, como o presidente da Câmara, Nereu Ramos, também presidente do PSD e líder do partido em Santa Catarina. Eu me acostumei a assistir a grandes discursos. Outra diferença é que o plenário não vivia vazio, era muito movimentado e ali se travavam os grandes debates. Os espaços políticos mais importantes na Câmara eram o plenário e as comissões.

Anos depois, em agosto de 1954, voltei à Câmara para assistir ao famoso discurso de Afonso Arinos, pedindo a renúncia de Getúlio. Foi algo memorável. De modo que até hoje guardo uma boa lembrança do Palácio Tiradentes. O prédio em si impressiona e havia, como disse, grandes congressistas, um tipo de representação diferente. A representação naquela época, em todos os partidos, era mais elitista, salvo a do PTB.

O SENHOR FICAVA ATÉ QUE HORAS NA CÂMARA?

Em geral, ia aos ministérios e, quando terminava cedo, saía às 18h. De noite, às vezes, havia sessão noturna para votações e matérias especiais e eu tinha de ficar por lá.

HÁ LENDAS E MITOS SOBRE A VIDA MUNDANA DE ALGUNS PARLAMENTARES NESSA ÉPOCA. PASSAVA ESSE CLIMA MESMO?

Olha, naquele tempo trabalhava-se muito mais do que hoje, inclusive porque a maioria dos congressistas morava no Rio e fazia a semana de cinco dias. Não havia essa colher de chá da semana curta, ou o pretexto de visitar as bases. As visitas eram feitas nos recessos, no início do ano e em julho. Embora o recesso de início do ano fosse mais longo do que o de hoje, acho que se trabalhava mais. Além do mais, o Congresso parecia ter uma função mais importante do ponto de vista de refletir as reivindicações da sociedade. O Executivo era muito menos presente, muito menor e muito menos ativo do que hoje. Ou seja, de fato, o Executivo tinha menos atribuições e o Congresso, mais. Não é à toa que o setor privado de vez em quando se queixa da pressão excessiva do governo. Por governo, entenda-se Executivo, um poder que ampliou muito seu raio de ação a partir dos anos 1950. Deste ponto de vista, esse momento foi uma oportunidade para muitos substitutos históricos, na expressão de Alexander Gerschenkron. Seu livro sobre atraso em perspectiva histórica diz que os países subdesenvolvidos, quando não têm certas precondições, usam substitutos históricos.[38] Foi o que aconteceu aqui. O Estado passou a desempenhar funções que o setor privado não tinha condições de assumir. Por isso criaram-se bancos de desen-

---

[38] GERSCHENKRON, Alexander. *Economic backwardness in historical perspective.* Cambridge: Harvard University Press, 1962.

volvimento como o BNDES e o Banco do Nordeste. Eles são exemplos de substitutos históricos. Houve uma proliferação de estatais naquela década de 1950, principalmente nas áreas de infra-estrutura, e o Juscelino, de fato, foi campeão no que toca a uma ação mais enérgica do Executivo, em face do Congresso.

Quanto tempo o senhor ficou trabalhando com o deputado Jorge Lacerda?

Cerca de um ano. Depois decidi fazer concurso público e me fixei no Iapi, que era, a despeito de tudo, o maior e mais bem estruturado dos institutos de aposentadorias e pensões da época. Ali trabalharam Hélio Beltrão, Plínio Catanhede, Alim Pedro, como seus primeiros presidentes, e que fizeram do instituto um modelo. A previdência, naquele tempo, funcionava pelo regime de capitalização, ou seja, tinha reservas para aplicar. Era diferente de hoje.

Fiz dois concursos para o Iapi: para oficial de administração e para escriturário, função que assumi primeiro. Fui trabalhar na assessoria da presidência, porque obtivera colocação muito boa nos concursos e o Jorge Lacerda falou com o chefe do gabinete do presidente, Homero Sena, que escreveu *República das letras*.[39]

Foi um privilégio ter ocupado esse cargo no Iapi. O presidente era o Afonso César, um dos maiores gestores do instituto, conhecia muito previdência social, apesar de ser do PTB. Tinha sido secretário do Getúlio, lá no exílio, em São Borja, e, mesmo sendo grande amigo dele, era um bom administrador e não fazia concessões políticas.

Uma das minhas funções na assessoria da presidência era receber as pessoas enviadas pelo João Goulart, que era ministro do Trabalho. Ele enviava tudo, pedidos que tinham sentido e pedidos que não tinham. Nunca esqueço o caso de uma construtora de Santa Catarina, a Urbanizadora Metz, que queria um empréstimo ou uma participação do Iapi num empreendimento. Eu disse que o Iapi tinha reservas para aplicar, que as aplicava bem e que íamos examinar o caso. Eu sabia um pouco de aritmética financeira. Fiz uma análise e verifiquei que a lógica financeira usada era muito simples. Naquele tempo não havia correção monetária, a inflação devia ser de uns 20% ao ano. Com a taxa de juros que queriam pagar, daria para fazer o empreendimento, pagar a parte que ficaria com o incorporador,

---

[39] SENA, Homero. *República das letras*. Rio de Janeiro: Livraria S. José, 1957.

vender o resto e pagar as prestações do Iapi sem desembolsar um tostão. Levei o assunto ao presidente do Iapi e ele me pediu para escrever uma carta ao Jango, explicando o assunto, que morreu nisso.

O Jango recebia resposta para todas as cartas que enviava. Ele nos encaminhava muitos trabalhadores que queriam casa própria. O Iapi tinha grandes conjuntos residenciais, que não eram vendidos, eram alugados. Então, para moralizar a coisa, o chefe da assessoria da presidência, o Paulo Pinto, combinou conosco e com os assistentes da presidência os critérios a serem seguidos. Os apartamentos eram alugados aos trabalhadores em função principalmente do número de filhos. Aplicávamos um critério de não alugar para famílias com menos de dois filhos e sempre havia candidatos em número superior às vagas, tendo dois filhos ou mais. De modo que, em cada caso em que não era possível atender, se fazia uma carta ao Jango. Da mesma forma se fazia uma carta quando era possível atender ao pedido. O Afonso César fazia isso com muito rigor, foi um grande presidente do Iapi, do mesmo nível daqueles fundadores que já citei.

O SENHOR CHEGOU A TER ALGUM CONTATO DIRETO COM O JOÃO GOULART?

Não. Eu me relacionava com o pessoal do seu gabinete. Havia naquele tempo, nos gabinetes ministeriais, uma figura chamada oficial-de-gabinete. Eu me entendia com eles. Às vezes, além de mandar a carta, ele mandava telefonar para reafirmar seu interesse. Nesses casos, a gente telefonava de volta.

JOÃO GOULART ERA UMA FIGURA POLÊMICA, A UDN QUESTIONAVA MUITO SUAS INTENÇÕES.

É verdade. Já naquela época, eu tinha a impressão de que ele era realmente um populista, mal preparado para qualquer cargo, mesmo de ministro do Trabalho. A única coisa relevante que fez como ministro foi propor ao Getúlio que dobrasse o salário mínimo. Em maio de 1954, Getúlio o atendeu e a inflação começou a explodir.

O PRESTÍGIO DO JOÃO GOULART VINHA DO FATO DE ELE SER APADRINHADO DO GETÚLIO, OU ELE TINHA MESMO CARISMA PESSOAL?

Ele tinha carisma e isso também fica claro no livro do Villas-Bôas. Mas não tinha competência para ser ministro do Trabalho, quanto mais presidente da República! No Iapi, eu tinha uma visão bastante crítica a seu respeito e o Afonso

César também. O Afonso era de uma ala do PTB ligada ao Alberto Pasqualini, uma ala mais doutrinária, enquanto o Jango era o líder da facção populista, sindicalista e peronista do partido. Vejam, eu sabia indiretamente de suas tendências peronistas por conta de minha experiência no jornal *A Voz Trabalhista*, que, como disse, era peronista e dava toda cobertura ao governo do Getúlio. Eu era antigetulista, já mencionei que meu amadurecimento político – se a gente pode dizer que alguém algum dia amadurece politicamente –, lá pelos 15, 16 anos, se deu em clima de redemocratização e que me inclinei por apoiar o brigadeiro nas campanhas presidenciais de 1945 e 1950. Passei a ter simpatias pela UDN e depois pelo Partido Democrata Cristão, neste caso por causa da doutrina social da Igreja.

Ainda sobre a administração do Afonso César, houve um incidente na época do atentado da rua Tonelero, em agosto de 1954.[40] Na Câmara, eu havia conhecido o Murilo Mello Filho e, no dia seguinte ao atentado, liguei para ele, pedindo notícias sobre o Lacerda. No outro dia, vi na *Tribuna da Imprensa* que meu nome estava entre as pessoas que se haviam solidarizado com Carlos Lacerda. Eu lia a *Tribuna*, era um bom jornal em sua primeira fase. Tinha um crítico de cinema muito bom, o Eli Azeredo.

Bom, quando vi meu nome nessa lista, pensei: o Afonso César nunca perguntou qual era a minha simpatia política, mas aquilo podia me deixar mal. Ele dava completa liberdade ao Homero Sena, chefe de gabinete, e ao Paulo Pinto, chefe da assessoria, para escolherem seus auxiliares. Pensei, criei coragem e decidi: vou voltar para casa hoje sem meu cargo em comissão. Tenho de esclarecer esse negócio. No fim do expediente, pedi licença e entrei no gabinete do Afonso César: "Presidente, não sei se alguém já lhe contou, mas meu nome apareceu hoje na *Tribuna da Imprensa* entre as pessoas que se solidarizaram com Lacerda. Quero esclarecer que isso não é verdade. Assim mesmo, sinto-me na obrigação de colocar meu cargo à disposição." E ele: "Velloso, deixa disso, vai trabalhar."

---

[40] No dia 5 de agosto de 1954, Carlos Lacerda, da UDN, diretor do jornal *Tribuna da Imprensa* e um dos principais opositores de Vargas, foi vítima de um atentado em frente ao edifício em que morava, na rua Tonelero, no qual faleceu um major da Aeronáutica. Esse atentado, ordenado pela chefia da guarda pessoal do presidente, está na origem da crise de agosto de 1954 que levou ao suicídio de Vargas.

O SENHOR CONTINUAVA EM CONTATO COM OS INTELECTUAIS CATÓLICOS?

Mantinha contato com alguns grupos, inclusive com um chefiado por dom Hélder Câmara, bispo auxiliar do Rio de Janeiro. Ele já tinha um trabalho importante no meio operário, chefiava a Cruzada São Sebastião, no Jardim de Alá, que resultou na construção do conjunto residencial da Cruzada. Ali também foi construído, pelo Ipase, um outro bloco, para jornalistas. Jornalistas eram figuras de certa relevância, alguns tinham um segundo emprego no Ipase e o presidente do instituto quis agradá-los.

O grupo de dom Hélder promovia uma série de conferências no fim do dia, em torno das 18h, 18h30min, no auditório do Ministério da Fazenda, a que eu assistia com minha namorada, depois minha primeira mulher, com quem casei em 1954. Eu a conheci no cursinho de preparação para o concurso de oficial de administração do Iapi. Sempre gostei de moça bonita, fiquei amigo de três ou quatro delas e estudávamos juntos no fim de semana, às vezes no apartamento onde eu morava, às vezes na casa de uma delas, na travessa Angrense, em Copacabana. A única que não tinha namorado era a Gelsa, passei a sair com ela e namoramos.

QUEM MAIS PARTICIPAVA DESSE GRUPO CATÓLICO LIGADO A DOM HÉLDER?

Eram jovens com certa pretensão intelectual, não necessariamente escritores, que se reuniam, sempre com a presença de dom Hélder, salvo engano, no Tablado. Fui algumas vezes a esses encontros com minha namorada. Às vezes eles discutiam autores com quem eu estava me familiarizando, a exemplo de Georges Bernanos e Charles Péguy, escritores franceses, dissidentes, que a Agir estava publicando aqui, por exemplo. Eu tinha lido sobre o livro *Sob o sol de Satã*, do Bernanos, de 1926, que depois virou um filme com o mesmo nome.[41] Foi nessa ocasião que li *Humanismo integral*, de Maritain. Nesse grupo, discutíamos principalmente autores e livros – infelizmente, não discutíamos filmes. Continuei amigo de dom Hélder mesmo depois de ir para Brasília, embora tivéssemos pouco contato. Fui amigo dele até sua morte, cheguei a convidá-lo para fazer meu casamento, mas ele recusou, justificando: "Não posso abrir exceção." Ele estava ligado a muitos grupos, muita gente. A última vez que o vi foi no aeroporto de Frankfurt, nos anos 1970, nós dois esperando

---

[41] BERNANOS, Georges. *Sob o sol de Satã*. Rio de Janeiro: Globo, 1987. O filme, dirigido pelo francês Maurice Pialat, é de 1987.

uma conexão, quando eu era ministro. Ficamos juntos conversando bastante tempo, até o avião chegar.

Nessa época, anos 1970, dom Hélder já era bastante hostilizado.

Sim. Mas, no tempo em que eu estava no Iapi, era um bispo auxiliar considerado progressista, mas não associado à extrema esquerda. Também não era ainda uma figura messiânica.

O senhor acha que ele mudou?

Imperceptivelmente, ao longo de duas décadas, acho que mudou. Li livros dele dos anos 1970 e os achei um pouco apelativos, digamos, com um toque de messianismo. Ele parecia se considerar um enviado divino. Fui muito crítico dos livros dele, embora o admirasse muito.[42] Pareciam-me superficiais. Eu já era economista, tinha lido sobre muitos dos temas que ele discutia, como a pobreza, e já sabia o suficiente de políticas sociais para dizer que havia um toque de messianismo e de demagogia no que escrevia. Mas sempre gostei dele como figura humana, de sua preocupação com a pobreza. Como bispo auxiliar, fez uma coisa altamente controvertida: em lugar de fazer a erradicação da favela da Praia do Pinto, fez um conjunto residencial para a população local, no meio de uma área de alta renda. É quase uma favela. Já o Carlos Lacerda, no outro extremo, preferia sempre a erradicação da favela, o que nem sempre é indicado.

Que outros escritores foram importantes para o senhor nesse momento?

Na altura de 1953, 1954, tive duas influências importantes de autores estrangeiros: Thomas Merton, inglês, e Simone Weil, francesa. Os dois me impressionaram e passei a ler a obra. O Thomas Merton, a rigor, eu já conhecia do Piauí, havia lido seu principal livro, comprado no Clube do Livro. É uma autobiografia, de 1948, que completou 50 anos em 1998 e recebeu edição comemorativa: *The seven story mountain*, que em português se chamou *A montanha dos sete patamares*.[43] Aqui no

---

[42] Dom Hélder Câmara escreveu, entre outros, os seguintes livros: *Revolução dentro da paz* (Rio de Janeiro: Sabiá, 1968); Spirale *de violência* (Porto: Portugal, 1971); *O deserto é fértil: roteiro para minorias abraâmicas* (Rio de Janeiro: Civilização Brasileira, 1976).

[43] MERTON, Thomas. *The seven story mountain*. New York: Harcourt, Brace, 1948; *A montanha dos sete patamares*. 7. ed. Rio de Janeiro: Mérito, 1959.

Rio, vi que a Agir estava publicando outros livros dele e comecei a ler. Nesse tempo, eu ainda não sabia bem inglês e lia tudo em português. Merton foi uma figura excepcional, que me impressionou muito. É daqueles escritores que foram muito mais do que escritores. Daqueles cuja vida é importante em si mesma. Merton estudou na Universidade de Cambridge, depois na de Columbia, em Nova York, era um escritor de esquerda, não-católico, interessou-se pelo cristianismo, converteu-se e, pouco tempo depois, virou monge trapista no Mosteiro de Gethsemani, em Kentucky, Estados Unidos. Essa autobiografia teve repercussão universal. Ali ele conta como foi de escritor ateu, de esquerda, a monge trapista.

Alguns livros seus não estão à altura deste, mas existe um *Thomas Merton reader*[44] que é muito bom, uma espécie de antologia com as melhores coisas. Ele tinha muito de místico e contemplativo e morreu tragicamente de algo trivial, eletrocutado em um acidente com um ventilador, em Bangcoc, Tailândia, ao participar de uma reunião de líderes religiosos, em 10 dezembro de 1968, 27 anos após sua entrada na abadia de Gethsemani. Como vocês sabem, a ordem trapista é eminentemente meditativa, mas, pelo fato de ser escritor, ele recebeu autorização especial para continuar escrevendo.

Há ainda outra coisa em sua vida que julgo interessante. Ele teve um caso de amor platônico com uma de suas admiradoras, que foi visitá-lo em Gethsemani. Eles se corresponderam até a correspondência ser interceptada. Nesse momento, ele teve de decidir e optou por continuar no mosteiro.

A outra grande influência que recebi na época foi, como disse, da Simone Weil, que tem também uma obra significativa, parte dela dedicada a questões sociais. Era filósofa, tirou o primeiro lugar em filosofia na Sorbonne, mas sempre com grande interesse em assuntos sociais e espirituais. Era judia de nascimento, manteve longa correspondência com um frade, com quem discutia questões teológicas e filosóficas, e terminou a vida quase cristã. Mas ela foi muito mais do que isso. Dizia: "Se alguém quer ser cristão, e eu, talvez, venha a ser, tem de experimentar a condição dos trabalhadores." Trabalhou em fábricas, em usinas siderúrgicas, no campo como lavradora, e fez um trabalho intelectual importante, ligado à resistência francesa em Londres, onde se exilou com a família. De Gaulle a considerava maluca, não conseguia entender suas idéias.

---

[44] MCDONNELL, Thomas P. *A Thomas Merton reader*. New York: Image, 1996.

Merton também tem muita coisa interessante sobre a questão social. São duas personalidades complexas, com interesses diversificados. São pessoas espiritualistas, com experiência humana muito intensa.

O existencialismo não lhe interessou nessa época?

Não, aquele existencialismo *à la* Sartre nunca me seduziu. Li o livro da Simone de Beauvoir, o clássico *O segundo sexo*, quando já estava em Brasília, porque queria saber o que tinha a dizer sobre a condição da mulher. É o único livro dela que li. E de Sartre nunca li nada, apenas sobre ele. Não tinha interesse.

E Camus, o senhor conheceu?

Sim, li *O estrangeiro* e *A peste*.[45] É um grande humanista.

O senhor é um católico praticante, vai à missa, comunga?

Era e sou até hoje. Se quiserem me matar, é muito simples. Fiquem ali em frente à Igreja da Ressurreição, em Copacabana, aos domingos ao meio-dia, meu horário da missa. Sempre fui à missa. Na infância ia com meu pai, nem gostava muito porque tinha de acordar muito cedo. Até os 12, 13 anos, ia pela influência da família. A partir daí, passei a ir como parte do meu catolicismo.

Em 1954, o senhor casa pela primeira vez e sai do Iapi.

Nessa altura, eu já estava pensando em mudar de rumo. O meu raciocínio era o seguinte: depois de ter sido assessor do presidente do Iapi por duas gestões, qual era a minha perspectiva? Estava na carreira de segundo nível, ganhava relativamente bem para o meu padrão de classe média porque tinha um cargo em comissão. Para manter o meu padrão de vida, teria de depender de cargos em comissão. Sabia também que esses cargos dependiam de relações políticas e jamais tive conexões políticas. Resolvi procurar outro caminho e pensei no Banco do Brasil. Todo piauiense pobre, naquele tempo, pensava em fazer concurso para o Banco do Brasil. Hoje, acho que não é mais assim, porque os salários do banco foram achatados ao longo do tempo. Mas, nessa época, o banco dava a garantia de chegar ao fim da carreira e de ter uma boa aposen-

---

[45] CAMUS, Albert. *L'étranger*. Paris: Gallimard, 1941; *La peste*. Paris: Gallimard, 1947.

tadoria. Fiz o concurso em 1954, só que, para azar meu, esse concurso não tinha qualquer vaga para o Rio de Janeiro. Podia-se ir para qualquer lugar, menos ficar no Rio. Mas fiz, pensando que depois podia pedir uma transferência para cá. Um belo dia, quando ainda estava no Iapi, o gerente da Carteira de Crédito Geral do Banco do Brasil, um piauiense, Luís Brandão Costa, que eu não conhecia, me telefona: "Velloso, você fez concurso para o Banco do Brasil. Pela sua classificação, pode escolher qualquer lugar no Brasil." E eu: "Mas nesse concurso há a cláusula de que não se pode ficar no Rio de Janeiro." Ele disse que ia falar com o chefe do gabinete do superintendente do banco, Alberto Miranda Muniz, naquela época coordenador de toda a política de pessoal e que depois veio a ser meu chefe de gabinete, em Brasília, quando me tornei ministro. Procurei então o Muniz, que me disse: "Tudo bem, em qualquer concurso pode-se escolher o local onde se quer trabalhar, mas neste não há vaga para o Rio. De modo que eu tinha pensado em algo como Resende, que é aqui perto." Respondi que não, que preferia ir para São Paulo onde minha mulher, Gelsa, tinha família.

Casei em 1954 e fui para São Paulo em 1955. Já tinha o primeiro filho, Ricardo Augusto, o que morreu num desastre de carro no Nordeste, aquela coisa estúpida da qual já falei. Depois, logo após nosso retorno ao Rio de Janeiro, em fevereiro de 1958, nasceu o segundo filho, João Paulo Filho, que é médico. A Gelsa não quis mais ter filhos.

Qual era o nome de solteira de sua primeira mulher?

Seu nome era Gelsa Armond da Trindade, carioca, de ascendência paulisto-francesa e baiana: Pereira de Souza Armond, por parte da mãe, e Trindade, do pai. Eles namoravam pela janela, de um para outro lado da rua Moncorvo Filho, no Rio de Janeiro: ele era chefe da taquigrafia do Senado Federal e ela morava em frente.

O senhor ainda estava no Iapi, dentro da máquina do Estado, quando Getúlio se matou. Quais foram as suas impressões?

Foi um terremoto no Iapi, inclusive porque o seu presidente, Afonso César, tinha sido secretário do Getúlio, continuava grande amigo dele, embora fosse o Afonso quem mantinha o Iapi em ordem, porque, pelo Jango, podia-se dar a presidência do instituto a qualquer pelego ligado a ele. A repercussão era direta e até já me referi ao fato de ter ido assistir ao discurso de Afonso Arinos, um pronunciamento memorável.

De repente, o Brasil mudou politicamente. Naquela época, havia elementos para chegarmos à conclusão de que, na eleição seguinte, o candidato do Getúlio iria ser derrotado, a menos que surgisse um fato novo. O governo do Getúlio tinha ficado muito impopular por causa da inflação e do custo de vida. O aumento de 100% no salário mínimo, por sua vez, fora um tiro pela culatra.

Alguns estudos dizem que o objetivo de Getúlio era fazer primeiro a contenção inflacionária e, depois, a expansão. Nos dois primeiros anos, ele conteria a inflação e depois poderia acelerar o crescimento. Mas isso não foi conseguido, perderam o controle da inflação. Ainda assim, o Brasil teve um crescimento razoável. Nos anos 1950, todos sabemos, o Brasil cresceu muito, mas assim mesmo o governo era impopular. Havia o fenômeno oposicionista do lacerdismo e o descontentamento não era apenas da classe média. E a UDN, em sua vocação suicida, apostava no golpismo.

A UDN não precisaria jamais ter tentado a renúncia de Getúlio a qualquer custo. Isso foi um erro, do Lacerda e da UDN em geral. Politicamente, o melhor que poderia ser feito era deixar o Getúlio terminar seu governo, porque terminaria mal. Poderia ter obtido um crescimento razoável, mas estava ficando cada vez mais difícil crescer. Aquela tentativa de desmoralizar o Getúlio para que saísse do poder foi inábil. Tudo bem que fizesse a desmoralização, mas exigir a saída era um erro político. Senão, vejamos o que aconteceu. Até o suicídio, o clima em relação ao Getúlio era de impopularidade geral. No dia em que circulou a notícia da morte, houve uma reviravolta na opinião popular e formaram-se filas quilométricas para velar seu corpo. Foi um negócio impressionante. Getúlio acertou politicamente: suicidou-se para reconquistar a popularidade perdida.

O suicídio foi um golpe de mestre?

Esse cálculo é impressionante, e funcionou. Funcionou porque tudo mudou, tudo. Veio o governo Café Filho, toda a história de Carlos Luz e, quando houve a eleição para presidente, o quadro político era inteiramente diferente. Juarez, pela UDN, não foi adversário para o Juscelino, não só pelo mérito do Juscelino, mas porque popularmente tinha ficado aquela marca: a UDN era vista como a responsável pela morte do Getúlio.

O senhor já nos falou que era antigetulista. Qual é exatamente a sua visão sobre Getúlio Vargas?

Há a visão da época e há a de hoje. Como disse, fui da geração antigetulista por excelência, pelas razões a que já me referi: discordâncias ideológicas e problemas com famílias de conhecidos em Parnaíba, durante o Estado Novo. A distância, acompanhava a UDN e o PDC, mas não queria me envolver diretamente com política. Tinha um julgamento muito desfavorável de Getúlio, tanto do primeiro governo, de 1930 a 1945, porque o conhecia insuficientemente, como do segundo, 1951-54, porque não tinha os instrumentos para julgar. Depois, como economista, e particularmente como interessado em estratégias de desenvolvimento, passei a atribuir uma importância considerável ao primeiro governo. Foi nessa ocasião que começaram a ser criados certos instrumentos políticos e administrativos, os substitutos históricos aos quais já me referi. Foi ali que o Estado brasileiro começou a se preparar para conduzir a estratégia de desenvolvimento. Foram criados mecanismos setoriais, mas, principalmente, mecanismos mais gerais como a Superintendência da Moeda e do Crédito (Sumoc), criada em 1945. Depois, já no segundo governo, foi criada a Carteira de Comércio Exterior do Banco do Brasil (Cacex), de 1953, embrião do Banco Central, que viria a ser criado em 1964. No que toca às tentativas de planejamento global, foi criado um conselho de planejamento subordinado ao presidente, a Assessoria Econômica da Presidência da República, e outros mecanismos como o BNDE, hoje BNDES, e o Banco do Nordeste.

Voltando à sua carreira, qual foi a sua função no Banco do Brasil?

Quando retornei ao Rio, em fins de 1957, fui trabalhar no departamento de funcionalismo e, logo em seguida, fui requisitado para a assessoria do presidente. Quando me apresentei, a chefe da minha área, a de funcionalismo, d. Vênus, uma mulher importante na minha carreira, me fez uma gozação: "Finalmente, conseguimos trazer para a presidência alguém que não é piauiense. Toda vez que peço um auxiliar, o chefe do funcionalismo me manda um piauiense." No mesmo dia, ela ligou para o chefe do funcionalismo para fazer uma gozação e ele disse: "D. Vênus, a senhora está satisfeita com a ida do Velloso?" Ela disse: "Sim, o Paulo Pinto me deu ótimas referências." O Paulo Pinto, que tinha sido chefe da assessoria da presidência do Iapi, numa dessas coincidências da vida, estava trabalhando com d. Vênus. Depois disso, o chefe do funcionalismo disse: "Não disse nada porque a senhora ia vetar, mas o Velloso é piauiense."

Foi nessa ocasião que me convenci do acerto de haver afinal escolhido economia, após ter desistido de medicina e de direito. Não tinha nenhuma vocação para uma coisa ou outra. Cheguei a fazer cursinho para vestibular de direito. Só que, quando ingressei no Banco do Brasil, decidi fazer economia, mais interessante para a minha carreira. Era um curso bem recente. Comecei em São Paulo, na Faculdade Álvares Penteado (o curso da USP era diurno), e, quando vim para o Rio, transferi-me para a Universidade do Estado da Guanabara, porque a UFRJ também não tinha curso noturno. Trabalhava na presidência do Banco do Brasil durante o dia, na rua Primeiro de Março, onde hoje é o Centro Cultural Banco do Brasil, e à noite ia para a UEG, atual Uerj, em São Cristóvão.

No trabalho na presidência do banco, tive a experiência de ir para Brasília, em 1960, porque o Juscelino exigiu que, além dos gabinetes dos ministros, a presidência do banco também deveria ir para a nova capital. Naquela época, o Banco do Brasil era um banco comercial e de desenvolvimento, tinha uma carteira agrícola e uma industrial. Então, era simbolicamente importante que fôssemos para lá. Juscelino exigiu e nos mudamos para Brasília em maio de 1960.

Como foi a chegada ao cerrado?

Brasília era um descampado, com poeira em toda parte. Havia umas nuvens de poeira que as pessoas chamavam de "Lacerdão". De repente, na época sem chuvas, com qualquer vento, surgia do nada aquela onda de barro vermelho e seco. Ali só há duas estações, a de chuvas e a sem chuvas. Morávamos em alojamentos de madeira, o Banco do Brasil tinha um dos melhores, acho que na superquadra 308. De repente, estavam os cariocas, eu já me considerava como tal, d. Vênus e todos os assessores do gabinete, inclusive da parte operacional, trabalhando em Brasília. Durante o dia, tudo bem, tinha o trabalho. E à noite? Eu ia estudar, porque era o meu último ano na faculdade, não assistia às aulas e tinha de me preparar para as provas. E, eventualmente, fazia leituras, como já citei. Mas era um dos pouquíssimos que ficavam no alojamento, porque muitos iam para o Núcleo Bandeirante, que era uma espécie de faroeste, tudo era de madeira. Fora o núcleo da construção de Brasília e a residência inicial para os primeiros a chegarem lá. Havia verdadeiros *saloons* e *dancings*. Mesmo os casados iam lá à noite, faziam brincadeiras ao estilo de caraoquê e não sei o quê.

Como eu não tinha vocação para isso, ficava no alojamento. Tinha algumas funções especiais, como a de receber os grandes investidores e banqueiros que vinham a Brasília, para falar com o presidente do banco ou conhecer a cidade em construção. Não esqueço que o vice-presidente de um banco de Chicago achou o máximo aquele Núcleo Bandeirante. Realmente lembrava a imagem idealizada de faroeste. Só que, ao fim da visita, quando fui levá-lo ao aeroporto, perguntou: "O que você acha da maneira como está sendo construída Brasília? Pelo que sei, é tudo com emissão de papel-moeda." Eu disse que achava ser isso mesmo. Mas havia o desenvolvimentismo do Juscelino e a história de Brasília como metassíntese do Plano de Metas.

Juscelino fez questão de inaugurá-la dentro de seu mandato. Assisti à inauguração, mas meu último dia em Brasília foi o da posse de Jânio. Já tinha autorização do presidente do banco para voltar ao Rio no dia seguinte. Expliquei que queria fazer um curso de pós-graduação em economia e já estava determinado a fazê-lo no exterior, após a necessária preparação no Conselho Nacional de Economia e na Fundação Getulio Vargas.

Em relação a Brasília, o senhor acha que JK foi um megalomaníaco ou um visionário?

Os dois e mais alguma coisa. Apesar de todas as restrições que faço a Brasília – até hoje são muitas –, posso dizer que teve uma função importante. Permitiu realmente a incorporação do planalto Central e do Centro-Oeste à economia do país. Não sabemos em que ritmo se daria essa incorporação sem a mudança da capital. Foi importante desse ponto de vista, mas com uma série de inconvenientes. Pela forma como foi construída, foi um negócio terrível, havia corrupção generalizada. O Samuel Wainer diz isso com todas as letras no seu livro de memórias.[46] Ele precisou de dinheiro para *Última Hora*, foi ao Juscelino, que lhe disse: "Procura a construtora tal, vão te dar dinheiro." Foi e obteve. Esse tipo de coisa a gente sabia que acontecia, que não era intriga da UDN. E havia outros inconvenientes: escolheram um lugar plano, porque queriam que o plano piloto tivesse forma de avião. Resultado: vocês podem imaginar o que era a visão de Brasília quando chegamos lá? Descampado, aquela coisa plana e quase vazia, os prédios em construção, superquadras em construção.

---

[46] WAINER, Samuel. *Minha razão de viver; memórias de um repórter*. Rio de Janeiro: Record, 1988. (Depoimento editado por Augusto Nunes.)

Bem próximo a Brasília, existem vales, por que não escolheram algum deles? São lugares bonitos, não tem coisa mais feia do que a planura.

O fato é que Brasília jamais será uma cidade normal. Brasília até hoje não tem calçadas. A Jane Jacobs, no clássico *Morte e vida das grandes cidades americanas*,[47] assinala duas coisas em relação às grandes cidades: primeiro, a importância da calçada para vários fins, mas, em essência, para a convivência, e, segundo, a diversidade. Brasília isola os grupos: numa superquadra moram os funcionários do órgão tal, do ministério tal, tem zona comercial, zona residencial, aqui é o setor bancário sul, ali é o setor bancário norte. Quer dizer, essa falta de diversidade e de mistura jamais permitirá a Brasília ser uma cidade humana, em que as pessoas se sintam bem. Tenho três irmãos que moram lá, só uma irmã mora no Rio de Janeiro.

Não esquecer também a inflação que se fez para construir Brasília – o comentário do banqueiro americano.

Não gostar da cidade era mais uma razão para deixar Brasília.

Os planos de estudo eram reais, mas eu também queria voltar ao Rio. Fui sozinho, deixei minha família aqui. De três em três semanas, havia um vôo dos funcionários do Banco do Brasil para o Rio. Não era uma vida que me agradasse.

Por que a determinação em fazer pós-graduação em economia?

De janeiro a março de 1960, eu havia participado, dentro de uma iniciativa do Departamento de Estado que recrutou 20 estudantes de economia em todo o Brasil, de um seminário na Universidade de Illinois. Antes de ir, tive 15 dias para melhorar meu inglês, que era bem ruinzinho, mas entendi o suficiente durante o seminário. Li, comprei alguns livros e cheguei à seguinte constatação: não sabia economia. Tinha aprendido um pouco em algumas matérias, porque na UEG havia alguns bons professores que eram, por exemplo, do BNDE, e esses sabiam teoria econômica. Mas o professor de comércio internacional, um catedrático, avançado em idade, não tinha a menor noção da matéria, não sabia o que era teoria do comércio internacional ou política de comércio exterior. De modo que resolvi fazer, primeiro, pós-graduação

---

[47] JACOBS, Jane. *Morte e vida das grandes cidades americanas*. 1. ed. São Paulo: Martins Fontes, 1961.

no Brasil e, depois, no exterior. E, realmente, no dia seguinte à posse do Jânio, eu me mandei. No Brasil, havia a pós-graduação do Conselho Nacional de Economia, depois a da FGV, com um curso que se chamava Centro de Aperfeiçoamento de Economistas (CAE). Fiz os dois, e depois fui para o exterior.

Capítulo 3

Estudos no exterior, 1964 no Brasil

COMO FOI A EXPERIÊNCIA DE PÓS-GRADUAÇÃO NO EXTERIOR?

Foi uma grande experiência, por várias razões. Antes de tudo, voltei a ser estudante em tempo integral. Depois do ginásio, sempre trabalhei de dia e estudei à noite, exceto na pós-graduação *lato sensu,* de três ou quatro meses, que fiz no CAE, em 1962. Foi através do CAE, aliás, que consegui a bolsa de estudos para Yale. Foi o Alexandre Kafka que fez o contato com Yale, porque era amigo do chefe do Departamento de Economia de lá. O Kafka, façamos um parêntese, era um excelente economista, e foi diretor do Brasil no Fundo Monetário Internacional, por muito tempo.[48] Era uma grande influência do Brasil no exterior.

Eu estava me candidatando a várias universidades, mas a minha preferência era Yale. Fiz a *application,* fui aprovado. Em Yale, ser estudante de tempo integral significava ser estudante de 9h da manhã às 11h da noite, em aulas e horas de estudo. O sistema que eu adotava era de comer pouco nas refeições principais, para fazer apenas um breve intervalo e logo poder voltar a estudar ou a assistir às aulas. Às vezes, fazia um lanche pelas 5h da tarde para não ficar subalimentado. Às 11h da noite parava e, religiosamente, tinha meia hora de leitura, lia o que queria, principalmente roman-

[48] Alexandre Kafka nasceu em Praga, na Tchecoslováquia, em 1917. Estudou em Genebra e Oxford e em 1940, durante a II Guerra Mundial, mudou-se para o Brasil, onde passou a trabalhar como professor e consultor econômico. Foi pesquisador e diretor da FGV e de 1966 a 1998 exerceu, por indicação do governo brasileiro, a função de diretor executivo no Fundo Monetário Internacional.

ces. Às 11h30min ia dormir. O sábado era um dia normal de trabalho. Só mantive sagrado, a vida inteira, o domingo.

Uma segunda razão para ter sido uma experiência realmente diferente foi a competição, principalmente com os americanos. Havia muitos estudantes estrangeiros, de todas as partes do mundo, mas a grande competição era com os americanos, que tinham duas vantagens óbvias na minha área: a língua, porque eu nunca havia feito nenhum curso especial de inglês, exceto na Fundação Getulio Vargas. Naqueles poucos meses em que fiquei no CAE, havia paralelamente um curso de inglês a que a gente era obrigado a assistir. Lia correntemente mas, às vezes, tinha dificuldade para entender certos professores.

A outra desvantagem nossa, em relação aos americanos, eram os chamados métodos quantitativos, quer dizer, matemática e estatística. E também o fato de que eles estudavam mais do que nós. Uma vez, num domingo, precisei ir à biblioteca principal, a Sterling Library, para ler alguma coisa. A biblioteca estava cheia e fiquei apavorado. Eu, que não era americano, tirava o domingo para descanso e os americanos nem isso. Mas houve outras coisas importantes. Fiz o programa em Yale em dois anos, nos períodos letivos de 1962 e 1963, em função da minha carreira e não de objetivos acadêmicos, e voltei ao Brasil em fins de maio de 1964. Eu tinha de tirar o título, pelo menos o de mestrado, porque a minha bolsa de estudos exigia isso. Além dos cursos obrigatórios de teoria econômica e métodos quantitativos, estudei as matérias que interessavam, referentes à minha carreira, como política econômica e comércio internacional e política de desenvolvimento.

Naquele tempo, poucos brasileiros faziam pós-graduação em economia no exterior, ou mesmo no Brasil. Depois é que vieram as várias levas de estudantes do CAE e da Universidade de São Paulo, criaram-se os cursos regionais de pós-graduação e isso se foi ampliando. Mas, quando fiz, a gente sabia de cor quais economistas brasileiros tinham feito pós-graduação no exterior.

Houve outra coisa importante para mim nessa estada nos Estados Unidos: o universo cultural representado pela universidade e por New Haven. Havia o Yale Film Center, do qual era sócio. Todas as sextas-feiras, às 18h30min, eu estava lá. Existia ainda um cinema de arte chamado Liberty, que levou um festival do Ingmar Bergman em que revi todos os principais filmes desse diretor e vi, inclusive, aqueles de que ele participou apenas como roteirista, antes de começar a dirigir. Havia também a galeria de arte de Yale, excelente, e um mundo de seminários e *lectures* em todos os departamentos da Graduate School. No Hall of Graduate Studies, onde fiquei no primeiro ano, sem família, havia um quadro com os avisos sobre palestras. E eu ficava administrando meu tempo para ver se conseguia assisti-las. Era muito difícil, devido ao programa de estudos que a gente tinha. Fiz até uma promessa a mim mesmo, que nunca cumpri: "Um dia, vou voltar a Yale só para assistir a estas palestras e conferências, sem ter de fazer curso algum." Mas não houve oportunidade.

Em New Haven também existia o New Haven Theatre, excelente, que levava a *première* mundial de muitas peças famosas, por exemplo, a de *My fair lady.* Nesse teatro, assistia a grandes artistas do mundo inteiro que sempre passavam por New Haven. Foi por causa da minha ida a Yale que fui, digamos, seduzido por Nova York, porque era a válvula de escape natural. Quando a pressão estava muito forte na universidade, eu e um ou dois amigos tirávamos um fim de semana, ou aproveitávamos algum feriado para ir a Nova York. A gente vivia no Village, onde era facílimo encontrar os cobras do *jazz* nos bares que tinham música ao vivo. Também íamos a museus e livrarias. Minha livraria principal em Nova York não é nenhuma *megastore*, mas uma livraria comum da Barnes & Noble, na esquina da Quinta Avenida com a Rua 18, que tem a maior coleção de livros de economia que conheço.

De Nova York também parti para algumas aventuras, coisas com que tinha sonhado por muito tempo. Por exemplo, ir à ilha de Nantucket, que fica ao largo de Cape Cod. Por quê? Porque quase toda a ação de *Moby Dick* – para mim, talvez o maior romance publicado nos Estados Unidos – é passada nas imediações de Nantucket, região de pesca de baleia.

A história dessa viagem é a seguinte. No fim das férias de verão de 1963, depois de ter feito estágios em Washington, Nova York, em instituições como Banco Mundial, Fundo Monetário e Federal Reserve, um pouco antes do início das aulas voltamos a New Haven e tive caxumba, coisa que pensei nem existir mais nos Estados Unidos. Fiquei 15 dias numa cama e tomei uma decisão: antes do reinício das aulas, vamos à ilha de Nantucket – minha família já estava morando comigo. Pensei que, como era final de verão, estávamos em torno de 15 de setembro, seria fácil conseguir alojamento. Tomamos o trem, descemos em New Bedford, em frente a Nantucket, onde se toma o *ferry* para a ilha. Chegamos lá de noite e, quando descemos, fui procurar o centro turístico. Eles perguntaram: "Vocês são malucos? Onde vão conseguir hotel a esta altura?" Eu disse: "Não precisa ser hotel, apenas um lugar para dormir." O centro se virou e conseguiu uma residência que aceitava hóspedes para o verão. Ficamos alguns dias em Nantucket, uma ilha que tem muitas casas do século XVIII, tudo muito bem conservado. A ilha é linda e ainda tem o museu da baleia, onde fui reviver aquele clima de *Moby Dick*.

Durante essa pós-graduação no exterior, aconteceram muitas coisas importantes para mim. E consegui fazer mais cursos do que precisava para obter o título. Ao fim dos dois anos, voltei ao Brasil com duas opções. Uma, retornar por mais dois anos, com bolsa da universidade, para fazer mais alguns créditos e escrever a tese de doutorado. Outra, ir trabalhar no Departamento do Hemisfério Ocidental do Fundo Monetário Internacional. Cheguei à conclusão de que, se estivesse interessado em trabalhar no Banco Mundial, no FMI ou no Banco Interamericano de Desenvolvimento (BID), iria porque havia déficit de brasileiros nessas instituições. Voltei ao Brasil com essas duas opções, mas, no final das contas, resolvi ficar por aqui porque recebi um convite para trabalhar no Ministério do Planejamento.

Sua família também não queria ficar no exterior?

Os meninos foram alfabetizados em New Haven, mas minha mulher não se adaptou. Aqui tínhamos uma excelente empregada, lá a Gelsa tinha de cozinhar, esse tipo de coisa. E também havia outras razões. Ela voltou em janeiro de 1964 e eu só voltei em fim de maio. Ela trabalhava e, não sei se foi pretexto ou realidade, alegou que sua licença tinha acabado. O certo é que não se adaptou bem.

Alguns têm a sensação de que a universidade americana é muito receptiva, mas a sociedade nem tanto.

Não tive esse problema, pelo contrário. Havia uma ótima cobertura para todos nós. Os estudantes ligados ao Economic Growth Center, órgão do Departamento de Economia ao qual eu estava associado, eram encaminhados ao International Center, que providenciava para que cada estrangeiro que chegasse fosse apresentado a uma *host family*. Eu tinha a minha *host family* permanente e, quando queria variar, havia outras *host families* só para determinados fins. Cheguei a fazer viagens à capital de Connecticut, Hartford, porque havia uma *host family* lá que queria me conhecer. Fiz também viagens a Massachusetts e Connecticut, para conhecer *host families* que queriam ter estudantes estrangeiros por um fim de semana.

O SENHOR FAZIA ESSAS VIAGENS COM A FAMÍLIA TODA?

Às vezes sim, nem sempre, porque, quando a família chegou, eu estava interessado em fazer o que interessasse a todos. Mas, quando estava sozinho, atendia mais aos convites das *host families*. Agora, entre os estudantes, minhas amizades eram principalmente com estrangeiros. Havia alguns estudantes americanos que me foram apresentados por professores. Os professores americanos têm o hábito de dar um coquetel em sua casa, para fazer a apresentação dos estudantes. Graças a um professor brasilianista, o Werner Baer, tornei-me amigo de alguns estudantes americanos da Califórnia. Havia muitos estudantes da costa oeste: os americanos adoram ir para o outro extremo.

ESSES DOIS ANOS EM QUE O SENHOR ESTEVE FORA, INÍCIO DE SETEMBRO DE 1962 A FIM DE MAIO DE 1964, FORAM DE MUITA EFERVESCÊNCIA NO BRASIL. O SENHOR ACOMPANHAVA AS NOTÍCIAS?

Enquanto minha família estava no Brasil, recebia recortes diários. Minha mulher recortava aquilo que achava que interessava e mandava. Havia também um boletim do consulado em Nova York e o Economic Growth Center tinha muito material sobre o Brasil, não propriamente sobre o dia-a-dia, mas sobre a economia brasileira. Todas as dissertações que escrevi para os diversos cursos que freqüentei lá foram sobre assuntos brasileiros. Eu me preocupava muito em entender o modelo de desenvolvimento do Brasil e, desde os anos 1950, fazia meu julgamento sobre a tese, quase universal no Brasil, de que no período de 1930 a 1980 o país teve uma industrialização por substituição de importações. Acho que foi muito mais complexo do que isso. Basta lembrar que no período do II PND, no governo Geisel, a substituição de importações respondeu por apenas 10% do crescimento industrial, e a expansão das exportações por outros 10%, segundo estudo do Banco Mundial.[49] Isso significa que 80% do crescimento resultaram da terceira fonte de crescimento, ou seja, a expansão da demanda interna, que em economias continentais é, quantitativamente, sempre a mais importante.

Mesmo nos anos 1950, a participação da substituição de importações no crescimento industrial não passou de algo como 20%.[50] E no período do "milagre", ainda

---

[49] WORLD BANK. *Brazil: industrial policies and manufactured exports (a World Bank country study)*. Washington: World Bank, 1983. p. 37.

[50] Ver, por exemplo: LOCATELLI, Ronaldo Lamounier. *Industrialização, crescimento e emprego*. Rio de Janeiro: 1985. p. 73. (Série PME, n. 12.)

segundo o Banco Mundial, foi até negativa para a indústria de transformação como um todo. Releva notar que, a partir de 1964, a importância da expansão de exportações, como fonte de crescimento industrial, passou a ser tão grande, ou maior, conforme o período, do que a substituição de importações. E, em todos os estágios, a expansão da demanda interna tinha um peso correspondente a quatro ou cinco vezes a soma das outras duas fontes.

Sem embargo, cabe destacar que a substituição de importações e a expansão das exportações, isolada ou conjuntamente, exerciam papel estratégico, pois iniciavam os ciclos de crescimento e terminavam sempre acionando a expansão da demanda interna, através de um sistema de interações, conexões ou *linkages* entre setores, e de realimentações. O resultado era uma dinâmica econômica especial, porque muito forte e prolongada. Em outras palavras, crescimento sustentado. Isso se verificava através da geração de um grande bloco de investimentos, o "núcleo básico da expansão", segundo se denominava à época. Tais investimentos eram constituídos principalmente pelas indústrias dinâmicas, agricultura moderna, serviços modernos e áreas de infra-estrutura como energia elétrica e telecomunicações, em particular depois de 1964.

Por tudo isso, permito-me ter dúvidas sobre a natureza do modelo. Acho que o Brasil teve, entre 1930 e 1980, um modelo voltado para a construção de uma economia continental, integrada e diversificada. Só que, à época, havia um certo negligenciamento da competitividade internacional.

De passagem, deve-se esclarecer que setores dinâmicos, para a terminologia do período, eram os bens de consumo duráveis, os setores de produtos intermediários e a área de bens de capital, ou seja, equipamentos. Setores tradicionais eram, especialmente, as indústrias de bens de consumo não-duráveis: têxteis, calçados, alimentos.

A PARTIR DAÍ, A INDÚSTRIA BRASILEIRA NÃO PÁRA DE CRESCER, ENQUANTO ARGENTINA, CHILE E URUGUAI, POR EXEMPLO, SOCIEDADES À ÉPOCA COM MAIOR CAPITAL HUMANO, NÃO CONSEGUIRAM O MESMO. QUAL É A DIFERENÇA?

No meu entender, são situações diferentes. Simplificando, o Chile teve de se convencer de que tinha um pequeno mercado interno, semelhante ao dos países asiáticos à época, e tinha de se voltar para as exportações. Quando fez substituição de importações, viu-se que era altamente ineficiente, não tinha escala e por isso a industrialização chilena sempre foi complicada, assim como as questões políticas. Depois, transformou-se em modelo exportador e tornou-se viável. No caso da Argentina, eu diria que o mais importante foram as questões políticas. O sistema político argentino, desde Perón – antes, não conheço bem –, é muito ruim. Houve o populismo desbragado do Perón e, desde então, nunca se reconheceram as vantagens econômicas importantes do país na agricultura e na pecuária, como também não se reconheceram certas oportunidades na área industrial. Só nos anos 1990 houve esse reconhecimento. Mas não houve até hoje um sistema político que transformasse essas condições básicas em realidade de crescimento estável. O sistema político argentino é muito pior do que o brasileiro, muito mais complicado, mais dominado por clientelismos, populismos, clivagens ideológicas e com muita tendência ao radicalismo. Claro, a realidade desses dois países é muito mais complexa. Isso é apenas o ponto principal. De passagem, capital humano é importantíssimo, e hoje ainda mais que nos anos 1950. Mas não é suficiente. Basta ver, em outro contexto, o caso da Rússia. Desenvolvimento envolve todas as dimensões da sociedade. No nosso caso, acho que o Brasil tinha um razoável sistema político nos anos 1950, pelo menos tinha partidos razoavelmente bem caracterizados. Com um mau presidente como o Jango, e a radicalização do início dos anos 1960, a coisa desandou e não pode haver dúvida de que o Brasil estava inviabilizado, econômica e politicamente, no início de 1964.

O senhor crê que os problemas econômicos estão no cerne do golpe de 1964?

Como falei, eu estava fora quando tudo aconteceu. Mas meu comentário é que a discussão hoje é se havia dois ou três golpes em preparação. O ex-embaixador russo de então disse que eram três: o do Brizola – que nega, mas que sempre tinha um golpe em preparação –, o do governo Jango e o que realmente aconteceu.

No governo Jango, simplesmente não havia política econômica. O esforço que o Celso Furtado fez com o Plano Trienal não deu em nada, foi abandonado. O Juscelino tinha deixado de lado o plano de estabilização feito pelo Lucas Lopes e pelo Roberto Campos e fez o que eu chamo de desenvolvimentismo *hard*, ou seja, crescimento a qualquer custo. Então, não importava a inflação, não importava a forma como era financiada a construção de Brasília ou mesmo o Plano de Metas. Por isso, em 1959, veja bem, a taxa de inflação já era de cerca de 40%. Isso num país sem correção monetária. As financeiras tinham algumas formas de contornar essa falta de correção, mas o mesmo não era possível com os depósitos à vista. O sistema bancário não tinha como proteger a poupança do público.

Depois, como substituto para a inexistência da política econômica, vieram as reformas de base do Jango. Aquilo era uma bandeira, não havia programas, nenhuma delas tinha uma proposta concreta. As coisas ficaram realmente inviáveis quando o Jango começou a subverter a hierarquia militar, o que está muito claro no livro do Gaspari:[51] rebelião dos marinheiros, discurso no Automóvel Clube para suboficiais e sargentos... Não há qualquer país no mundo que aceite subversão da hierarquia militar. O governo estava com os dias contados.

O SENHOR PODIA FALAR UM POUCO MAIS SOBRE O PLANO TRIENAL DO CELSO FURTADO?

O plano não foi levado a sério porque o Jango e o Brizola não quiseram. Nenhum dos dois tinha interesse. Era um bom plano, estava bem concebido, era uma tentativa de conciliar controle da inflação com crescimento, mas o Jango apenas se deixava conduzir pelos acontecimentos e pela polarização ideológica do período. Na área econômica, havia sempre uma tentativa de manter uma política econômica, por parte do ministro da Fazenda, por exemplo, Santiago Dantas, e o boicote sistemático do Brizola e seus seguidores. Jango terminou não governando, havia falta de governo, não havia política econômica. E o setor privado não funciona quando há completa falta de motivação e de condições para investir e produzir. Esperava-se algum desenlace. E a inflação explodia.

A ESSE RESPEITO, QUAL A SUA AVALIAÇÃO SOBRE AS RELAÇÕES DO EMPRESARIADO NACIONAL COM O ESTADO NO QUE TOCA AO PROCESSO DE INDUSTRIALIZAÇÃO E DE CRESCIMENTO?

Em todo o período de 1950 a 1980, com exceção do hiato janguista, houve um estreito relacionamento dos empresários com o Estado. Naquele tempo, como sabemos, o Estado era o responsável pela estratégia de desenvolvimento, pelas políticas econômicas em geral. A partir de certa altura, começou a criar empresas estatais, como Petrobras e Eletrobrás, e depois de 1964 assumiu a responsabilidade pelo desenvolvimento da infra-estrutura econômica. O setor privado, por sua vez, tinha organicidade e uma grande vitalidade. Ou seja, sabia tirar proveito do sistema de

---

51 GASPARI, Elio. *A ditadura envergonhada*. São Paulo: Cia. das Letras, 2002.

incentivos que era criado. Em todas as fases da industrialização, anos 1930, anos 1950 e depois no período do "milagre" e no governo Geisel, havia um sistema de incentivos diferente do convencional. Na fase que chamo de antigo modelo, de 1950 a 1980, as tarifas alfandegárias eram formalmente muito elevadas, mas o sistema de incentivos era mais diversificado, diria até *ad hoc*. A tarifa praticada, se comparada com o total de importações, era mais baixa do que se pensava, variava entre 10% e 15%. Por quê? Porque havia os regimes especiais de importações. No caso do Plano de Metas, os grupos executivos aprovavam projetos que previam importações com tarifa zero, especialmente no caso de bens intermediários, de insumos básicos para a siderurgia, petroquímica e celulose, ou no caso de bens de capital. A tarifa era muito elevada, em termos nominais, mas na prática apenas para bens de consumo. E mais, nos anos 1950, até 1957, a proteção da tarifa inexistiu porque a tarifa não era proporcional, era um valor fixo, era específica, como se diz na terminologia econômica. Eram tantos cruzeiros por tal quantidade de produto. E, com a inflação que vinha desde o final dos anos 1940, a tarifa específica foi perdendo significado. Por isso passou-se para o sistema de leilões de câmbios, taxas múltiplas de câmbio, que tinham sentido protecionista. Não se fez isso pela imaginação do brasileiro, mas porque na prática não havia tarifas. A partir de 1957, todas as tarifas se tornaram proporcionais e adquiriram sentido protecionista, principalmente para a área de bens de consumo, como foi explicado.

Em 1953, Getúlio havia feito também uma mudança na política de câmbio, não?

Fez, sim, com a Instrução nº 70 da Sumoc. Foi exatamente a criação do sistema de taxas múltiplas de câmbio. Mudou o sistema de importações através do estabelecimento dos leilões de câmbio, tanto para importar quanto para exportar. No caso da importação, havia um adicional sobre a taxa de câmbio oficial, que era também teórica e só se aplicava mesmo a determinados produtos, como combustíveis e papel de imprensa. No caso da exportação, havia um bônus. Mas, como havia preconceito contra exportações, o que se verificou na prática é que a taxa de câmbio efetiva, incluindo esses adicionais, era muito maior para importar do que para exportar, ou seja, dava-se mais proteção às importações do que estímulo às exportações. Os anos 1950 foram uma década perdida para as exportações.

Essas políticas protecionistas eram uma demanda do empresariado brasileiro?

Coincidiam com a demanda do empresariado, mas a idéia veio do próprio governo. As entidades empresariais, a gente sabe muito bem, gostavam desse regime patrimonialista. Depois veio a Instrução nº 113, quando o Gudin era ministro, que deu grande estímulo às empresas estrangeiras, através da possibilidade de importar equipamentos sem cobertura cambial, ou seja, sem necessidade de comprar dólares para pagá-los: a matriz no exterior simplesmente mandava equipamentos para a filial no Brasil. Com tais importações sem cobertura cambial, fez-se a indústria automobilística. E o Brasil foi criando outros instrumentos, sob a forma de substitutos históricos *à la* Gerschenkron, tal como o BNDE e o Banco do Nordeste, que já mencionei. No caso da indústria automobilística, usamos empresas multinacionais, as mais beneficiadas, porque não havia montadoras brasileiras – no máximo, produtoras de autopeças, e assim é até hoje.

Foi o período da ideologia do desenvolvimentismo, paradigmaticamente explicitada no lema de governo de Juscelino: "50 anos em cinco". E o pobre não percebia que não era ele quem estava sendo mais atendido, e sim a classe média e os ricos, mas ele estava feliz porque tinha esperança. Também não se percebia que aquele desenvolvimentismo não ia além de certo ponto.

Outro aspecto importante é que a gente observa ter havido uma alternância na política econômica do país até 1980. A um governo desenvolvimentista, nesse sentido *hard*, sempre sucedia um que vinha fazer a estabilização. Por exemplo, com o Jânio veio o Clemente Mariani, que procurou resolver problemas de endividamento externo e de inflação deixados por JK. Criou as condições mínimas para o país voltar a funcionar. Não voltou porque houve a renúncia do Jânio, mas no fundo o Jânio também era desenvolvimentista. Nessa ocasião, fiz umas notas que encaminhei ao chefe da assessoria do Ministério da Fazenda, Ernane Galvêas, mostrando que os indicadores sobre expansão monetária e de crédito apontavam que o país voltaria a crescer. O governo Jânio estava também pensando em crescimento. Desenvolvimento é o sonho brasileiro, da mesma forma que o sonho americano é o de enriquecer. O país se realiza no sonho do desenvolvimento.

O Brasil como país do futuro.

Essa era a visão do Stefan Zweig. Deve-se ler *Brasil, país do futuro*, tomando como referência seu livro anterior, *O mundo que eu vi*, em que se refere às monstruosidades que estavam acontecendo na Europa naquele período.[52] Ele dizia que o Brasil reunia condições para ter um futuro diferente, para ser uma civilização diferente. E havia também a idéia de realizar o potencial natural e de capital humano do país. Ele viajou bastante pelo Brasil e às vezes fala da Amazônia, de várias regiões do país, refere-se ao fato de sermos um país continental. Acredito, sim, com o máximo de racionalidade possível, que o Brasil tem no desenvolvimento o seu sonho.

O PROBLEMA É: DESENVOLVIMENTO PARA QUEM?

Para crescer, deve haver racionalidade e sofisticação. Hoje queremos um desenvolvimento no seu conceito autêntico, envolvendo a eliminação da fome, da pobreza, melhor distribuição de renda e mil coisas mais, até do ponto de vista da sustentabilidade ambiental. A noção de desenvolvimento vai se modificando à medida que a sociedade se transforma. Já no II PND se propunha "crescimento com redistribuição" e as políticas sociais também vão sendo repensadas, para dar prioridade aos pobres.

A industrialização brasileira dos anos 1950 está muito bem analisada em um estudo do Ipea chamado *A industrialização brasileira: diagnóstico e perspectivas*,[53] que fez parte do Programa Estratégico de Desenvolvimento. A industrialização dessa década tem algo em comum com a dos anos 1990: não foi capaz de gerar muito emprego. O que aconteceu? Já havia muita migração para as cidades, houve acumulação de mão-de-obra no setor de serviços e a indústria de bens duráveis de consumo, particularmente a automobilística, tinha uma tecnologia muito mais avançada do que a das indústrias tradicionais. O estudo do Ipea observa que, enquanto no Brasil a participação do emprego industrial no emprego total era de uns 10%, nos países mais evoluídos industrialmente essa participação era de 20%, 25%. Por que essa anomalia? Porque houve, num prazo muito curto, de três ou quatro anos, a introdução de novas tecnologias, intensivas em capital fixo. A absorção direta e indireta de mão-de-obra era limitada e o Brasil produziu aquele fenômeno característico de muitas grandes cidades latino-americanas: inchaço do setor de serviços, com baixa produtividade e baixos salários.

---

[52] ZWEIG, Stefan. *Brasil, país do futuro*. 1. ed. Rio de Janeiro: Guanabara, 1941; *O mundo que eu vi*. 1. ed. Rio de Janeiro: Guanabara, 1944.

[53] IPEA. *A industrialização brasileira: diagnóstico e perspectivas*. Rio de Janeiro: Ipea/MPCG, 1969.

São serviços da área chamada de *non-tradeables*. Os serviços modernos complementares à indústria, formando um núcleo de expansão básica, tinham expansão muito limitada, como mostram Maria da Conceição, José Serra[54] e muita gente que analisou o período de 1950 e 1960. A agricultura nos anos 1950, no Brasil, também cresceu bastante, mas cresceu principalmente através da expansão de área cultivada. Não houve aumento de produtividade. Mas, a partir do "milagre econômico", começa a haver uma grande expansão de emprego no setor moderno da economia, que se torna grande e estabelece encadeamentos entre indústria, infra-estrutura de transportes, comunicações, energia elétrica, agricultura e serviços modernos.

Por isso digo que nos anos 1950 tivemos algo semelhante ao que aconteceu nos anos 1990. Houve uma grande modernização na indústria e a mão-de-obra foi para o setor informal, para os serviços *non-tradeables*. De toda forma, o tipo de crescimento brasileiro dos anos 1950 foi um fenômeno brasileiro, não um fenômeno internacional.

Nessa época, os Estados Unidos estavam mais preocupados com a Europa do que com a América Latina.

Assim mesmo, houve muito investimento americano no Brasil, embora as primeiras montadoras de carros que tivemos fossem européias. A indústria automobilística americana não acreditava que houvesse futuro para a indústria automobilística brasileira. Só depois, na segunda metade dos anos 1960, é que acordaram. Mas no início era Mercedes-Benz para fazer caminhões, depois, para carros, Volkswagen, DKW-Vemag e Renault com os carros Gordini e Dauphine. Tudo isso desapareceu, salvo os caminhões e ônibus da Mercedes e a Volks, com o Fusca. Depois ficaram somente as empresas norte-americanas até os anos 1990.

O senhor vê continuidade do segundo governo Vargas para o governo JK?

Em grande medida, sim. Permanece a idéia de expansão do Estado na economia, de planejamento, grupos executivos, assessorias técnicas, um certo insulamento burocrático e uma tentativa de visão global da economia. O governo Vargas avança

---

54 TAVARES, Maria da Conceição. *Da substituição de importações ao capitalismo financeiro*. Rio de Janeiro: Zahar, 1972; TAVARES, Maria da Conceição; SERRA, José. *Mais além da estagnação; uma discussão sobre o estilo de desenvolvimento recente no Brasil.* Belo Horizonte: UFMG, 1972.

no sistema de estatais. O Brasil já tinha a Companhia Siderúrgica Nacional, a Vale do Rio Doce, dos anos 1940, e Vargas cria depois a Petrobras. Vai avançando. Com a crise de energia elétrica, propõe-se a criação da Eletrobrás e, nesse sentido, há uma continuidade, até mesmo no governo Castelo Branco, que foi quem completou esse sistema de conglomerados estatais. Não era uma questão ideológica, e isso é outra coisa que a gente deve observar. Mesmo nos anos 1950, as ideologias no Brasil só iam até certo ponto.

Além disso, figuras do governo Vargas vão ser também importantes no governo Juscelino: Campos e Lucas Lopes, por exemplo. O governo Juscelino avança na criação de novos mecanismos e instrumentos, de modo a haver uma ação global de governo. E esta era a idéia geral que vinha do segundo governo Vargas. Paradoxalmente, o governo Juscelino foi completado no governo Castelo Branco, que criou o Ministério do Planejamento. E o titular desse ministério, não por acaso, foi Roberto Campos. Só que a gente deve considerar que houve uma evolução da parte do Campos, o que é natural. Há muita diferença entre o que ele fazia nos anos 1950 e 60 e o que fazia nos anos 1990, inclusive no que diz respeito a planejamento. Nos anos 1950 e 60, ele realmente acreditava em planejamento global, de caráter indicativo, no tocante ao setor privado. A partir dos anos 1970, começa a mudar. Até aí, acreditava no Estado como órgão estruturante. Todos nós mudamos, não foi só o Natal que mudou.

NO BALANÇO DOS ANOS 1950, O SENHOR TEM FALADO DE DISTORÇÕES, INCLUSIVE REGIONAIS. VAMOS VOLTAR A ISSO?

Já vimos que, do ponto de vista social como um todo, não houve nenhuma política voltada diretamente para a geração de empregos ou para combater a pobreza. Do ponto de vista regional, houve a criação da Sudene, uma conseqüência do relatório do Grupo de Trabalho para o Desenvolvimento do Nordeste (GTDN), de 1959. O livro da Conceição, um clássico sobre o período, assinala bem isso: a distorção regional era grande. Mas não chego a ponto de concordar com Celso Furtado que, no relatório do GTDN, afirma que os benefícios para industrialização dos anos 1950 foram principalmente para São Paulo e o Centro-Sul.

Desde os anos 1920, São Paulo já era o maior centro industrial e agrícola do país. As indústrias ali montadas, principalmente na segunda metade dos anos 1950, eram as de bens duráveis de consumo, particularmente a automobilística, indústrias que operavam em grande escala de produção e que, naturalmente, não iriam para o Nordeste. No meu entender, o que estava faltando era proporcionar ao Nordeste oportunidades para voltar a crescer e foi isso o que veio a ser feito com o sistema de incentivos fiscais decorrentes do chamado sistema 34/18, da Sudene, hoje Fundo de Investimentos do Nordeste (Finor). Os principais incentivos eram a redução de até 50% no imposto de renda das empresas, desde que o mesmo valor fosse investido no Nordeste.

Essa foi a grande diferença: dar outras oportunidades ao Nordeste, porque dificilmente a indústria automobilística, naquela época, iria para lá. Pode ir agora, mas assim mesmo num regime de guerra de incentivos fiscais. Naquela ocasião, os incentivos eram centralizados no governo federal. Como já mencionei, no caso da Instrução nº 113, quem mais se beneficiou foram as empresas estrangeiras. Elas queriam ir para onde estava o mercado e o mercado estava principalmente no Centro-Sul, particularmente em São Paulo – o Rio de Janeiro também perdera substância.

A POLÍTICA DE DESCONCENTRAÇÃO INDUSTRIAL SÓ VEIO A SER MAIS EFICAZ NO GOVERNO GEISEL?

Nos anos 1970 e, principalmente, no governo Geisel. Porque aí já tínhamos os resultados da Sudene, que ainda funcionava razoavelmente bem, e novos instrumentos foram criados para desenvolver principalmente o Nordeste, mas também o planalto Central e o Centro-Oeste. Juscelino levou a capital para Brasília, mas nada aconteceu economicamente na região, a não ser muito tempo depois. Por outro lado, no Centro-Sul, especialmente Minas Gerais, Rio Grande do Sul e Santa Catarina começaram a expandir-se industrialmente.

O SENHOR TEM UMA VISÃO POSITIVA DA SUDENE, NÃO?

Até certa altura, sim. Depois, ela passou a não saber mais para que existia, principalmente nos anos 1980. Nos anos 1970, ainda sabia a que veio. Coordenou programas para a área agrícola, cuidou de irrigação. Não se restringiu à indústria.

Com o Banco do Nordeste, foi diferente. Sempre foi um banco misto, de fomento e comercial. Isso fazia sentido porque tinha agências em um grande número de cidades em que não havia nem Banco do Brasil. O Banco do Nordeste não passou por esse processo da Sudene e da Sudam, nunca deixou de saber para que existia. E hoje tem um programa de microcrédito, está até pretendendo entrar no mercado de capitais.

O Banco do Nordeste sempre foi um banco federal.

Por isso não passou por essa crise dos bancos estaduais, como Banespa e Banerj. Porque um dos problemas desses bancos, que eram de fomento e comerciais, foi o grande rombo nas contas públicas, pois, muitas vezes, passaram a ser instrumento do governo do estado. Os estados financiavam seu déficit através desses bancos e, com isso, quase todos quebraram. Depois, foram privatizados.

Mas o Banco do Nordeste não tem nada a ver com financiamento ao governo federal. O Banco do Brasil, sim, até certo ponto. Financiou o governo federal através de uma conta de movimento que terminou sendo extinta, para separar bem suas funções das do Banco Central. O que aconteceu é que, mesmo depois da criação do Banco Central, havia uma certa confusão de atribuições. O Banco Central tinha atribuições de fomento, coisa que outros bancos centrais não têm. Isso certamente teve papel importante para o período do "milagre", quando houve uma grande ação de fomento do Banco Central em insumos agrícolas modernos, como fertilizantes e mecanização na área agrícola, subsidiando crédito para a aquisição. O Banco do Brasil, por sua vez, fazia programas e lançava na conta de movimento, que tinha limites de crédito. Freqüentemente os limites eram ultrapassados, o que significava haver expansão dos meios de pagamento, pelo menos expansão de crédito. Esse foi um problema que enfrentamos no governo Geisel. Simonsen ficava muito atento e logo caminhou no sentido de eliminar essa conta de movimento, que só acabou mesmo nos anos 1980.

A eliminação da conta de movimento foi proposta por um grupo de trabalho, um GT, coordenado pelo Maílson da Nóbrega. Inicialmente, o Simonsen achou que podia controlá-la através do orçamento monetário, mas acontecia aquilo que já disse: freqüentemente, o Banco do Brasil ultrapassava seus limites orçamentários. Então, só havia uma solução: extinguir. Depois, houve a necessidade de fazer outra coisa realmente importante: a separação completa entre as contas do Banco Central e as do Tesouro Nacional, o que também só foi feito nos anos 1990, com a criação do orçamento de crédito, como parte do esforço geral da União.

Ministro, podemos fazer um balanço dos principais aspectos que marcaram o modelo de desenvolvimento brasileiro nos anos 1950?

Mostramos que o modelo era complexo, não só do ponto de vista das fontes de crescimento. Por isso tenho dúvida se podemos chamá-lo simplesmente de substituição de importações. O Brasil sempre foi eficiente no sentido de encontrar mecanismos para as situações complicadas que se configuravam. Acho que, no fundo, no fundo, isso talvez seja a razão para termos um crescimento tão grande no período entre 1930 e 1980. Havia também uma grande capacidade criadora do empresariado, do setor privado: muitas das idéias que fundamentaram o modelo vieram do empresariado. Eu mesmo posso citar reivindicações de empresários que deram origem a decisões de governo. O importante é o governo saber reconhecer o que é de interesse privado e o que é de interesse público. Recebemos uma sugestão, por exemplo, de criação de um programa para o desenvolvimento do mercado de capitais que resultou no Programa de Estímulo ao Desenvolvimento do Mercado de Capitais (Procap), de 1976. Recebi a sugestão, discuti com o Simonsen, depois levamos ao presidente e o Procap foi criado. Atendia ao interesse público.

Nos anos 1950, havia muita influência política dos empresários e não podemos esquecer aquele famoso debate entre Roberto Simonsen e Gudin que tinha acontecido na década anterior.[55] Quem defendeu o planejamento governamental foi o empresário. O Gudin, professor de economia, era contra. Para ele, planejamento governamental era pecado. Então, muitas vezes, lideranças empresariais da Confederação Nacional da Indústria, da Federação das Indústrias do Rio, da Federação das Indústrias de São Paulo, faziam sugestões e demandas ao governo. Ao mesmo tempo, surgiram as associações empresariais, que se foram ramificando por tipos de indústria, de negócios, e eram mais independentes do governo. Hoje existem dezenas delas, tais como Associação Brasileira de Infra-Estrutura e Indústrias de Base (Abdib), Associação Brasileira da Indústria Elétrica e Eletrônica (Abinee), Associação Brasileira da Indústria de Máquinas e Equipamentos (Abimaq), e nota-se que, em grande medida, as entidades empresariais foram perdendo a dependência patrimonialista em relação ao Estado.

Vejo tudo isso como uma evolução do patrimonialismo brasileiro. Desde os anos 1930 e, principalmente, depois da criação, em 1938, do Departamento de Administração do Serviço Público (Dasp), o Brasil faz um esforço grande para criar uma burocracia weberiana. O Dasp foi criativo em sua fase inicial. E, no meu enten-

---

[55] SIMONSEN, Roberto C.; GUDIN, Eugenio. *A controvérsia do planejamento na economia brasileira: coletânea da polêmica Simonsen x Gudin, desencadeada com as primeiras propostas formais de planejamento da economia brasileira ao final do Estado Novo*. Rio de Janeiro: Ipea/Inpes, 1977.

der, depois passou a constituir-se em problema, porque não avançou na velocidade que a cúpula do governo demandava, principalmente a presidência da República e a área de planejamento. No que toca ao recrutamento e às carreiras dos funcionários públicos, houve mesmo um retrocesso no país, se considerarmos a Constituição de 1988. Com a reforma administrativa de 1967, o Brasil tinha avançado na criação da burocracia weberiana especialmente em dois sentidos: no da descentralização e da diferenciação, mas a Constituição de 1988 criou o regime jurídico único, que é a anulação de tudo isso.

O sistema de partidos, nas últimas décadas, tem também repetido os vícios patrimonialistas, o clientelismo e o populismo. Daí a gente entender a frase de um discurso de Fernando Henrique Cardoso, pronunciado no início dos anos 1990, no Senado, em que diz que as forças que se opuseram ao regime militar fracassaram na tarefa de governar. Ao longo dos anos 1970, e principalmente no governo Geisel, tinha-se avançado muito no sentido de afastar a lógica política da administração, para permitir que se chegasse a algo que pudesse ser chamado de administração permanente. Mas, na prática, até hoje, muda a cúpula do governo, muda tudo até o terceiro escalão da administração.

O Brasil tem hoje uma congestão de agenda. Em certos momentos o governo diz, acertadamente, que a grande prioridade é a reforma da previdência, depois diz que é a tributária. Mas não se fala muito em reforma política, pelo menos o que chamo de uma reforma mínima. Temos de escolher três ou quatro coisas para fazer a reforma política. Sem dúvida, o Brasil tem um sistema de partidos que deixa muito a desejar.

Mas, voltando à questão, se quisermos fazer uma síntese dos anos 1950, o ponto básico é que sua fase mais importante, o governo Juscelino, se concentrou num objetivo, o crescimento, o que foi importante por mostrar que o Brasil podia crescer rapidamente e por isso elevar a auto-estima do povo brasileiro. Mas foi crescimento com despreocupação por tudo mais: inflação, desequilíbrios regionais, pouca geração de emprego, preferencialmente de bons empregos, desequilíbrio de balanço de pagamentos. Foi um crescimento excessivamente voltado para os bens de consumo duráveis, setor que se beneficiou de incentivos diretos e da mudança de preços relativos, trazida pelos mecanismos de proteção.

Pena que se perdesse a oportunidade de apoiar a reestruturação das indústrias tradicionais, como têxteis e calçados, inclusive para criar uma linha de exportação de manufaturados, a exemplo de países asiáticos, como Japão e Coréia, que acabaram criando uma tradição nesse sentido. Foi, como observado, uma década perdida para a exportação.

E não havia uma idéia de desenvolver políticas compensatórias para os efeitos colaterais da nossa "industrialização convulsiva", na expressão de José Guilherme Merquior. Mas isso não deixa de ser sabedoria *a posteriori*.

Capítulo 4

Montando instituições para o Planejamento: governos Castelo Branco e Costa e Silva

O SENHOR VOLTA DE YALE EM MAIO DE 1964 E VAI CRIAR O IPEA. COMO FOI ESSE INÍCIO DE ATIVIDADES PÚBLICAS?

Voltei ao Brasil com duas opções: trabalhar em alguma instituição internacional ou retornar à Universidade de Yale, mas acabei indo para o Ministério do Planejamento. Tinha conhecido o Roberto Campos quando eu estava em Yale e ele era embaixador em Washington. No início de 1964, ele fez uma palestra na universidade. No Faculty Club, houve um jantar em sua homenagem e, por coincidência, sentei à sua frente. De repente, ele perguntou: "Você não é o Velloso?" "Sou." "O Simonsen e o Isaac Kerstenetzky me falaram de você." Voltando do exterior, encontro na minha residência um telegrama dele, pedindo para procurá-lo assim que chegasse.

Recebi também um convite do Paulo Lira, chefe da assessoria do presidente do Banco do Brasil, para retornar ao banco, e outro do Garrido Torres, presidente do BNDE, para ser chefe do Departamento Econômico. Tive uma primeira conversa com o Campos, que não foi conclusiva, conversamos de novo, e foi quando ele me propôs a criação do Escritório de Pesquisa Econômica Aplicada (Epea), que hoje conhecemos como Instituto de Pesquisa Econômica Aplicada (Ipea), criado em 1964. A idéia era ter um órgão pensante de governo, fora da rotina da administração – dentro da rotina, já havia os grupos setoriais do Planejamento. Pretendia-se que o Ipea fizesse pesquisa econômica aplicada, e o aplicada aí era vital, ou seja, *policy-oriented*, e que ajudasse o governo a formular o Planejamento. A proposta me seduziu e, de repente, me vejo no Ministério do Planejamento.

A primeira sede do Ipea foi na rua Visconde de Inhaúma, no Centro do Rio, um andar vazio em que, nos primeiros dias, só havia uma secretária e eu. Quando queria falar com ela, fazia sinal. Mas, imediatamente, o Campos começou a nos atribuir tarefas, de modo que comecei a contratar gente. É importante registrar que o Ipea nasceu sob o signo do pluralismo: um dos primeiros, se não o primeiro economista a ser contratado foi o Og Leme, que havia feito pós-graduação na Universidade de Chicago, dois pólos em termos, digamos, de orientação econômico-política, procurando tocar aquele "animal" novo. Uma espécie de *think tank* no governo. E nos dávamos bem.

A primeira tarefa do Ipea foi, por delegação do ministro, a revisão do Programa de Ação Econômica do Governo, o Paeg. As pessoas, em geral, conhecem como Paeg um documento pequeno, de 244 páginas – na verdade, um texto de síntese feito para divulgação.[56] O Paeg propriamente dito compõe-se de dois volumes, cada um com umas 400 páginas.[57] A maioria dos capítulos da parte macroeconômica era de autoria do Simonsen e fizemos a revisão. Houve depois uma complementação dessa parte macroeconômica, feita em Washington, principalmente pelo Simonsen, para estabelecer a conexão entre o programa de investimentos e o balanço de pagamentos. O pessoal do Ipea fez os programas setoriais, que constam do segundo volume. O primeiro volume trata dos objetivos do Paeg, da parte macroeconômica e dos instrumentos de ação. O segundo, de programas setoriais para agricultura, indústria, e assim por diante. O da agricultura foi baseado num texto que veio da Fundação Getulio Vargas e foi adaptado por nós. Os demais foram de autoria do pessoal do Ipea ou de pessoal dos grupos setoriais do Planejamento.

Começamos a revisão do texto inicial elaborado pelo Simonsen, fazendo uma discussão em *petit comité*, promovida pelo próprio Roberto Campos, com a presença do Bulhões, no 14º andar do Ministério da Fazenda, onde havia uma sala de almoço. Em torno dessa mesa, o processo deslanchou. Depois, Simonsen e eu fomos chamados para assessorar o Campos em sua ida a Washington, quando foi

---

[56] MINISTÉRIO DO PLANEJAMENTO E COORDENAÇÃO ECONÔMICA. *Programa de Ação Econômica do Governo: 1964-68 (síntese)*. Rio de Janeiro: Epea, maio 1965. (Documentos Epea, n. 1.)

[57] GABINETE DO MINISTRO EXTRAORDINÁRIO PARA O PLANEJAMENTO E COORDENAÇÃO ECONÔMICA. *Programa de Ação Econômica do Governo: 1964-68*. Rio de Janeiro: Epea, 1965. 2 v. ms.

apresentar o Paeg às entidades internacionais: Usaid, Banco Mundial, BID, Fundo Monetário Internacional, observadores europeus etc. Quando nos encaminhávamos para o Banco Mundial, para uma audiência com o presidente do banco, Campos me perguntou: "Velloso, o que vou pedir? Claro que queremos financiamento, mas sugere algo em matéria de estudos." Eu disse: "O Banco Mundial podia fazer dois estudos: um sobre o setor de transportes e outro sobre siderurgia." E fomos atendidos. Em conseqüência disso, o Banco Mundial mandou uma missão de 40 técnicos do próprio banco, ou por ele contratados, que ficou meses aqui analisando esses temas. Dessa missão, surgiu uma proposta de formação do Grupo Executivo de Integração da Política de Transportes (Geipot), criado em 1965 e que funcionou até 2002.

No caso da siderurgia, as coisas não funcionaram tão bem. A consultora contratada chegou a conclusões que não eram muito favoráveis ao desenvolvimento da siderurgia brasileira. A mim, por exemplo, isso pareceu um absurdo, levando-se em conta nossa riqueza em minério de ferro e os programas de investimento que o Brasil realizava no setor. O Brasil devia ser, certamente, um dos países do mundo com maior potencial de desenvolvimento siderúrgico. Tanto que hoje é um dos maiores exportadores mundiais do setor. O nosso problema é que, para exportar para os Estados Unidos, enfrentamos o protecionismo americano, defendendo suas indústrias senis, usinas instaladas no começo do século XX, que não são competitivas. O que é competitivo nos Estados Unidos, hoje, são as miniusinas.

Gostaria de lembrar que o Paeg foi um grande avanço em relação aos anos 1950, porque propôs a conciliação de crescimento com estabilidade de preços. Acho que aí começa o que chamo de desenvolvimentismo *soft*: compatibilizar crescimento e inflação baixa através de um programa estratégico.

De onde vieram as pessoas que o senhor contratou para o Ipea?

Requisitávamos técnicos de órgãos do governo ou contratávamos. Até a Constituição de 1988, o Ipea tinha um regime próprio de pessoal. O Decreto-lei nº 200, de março de 1967, transformou o Ipea em fundação, com pessoal sujeito à legislação trabalhista, e manteve a idéia do regime de pessoal próprio. Em 1988, seus funcionários passaram para o Regime Jurídico Único, algo com que não concordo, pois considero importante não só a descentralização dentro da administração pública como também a diferenciação.

O Ipea também fez convênio com a Universidade da Califórnia em Berkeley, pelo qual recebemos uma equipe permanente de professores como consultores. O primeiro coordenador da equipe foi o professor William Ellis, famoso na área de política monetária, e o segundo foi o Albert Fishlow, que depois se tornou um brasilianista, assim como vários outros membros dessa equipe. Por exemplo, o Sam Morley, que, no meu entender, tem o melhor livro sobre distribuição de renda no Brasil nos anos 1960,[58] e o Joel Bergsman, que escreveu um livro[59] e inúmeros artigos sobre economia brasileira. Eles moravam no Rio e tinham base no Ipea, lado a lado com os nossos economistas. Na área da indústria, a contrapartida do Bergsman era o Arthur Candal, que eu trouxera do Rio Grande do Sul, auxiliado por dois jovens economistas: Pedro Malan e Regis Bonelli. Havia também, por iniciativa do Campos, consultores especiais, sem ligação com Berkeley, como Rosenstein Rodan, muito conhecido pela sua teoria do *Big Push*, e Benjamin Higgins, autor de um livro sobre desenvolvimento econômico que fez muito sucesso nos anos 1960.[60]

Por que o convênio com a Universidade da Califórnia em Berkeley e não com outra grande universidade?

Porque foi a universidade que se interessou em mandar uma equipe que aqui funcionasse em caráter permanente. Foi um convênio que, infelizmente, terminou com o AI-5. A universidade propôs ao governo o fim do convênio. De passagem, Berkeley era uma das universidades mais progressistas nessa época e tinha grande interesse pelo Brasil.

Foi um término político, então.

Foi. Tive até uma conversa com o Fishlow naquela oportunidade: "Muito bem, vocês voltam para casa e nós ficamos aqui com os nossos problemas." Mas, na realidade, eram consultores, toda a responsabilidade do planejamento e da pesquisa era nossa. Era uma decisão política, mas devem ter achado a dose forte.

---

58 MORLEY, Sam. *Labor markets and inequitable growth, the case of authoritarian capitalism in Brazil.* Cambridge: Cambridge University Press, 1982.

59 BERGSMAN, Joel. *Brazil: industrialization and trade policies.* Oxford: Oxford University Press, 1970.

60 HIGGINS, Benjamin Howard. *Economic development: principles, problems and policies.* New York: W. W. Norton, 1959.

A Finep, Financiadora de Estudos e Projetos, foi também uma criação do Ipea?

Sim, foi outra ação do Ipea no início do seu funcionamento. Surgiu como uma conta gráfica, ou seja, um fundo contábil, sem personalidade jurídica. Primeiro, foi parte do Ipea e, depois, passou para o BNDE. Seu objetivo inicial era realizar financiamentos de estudos e projetos. Essa foi outra idéia do Campos, que um dia me disse: "Olha, vamos precisar de um órgão que financie, para os setores público e privado, a elaboração de projetos para podermos conseguir financiamentos internacionais." E assim surgiu a Finep, em março de 1965, com o nome de Fundo de Financiamento de Estudos de Projetos e Programas, vinculado ao BNDE, e não em 1967, como oficialmente se diz. Em julho de 1967, deu-se a transformação desse fundo em uma empresa pública, a Finep, através da lei de reforma administrativa. Depois tomou outro rumo, na minha fase inicial como ministro, quando passou a tratar de desenvolvimento científico e tecnológico.

Voltando ao Ipea, na primeira fase fizemos, como vimos, a revisão e a publicação da versão final do Paeg, que, curiosamente, só saiu em versão preliminar. Mas a versão preliminar, na verdade, acabou sendo a versão definitiva. A segunda etapa do Ipea foi diferente. Um dia, o Campos, que naquele tempo acreditava em planejamento global mais do que eu, e que acreditava até em planejamento quantificado, de longo prazo, me chamou: "Olha, Velloso, está na hora de fazermos uma espécie de plano estratégico para o governo." Eu disse: "Mas isso não é coisa que lembra a Rússia?" E ele: "Não, não. Vamos fazer um plano decenal, a Rússia fez um plano de 25 anos." Discutimos, discutimos, ele insistiu, começamos a fazer um plano decenal. A primeira fase foi a dos diagnósticos e aí o Ipea se projetou. Os diagnósticos tiveram grande repercussão. Considero o diagnóstico sobre a indústria[61] e o livro da Conceição[62] as duas melhores coisas que já se publicaram com respeito a avaliação dos anos 1950.

A verdade é que o plano decenal só foi decenal no modelo econométrico, que ficou como documento mimeografado. Quando o Ministério do Planejamento fez a publicação impressa, em 1968, como *Programa Estratégico de Desenvolvimento*, já tinha um modelo completamente diferente. Feito pelo Fishlow, revisto pelo Simonsen,

---

[61] Ver nota 53, no capítulo 3.

[62] Ver nota 54, no capítulo 3.

era então um modelo macroeconômico para três anos, 1968 a 1970. Nessa ocasião, os diagnósticos do Ipea tiveram grande sucesso. Fizemos, inclusive, um sobre cultura brasileira, único realizado até hoje no Brasil.[63] Reuni um grupo de intelectuais, entre eles Afrânio Coutinho, Eduardo Portela, José Paulo Moreira da Fonseca, Américo Lacombe, e, depois de várias reuniões, preparamos um diagnóstico da cultura e propusemos uma linha de ação do governo como órgão promotor da cultura. Fiquei amigo de todos eles.

Esses documentos disfarçavam o fato de o Ipea estar oficialmente trabalhando em um plano decenal. Porque os planos setoriais eram qüinqüenais, ou seja, correspondiam mais ou menos a um mandato de governo, o que me parecia fazer sentido.

Foi no Ipea que se fez ainda a reestruturação do IBGE. Em meados dos anos 1960, o censo do ano de 1960 ainda não tinha sido apurado. Conversamos com o Campos: "Temos de reestruturar o IBGE. É fundamental, não existe Ministério do Planejamento sem um IBGE funcionando bem." Então, duas coisas foram feitas. Primeiro, uma legislação estabelecendo o que seria o sistema nacional de estatísticas básicas. Isso foi realizado de imediato por um grupo de trabalho em que o principal elemento era o Isaac Kerstenetzky. Segundo, a reestruturação propriamente dita. O Isaac e o Henrique Flanzer, meu amigo, foram os que mais trabalharam nisso. A proposta foi transformar o IBGE, criado em 1934, em uma fundação, o que realmente aconteceu com a lei da reforma administrativa, em 1967.

Nos últimos meses, o governo Castelo Branco era muito impopular, por motivos óbvios. Tinha havido duas recessões, o empresariado estava em pé de guerra, as críticas se sucediam, o crescimento era baixo, a inflação ainda estava em 40%. É verdade que fora de 90% em 1964. Mas, numa projeção feita pelo Simonsen, se a inflação continuasse no ritmo resultante do primeiro trimestre de 1964, daria, não esqueço, 144% ao fim do ano! Deu 90% por causa das medidas adotadas pelo governo Castelo Branco.

Nesse clima de impopularidade do governo Castelo Branco, o novo governo do Costa e Silva fez um afastamento tático em relação ao governo anterior. Não critica-

---

[63] MINISTÉRIO DO PLANEJAMENTO E COORDENAÇÃO GERAL. *Diagnóstico preliminar da cultura*. Rio de Janeiro: Epea, 1967.

va, mas não queria se comprometer com nada que dissesse respeito ao governo Castelo Branco. Comecei a ter preocupações com o futuro do Ipea, lembrando a velha descontinuidade administrativa do Brasil.

O Paeg recebeu muitas críticas. O senhor, no Ipea, tinha de examiná-las?

Entre essas críticas, eu destacaria um documento que o Departamento Econômico da Confederação Nacional da Indústria divulgou e outro apresentado pelo Dias Leite na primeira reunião do Conselho Consultivo do Planejamento, que o Campos havia criado. E houve ainda as críticas do Carlos Lacerda, governador da Guanabara, feitas pela televisão, que tiveram grande repercussão. Em todos esses casos, Simonsen e eu funcionamos em parceria, preparamos juntos a resposta do ministério. No caso do Dias Leite, houve uma resposta do Delfim, que era também membro do Conselho do Planejamento, mas a resposta oficial veio num documento preparado a quatro mãos por Simonsen e por mim.

O Lacerda levou duas noites na televisão falando contra o Paeg, por motivos políticos, pois já se havia convencido de que não seria o candidato de Castelo à presidência. O Campos, na noite seguinte, foi à televisão responder. Antes de ir, Simonsen e eu fomos à sua casa e ele nos distribuiu tarefas: "Você prepara uma nota sobre isso, você prepara uma nota sobre aquilo." Evidentemente, foi ele quem fez a apresentação na televisão e o fez como achou melhor, mas nós o assessoramos. Nós também sugerimos que usasse um quadro-negro em sua apresentação. Havia um grande criminalista no Rio, Humberto Telles, que fazia suas defesas no júri com um quadro-negro em que escrevia as acusações da promotoria, ia respondendo e cortando, como quem diz: "Esta acusação está eliminada." O Campos fez isso na televisão e funcionou. Levou um quadro-negro, listou as principais críticas do Lacerda e foi riscando, à medida que ia respondendo.

Essencialmente, o que se dizia é que o governo estava combatendo a inflação à custa de recessões. Realmente houve duas recessões: uma em 1965, outra em 1966, rápidas, não previstas no Paeg. A crítica era completada com o comentário de que a indústria brasileira nunca tinha sido tão maltratada. Lembro bem, um dia estava saindo do mar, na praia do Leblon, e dei de cara com um empresário que se voltou para mim: "A idéia de vocês é realmente acabar com a indústria." Ri amarelo. Esta é apenas uma idéia das críticas que o Paeg recebeu.

Aproveitando esse comentário, podemos fazer uma retrospectiva econômica do governo Castelo Branco?

Na questão das tarifas públicas, anos depois, num programa de televisão que coordenei para a TVE, a respeito do meu livro *O último trem para Paris*,[64] o próprio Campos, ao debater com Edmar Bacha, reconheceu que algumas empresas estatais tiveram reajuste de mais de 1.000% na tarifa. Por quê? Porque havia um atraso enorme. É o que o Simonsen chamava de inflação corretiva.

Como havia uma crise principalmente em energia elétrica e em comunicações, por causa do sistema de concessões a empresas privadas estrangeiras que prevalecia na época, criou-se um impasse político. A maneira de sair desse impasse foi entregar o setor a empresas estatais. Essa transformação foi completada pelo governo Castelo Branco. Foi o Campos quem negociou a compra das últimas empresas concessionárias de energia elétrica e passou-se a recuperar o tempo perdido: grandes reajustamentos de tarifas para atualizá-las. E também se fez a correção monetária nos impostos. As duas coisas significam um ônus terrível para o setor privado, porque aumentam a carga tributária e os custos das tarifas de serviços públicos.

A correção monetária foi estabelecida inicialmente, em 1964, visando a três coisas. Duas favoreciam o governo. A primeira eram os tributos e a segunda era o crédito público, ou seja a emissão de Obrigações Reajustáveis do Tesouro Nacional, as ORTNs, como se chamava naquele tempo. A terceira era tornar possível a correção monetária anual nos contratos de longo prazo.

Para salários, criou-se a fórmula salarial, concebida pelo Simonsen, que se baseava na média dos salários reais, não no pico. Isso é o mais indicado do ponto de vista econômico e foi a fórmula depois adotada pelo Plano Real. Só que havia um componente na fórmula, o chamado resíduo inflacionário, que o dr. Bulhões sempre fixava em 10%.

O Estado assumiu à época os serviços públicos que estavam em crise, em mãos de empresas multinacionais. Estudos mostravam que se havia chegado a um impasse em matéria desses serviços e que o sistema de concessionárias não devia continuar porque o país não teria infra-estrutura. Era um impasse político, não econômico.

---

[64] VELLOSO, J. P. dos Reis. *O último trem para Paris; de Getúlio a Sarney: "milagres", choques e crises do Brasil moderno.* Rio de Janeiro: Nova Fronteira, 1986. O debate na TVE, Rio de Janeiro, também se chamou *O último trem para Paris* e constou de cinco programas.

Criado o impasse político, chegou-se à conclusão de que o melhor era ter um sistema de estatais que cuidasse da infra-estrutura econômica.

Hoje há toda uma discussão sobre usar o Índice Geral de Preços do Mercado (IGP-M), ou o Índice Geral de Preços – Disponibilidade Interna (IGP-DI), como base para a fixação de tarifas públicas. Nenhum desses é realmente índice geral de preços, porque datam de 1946 e a escolha do sistema de pesos, para os componentes, foi arbitrária, além de sua desatualização. Na verdade, reajuste tem de ser feito na base da atualização de custos, em condições de eficiência: reajustar em função dos aumentos de custos, desde que a empresa funcione em níveis de eficiência. Essa deve ser a lógica. Os índices de preço que acabei de mencionar, além do mais, são altamente influenciados pela variação do dólar, o que significa a quase dolarização da tarifa. Isso não tem sentido econômico.

Naquele período, para dar aos diferentes setores de infra-estrutura mais recursos para investir, havia também o imposto único e o empréstimo compulsório. A Constituição de 1988 acabou com isso, o que foi uma tolice. Passaram para o Imposto sobre Circulação de Mercadorias (ICMS), para o estado. O estado hoje tem essa receita e não tem nenhuma obrigação com relação aos setores de infra-estrutura: energia elétrica, transportes, comunicações. O Everardo Maciel, num ensaio que fez para o Fórum Nacional no ano passado, mostra que comunicações e energia são setores sobretributados.[65] Há tributação demasiada porque o estado aumenta como quer a alíquota do ICMS.

Hoje o Brasil está mais equipado em termos de índices econômicos do que naquele período, não?

Temos de ter índice de custos, se for o caso, em nível de empresa ou, pelo menos, de setor: energia elétrica, telecomunicações, transportes. Com isso, pode-se aferir melhor o índice de aumento de produtividade que se pode exigir na hora de compor a taxa de reajuste. Não se pode deixar a tarifa desatualizada, senão acontece um apagão. O crime não compensa, a gente já viu isso nos anos 1950 e 1960. O Brasil praticamente não tinha telefones. Precisei ligar para a minha noiva em São Paulo, em 1954, ano do quarto centenário da cidade, levei 24 horas para conseguir.

---

[65] MACIEL, Everardo. Reforma tributária viável. In: VELLOSO, J. P. dos Reis (Org.). *O Brasil e a economia do conhecimento*. Rio de Janeiro: José Olympio, 2002.

Nos anos 1970, as coisas efetivamente mudaram. Nessa época, certa vez estava na Europa, não sei em que capital, pedi uma ligação para Nova York e outra para o Rio de Janeiro. A do Rio saiu primeiro. Naquela década, o Brasil tinha uma boa infra-estrutura em todas essas áreas, que se deteriorou nos anos 1980 e 1990. Por quê? Porque a tarifa não se atualizou e não houve recursos para fazer investimento, inclusive pela extinção dos impostos únicos. E, ainda, outra complicação: a partir do ajuste fiscal de 1998, mesmo quando a empresa não era deficitária e não dependia do Tesouro Nacional, considerava-se que o recurso tomado para investimento era parte da despesa pública, como qualquer gasto orçamentário. Segundo as contas nacionais, as empresas estatais pertencem ao setor privado, salvo se forem deficitárias, como era a Rede Ferroviária. Então, não tem sentido colocar investimentos da Petrobras ou da Eletrobrás, empresas que têm recursos para investir, como parte dos gastos públicos. É ser mais realista que o rei e dificultar o desenvolvimento da infra-estrutura e do crescimento.

AINDA SOBRE O GOVERNO CASTELO, O SENHOR PODIA FALAR SOBRE O ESTATUTO DA TERRA?

Era uma forma de viabilizar a reforma agrária e o Roberto Campos, que acreditava em reformas, empenhou-se muito nisso. Não queria deixar passar a impressão de que reforma agrária era um tabu. Mas a idéia dele era usar o sistema tributário, só que isso foi deixado nas mãos dos municípios, que não administraram bem o imposto sobre a propriedade territorial rural. E o Instituto Nacional de Colonização e Reforma Agrária (Incra) só muito recentemente, talvez só no governo Fernando Henrique, avançou na questão de assentamentos em grande escala. O Ministério da Agricultura, que supervisionava o Incra, sempre tendeu a ser ligado à agricultura de mercado e a ter medo da reforma agrária. Quer dizer, não tinha interesse em desenvolver a agricultura familiar e, principalmente, os assentamentos. Depois houve outra tentativa, com o Pró-Terra, sobre o qual falaremos adiante.

O BANCO NACIONAL DE HABITAÇÃO (BNH) E O FUNDO DE GARANTIA DO TEMPO DE SERVIÇO (FGTS) SÃO TAMBÉM CRIAÇÕES DO GOVERNO CASTELO BRANCO.

O FGTS, criado em 1966, foi outra das idéias da agenda do Campos. O objetivo era ter um substituto para o instituto da estabilidade do empregado na empresa privada, depois de 10 anos de serviço. Acho que fazia sentido porque o instituto da estabilidade estava se desmoralizando: a empresa não esperava que o empregado completasse 10 anos, com nove demitia. Era um problema também para a empresa, porque muitas vezes lhe convinha ter um empregado durante 15 ou mais anos. De modo que a idéia foi criar um substituto e com isso se matou outro coelho: o financiamento para a habitação através do BNH, que fora criado em 1964. Criou-se assim o Sistema Financeiro de Habitação, que também financiava o saneamento.

Veja, o BNH não operava diretamente, operava através de agentes. Era, por assim dizer, a cabeça do sistema. Aprovava as normas e os financiamentos, agia através do sistema bancário. Isso permitiu um grande desenvolvimento do setor habitacional, inclusive casa popular propriamente dita, e cooperativas habitacionais. Como a indústria da construção é grande geradora de empregos, com essa iniciativa se alcançavam simultaneamente outros objetivos econômicos e sociais.

O senhor tem ainda alguma outra observação sobre o governo Castelo Branco?

Há, sim, outras coisas que quero registrar. Talvez o governo Castelo não tenha feito tanto quanto se esperava pela retomada do crescimento, mas isso era complicado, ante a necessidade de conter a inflação, o que implicava, principalmente, reconstrução do valor real dos impostos e das tarifas de serviços públicos, além de forte aperto no crédito, como já expliquei. Sem embargo, onde a dupla Campos-Bulhões se saiu muito bem foi na preparação das bases para o crescimento duradouro e rápido no futuro, através de reformas econômicas e sociais.

Mencionamos, já, algumas delas. Vale a pena acrescentar a reconstrução do orçamento, que havia sido transformado em ficção não-científica, pela alta inflação e ausência de política econômica, e a racionalização do sistema de impostos. Por exemplo, o imposto de renda tributava lucros fictícios das empresas, por não considerar o efeito da elevada inflação sobre os balanços, provocando a reação óbvia: sonegação generalizada.

Outras iniciativas importantes são a criação do Banco Central e as reformas do sistema financeiro e do mercado de capitais. Há ainda duas outras reformas sobre as quais praticamente não se tem falado. A primeira foi a do Tribunal de Contas da União (TCU), que funcionou bem. Os contratos celebrados por toda a administração pública, no país, eram, por lei, examinados pelo Tribunal, *a priori*, ou seja, antes de serem assinados. A análise e a aprovação desses contratos passaram a ser feitas *a posteriori* – após a assinatura. Pode-se imaginar o terremoto que essa mudança provocou nas relações entre o Tribunal e o governo, mais especificamente com o Ministério do Planejamento. A mudança foi feita e depois o TCU reconheceu ser isso melhor para todos.

A outra reforma está no Decreto-lei nº 5, de 1966, que estabelecia a reestruturação da capatazia nos portos, para acabar com os feudos dos sindicatos e permitir a liberdade na contratação de pessoal. Mas o ministro da Viação e Obras Públicas, Juarez Távora, nunca pôs a nova lei em execução. Por isso, a reforma nos portos só foi acontecer nos anos 1990.

Gostaria de aproveitar ainda a oportunidade para dizer uma palavra sobre o professor Bulhões, então ministro da Fazenda. Sabe-se, em geral, que a dobradinha Campos-Bulhões funcionou bem. Mas há uma idéia de que o ministro Bulhões sempre ia a reboque do ministro Campos. Não era bem assim: o professor Bulhões realmente deixava que, na maioria dos casos, o Campos fosse à frente, liderando os assuntos. Todavia, quando o assunto era de seu interesse direto, o velho mestre fincava pé e o Campos, que o respeitava muito, deixava a coisa seguir como queria o professor.

Guardo boas lembranças de alguns fatos muito peculiares do professor Bulhões. Um, quase anedótico. Um belo dia recebi um telefonema dele, logo no início do expediente, pedindo que eu desse um pulo ao seu gabinete, no 10º andar do prédio da Fazenda. Deixei o que estava fazendo e me mandei para a Fazenda, na idéia de que ele estivesse querendo ouvir-me sobre alguma medida nova na área de política monetária. Na realidade, passamos meia hora discutindo se o roteiro preparado por ele para a aula que iria dar no dia seguinte, na então Faculdade Nacional de Economia, estava ou não como deveria ser.

Há outro fato que nada tem de anedótico ou curioso. Numa das reuniões com a missão do FMI vinda ao Brasil para discutir os termos do acordo em negociação, o líder da missão, Jorge Del Canto, chefe do Departamento do Hemisfério Ocidental, economista da velha guarda do fundo e muito rígido, começou a fazer exigências e mais exigências aos presentes, ou seja, os ministros do Planejamento e da Fazenda e suas assessorias, até ultrapassar os limites do razoável.

O professor Bulhões, à cabeceira da longa mesa preta do 10º andar, não perdeu a calma. Levantou a voz um pouquinho e falou que o Campos e ele estavam fazendo um enorme esforço para reorganizar a economia brasileira e, particularmente, para pôr a inflação sob controle. Diante disso, a atitude da missão do fundo lhe parecia não fazer sentido. O governo iria continuar na rota que vinha seguindo. Era só o que tinha a dizer. Falou, levantou-se e saiu da sala. Pode-se imaginar o choque. Houve outras reuniões, o acordo saiu, o resto é história.

Uma qualidade do professor Bulhões que sempre me aproximou dele foi a sua preocupação constante com o desenvolvimento do mercado de capitais, para que as empresas tivessem recursos para investir sem precisar endividar-se. Lembro que anos mais tarde, lá por volta de 1984 ou 1985, o grupo de mercado de capitais com o qual eu trabalhava, a Invesplan, promoveu um seminário no Rio Grande do Sul com empresas interessadas em fazer abertura de capital. Convidei o professor Bulhões para a cerimônia inaugural. Ele, já em idade avançada, tomou o mesmo vôo que eu, e lá foi fazer a palestra solicitada, não me lembro se em Porto Alegre ou Caxias do Sul.

Como foi possível a continuidade dos trabalhos do Ipea mesmo com a mudança para o governo Costa e Silva?

Numa conversa com o Walter Poyares, nosso consultor para assuntos de relações públicas, e que me havia sugerido a divulgação de uma versão simplificada do Paeg, fiquei sabendo que ele tinha muita ligação com a assessoria do novo presidente, Costa e Silva. Ele então marcou uma entrevista minha com o Andreazza. Expliquei o que era o Ipea e dei uma sugestão: "Por que não fazemos uma série de seminários para o presidente Costa e Silva sobre problemas de desenvolvimento e de política econômica?" Expliquei que ficaria bem para a imagem dele, que poderíamos cobrir os mais diversos temas da área econômica. O Andreazza gostou da idéia e marcamos uma série de seminários. Só que depois do primeiro, em que a exposição foi feita por mim, vejo no dia seguinte, no *Diário de Notícias*, na primeira página: "Professor de presidentes". Havia uma fotografia minha fazendo a exposição. O Sérgio Figueiredo, que tinha uma coluna econômica de prestígio na época, chamada "Periscópio", tinha recebido a notícia, não sei se do próprio Andreazza.

Fizemos os demais seminários, dois ou três por semana. Os expositores foram o Delfim Netto, o Beltrão, que já estava muito cotado para ser ministro do Planejamento, e outros. Eu me tornei um assessor do Costa e Silva, dava expediente no escritório que ele tinha em Copacabana e dava parecer sobre os assuntos que lhe eram encaminhados. Fizemos uma boa aproximação, o que valeu muito ao Ipea no período seguinte, porque eu nem conhecia o Beltrão. Eu o vira pela primeira vez quando lhe fiz o convite para participar desse seminário. Nesse período, ia haver uma audiência do Campos com o Costa e Silva, que me disse: "Velloso, vem a essa audiência." Era um encontro em que o Campos ia fazer algo que considerava de alto interesse nacional: pedir ao Costa e Silva que mantivesse o Bulhões como ministro da Fazenda, coisa que, obviamente, o Costa e Silva nem considerava, porque, acho, já havia escolhido o Delfim.

Assim se deu a transição: o Beltrão assumiu o Ministério do Planejamento, o Delfim foi de fato para a Fazenda, o Ipea se transformou em fundação. Como disse, não tinha intimidade com o Beltrão. O primeiro trabalho que se fez no Ipea para o novo governo foi um diagnóstico da situação da economia, preparado pela assessoria conjunta dos ministérios do Planejamento e Fazenda.[66] Na verdade, os principais autores foram o Affonso Pastore e o Carlos Roca, que pertenciam à assessoria da Fazenda. É um documento que chega à conclusão de que tinha havido uma grande expansão tributária e de tarifas públicas no governo Castelo Branco, do que resultara uma grande debilidade do setor privado. Mostra a mudança que tinha ocorrido na inflação, que tinha passado a ser menos um problema de excesso de demanda para ser uma questão do aumento das tarifas do serviço público – inflação corretiva.

Em abril de 1968, o senhor assume a Secretaria Geral do Ministério do Planejamento. Como foram as relações iniciais do Ipea com o ministro Beltrão?

Antes, se me permitem, gostaria de referir-me, rapidamente, à equipe do Ipea. Numa instituição como aquela, surgida para pesquisar e criar, com vistas ao planejamento do desenvolvimento econômico e social, a equipe é quase tudo. Felizmente, conseguimos reunir um grupo de economistas, engenheiros econômicos e especialistas sociais que cobriam bem as diferentes áreas macroeconômicas, inclusive comércio exterior, indústria, agricultura, energia, transportes, recursos humanos, saúde e saneamento e desenvolvimento regional. Eram mentes inovadoras, de tal modo que, freqüentemente, em especial a partir de 1966, os próprios programas setoriais eram feitos no Ipea, por equipes conjuntas do Ipea e do ministério setorial.

---

[66] IPEA. *Análise do comportamento recente da economia brasileira: diagnóstico.* Rio de Janeiro: Ipea, 1967. ms.

Um aspecto revelador é que, em lugar de um setor de educação, tínhamos o Centro Nacional dos Recursos Humanos (CNRH), já dentro da concepção de capital humano.

Havia também o Centro de Treinamento para o Desenvolvimento Econômico e Social (Cendec), no Ipea, destinado a qualificar pessoal para as secretarias gerais dos ministérios e as secretarias de planejamento dos estados. O Cendec também mantinha um programa destinado a enviar economistas do Ipea e de outras instituições para fazer doutorado no exterior. Mais para o fim da década, sentindo a necessidade de criar uma divisão de trabalho mais nítida, fez-se a divisão do Ipea em dois institutos – o Instituto de Planejamento (Iplan), em Brasília, junto ao governo, e o Instituto de Pesquisa (Inpes), no Rio. Mas mesmo o Inpes estava voltado para políticas públicas e não para a simples pesquisa acadêmica.

Voltando, então, à pergunta, as relações iniciais com o novo ministro do Planejamento, no princípio de 1967, foram um tanto formais, pelas razões que vimos. Havia um grupo da assessoria do Beltrão ligado àqueles grupos setoriais que o Campos havia criado e que queriam reduzir a importância do Ipea dentro do Planejamento. Fomos levando o nosso trabalho com cautela, até surgirem as oportunidades. Nossa posição ficou consolidada junto ao novo ministro quando começaram a acontecer as viagens do presidente Costa e Silva às diversas regiões do país. Nessas viagens ia praticamente todo o ministério, o governo tomava decisões e anunciava medidas em favor da região. No caso da viagem do presidente ao Nordeste, sugerimos uma reunião com os representantes dos ministérios, recolhemos as sugestões que nos deram em torno de possíveis medidas favoráveis à região. Varamos a noite, preparamos um documento que foi mimeografado na manhã seguinte. Com ele, Beltrão pôde brilhar na sessão da tarde, fez a apresentação das medidas que o governo iria adotar e o presidente anunciou as conclusões de sua estada em Recife. Esse documento realmente ficou muito interessante, porque continha resumos de projetos. O Vinícius Fonseca, que viria a ser presidente da Fundação Oswaldo Cruz no governo Geisel, trabalhava conosco e tinha muita experiência de elaboração de projetos. Isso nos ajudou muito e, aos poucos, fomos conseguindo que o novo ministro adquirisse confiança no trabalho do Ipea.

Logo em seguida, ele nos incumbiu de preparar o programa do novo governo, o *Programa Estratégico de Desenvolvimento (1968-1970)*. Saiu também em dois volumes, a versão original tem uma introdução do próprio Beltrão.[67] Ali a gente pode assinalar a diferença de ênfase em comparação com o Paeg. Enquanto o Paeg falava em conciliar crescimento com inflação, o objetivo básico do PED era obter uma alta taxa de crescimento com a condição de a inflação continuar sendo reduzida progressivamente. A ênfase passou a ser o crescimento. As prioridades do programa eram principalmente as chamadas áreas estratégicas. Como falei, nos anos 1950 o crescimento da agricultura tinha acontecido apenas pelo aumento da área plantada. Nossa idéia era fazer uma grande transformação na agricultura. Outra prioridade era a infra-estrutura econômica: energia elétrica, petróleo, transportes e comunicações. O sistema de conglomerados de estatais já estava pronto, havia sido completado no governo Castelo Branco. Além da Petrobras, já existia a Eletrobrás e a Telebrás, e na área de transportes já havia o DNER e outros órgãos, de modo que era possível dar um impulso ao setor de infra-estrutura. Pela primeira vez, também se colocou o desenvolvimento científico e tecnológico entre as prioridades do governo. Isso foi uma idéia do Beltrão e era um assunto que nós, no Ipea, estávamos desenvolvendo, com o assessoramento do José Pelúcio Ferreira, que dirigia o Fundo de Desenvolvimento Técnico e Científico (Funtec), um fundo de apoio à ciência e à tecnologia criado no BNDE em 1964, com a finalidade de financiar a implantação de programas de pós-graduação nas universidades brasileiras.

Com base nesse Programa Estratégico, o Beltrão promoveu uma série de debates, em diversas regiões do país, com o partido do governo, a Arena. De modo que houve também essa experiência de discutir o plano com a classe política.

O senhor participava dessas reuniões com a Arena?

Nesses encontros, era eu quem sempre fazia as exposições. Havia uma apresentação inicial do Beltrão, que tinha muita experiência política, era inclusive filho de um líder político da UDN do Rio de Janeiro, o Heitor Beltrão, que foi deputado em várias legislaturas. O Beltrão era, digamos, um animal político por excelência, embora tivesse formação técnica e sua menina-dos-olhos fosse a reforma administrativa.

Ainda sobre o Ipea, gostaria de fazer outra observação. Tanto sob o Campos como sob o Beltrão, manteve-se o objetivo inicial de preservar o órgão de influências

---

[67] MINISTÉRIO DO PLANEJAMENTO E COORDENAÇÃO GERAL. *Programa Estratégico de Desenvolvimento: 1968-1970*. Brasília, jun. 1968. 2 v. ms.

políticas. Trabalhou-se com liberdade de opinião e de criação. Basta lembrar que o Fishlow, valendo-se dos dados do censo de 1960, escreveu um artigo conhecido sobre distribuição de renda no Brasil que suscitou, nos anos 1970, o famoso debate sobre esse assunto que andava meio esquecido.[68] Nessa ocasião, antes de haver manifestação do Ministério do Planejamento, pedi ao Ipea um documento sobre distribuição de renda. O estudo que veio foi muito baseado, digamos, nas interpretações da oposição. O pessoal do Ipea escrevia o que queria e a gente deve lembrar que os principais economistas da oposição, alguns filiados ao MDB, trabalhavam no Ipea e no Planejamento, por exemplo, Edmar Bacha, Pedro Malan.

Durante vários anos, chegamos até a manter o escritório brasileiro da Cepal dentro do Ipea, porque as Nações Unidas comunicaram ao governo brasileiro que iriam fechá-lo por falta de recursos. Nessa ocasião, eu já era ministro e decidi: "O escritório não vai fechar, o Planejamento vai passar a pagar as despesas." Mas, em contrapartida, a Cepal faria um estudo sobre promoção das exportações de manufaturados no Brasil. Muito do pessimismo em relação à capacidade do Brasil de exportar manufaturados se devia a influências da Cepal. Por isso pedi o estudo, que acabou sendo elaborado pelo Fernando Fajnzylber.[69]

Hoje se fala que há dois Ipeas. O do Rio e o de Brasília, um mais investigativo, outro mais administrativo, seria isso?

Quando se criou o Ipea, a idéia era que fizesse duas coisas: pesquisa aplicada, ou seja, *policy-oriented*, e documentos preparatórios para a formação de planos, um estágio mais avançado. Tanto que, como disse, havia o Instituto de Pesquisa e o Instituto de Planejamento, dois institutos dentro da mesma fundação. Não sei por que acabaram com isso, as duas coisas são complementares e têm de ser feitas com alto nível de qualificação. Com a reforma de 1990, fundiram-se os dois institutos e o Ipea voltou a ser Instituto de Pesquisa Econômica Aplicada, talvez ficando subentendido que o Ipea de Brasília se dedicasse mais ao planejamento. Hoje provavelmente há mais setores, não conheço bem a estrutura atual. Como quer que seja, é importante assinalar que mesmo a parte de pesquisa deve ser *policy-oriented* e não apenas acadêmica,

---

[68] FISHLOW, Albert. Distribuição de renda no Brasil. In: TOLIPAN, R.; TINELLI, A. C. (Orgs.). *A controvérsia sobre distribuição de renda e desenvolvimento*. Rio de Janeiro: Zahar, 1975.

[69] FAJNZYLBER, Fernando. *Sistema industrial e exportação de manufaturados: análise da experiência brasileira*. Rio de Janeiro: Ipea/Inpes, 1971.

o que seria fazer duplicação com as universidades, e a outra parte da instituição deveria voltar-se para subsidiar o planejamento estratégico, com visão pelo menos de médio prazo.

O SENHOR ACHA QUE O BRASIL AINDA TEM CONDIÇÕES DE RETOMAR O QUE FOI A SUA VOCAÇÃO HISTÓRICA DE ESTADO DESENVOLVIMENTISTA?

Tudo mudou. Acho que interessa mais agora ter visões estratégicas, qualquer país precisa disso. Diferentemente do que muita gente pensa, os Estados Unidos são muito fortes na área de visões estratégicas, inclusive no tocante a ciência e tecnologia. Ou seja, a visão de longo prazo é extremamente importante nos Estados Unidos, tanto no setor privado quanto no setor público. Não precisa ser um planejamento quantitativo. Se observarmos, no II PND não existem mais metas, por uma razão especial. Achávamos que as condições da época (crise do petróleo) não permitiam e, diante disso, colocamos indicadores econômicos e sociais, e hoje nem isso eu colocaria. O que deve ser o novo estágio de desenvolvimento? O tema básico do Fórum Nacional de 2002 foi economia do conhecimento, que considero ligado a essa idéia do novo estágio de desenvolvimento.

O SENHOR PODIA FALAR DE SUA ATUAÇÃO NA SECRETARIA GERAL DO MINISTÉRIO DO PLANEJAMENTO, NO GOVERNO COSTA E SILVA?

Fui convidado para o cargo pelo Beltrão, que foi ganhando confiança em nosso trabalho. Na Secretaria Geral, atuamos em várias áreas. Ainda em 1968, tivemos o grupo de trabalho da reforma universitária. Como nasceu isso? Um belo dia, eu, que estava como ministro interino, e o Andreazza fomos falar com o presidente Costa e Silva, com a presença do general Médici, chefe do SNI, sobre o movimento estudantil, a passeata dos 100 mil na avenida Rio Branco, no Rio de Janeiro, em junho de 1968, e sugerimos: "Presidente, por que o senhor não cria um grupo de trabalho para propor uma reforma universitária?" Isso poderia criar um melhor ambiente de diálogo com o meio universitário, embora depois se tenha verificado que a única grande reivindicação dos estudantes eram mais vagas nas universidades para atender aos excedentes. O presidente aprovou a idéia e o ministro da Educação, Tarso Dutra, concordou. Participei desse grupo de trabalho, representando o Planejamento, e o Pécora representava a Fazenda. Uma das propostas que fiz foi a criação do Fundo Nacional de Desenvolvimento da Educação (FNDE), que existe até hoje. A minha idéia era que isso fosse um embrião de um banco da educação ou de um banco social, para que se passasse a trabalhar, nessas áreas, à base de projetos. Depois o BNDE acrescentou um "S" à sua sigla e passou a cuidar da área social. Eu queria algo especificamente para a educação, mas o Ministério da Educação, que gostou muito da idéia, porque significava mais recursos para a educação, passou a usar esses recursos para atividades normais do ministério, como um complemento.

De onde vinham os recursos para o FNDE?

Vinham do orçamento, porque tínhamos alguns fundos gerais que eram administrados pelo Planejamento. Havia, por exemplo, o Fundo de Desenvolvimento de Áreas Estratégicas. O que quer dizer isso? Servia para fazer suplementação de recursos a certos projetos de maior significação que queríamos apoiar. Tínhamos vários fundos, inclusive para pagamento de reajuste de funcionalismo e outras finalidades. Como desdobramento disso, tivemos a criação dos centros regionais de pós-graduação.

Havia no Ipea, como disse, o CNRH, chefiado por um técnico muito competente, o Arlindo Correia. Esse centro, junto com o Ministério da Educação, operacionalizou a criação dos centros regionais de pós-graduação, já como forma de implementação da reforma universitária. Naquela época eram centros regionais, porque se achava que não havia ainda condições para um centro em cada universidade, ou em cada estado. Com a evolução e expansão das universidades, terminou-se criando pós-graduação em todos os estados, praticamente para todas as áreas.

Parte dos recursos para a montagem dessa rede veio das suplementações que dávamos e que, mais tarde, passaram a vir da Finep e do Fundo Nacional de Desenvolvimento Científico e Tecnológico.

O senhor falou da reforma universitária e do movimento estudantil. Esse foi um período de intensa contestação no Brasil e no mundo, especialmente o ano de 1968. Como o senhor avaliava esse movimento?

Em parte era um movimento autêntico, em parte era manipulação de certas facções da esquerda. Ali já estavam começando a aparecer as dissidências que depois se transformaram em luta armada. Isso está bem claro no livro do Elio Gaspari e também no do Gorender.[70] Mas não há dúvida de que boa parte daquele movimento

---

[70] GASPARI, Elio. *A ditadura escancarada*. São Paulo: Cia. das Letras, 2002; GORENDER, Jacob. *Combate nas trevas*. São Paulo: Ática, 1987.

era um reflexo do que ocorria no mundo e uma rebelião estudantil natural. Nunca fui a favor de prender ou perseguir ninguém, a não ser que estivesse participando da luta armada. Tanto que no Ministério do Planejamento a liberdade de contratação continuou. Contratei, por exemplo, o Arthur Candal para ser o chefe do setor de indústria e que coordenou um trabalho importante, o já citado *A industrialização brasileira: diagnóstico e perspectivas*, publicado em 1976. Eu o conheci no Rio Grande do Sul, através do Marcus Vinícius Pratini de Morais. Havia os que diziam que era comunista. Eu argumentava: "Não estou interessado nisso." Ele foi chefe do setor de indústria enquanto quis.

A PRORROGAÇÃO DO MANDATO DO PRESIDENTE CASTELO E O GOVERNO COSTA E SILVA VIERAM CONTRARIAR EXPECTATIVAS DOS QUE ACHAVAM QUE 1964 SERIA MAIS UMA INTERVENÇÃO RÁPIDA DOS MILITARES NA POLÍTICA. MAIS DO QUE ISSO, A RADICALIZAÇÃO IDEOLÓGICA AUMENTAVA E O REGIME SE TORNAVA MAIS REPRESSIVO. COMO O SENHOR AVALIAVA O MOMENTO POLÍTICO?

Notem que os presidentes Costa e Silva e Médici começaram o mandato prometendo o restabelecimento da democracia, mas não conseguiram. Costa e Silva ainda fez aquela tentativa de aprovar uma constituição para acabar com restrições excessivas, mas não conseguiu. Médici, após ser escolhido presidente da República, fez um discurso em que afirmava: "Ao término do meu período administrativo, espero deixar definitivamente instaurada a democracia em nosso país. E bem assim fixadas as bases do nosso desenvolvimento econômico e social."[71] Então, a pergunta é: por que não conseguiram? A minha idéia é que o regime de exceção deveria ter-se limitado àquilo que tinha sido inicialmente fixado, ou seja, não deveria ter havido nem o AI-2, em 1965.[72] Elio Gaspari e Villas-Bôas Corrêa mostram que havia problemas dos dois lados. Os presidentes da República algumas vezes não souberam enquadrar os comandantes militares

---

[71] MÉDICI, Emílio G. *O jogo da verdade*. 2. ed. Brasília: Secretaria de Imprensa da Presidência da República, 1970.

[72] Descontente com os resultados das eleições para governador em Minas Gerais e no Rio de Janeiro, o governo decreta, em 28 de outubro de 1965, o AI-2, que, entre outras coisas, dissolve os partidos então existentes, torna indireta a eleição para presidente da República, impõe mais rigor nas punições aos opositores do regime e aumenta o número de ministros no Supremo Tribunal Federal.

e, do lado da esquerda, houve erros como o da luta armada, uma coisa sem a menor possibilidade de sucesso.

De passagem, estou convencido de que a grande maioria das Forças Armadas se deixou convencer por uma idéia colocada pela linha dura, civil e militar, de que a luta armada constituía, para a segurança do país, um perigo muito maior do que realmente representava.

Gostaria de ilustrar esse ponto com a citação de um fato. Em certa altura de 1968, o presidente Costa e Silva convocou uma reunião – não me lembro se do ministério ou do Conselho de Segurança – para avaliar a situação relativa às passeatas estudantis de 1968. Estive presente, como ministro interino. Iniciada a reunião, o presidente deu a palavra primeiro aos ministros militares, que se manifestaram todos no sentido de que a situação do país estava sob controle, e de que não havia razão para medidas excepcionais. Em seguida, Costa e Silva deu a palavra ao ministro da Justiça, Gama e Silva, que se posicionou de modo bem diferente. Disse que esses episódios iriam afetar a situação econômica do país, que havia intranqüilidade nos quartéis, intranqüilidade social, que era necessário pensar em medidas excepcionais – e por aí foi. Quer dizer: a linha dura estava sempre superestimando os riscos e propondo ações fora do normal.

Por outro lado, convém assinalar que as lideranças de extrema esquerda ligadas à luta armada não eram democráticas. O que desejavam era instalar no Brasil uma ditadura de tipo socialista. Os livros do Gorender e do Gaspari, que já mencionei, deixam isso bem claro.

No ministério, o senhor representava um perfil que se adequava ao projeto militar de apoio ao desenvolvimento tecnológico do país.

Nós tínhamos ligação com esse projeto. Vocês devem lembrar que, quando o presidente Geisel assumiu, o CNPq foi transferido para o Planejamento. Até então, estava subordinado à Secretaria do Conselho de Segurança Nacional. Discuti esse ponto com o presidente e ambos concordamos que não havia razão para que ficasse na área militar. O Beltrão tinha a mesma preocupação que eu. Já mencionei que no Programa Estratégico de Desenvolvimento, feito para o governo Costa e Silva, havia, pela primeira vez, prioridade para o desenvolvimento científico e tecnológico. Isso ganha ênfase no I PND e no II PND, que também coordenei. Ou seja, a área de ciência e tecnologia fazia parte das prioridades do planejamento econômico do país, área de responsabilidade dos civis. Veja bem, em outros países sul-americanos o contexto era diferente. Quando ia às reuniões do Conselho Interamericano Econômico e Social (Cies), sentava ao meu lado o representante do Peru no tempo do Alvarado, um coronel, ministro do Planejamento. Quer dizer, em geral, os militares no Brasil sempre aceitaram que a área econômica fosse entregue aos civis. E, como ministro, sempre raciocinei que a minha responsabilidade era para com o presidente da República, que tinha de dar satisfações a ele e a mais ninguém. Com relação ao Ipea, uma vez o chefe do Gabinete Militar[73] levantou dúvidas sobre o fato de termos regime próprio de pessoal, que era aprovado pelo presidente da República. Ele argumentou: "Ministro, na área militar, tenho ouvido comentários de que isso não fica bem." Eu disse: "General, a explicação é que o Ipea tem formado muita gente, mandado inúmeros técnicos ao exterior para fazer doutorado, investido em seu pessoal, na formação de gente de alta qualificação, e acho que deve haver um sistema de remuneração adequado para essas pessoas. Além do mais, isso é publicado no *Diário Oficial*, não é segredo. Mas também quero deixar claro que, no dia em que o presidente da República tirar essa prerrogativa do Ipea, não fico mais no ministério."

O SENHOR NUNCA RECEBEU VETO MILITAR A INDICAÇÕES QUE TENHA FEITO PARA O MINISTÉRIO OU PARA O IPEA?

Em todos os órgãos públicos havia uma Divisão de Segurança e Informações (DSI). Havia no Planejamento, em todos os ministérios e também nas estatais. Quando tomava posse em um cargo, eu procurava escolher para a chefia dessa divisão um general da reserva que fosse inteligente, que entendesse o nosso projeto. Eram homens com quem eu lidava muito bem, conversava, explicava nosso trabalho. Tive dois assessores de imprensa, Paulo Rehder e Pery Cotta – que chegou a publicar um livro sobre essa época[74] –, acerca dos quais foram levantadas dúvidas. Pedi a ficha deles ao general chefe da DSI, olhei e comentei: "Isso não tem fundamento." Um deles morava num apartamento onde havia morado o Gabeira. Era evidência de que houvesse relação entre os dois?

---

[73] Refere-se a Hugo de Abreu, chefe do Gabinete Militar no governo Geisel.

[74] COTTA, Pery. *Calandra, o sufoco da imprensa nos anos de chumbo*. Rio de Janeiro: Bertrand, 1997.

No governo Geisel, houve um caso ainda mais curioso. Odylo Costa Filho foi escolhido para o Conselho Nacional de Cultura e logo se levantaram dúvidas. Decidi falar com o chefe do SNI: "General, levantaram dúvidas sobre esse caso, mas olhe o que diz a ficha dele. Que seu filho tem um amigo procurado pelos serviços de inteligência, que ficou, parece, dois dias na casa dele. O que isso quer dizer? Talvez eu tivesse feito a mesma coisa se fosse um amigo do meu filho. Quero dizer que conheço o Odylo Costa Filho há muito tempo, que não é nem de esquerda, é um democrata. Assumo a responsabilidade por sua indicação para o conselho."

Há ainda outro caso engraçado. Quando lancei meu livro *O último trem para Paris*, no Rio, em 1986, pediram que eu fizesse o lançamento também em São Paulo e em Brasília. Em Brasília, no meio da fila de autógrafos, apresenta-se um rapaz: "Trabalhei no Ipea quando o senhor era ministro. Sou marxista-geiselista." E eu: "Ah, que interessante. Por quê?" "Sou marxista e, quando trabalhava no Ipea, levaram ao senhor uma informação de que eu era de esquerda. O senhor perguntou: 'É competente ou não? Se é, deixa o rapaz em paz.' Por isso, virei marxista-geiselista."

No Ministério do Planejamento, Hélio Beltrão já falava em desburocratização?

Claro. Ele foi o principal autor da lei da reforma administrativa de 1967. Falava muito em desburocratização, mas, naquele tempo, a denominação oficial era reforma administrativa. Tanto que havia uma secretaria de reforma administrativa no Ministério do Planejamento, que eu usei de forma diferente da dele. Sua preocupação era a desburocratização, simplificar os procedimentos, facilitar a vida do usuário. Passei a usar a reforma administrativa como idéia para preparar bem os sistemas de planejamento e orçamento. Tínhamos para isso, no Ipea, o Cendec, que dava o Curso de Formação de Especialista em Orçamento Público para o pessoal técnico das secretarias de planejamento dos estados e, principalmente, às secretarias gerais dos ministérios. Mas a preocupação do Beltrão, sob essa denominação de reforma administrativa, já era a desburocratização. E, dentro dela, as idéias de descentralização e de diferenciação. Mas, além de tudo isso, o Beltrão tinha, como já disse, uma visão muito boa da área de desenvolvimento.

Há pessoas que consideram a Constituição de 1988 um retrocesso em relação ao Decreto-lei nº 200, que vinha do governo Castelo Branco.

A Constituição de 1988 acabou com a idéia de descentralização, de diferenciação, e não há nada ali favorável à desburocratização. Engessou a máquina do serviço público e criou problemas sérios. Um órgão como o Ipea está sujeito hoje ao Regime Jurídico Único. Um técnico ali tem a remuneração do mesmo nível de um técnico de qualquer órgão do serviço público. Ou seja, quando se exige mais qualificação, como no caso do Ipea, não há correspondência do ponto de vista de remuneração. Acho que, realmente, foi um retrocesso.

Como foi o fim da gestão de Hélio Beltrão?

Nos últimos tempos ele estava realmente desencantado, porque a pasta do Planejamento era tratada como um ministério comum. O raciocínio dele era que a pasta funcionou bem antes porque o Campos tinha uma grande ascendência pessoal sobre o Castelo. Mas não se podia partir da premissa de que o ministro teria sempre grande ascendência sobre o presidente. Ele queria um espaço institucional mais adequado. Nos últimos anos, estava realmente desencantado com a falta de instrumentos para fazer as coisas que queria.

Mesmo estando dentro do governo, a sensação que o senhor nos passa é a de que não gostava de política partidária.

Eu gosto de política, mas não tenho vocação para política partidária, o que é diferente. Sempre fui um animal político, desde os 16 anos. Gosto de política intelectualmente e todos os cargos que exerci, em certo sentido, exigiam uma certa vocação política. Por exemplo, ministro é um cargo essencialmente político. Pode ser um ministério dito técnico, como os da área econômica, mas sempre será político. Até hoje interesso-me por temas políticos, leio sobre o assunto. Mas não tenho vocação para política partidária.

Nos partidos, deve haver um mínimo de disciplina. Isso para mim é parte da reforma política que se deve fazer. Quem faz isso um pouco é o PT. Os outros praticam uma completa indisciplina. É só ver o que acontece entre a eleição e o início dos trabalhos do Congresso. Muitos congressistas, principalmente deputados, mudam de partido e nada acontece. Isso me parece um absurdo. E eu não quero ficar num dilema, porque acho que deve haver um mínimo de disciplina partidária, mas não quero me submeter a ela. Tenho de ser coerente. Mesmo como economista, não me filio a nenhuma corrente. Antigamente havia a história dos monetaristas e dos estruturalistas, depois neoliberais e antineoliberais. Nunca fui nenhum deles. Essa história de facções não me interessa, sou realmente um franco-atirador e gosto de ser assim para preservar minha liberdade intelectual e de movimentos. É uma coisa muito individual. Às vezes me vejo mais voltado para uma certa tendência, às vezes para outra. Ser franco-atirador é o que me permite ter as condições de trabalhar como quero, dentro ou fora do governo.

Durante o governo Costa e Silva, o senhor iniciou uma grande amizade com Nelson Rodrigues.

Da mesma forma que era amigo do dom Hélder, tornei-me amigo do Nelson Rodrigues.

Aliás, uma grande vítima da censura.

É verdade. E talvez o criador do teatro moderno no Brasil.

Como se tornaram amigos?

Por causa de uma crônica que ele escreveu em 5 de maio de 1969, chamada "Piauí em Yale", e que está reproduzida no livro *O reacionário: memórias e confissões.*[75] Nessa crônica, ele conta que havia feito muitas gozações ao Piauí e que, um dia, foi procurado por um piauiense que lhe disse haver gente conhecida no estado. Ele falou: "Gente conhecida do Piauí? Não conheço ninguém." O rapaz respondeu: "Deolindo Couto, João Paulo dos Reis Velloso..." "Cita mais." "João Paulo dos Reis Velloso e Deolindo Couto." O Nelson diz que, a certa altura, já tinha contado 200 Deolindos Coutos e 200 Vellosos.

Alguém me chamou a atenção para essa crônica e li. Eu já havia lido várias obras do Nelson e era leitor assíduo da coluna "À sombra das chuteiras imortais". Era um grande dramaturgo, e muito bom nas crônicas. Telefonei para ele e ficou nisso. Só

---

[75] RODRIGUES, Nelson. *O reacionário: memórias e confissões.* São Paulo: Cia. das Letras, 1995.

que depois fizeram um almoço para todos os personagens das crônicas de Nelson Rodrigues, no Itanhangá. O Walter Moreira Salles, por exemplo, que era sempre, para o Nelson, o homem mais rico do mundo, ou do Brasil, não lembro bem, foi a esse almoço e eu também. Depois, um jornalista de *O Globo*, amigo do Nelson, José Vieira, que era também amigo meu, passou a convidar-nos para jantar na casa dele. A verdade é que o jantar era a dois, porque o dono da casa saía da sala e me deixava conversando à vontade com o Nelson. Quando o Nelson me telefonava, dizia: "Meu doce ministro, como vai?" E assim continuamos vários anos, com esses jantares sempre na casa desse amigo.

O Nelson Rodrigues lhe falou alguma vez do filho dele que foi preso, o Nelsinho?

Nunca falou.

Os senhores conversavam sobre o quê?

O Nelson era uma pessoa muito agradável. Nossas conversas não eram sobre temas profundos, mas sobre temas correntes. Às vezes também sobre livros, teatro. Acho que nunca falamos de cinema, mas sobre teatro a gente falava freqüentemente porque eu achava, e continuo achando, que o seu teatro é da melhor qualidade. Veja bem, estou me referindo às suas grandes peças. Ele tem quatro ou cinco delas e muitas outras ele fez para ganhar a vida. Quando a gente lê *O anjo pornográfico*, do Ruy Castro,[76] verifica que muita coisa ele fez para ganhar a vida. Escreveu romance de folhetim com o pseudônimo de Susana Flag. De início, eu não sabia quem era Susana Flag.

Quais são as grandes peças dele, no seu ponto de vista?

Vestido de noiva, *Álbum de família*, *A falecida*, *Beijo no asfalto*... Agora, sempre há coisas boas nas peças dele e mesmo nas crônicas. Ele criou estereótipos como a aluna de psicologia da PUC, o homem sem nenhum caráter, o padre de passeata, Amarildo, o possesso, e outras figuras inesquecíveis.

---

[76] CASTRO, Ruy. *Anjo pornográfico*. São Paulo: Cia. das Letras, 1992.

Capítulo 5

Ministro do Planejamento, governo Médici

COMO ACONTECEU O CONVITE PARA SER MINISTRO DO PLANEJAMENTO? O SENHOR JÁ CONHECIA O GENERAL MÉDICI?

Quando demos ao presidente Costa e Silva a idéia de criação do grupo de trabalho da reforma universitária, ele era chefe do SNI. Depois disso, no começo do segundo semestre de 1969, fiz uma palestra na Assembléia Legislativa do Rio Grande do Sul sobre desenvolvimento científico e tecnológico. O general Médici, que era comandante do III Exército, estava na mesa. No dia seguinte, antes de voltar ao Rio, fui visitá-lo – visita de cortesia, de agradecimento. Lembro que cheguei a perguntar: "General, fala-se que o senhor está muito cotado para ser o novo presidente da República." E ele: "Velloso, não há perigo, não tenho idéia de aceitar nenhum convite para a presidência, estou muito satisfeito aqui." Mas a verdade é que, depois de apresentar várias exigências, acabou aceitando o convite do Estado-Maior para ser candidato. Uma de suas exigências era ter liberdade para escolher auxiliares, inclusive os ministros militares. Colocou ainda outra exigência: qualquer um dos membros do Estado-Maior teria de aceitar o convite que fizesse. Com isso, pôde ter como vice-presidente e como ministros militares quem ele queria.

Eleito, montou o escritório de transição do governo numa casa no Galeão, cedida pelo ministro da Aeronáutica. Marcus Vinícius Pratini de Moraes e eu éramos assessores dele, íamos lá de vez em quando examinar assuntos de seu interesse. Foi lá que ocorreu o convite: "Velloso, você se prepara, porque vou convidar o Beltrão para continuar no ministério, mas, se ele não aceitar, você é o substituto natural." É por isso que digo que fui promovido: fui presidente do Ipea, passei a secretário-geral do

Planejamento e, como o Beltrão realmente não quis continuar, o presidente Médici me levou para o ministério.

Isso foi em fins de 1969, o senhor tinha 38 anos. Muito novo para a época.

Naquela altura, eu era o ministro mais jovem, depois veio o Pratini, um pouco mais moço que eu.

O senhor, nos seus 38 anos, não chegou a pensar que aquela fosse uma responsabilidade muito grande? O planejamento era muito valorizado como ferramenta de governo...

Não senti que a responsabilidade fosse grande demais porque, como disse, ascendi naturalmente à função. Fiquei vários anos no Ipea, depois dois anos como secretário-geral do Planejamento. Nessa função, substituí o ministro Beltrão várias vezes. Quer dizer, já tinha sido ministro interino, inclusive eu o era quando houve a proposta de criação do grupo da reforma universitária, em meio à agitação estudantil. Obviamente, no dia em que você se vê ministro, a coisa muda de figura. A responsabilidade é muito maior, não se pode mais transferi-la e, além do mais, é um cargo essencialmente político.

O senhor mencionou que usou a experiência do Beltrão para repensar o ministério. Como foi isso?

Já me referi ao fato de o Beltrão ter deixado o governo desencantado. O Ministério do Planejamento era nivelado aos outros ministérios, o que dificultava muito a atuação e a função de planejamento. Essa era a minha grande preocupação e procurei enfrentar o problema de três formas. Em primeiro lugar, definindo o espaço próprio do Planejamento, para que se criasse uma espécie de divisão de trabalho implícita com o Ministério da Fazenda. A área econômica é delicada e as duas pastas estão muito próximas em certos temas. Na ocasião, até me lembrei de um artigo que o Delfim, ministro da Fazenda desde o começo do governo Costa e Silva, publicou no *Jornal do Brasil*, sob o título "Dêem-me o ano e não se preocupem com décadas".[77] Então, a idéia que me ocorreu é que, numa divisão natural

[77] *Jornal do Brasil*, 20 mar. 1970.

de atribuições, a Fazenda ficaria com os assuntos de curto prazo, trataria da evolução corrente da economia. A pasta da Fazenda tem a maioria dos instrumentos que lhe permite atuar nessa área de curto prazo e, certamente, nos governos Costa e Silva e Médici, o Delfim soube usar muito bem todas as ferramentas de que dispunha. O Planejamento, embora acompanhando o dia-a-dia, pois participava do Conselho Monetário e de todos os conselhos em nível ministerial na área econômica, seria o campo natural dos assuntos de longo e médio prazo. E isso correspondia muito à minha tendência.

RESUMINDO, O SENHOR FICAVA COM A DÉCADA E O DELFIM COM O ANO.

Não exatamente com a década. Vocês devem lembrar que aquele plano decenal que o Campos havia encomendado ao Ipea foi, na verdade, um plano qüinqüenal, depois metamorfoseado em Programa Estratégico de Desenvolvimento (PED), o plano de governo do Costa e Silva. Eu dava muita ênfase ao período correspondente ao mandato do presidente, que naquela época era de cinco anos. Às vezes, dependendo do assunto, havia necessidade de uma visão de mais longo prazo. Em setores de infra-estrutura e em educação, por exemplo, precisamos dela, o que volta hoje à voga sob a denominação "planejamento estratégico". As grandes empresas brasileiras absorveram a idéia do planejamento estratégico, preocupação que retorna ao governo, depois da maré baixa dos anos 1980 e 1990.

Minha segunda linha de ação era fazer com que o Planejamento fosse uma fonte efetiva de inovação, produzisse novos programas, novas estruturas e novos mecanismos. Daí, por exemplo, a ênfase em desenvolvimento científico e tecnológico. E uma terceira linha destinava-se a ampliar os instrumentos de que dispunha o ministério. De saída, havia o orçamento, em que criamos vários fundos, para prioridades do governo. Pensávamos que o BNDE deveria mudar de prioridades, passar a atender mais à empresa privada nacional, em lugar da infra-estrutura, como fazia no seu início. O Ipea deveria ter atribuições mais importantes, converter-se no principal órgão de assessoramento para efeito dos planos que tinham de ser elaborados, quer o plano global de governo, quer os planos setoriais. A Finep, com as várias mutações por que passou a partir do momento em que se transformou em empresa pública, poderia ajudar na implementação de novas idéias relativamente à ciência e tecnologia, inclusive quanto à expansão da pós-graduação, como citado. Ao lado disso, cabia ao ministro do Planejamento dar a definição de prioridade para qualquer emprestimo externo pleiteado por qualquer órgão do governo, na administração direta ou indireta. Criamos uma secretaria geral adjunta para tal fim. Criamos até mecanismos para maior articulação com o setor privado, como o Plano Nacional de Treinamento de Executivos (PNTE) e o Sebrae, à época com "C", Centro Brasileiro de Assistência Gerencial à Pequena Empresa, que permitiam dar assistência técnica à pequena empresa para que se habilitasse a buscar financiamentos em bancos. Também criamos a Secretaria de Articulação com Estados e Municípios, além da Secretaria de Assuntos Internacionais, crucial na parceria que formamos com o Itamarati, para um importante programa de promoção comercial do Brasil nas várias regiões dos Estados Unidos, na América Latina e na Europa, inclusive Rússia. O ministro Gibson e o Paulo Tarso foram as peças-chave dessa parceria.

Talvez valesse a pena dar alguns exemplos de como essas três linhas de ação permitiram ter coisas novas. Com o I PND, falou-se, por exemplo, de revolução na educação, o que incluía a universalização do ensino básico, que naquela época compreendia o primário e o ginasial. Em parceria com o MEC, fizemos a implementação da reforma universitária, de acordo com as propostas do grupo de trabalho que já mencionei, e implantamos o programa de centros regionais de pós-graduação. Outra coisa foi o que o I PND chamou de revolução na agricultura e no abastecimento, a partir da idéia básica dos insumos modernos. Já assinalei que, nos anos 1950, a agricultura brasileira cresceu principalmente através da expansão da área cultivada. Nossa idéia era criar uma agricultura moderna, que experimentasse grandes aumentos de produtividade a partir do uso de insumos modernos, tais como fertilizantes e mecanização. Os mecanismos de curto prazo estavam mais na área da Fazenda, mas nós nos ocupamos muito de coisas como a destinação de recursos para a Embrapa, criada em 1973 e hoje um grande sucesso internacional. E coube ao Ipea coordenar estudos de aproveitamento do cerrado, até então negligenciado tanto pelo Ministério da Agricultura quanto pelo do Interior.

Já mencionei também que, como conseqüência das nossas preocupações, ampliamos a ação do governo na área de desenvolvimento científico e tecnológico, inclusive com a transformação do CNPq em fundação. Eu havia sido membro do conselho do CNPq, tinha visto suas limitações e achava que precisava modernizar-se. Daí a idéia de transformá-lo em fundação. Tivemos ainda a criação, em julho de 1969, do Fundo Nacional de Desenvolvimento Científico e Tecnológico (FNDCT), para que o setor pudesse dispor de amplos recursos. Colocamos a Finep como secretaria executiva desse Fundo, o que praticamente a tornou o maior financiador da área de ciência e tecnologia. Além disso, criamos o Sistema Nacional de Desenvolvimento Científico e Tecnológico, uma proposta antiga do Banco Mundial. Assim como havia sistema de planejamento, de orçamento, criamos um para essa área, englobando todos os órgãos, principalmente na área de governo, que tratassem do desenvolvimento da ciência e da tecnologia. A Finep passou a ser uma instituição vital de financiamento, enquanto o CNPq cuidava de bolsas de estudo.

Ao dar prioridade à área de desenvolvimento científico e tecnológico no I PND, tivemos argumentos para colocar o Ministério do Planejamento e todos os seus organismos, principalmente a Finep, a serviço do setor.

Devo dar maior destaque aos inúmeros estudos sobre o aproveitamento do cerrado. Lembremos que, em 1960, Brasília não tinha nem gramado e havia a idéia de que o cerrado não era bom para a agricultura. Nós achávamos o contrário, que o cerrado representava um potencial enorme. Esses estudos estão resumidos no trabalho intitulado *Aproveitamento atual e potencial dos cerrados*, elaborado e publicado pelo Ipea em 1973. Na verdade, esses estudos vinham sendo feitos desde o final dos anos 1960 e foram encerrados no início dos anos 1970, sob a coordenação de Maurício Rangel Reis, coordenador de agricultura do Ipea, que depois veio a ser ministro do Interior do governo Geisel. Isso significa que o Planejamento, e principalmente o Ipea, tiveram um papel pioneiro na descoberta do cerrado como nova fronteira da agricultura brasileira.

Pelo que se conhecia à época, o cerrado ocupava 1.300.000km^2, situados principalmente em Minas Gerais, Goiás e Mato Grosso. Verificou-se depois que era muito maior do que isso, e hoje temos desenvolvimento do cerrado no sul do Maranhão, no Piauí, no oeste da Bahia e, mais recentemente, no estado de Tocantins e sul do Pará. Os governos seguintes continuaram esse trabalho, inclusive se criou o Programa de Desenvolvimento dos Cerrados, Polocentro, no governo Geisel. Com isso, a agricultura em Minas Gerais, Goiás e Mato Grosso desenvolveu-se numa velocidade impressionante. Agora, evidentemente havia necessidade de cuidados. Por exemplo, fazer uso da cal para quebrar a acidez do solo. Mas eram terras planas, o que facilitava muito a mecanização, e havia um nível de insolação altíssimo. Houve ainda outro estudo da Johana Döbereiner, uma grande pesquisadora na área, citada na *Revista*

Brasileira de Inovação, da Finep.[78] Ela realizou pesquisas pioneiras sobre os processos de fixação do nitrogênio por bactérias em plantas, que permitiram a recuperação da região do cerrado para a agricultura. Foi realmente um dos maiores acontecimentos da agricultura brasileira dos anos 1970 para cá.

Ainda falando dos resultados daquelas três linhas de ação, lembraria a reorganização industrial, primeira etapa do apoio do governo à empresa privada nacional. Por iniciativa do Ipea, o Fernando Fajnzylber, da Cepal, tinha feito um estudo sobre a desigualdade de condições em que funcionava a empresa privada nacional perante a estrangeira, do ponto de vista de financiamento, de capitalização, de acesso à tecnologia. Naquele tempo, empresa nacional ainda era a pequena e média empresa. Isso vai mudar muito no governo Geisel, mas a primeira etapa do esquema de apoio a essas empresas foi o lançamento do Fundo de Modernização e Reorganização Industrial (FMRI), do BNDE, que financiou a reorganização, principalmente, das indústrias tradicionais.

Gostaria de mencionar que essas idéias se refletiram em três documentos complementares. O primeiro foi o meu discurso de posse que, como primeiro pronunciamento de um novo ministro foi uma chateação – longo demais, mas um bom documento: *Desenvolvimento e planejamento*. Depois, veio o primeiro documento de planejamento do governo Médici, de setembro de 1970, que se intitulou *Metas de bases para a ação do governo*, um plano de transição cobrindo o biênio 1970/71. Depois tivemos o I PND, que cobriu o período de 1972 a 1974.

ESSA FOI A PRIMEIRA VEZ QUE O BRASIL TEVE UMA POLÍTICA CONSISTENTE PARA O DESENVOLVIMENTO CIENTÍFICO E TECNOLÓGICO. COMO SE EXPLICA? FARTURA DE DINHEIRO? PREOCUPAÇÃO POLÍTICA?

Primeiro havia a prioridade. Depois conseguimos fazer com que os recursos acontecessem. Eu diria que houve uma política consistente ao longo dos anos 1970, política que se consubstanciou no I e no II Plano Básico de Desenvolvimento Científico e Tecnológico (PBDCT). Havia um plano nacional de desenvolvimento nos dois governos dos anos 1970 e, mais ou menos correspondente ao mesmo período, havia um plano básico de ciência e tecnologia. Esses planos eram feitos em nível de

---

[78] *Revista Brasileira de Inovação*, Finep, n. 2, jul./dez. 2002.

projetos, facilitando a execução e o acompanhamento. É só examinar o I PBDCT. Havia todo um trabalho de identificação dos projetos das diversas instituições. O que talvez não tenha ocorrido, e até hoje só ocorre em parte, foi a interação das instituições de pesquisa do governo e dos centros de excelência das universidades públicas com a iniciativa privada. Por problemas dos dois lados. A universidade à época – hoje muito menos – era um pouco avessa a essa interação. As empresas, por sua vez, preferiam importar tecnologia do exterior.

Certas iniciativas continuam a acontecer na área de desenvolvimento científico e tecnológico porque muitas instituições públicas de pesquisa foram aprendendo a interagir com a iniciativa privada, assim como também o setor privado passou a perceber que poderia tirar proveito desses centros de excelência. E os órgãos financiadores estimularam muito esse processo. Ainda no governo Fernando Henrique, vimos a atuação da Finep, principalmente no tocante ao que se chama capital de risco, aos projetos em setores de altas tecnologias, de maior risco, o *venture capital*. A Finep deu grande apoio a essa área, assim como o BNDES e, em certa medida, o Banco do Nordeste. Agora, de fato, não havia mais ali muita consistência nem uma grande disponibilidade de recursos. Mas continuo insistindo: é relativamente fácil apoiar a cultura, a ciência e tecnologia, porque exigem um volume de recursos pequeno em relação aos outros setores. É isso que os governos depois da década de 1970 tiveram dificuldades de entender ou de fazer.

POR QUE OS GOVERNOS MILITARES CONSEGUIRAM ISSO E OS GOVERNOS CIVIS POSTERIORES, NÃO?

O que explica isso, a meu ver, é, fundamentalmente, o fato de que o Planejamento assumiu certa liderança no assunto. Isso já vinha da época do Beltrão e, nos anos 1970, estivemos muito atentos para que a prioridade atribuída ao setor de C&T no I PND e II PND se tornasse realidade. Para isso, como disse, criamos o instrumental necessário. É só ver o muito que foi feito pela Finep sem que o Ministério do Planejamento precisasse ficar insistindo. E aí cabe uma referência, certamente, ao papel desempenhado pelo José Pelúcio Ferreira, que coloquei como presidente da Finep no começo dos anos 1970. Eu o conhecia, sem maior intimidade, do BNDE, quando era diretor do Funtec. Vendo o trabalho dele, pensei que poderia colaborar muito nesse processo de mutação da Finep, que passaria daquela função original de financiar a elaboração de programas e projetos, principalmente para o governo, para funções de financiamento do setor privado, visando à inovação tecnológica, e da pós-graduação. Realmente foi o Pelúcio quem fez da Finep um órgão por excelência preocupado com o financiamento ao desenvolvimento científico e tecnológico.

E OS CENTROS REGIONAIS DE PÓS-GRADUAÇÃO? COMO ERAM CONCEBIDOS?

Houve um estudo do Ipea e do Ministério de Educação para definir, por região, onde ficariam localizados esses centros. Para tanto, fizemos parcerias com alguns ministérios. O ministro da Educação, Jarbas Passarinho, por exemplo, entendeu a importância dessa parceria. O FNDE, como proposto no relatório do grupo de trabalho da reforma universitária, começou a funcionar e foi importante na montagem desses centros. Mas às vezes havia dificuldades. A parceria com o Ministério da Saúde foi difícil, porque, vendo que não existia muita iniciativa nessa área, fizemos uma nota ao presidente da República apresentando sugestões. Naturalmente, essa nota chegou ao conhecimento do ministro da Saúde, cuja reação foi desfavorável. Achava que era uma espécie de interferência do Planejamento sobre o seu ministério.[79]

Na semana seguinte, por coincidência, ele e eu viajamos no mesmo jatinho, do Rio para Brasília. Naquela época os ministros, em geral, não moravam na capital. Além do mais, o Rio era ainda o lugar onde os ministérios funcionavam. Eu, geralmente, ficava três dias em Brasília e havia ministros que ficavam um dia. Pois bem, viajamos juntos, ele fez referência à nota, mencionou que talvez não coubesse ao Planejamento fazer sugestões para a Saúde... Eu disse: "Olha, temos uma visão global da área econômica, da área social, nosso objetivo é cooperar." Lá pelas tantas, ele se voltou para mim e disse: "Ministro, como médico acho que o senhor tem uma tendência a um excesso de atividade, é como se fosse um hipertireóideo." Respondi: "E eu, como economista, acho que o senhor lembra o hipotireóideo."

Ainda falando nas minhas preocupações iniciais como ministro, quero voltar a um instrumento importante: o orçamento. Antes de assumir, o presidente Médici me fez um pedido. Ele sabia dos problemas gerados no governo Costa e Silva, e entre ministros, decorrentes de cortes orçamentários. E me pediu: "Velloso, não quero ter cortes durante a execução orçamentária." E, realmente, enquanto fui ministro do Planejamento, começando com o exercício de 1970, terminando com o de 1978,

[79] O ministro da Saúde em questão era Rocha Lagoa.

não houve cortes no orçamento. Mais do que isso: como tínhamos alguns fundos especiais, que eram na verdade provisões para o final do exercício, dependendo dos resultados da execução orçamentária, suplementávamos alguns ministérios. Ou seja, os ministérios terminavam obtendo, às vezes, mais recursos do que o previsto. Menos, nunca. E usamos alguns daqueles fundos para financiar projetos interessantes que iam aparecendo durante o exercício, inclusive na área de cidades históricas e projetos regionais.

MAS HAVIA INFLAÇÃO, AINDA QUE PEQUENA. MANTINHA-SE O RECURSO NOMINAL, E A INFLAÇÃO LEVAVA UMA PARTE SIGNIFICATIVA.

Não é bem assim, porque havia uma previsão de inflação. Essa previsão podia não ser tão realista quanto se fazia necessário, mas também não era aquela coisa do dr. Bulhões, de um resíduo inflacionário fixo de 10%. Sabíamos que a inflação no período Geisel, por exemplo, estava num patamar superior e, tanto quanto possível, procurávamos prever realisticamente esse índice para efeito de reajuste dos funcionários e de expansão das despesas orçamentárias.

NO GOVERNO MÉDICI, DE QUEM ERA A RESPONSABILIDADE DE FAZER O ORÇAMENTO DA UNIÃO?

Desde o tempo do Campos, o orçamento era feito pelo Planejamento, mediante propostas dos diferentes ministérios, e a execução orçamentária era elaborada em conjunto com a Fazenda. Mas quem propunha era o ministro do Planejamento e, como disse, sempre se dispôs de recursos superiores ao previsto no orçamento: o PIB crescia a taxas na ordem de 10% ao ano, a receita tributária também, sem aumento de alíquota. Quando se entra num círculo virtuoso de alto crescimento, tudo funciona a favor.

O CONGRESSO TINHA ALGUM PESO NESSAS DEFINIÇÕES? AFINAL, TINHA DE APROVAR O ORÇAMENTO.

O Congresso se pronunciava dentro das limitações constitucionais vigentes. Podia fazer algumas, mas não grandes, mudanças. Mas, é claro, havia uma certa margem para o Congresso atuar. Não tinha, contudo, as condições que tem hoje de desfigurar o orçamento. Hoje o Congresso pode fazer um novo orçamento. Existe uma cota, por congressista, para propor emendas. O congressista geralmente usa essa cota em seu reduto eleitoral.

Quando falo nisso, lembro da lição do livro da Maria do Carmo.[80] Ela argumenta que o sistema de partidos políticos no Brasil é fraco porque, em grande medida, as iniciativas mais importantes na área econômica sempre vieram do Poder Executivo. Acho que, para efeito de elaboração do orçamento, devia haver uma fase de consultas ao Congresso, de audiência com as comissões técnicas. Mas como não há qualquer participação dos congressistas nessa etapa de elaboração, eles se sentem tentados a mexer no orçamento, não se sentem responsáveis pela proposta do governo. Inovar nessa área seria uma forma de fortalecimento dos partidos e, principalmente, do Congresso. E seria uma maneira de modernizar o Estado.

Quando da formulação do orçamento, o senhor recebia deputados ou senadores que vinham interceder por seus estados?

Sempre acontecia. Recebia, inclusive, congressistas da oposição. É claro que acontecia mais com deputados do partido do governo, mas eventualmente acontecia receber deputados da oposição, por exemplo, Franco Montoro. Todos queriam defender o interesse do seu estado, e os da oposição freqüentemente foram atendidos, desde que trouxessem bons projetos.

Durante os governos militares havia também os chamados "projetos de impacto". Como eram concebidos?

Foram criados por iniciativa do Gabinete Civil, chefiado pelo ministro Leitão de Abreu. Eram projetos concebidos em *petit comité*. Um exemplo foi o Programa de Integração Nacional (PIN), criado em meados de 1970, que na formulação inicial continha só a construção da Transamazônica. A idéia vinha do Gabinete Civil, os ministros da Fazenda e do Planejamento, bem como o da área específica, tomavam conhecimento e opinavam. No caso específico do PIN, acho que a idéia veio do Ministério dos Transportes. O que se propunha era unicamente a criação da Transamazônica. Quando li, o que me ocorreu é que, naturalmente, a construção da

---

[80] SOUZA, Maria do Carmo Campello E . *Estado e partidos políticos no Brasil, 1930 a 1964*. São Paulo: Alfa-Ômega, 1983.

Transamazônica seria controvertida, seja pela dúvida a respeito de construir agrovilas na região amazônica, seja porque provocaria a migração de trabalhadores do Nordeste, particularmente do Meio-Norte, para a região amazônica. Mas a grande preocupação era quanto ao financiamento do programa. Acabou que o PIN foi financiado com 20% dos incentivos fiscais do chamado sistema 34/18 – os incentivos fiscais para o Nordeste e a Amazônia.

Por esse sistema, as empresas podiam abater 50% do imposto de renda se aplicassem em projetos no Nordeste ou na Amazônia. Mas havia, na época, uma discussão sobre a forma como o sistema funcionava, havia críticas a esses incentivos, críticas especialmente quanto à destinação para a indústria no Nordeste. E havia também referências à corrupção. O governo usou esses questionamentos como argumento e estabeleceu que o incentivo fiscal de 50% continuaria, mas com a seguinte distribuição: 30% ficavam na alçada da Sudene e da Sudam e 20% ficariam com o governo federal, que os destinaria ao Programa de Integração Nacional. Então, o que propus foi que, além da Transamazônica, o PIN também previsse o Programa de Irrigação do Nordeste. Haveria, assim, uma obra na área da Sudam, mas haveria um programa novo na área da Sudene, que me parecia de grande importância para o Nordeste, uma alta prioridade.

Depois mudou-se para 30% a parcela destinada ao governo federal, que passou a alocar um terço ao Pró-Terra. O Pró-Terra, ou seja, o Programa de Redistribuição de Terras e de Estímulo à Agroindústria do Norte e Nordeste, criado em julho de 1971, também foi concebido sob a forma de projeto de impacto. Só alguns ministros tomavam conhecimento, nem as suas assessorias eram notificadas.

A idéia inicial do Pró-Terra foi viabilizar a reforma agrária, permitindo que, além de se poder fazer a desapropriação, como previsto no Estatuto da Terra, mediante compensação ou indenização, houvesse também a compra de terras. O Marcus Vinícius e eu achávamos que a utilização principal do Pró-Terra devia ser a reforma agrária na região canavieira do Nordeste. As usinas usavam apenas parte da terra de que eram proprietárias. Outra parte poderia ser comprada pelo governo federal, para fins de reforma agrária. Só que os recursos, na verdade, passaram a ser utilizados para financiar subsídios à agricultura, principalmente o programa de insumos modernos na área do Nordeste. Foi o Banco do Brasil, principalmente, que mais se beneficiou, praticando redução de taxas de juros para financiamentos à agricultura.

Na mesma época, começam a funcionar o Programa de Integração Social (PIS) e sua contrapartida na área do serviço público, o Programa de Formação do Patrimônio do Servidor Público (Pasep), ambos criados em 1970. O PIS era alimentado apenas por uma contribuição da empresa, como ainda hoje é.

No governo Médici, começa também a extensão de benefícios sociais ao campo.

Sim, através de um sistema de previdência especial, o Funrural, de 1971. Neste caso, a contribuição era só do empregador, o empregado não contribuía, e o benefício era de meio salário mínimo.

A Constituição de 1988 estabeleceu que o benefício passasse a ser de um salário mínimo para aqueles que se aposentassem, inclusive através da aposentadoria rural. Então, na verdade, a previdência rural é hoje um programa de renda mínima, e não um programa de previdência, porque o beneficiário não contribuiu.

No governo Geisel, tivemos a expansão da cobertura social. Idosos, após 65 anos, bem como deficientes físicos, independentemente da contribuição, passaram a receber benefícios, e aqui também tínhamos um programa de renda mínima, porque essas pessoas não haviam contribuído para o sistema. Isso aconteceu porque o Instituto Nacional de Previdência Social (INPS), à época, tinha superávit orçamentário. Pagava os benefícios previdenciários, pagava assistência médica aos segurados e ainda tinha superávit.

A cobertura social à população rural tem sido apontada como a grande responsável pela crise da previdência.

Vamos colocar os pingos nos is. À época, como dito, o benefício rural era de meio salário mínimo e era coberto pela contribuição do empregador. Despesa pequena e com cobertura. O que houve é que a Constituição de 1988 criou vários benefícios novos e determinou que todos os benefícios, inclusive a aposentadoria rural, tivessem o salário mínimo como limite inferior, independentemente da contribuição. Note-se, no entanto, que no governo Geisel se separou o valor das aposentadorias e dos benefícios do salário mínimo. Estabeleceu-se o salário de referência que, a meu ver, devia voltar. Como está agora, temos um problema complicado, porque toda vez que há reajuste no salário mínimo há também reajuste nos benefícios de grande número de segurados.

Acho que o salário mínimo não deveria ser referência para nada. Deveríamos adotar a idéia do salário de referência, salário de um determinado momento corrigido monetariamente. Como está hoje, quando se reajusta o salário mínimo, há um transtorno na previdência, provoca-se um problema de ajuste fiscal. Isso afeta os governos federal, estaduais e municipais, porque todos têm previdência e em todos o benefício mínimo tem de ser o salário mínimo.

Além disso, o salário mínimo é a base para os vencimentos de grande parte do funcionalismo da maioria dos pequenos municípios. Ter o salário mínimo como base está dando uma complicação danada.

De quem foi a idéia do Pró-Terra?

Quando recebi a manifestação do ministro Leitão de Abreu, de que o governo queria criar esse programa, ele me disse que a idéia vinha do general Aurélio de Lyra Tavares. O general era cunhado do Leitão de Abreu, ex-ministro do Exército, embaixador em Paris e, depois, membro da Academia Brasileira de Letras. Ele teria escrito ao Leitão dizendo: "O governo já fez muitas coisas, mas há uma que precisa ser feita: a reforma agrária." É essa a versão que tenho.

O senhor não foi empresário de nenhum desses projetos de impacto?

Não, não fui. Porque inclusive não gostava dessa idéia de "projeto de impacto", ou seja, de projeto feito sem consulta às assessorias, sem conhecimento de ninguém, apenas com a participação de alguns ministros, sob condição de sigilo, para que fossem lançados de surpresa pelo presidente da República. Eu opinava e procurava, tanto quanto possível, tornar a coisa racional, mas não podia mudar todo o esquema de formulação e de lançamento desses projetos, porque a idéia já vinha, segundo o ministro Leitão, endossada pelo próprio presidente.

O senhor conversou com o presidente sobre esse tipo de estratégia?

Conversei com o ministro Leitão de Abreu e o que percebi é que a idéia era dele. Então, conversar com o presidente não ia mudar nada. E acho que o presidente também gostava da idéia – apenas inferência minha.

Esses projetos não só sofreram muitas críticas como tiveram resultados bastante questionáveis.

Principalmente a Transamazônica. Por quê? Porque não houve a preparação necessária. Fazer agricultura na Amazônia é muito complicado. A Amazônia tem algumas manchas de terra roxa, mas teriam sido necessários muitos estudos para identificá-las. Seria necessário também criar as chamadas agrovilas exatamente onde houvesse essas manchas. Além disso, havia todo o problema da manutenção de estradas, pois não eram asfaltadas, para baratear o custo. Sem manutenção, rapidamente a floresta recobria o solo. Quanto às agrovilas, era preciso dar infra-estrutura educacional, sanitária, tudo, e isso envolvia muitos recursos, além da extensão rural aos assentados. Acontece que o governo Geisel não tinha entusiasmo pela idéia da Transamazônica e não investiu no projeto.

EM QUE MEDIDA ESSES PROJETOS, COMO O DA TRANSAMAZÔNICA, TERIAM UM COMPONENTE PROPAGANDÍSTICO?

Talvez tivessem. Não deixo de lado a idéia de que poderiam ter. Por que lançar um projeto de repente, com *appeal* popular? Para produzir impacto!

O SENHOR ESTEVE PRESENTE À INAUGURAÇÃO DA TRANSAMAZÔNICA?

Estive presente e até foi um dia de incidentes para mim. Dormi lá de véspera, porque a inauguração era pela manhã. Antes de ir, tomei, claro, todas as injeções possíveis e imagináveis, por causa de malária, febre amarela e outras doenças tropicais. A cerimônia foi de manhã e, depois do almoço, Andreazza e eu saímos para tomar o helicóptero que nos levaria até o aeroporto mais próximo, talvez Marabá. O helicóptero começou a levantar vôo, foi envolvido por uma nuvem de poeira, o piloto deve ter perdido a noção de direção e, em vez de continuar subindo, voou na horizontal e se chocou contra um barranco. Andreazza e eu só tivemos tempo de sair correndo. Para sair do helicóptero, o Andreazza quase me esmagou. Ele tinha o dobro do meu peso. Eu dizia: "Anda, Andreazza, sai!" Ele saiu e corremos o mais longe possível. Quando me voltei para olhar, o helicóptero já estava pegando fogo.

O PILOTO TAMBÉM ESCAPOU?

Sim, foi o último a sair, mas escapou. Dali tomei um carro, fui para o aeroporto com o Andreazza, tomei um jatinho para o Rio. Só que, na hora de descer, havia muito vento e um pouco de chuva e o jatinho, um Learjet, não pôde descer no Santos Dumont. Foi para o Galeão, mas o vento era tão forte que tendia a jogar o avião para fora da pista. A única saída para o piloto, a fim de evitar um desastre completo, foi afundar o nariz do jatinho no chão de relva, no intervalo entre duas pistas. De modo que, em um só dia, destruí um helicóptero e um jatinho.

Sobre o piloto do helicóptero, anos depois fui a Foz do Iguaçu para um seminário e acharam de me levar para ver as cataratas de helicóptero. Nessa altura, eu já estava casado com minha segunda mulher, a Izabel. O helicóptero levantou vôo e, quando estávamos sobrevoando a Garganta do Diabo, a maior queda-d'água das cataratas, o piloto colocou o helicóptero em posição vertical, para dar maior visibilidade, e me perguntou: "O senhor não está me reconhecendo?" Era o piloto do helicóptero da Transamazônica! Fiquei gelado, quietinho, nem vi direito a Garganta do Diabo, só pensava numa coisa: "Deus me ajude a voltar até o heliporto!" Felizmente nada aconteceu.

O senhor manteve sempre boas relações com o ministro Andreazza?

Mantive, sim. Foi um dos ministérios com que foi possível fazer parceria. Claro que o Andreazza sabia que o ministro do Planejamento era o caminho para obter recursos. Mas, além disso, nos dávamos muito bem e houve muita colaboração entre nós. Trabalhamos juntos na elaboração do primeiro programa de construção naval. O principal autor desse programa foi o Heraldo Costa, secretário-geral adjunto e que conhecia melhor a matéria que o pessoal das superintendências da Marinha Mercante. Na ocasião, propus uma coisa ao Andreazza que, infelizmente, não se efetivou. E acho que o país pagou caro por isso. A proposta era que os projetos do programa de construção naval apenas recebessem uma chancela de prioridade da Superintendência Nacional da Marinha Mercante (Sunamam), mas que sua análise substantiva fosse feita por uma instituição de crédito, por exemplo, o BNDE. Ele concordou a princípio, mas depois acho que houve muita reação dentro da Sunamam e ele abriu mão. Tempos depois, quando houve o famoso escândalo da Sunamam, já em 1984, lembrei-me disso.[81] Minha idéia até hoje é que só banco pode analisar projeto. Sempre a defendi, inclusive em relação à Sudene e à Sudam, áreas que sempre deram margem a dúvidas e denúncias.

---

[81] O escândalo da Sunamam, em 1984, foi resultado de uma série de denúncias sobre corrupção e operações de crédito duvidosas para aprovação de projetos na construção naval. Ao fim, foi decretada a extinção dessa superintendência e a transferência da gestão do Fundo de Marinha Mercante para o BNDES. Em meio a essas denúncias, o empresário Paulo Ferraz, do Estaleiro Mauá, suicidou-se.

Tive também um bom relacionamento com o ministro da Fazenda, o Delfim, e depois com o Simonsen, porque éramos os parceiros da área econômica. Eu tinha muito mais afinidade com o Simonsen, que tinha sido meu professor e era meu amigo desde o início dos anos 1960, mas mantinha contato quase diário com o Delfim.

ANDREAZZA ERA CONSIDERADO DO GRUPO DOS "ANFÍBIOS", AQUELES MILITARES QUE FIZERAM CARREIRA CIVIL DENTRO DO REGIME MILITAR. ERA TAMBÉM CONSIDERADO UM "DURO" E, EM CERTA MEDIDA, UMA PESSOA ENVOLVIDA COM CORRUPÇÃO.

Sobre isso, quero dar meu depoimento. Quando o Andreazza foi acometido pela doença que provocou sua morte, ele não tinha recursos para pagar o tratamento. Foram os filhos e amigos que ajudaram. Não posso entrar no mérito de eventuais denúncias, mas devo dar este depoimento. O Andreazza era, sim, um animal político. Já contei aqui que ele foi comigo ao presidente Costa e Silva, para propor aquela solução de se criar um grupo de trabalho para fazer a reforma universitária e, com isso, estabelecer um diálogo com os estudantes. O comportamento dele sempre foi eminentemente político, tinha ambições políticas.

NA ÁREA MILITAR, O MINISTRO DO EXÉRCITO, ORLANDO GEISEL, ERA A FIGURA MAIS PROEMINENTE. ELE RECEBIA UM TRATAMENTO DIFERENCIADO?

Certamente, era o ministro militar a quem o presidente Médici atribuía mais importância, não há dúvida. Mas jamais houve orientação de dar-lhe tratamento preferencial na área orçamentária. Na verdade, o último ministério militar a ter seu programa de reaparelhamento aprovado foi o do Exército.

O SENHOR PARTICIPAVA DA "REUNIÃO DAS NOVE"?[82]

Não no governo Médici. Naquele período, o Planejamento não era ainda secretaria da presidência da República, de modo que eu não era considerado ministro da

---

[82] Nessa reunião diária, traçavam-se as linhas gerais da política governamental e fazia-se o acompanhamento dos programas em curso. Participavam dela os chefes do SNI, do Gabinete Civil, do Gabinete Militar e o ministro do Planejamento.

Casa e não participava dessas reuniões. Foi uma das dificuldades que o Beltrão enfrentou e eu também. Daí o meu cuidado, no início, de ter aquelas três linhas de atuação que deveriam colocar o Planejamento na posição em que eu achava que deveria estar.

E as reuniões ministeriais, como eram?

Eram formais, para anunciar, para formalizar decisões. Sempre havia a manifestação de todos os ministros, mas, no fundo, as decisões estavam tomadas de antemão. Talvez não pudesse ser de outra forma, com tanta gente para se manifestar. Por isso é que o presidente Geisel criou os conselhos de desenvolvimento, econômico e social, constituídos pelos ministros de cada área.

Essas reuniões tinham periodicidade?

Não, eram marcadas *ad hoc*.

E os seus despachos com o presidente Médici? Eram regulares?

Eram semanais.

Como eram? O senhor deixava as coisas para ele ler, explicava na hora...?

Sempre fiz questão de decidir as coisas com o presidente, queria sua decisão. Mas o ato depois era entregue ao Gabinete Civil, porque é o normal em toda administração.

Na sua percepção, qual era o estilo do presidente Médici de governar? Alguns analistas dizem, por exemplo, que o de Geisel era "imperial" e que Médici gostava de delegar.

Na minha área, procurava fazer com que os assuntos fossem sempre discutidos com o presidente. Às vezes eram assuntos delicados e eu queria a opinião dele. Lembro bem que, a certa altura, tomei conhecimento de que a área da Fazenda tinha oferecido um empréstimo externo ao Ministério do Exército, no valor de US$20 milhões, para reaparelhamento. Quero fazer um parêntese: os ministérios militares não tinham privilégios em termos de recursos, nem no governo Médici nem no governo Geisel. O que havia era aquele sistema que mencionei, de não haver cortes orçamentários.

Bom, tomei conhecimento de que tinha havido essa oferta ao ministro Orlando Geisel e disse ao presidente: "Não vejo razão para que se tome um empréstimo em dólar para reaparelhamento do Exército. O Exército precisa de cruzeiros, para comprar seus equipamentos aqui no Brasil. O Brasil já tem uma indústria bélica, já começamos até a exportar." Ele disse: "Tudo bem, faz o que você achar melhor." Fui falar então com o general Orlando Geisel, no Ministério do Exército: "Ministro, sei que o senhor recebeu essa oferta do Ministério da Fazenda. Queria discuti-la. Tudo bem, o Exército deve ter um programa de reaparelhamento, mesmo porque os outros dois ministérios militares têm. Quero lhe propor um programa de reaparelhamento de cinco anos, mas em cruzeiros. Se eventualmente o senhor precisar de algum financiamento externo, faremos. Mas vamos partir do pressuposto de que a quase totalidade dos equipamentos de que o Exército vai necessitar pode ser comprada no Brasil." Claro que, antes de procurá-lo, falei com o secretário-geral do Planejamento, Henrique Flanzer: "Olha, se eu for preso hoje, não se surpreenda." Falei de brincadeira, eu tinha um bom relacionamento com o ministro do Exército.

O ministro Orlando Geisel reagiu muito bem: "Ok, Velloso, vamos fazer do seu jeito." Eu disse: "Está aqui, já tenho a proposta pronta. O senhor concorda?" "Concordo." "Posso garantir ao senhor que esses valores serão colocados nos próximos orçamentos com correção monetária. Pode me cobrar."

O senhor participou das decisões que levaram à construção do Pólo Petroquímico da Bahia?

Sim. Um dia fui procurado pelo governador da Bahia, Antônio Carlos Magalhães,[83] que me disse: "Velloso, tenho mantido entendimentos com a Petrobras e o Ministério das Minas e Energia e eles concordam que o próximo pólo petroquímico seja na Bahia." Nessa altura, o pólo de Cubatão, em São Paulo, que havia sido aprovado no governo Castelo, já estava funcionando. Por isso, o Antônio Carlos achava que poderia haver dificuldades. Eu lhe sugeri que preparasse uma nota e fosse direto ao presidente. Na nota, deveria explicar as razões para justificar por que o pólo deveria ir para lá, o que isso significava para o desenvolvimento da Bahia e do Nordeste. "Se você conseguir a concordância do presidente, procure depois os ministros da área

[83] Refere-se ao seu primeiro mandato como governador, 1971-75.

econômica." Eu sabia que o Marcus Vinícius concordaria, mas não sabia qual seria a posição da Fazenda. Do ponto de vista estritamente econômico, era fácil argumentar que seria mais barato expandir o pólo de Cubatão do que criar um novo. Mas havia também bons argumentos para pensar em criar um novo na Bahia. Cubatão já tinha problemas de poluição, era necessário fazer a desconcentração industrial e promover o desenvolvimento do Nordeste. Antônio Carlos seguiu minhas sugestões e o governo acabou decidindo fazer o pólo na Bahia.

Como foi o financiamento desse pólo?

Foi o chamado "modelo dos terços": capital nacional privado, capital estatal e capital estrangeiro. Nesses empreendimentos sempre havia a participação da Petroquisa, subsidiária da Petrobras, de uma empresa privada nacional e de uma empresa estrangeira, por causa da tecnologia. Isso para o chamado *downstream*, porque a central de matérias-primas, no caso a Copene, tinha a participação de todas as empresas integrantes do pólo.

Quem era o arquiteto dessa modelagem institucional?

Ela ocorreu naturalmente nos contatos entre Planejamento, Minas e Energia, Indústria e Comércio e Petrobras. Fala-se muito que nos anos 1970 havia, em geral, o modelo dos terços, mas esse modelo só era aplicado mesmo no caso da petroquímica. Nos outros casos, a gente deixava a critério das empresas, nacionais ou estatais, fazerem as associações que achassem melhor.

O governo da Bahia entrava com o quê?

Entrava na parte de infra-estrutura, principalmente na construção dos acessos. Creio também que participou da empresa que se constituiu para os serviços de abastecimento de água. Participou com infra-estrutura, afinal, era, de longe, o maior programa do governo federal na Bahia e o maior pólo petroquímico do Brasil.

E na área de comércio internacional, qual a atuação do Ministério do Planejamento?

Não só atendemos muito bem, com recursos, ao Departamento de Promoção Comercial do Ministério das Relações Exteriores, na época chefiado pelo Paulo Tarso

Flecha de Lima, depois embaixador, como também participamos de muitas missões de exportadores, na tentativa de desenvolver novos mercados na América Latina, nos Estados Unidos e na Europa. Tínhamos a idéia de diversificar os mercados dentro dos Estados Unidos porque tradicionalmente o Brasil exportava através de Nova York. Por intermédio dos consulados-gerais, começamos a incentivar pólos em Chicago, Los Angeles, Dallas, e para isso fazíamos missões de exportadores, em parceria com o Itamarati e a Associação dos Exportadores Brasileiros (AEB). Participei pessoalmente de algumas delas. Outro tipo de promoção eram as feiras industriais brasileiras. Inaugurei uma em Caracas, na Venezuela, outra em Beirute, no Líbano, naturalmente antes da guerra civil, e cheguei a ir à Rússia, minha primeira viagem a esse país, em novembro de 1973, também para abrir uma exposição industrial do Brasil.

Esta última viagem foi realmente uma experiência excepcional por várias razões. Além da exposição em si e dos contatos com o governo russo, há pontos interessantes a mencionar sobre o país e o regime. Mas não posso esquecer os almoços pantagruélicos que as autoridades russas ofereciam em nossa homenagem. Acho que aproveitavam para comer bem. E, para eles, comer bem significava comer muito, acompanhado de quantidades impressionantes de vodca. De modo que eram almoços que levavam geralmente três horas. Outra coisa que me marcou nessa viagem foi o frio de -30ºC. Embora eu tivesse ficado no hotel destinado aos visitantes estrangeiros, possivelmente o melhor de Moscou à época, a calefação era muito ruim e lembro que precisava dormir com sobretudo. Agora, a imagem que mais guardo da ida a Moscou é a da praça Vermelha. Toda noite, qualquer que fosse a temperatura, antes de dormir, pedia ao motorista que me levasse lá, ficava andando. Ainda hoje acho uma coisa impressionante.

Nessa viagem, houve alguns incidentes curiosos. Por exemplo, na visita oficial ao ministro da Indústria, que era a minha contrapartida no governo soviético, esqueci a minha maleta de mão com os documentos que tinha consultado para definir as posições que iria assumir na reunião com eles. Quando voltei ao hotel, pedi que telefonassem para o ministério, avisando que tinha deixado lá a minha pasta. No dia seguinte, tive outro contato com o ministro e, pela conversa, percebi que tinha lido os documentos que estavam na pasta.

Outro incidente, este certamente inesquecível, foi no avião que me levaria de volta a Paris. No momento em que entramos, meus dois assessores e eu, e sentamos, senti um alívio enorme porque o regime comunista ainda estava em plena força. Só que os minutos se foram passando e o avião não decolava. De repente, foi invadido pela polícia secreta, que se dirigiu aos fundos do avião, arrancou um passageiro do lugar em que se encontrava e o carregou. Devia ser algum dissidente político, alguém que tentava sair do país. Agora, o que impressiona é que eles tenham feito isso na frente de uma autoridade de outro país. O ministro da Indústria de lá tinha me levado até a porta do avião, de modo que sabiam perfeitamente que havia um ministro do Brasil no avião. Assim mesmo, aconteceu uma cena como essa. No momento em que fecharam a porta e o avião decolou, não pude me conter e fiz um comentário para os assessores: "Graças a Deus, existe Paris e nós vamos voltar para lá."

Quem eram os seus assessores nessa viagem?

Um era o meu secretário, José Carlos, meu amigo desde 1958, quando comecei a trabalhar na presidência do banco, e o outro era Aderbal Costa, ministro do Itamarati e chefe da minha assessoria internacional.

Como eram realizadas, quem participava dessas missões e exposições de exportação?

Da missão de exportadores, participavam, digamos, 10, 15 exportadores que tivessem potencialmente negócios no país ou região que visitávamos. Sempre fazíamos um seminário sob o patrocínio do embaixador no país, ou cônsul-geral, no caso das diversas regiões norte-americanas. Para esses seminários, eram convidados empresários da área e empresários locais com quem os exportadores brasileiros mantivessem contato. Era a maneira de abrir novas frentes. No caso das exposições industriais, mandávamos equipamentos e produtos brasileiros e também um grupo de empresários que queria fazer negócios naquela área.

O senhor havia viajado antes ao Japão também em missão comercial, não?

Sim. A partir dos anos 1970 o Brasil fez uma parceria com o Japão, conseqüência do trabalho que se realizou no início da década. Estive no Japão em janeiro de 1971, fiquei lá 15 dias, e nessa oportunidade conversei com todos os grandes conglomerados, Keiretsu ou Zaibatsu, japoneses. O objetivo era que investissem no Brasil. E, de fato, já havia interesse da parte deles por causa da Vale do Rio Doce, que era a maior exportadora de minério de ferro para o Japão. Quisemos aproveitar a experiência da Vale e interessar os grandes conglomerados japoneses em construir fábricas ou expandir negócios aqui. As reuniões começavam às 9 h e terminavam de noite, em um jantar de trabalho. Além disso, tive uma grande reunião com empresários no Keidanren, a confederação geral dos empresários japoneses. Tive conversas com vários ministros da área econômica e com o presidente do banco de exportação. Visitei o primeiro-ministro Sato e, quando saiu a nossa foto nos jornais, a mulher do nosso intérprete perguntou a ele: "Qual dos dois é o Sato?" Ela achou que eu tinha cara de japonês.

Depois da minha ida, o Delfim também foi lá e assinou algumas operações de compra e venda de produtos através de *trading companies* japonesas, que terminaram vindo para o Brasil.

A partir, principalmente, dessas visitas dos ministros brasileiros, houve uma verdadeira onda de investimentos japoneses no Brasil nos anos 1970. Os presidentes dos conglomerados japoneses, assim como o presidente do Keidanren, vieram ao Brasil, para contatos pessoais e maior conhecimento do país. Foi uma pena que nos anos 1980 a parceria se enfraquecesse.

SUA VIAGEM À RÚSSIA DEMONSTRA QUE O GOVERNO MÉDICI ESTAVA COSTURANDO ALIANÇAS COMERCIAIS NO MUNDO COMUNISTA. QUANDO GEISEL FEZ ISSO EM RELAÇÃO À CHINA, EM 1975, QUASE HOUVE UMA CRISE DE GOVERNO.

Ah, sim, o governo Médici procurou expandir os negócios com esses países, principalmente com a Rússia. Mas houve também um primeiro contato, já no final desse governo, com a China. Fui procurado pelo Giulite Coutinho, presidente da Associação dos Exportadores Brasileiros, que me disse ter sido sondado pelos chineses para uma possível ida à China. Naquele tempo era uma viagem complicada, só podia ser feita através do Chile. Consultei o presidente e montamos a viagem do Giulite através do nosso cônsul-geral em Hong-Kong, o Geraldo de Holanda Cavalcanti. O Giulite fez esse primeiro contato, mas foi tudo informal, porque Brasil e China não tinham nem relações econômicas naquela época. Mas era sinal de que a China já tinha interesse no Brasil.

COMO OS MINISTROS MILITARES VIAM ESSA APROXIMAÇÃO COM PAÍSES COMUNISTAS?

Nunca recebi qualquer manifestação nesse sentido. O presidente autorizou a viagem. É verdade que, naquela altura, se tratava apenas de relacionamento de empresários e exportadores brasileiros com a China. Era só isso. O que se fez no governo Geisel foi muito mais: reatamento de relações diplomáticas.

A minha idéia de promover esses contatos com a Rússia, e depois com a China, vinha do fato de estar acompanhando de perto a *détente* nos Estados Unidos em relação ao regime soviético e à China, através do Kissinger. Tivemos até a viagem de Nixon à China, no início de 1972, para reatar as relações diplomáticas entre os dois países. E a mim parecia que o Brasil não devia ficar fora dessa jogada.

O Brasil é muito diferente do México, por exemplo, que está muito próximo aos Estados Unidos, e por isso tem uma concentração de relações com seu vizinho. Nós não temos nem devemos ter essa concentração. Ao contrário, devemos ter relações comerciais, de investimento e de financiamentos com todos os países e regiões.

No governo, o senhor continuou um amante do cinema?

Em março de 1973, fui procurado pelo Sérgio Figueiredo, que tinha aquela coluna "Periscópio" no *Diário de Notícias*. Ele me procurou, em nome da Regina Leclery, e disse que o Roman Polanski e o Jack Nicholson estavam no Brasil, hospedados na casa dela, e perguntou se eu não gostaria de jantar com eles. Combinamos um jantar no restaurante Le Bistrô, só nós quatro. Foi um longo e movimentado jantar, em que discutimos cinema, o mundo, a cultura, a vida e tudo o que nos passou na telha. A essa altura, eu já tinha visto vários filmes do Polanski, como *Faca na água*, *A dança dos vampiros* e o mais famoso, *O bebê de Rosemary*. Tinha também visto filmes em que Jack Nicholson atuava, como *Cada um vive como quer* e *Sem destino*. É curioso notar a enorme diferença entre os dois. O Polanski e eu éramos profundamente irreverentes, sarcásticos, nas observações e nos comentários. O Jack Nicholson era um cara sério, no fundo muito interessado em namorar as brasileiras. Depois voltamos a nos encontrar em dois jantares, e continuou a irreverência do Polanski e o interesse do Nicholson pelas brasileiras. Muitos e muitos anos depois, voltei a encontrar o Polanski no Rio de Janeiro, voltamos a conversar, mas aí já foi uma coisa mais rápida, porque era uma recepção no restaurante Maxim's, no alto da torre do Rio-Sul.

O senhor viu o último filme dele, *O pianista*?[84]

Vi e realmente é imperdível. A idéia maior que me ficou é que só um ser humano conseguiria sobreviver naquelas condições. Há um capítulo de Saint-Exupéry em

---

[84] Vencedor da Palma de Ouro, em Cannes, em 2002.

Terra dos homens[85] que conta como um dos pioneiros da aviação entre Europa e América do Sul, ao sobrevoar certa vez os Andes, caiu. E ficou ali, sozinho, sem nada para comer. Durante dois ou três dias, sobreviveu a temperaturas baixíssimas, à procura de uma aldeia onde pudesse comer e beber. O grande perigo era repousar um instante, porque, se dormisse, morreria congelado. Então Exupéry conclui o capítulo dizendo: "Só um ser humano sobreviveria naquelas condições." Então, essa idéia me voltou quando eu vi *O pianista.*

Acho que esse é o melhor filme do Polanski. Há algumas cenas inesquecíveis, por exemplo, aquela em que o protagonista sabia que não podia tocar música ao piano, para não fazer qualquer ruído, pois seria descoberto. Em certo momento, ele imita estar tocando, sem que os dedos alcancem o teclado. Cena comovente.

DURANTE O GOVERNO MÉDICI, O SENHOR CONHECEU OUTRO CINEASTA IMPORTANTE, O NELSON PEREIRA DOS SANTOS, E VÁRIOS ARTISTAS.

Fui apresentado ao Nelson, o grande diretor de *Rio 40 graus*, ficamos muito amigos. A ligação com ele me levou ao José Zanine, o arquiteto, e a amizade com o Zanine me levou ao Krajzberg, o grande artista plástico. Como já mencionei, tive oportunidade de levá-los ao Piauí para visitar as Sete Cidades de Pedra, hoje parque nacional, e conhecer o delta do Parnaíba, que é, de fato, uma região belíssima, com dunas, ilhas, lagoas. Não esqueço que uma vez, passeando de jipe por essas dunas do litoral, cuja vegetação lembra o semi-árido e, talvez, Israel, o Nelson se voltou para mim e disse: "Só falta agora Jesus Cristo aparecer num jumento."

Foi nessa ocasião que o Zanine fez, a meu pedido, um projeto turístico para o delta do Parnaíba. No lançamento do projeto, levamos um grupo de empresários do Rio e de São Paulo, intelectuais, artistas. Infelizmente, os resultados não corresponderam ao esperado. Assim mesmo, hoje há por lá muito turismo ecológico. A ilha do Caju, realmente muito bonita, tem um albergue que recebe gente de vários países.

Gostaria de mencionar que, a partir daí, passei a ter contato com grande número de cineastas, mas isso fica para quando falarmos no governo Geisel. Agora, apenas um registro. A essa altura, já estávamos dando apoio maciço à Embrafilme, cujo projeto me fora levado pelo Valter Graciosa, seu presidente, e que fora meu superior

---

[85] SAINT-EXUPÉRY, Antoine Jean Baptiste Roger de. *Terra dos homens*. Rio de Janeiro: José Olympio, 1939.

hierárquico no começo dos anos 1950, na presidência do Iapi. E, voltando ao Piauí, lembraria que, no primeiro governo do Alberto Silva, o estado recebeu apoio para um grande número de projetos de caráter econômico, social e cultural, inclusive a construção de um sistema rodoviário pavimentado que ia de norte a sul do estado. O Alberto tinha bons projetos, mas um deputado do Paraná achou de reclamar pelos jornais que estávamos privilegiando o Piauí. Mandei responder pela assessoria de imprensa que o total dos "privilégios" concedidos ao Piauí não chegava a 1% do que o Paraná recebia. Não se ouviu mais falar no deputado.

O senhor se preocupava com o desenvolvimento regional em outras localidades?

O Nordeste e o Norte eram nossas prioridades. Em 1973, fizemos duas missões com grandes empresários brasileiros. Uma, ao vale do São Francisco, para ver o potencial de irrigação local. Nessa missão estava o dr. Azevedo Antunes, controlador do grupo Caemi, o Walter Moreira Salles, controlador do Unibanco, e vários outros empresários. A outra missão foi ao sul do Pará, também com grandes empresários, para visitar projetos de desenvolvimento regional que constituíssem oportunidade para uso de incentivos fiscais. O presidente da Volkswagen do Brasil e, salvo engano, o Almeida Braga, presidente do Bradesco, estavam nessa missão. Quem organizava esse tipo de programa era o Afonso Vitule, secretário-geral adjunto do Planejamento.

Quem definia quais regiões eram passíveis de receber investimento?

Íamos sempre a regiões que recebessem incentivos fiscais, isto é, Nordeste e Amazônia. Mas quem escolhia a área específica a visitar era eu mesmo, porque, pelos estudos que fazíamos, sabia do potencial da região e da possibilidade de interessar os empresários em conhecê-la. Depois, normalmente, eles ficavam em contato com Sudene ou com a Sudam, para se inteirar da forma de realizar o projeto com uso do sistema de incentivos fiscais. Essas duas regiões em que realizamos missões tiveram, no governo seguinte, grande desenvolvimento.

Foi em meio a essas reuniões com empresários que o senhor conheceu a sua segunda mulher, não?

No fim de outubro de 1973, houve um Encontro Nacional dos Exportadores (Enaex) e o Giulite, presidente da associação, me convidou para fazer um pronunciamento na sessão de abertura. Quando cheguei ao centro de convenções do Hotel Glória, no Rio de Janeiro, havia algumas recepcionistas na entrada e duas ou três ficaram com o Giulite e comigo, enquanto eram tomadas as providências para o início da sessão. Eu notei uma delas, bem em frente a mim, olhos azuis, uma mecha de cabelos louros, pernas bonitas, e falei ao Giulite (eu já estava me separando da minha primeira mulher): "Apresente-me àquela moça." Ele apresentou, perguntei o nome dela: "Izabel Barroso do Amaral". Fiz a pergunta óbvia: "O que você é do Zózimo?" O Zózimo já era meu amigo. "Sou irmã." Eu disse: "Acho estranho, porque eu o conheço há vários anos e nunca soube que tinha uma irmã." E aí ficamos conversando sobre cinema, um modo de puxar assunto. Na semana seguinte, fui convidado por uma distribuidora de filmes para uma sessão particular, numa cabine de cinema que havia aqui no Centro. A distribuidora sabia do meu interesse por cinema e sempre me convidava e as pessoas da minha equipe. Eu tinha o direito de convidar quem quisesse. Pedi à minha secretária que ligasse para a casa da Izabel, convidando-a. Quinze dias depois, nova sessão de cinema, assim as coisas começaram e terminamos casando. Casamos em fins de 1975.

COMO O SENHOR SE SENTIA DENTRO DO GOVERNO? SENTIA QUE TINHA LIBERDADE DE AÇÃO?

Durante o governo Médici, mantive no ministério e em todos os seus órgãos aquela orientação que tinha seguido no Ipea, ou seja, liberdade de pensamento e de criação. Esse era o clima que eu considerava adequado aos dois critérios que utilizei na formação da minha equipe: competência e aptidão para o trabalho em equipe. Acho que conseguimos uma equipe muito unida. Não posso citar todos os nomes, vou citar apenas dois: o Flanzer, que já mencionei e era o secretário-geral do ministério, e Marcos Viana, presidente do BNDE. Através deles faço o elogio a toda a equipe, pois todas as ações e idéias de que estamos falando vinham de órgãos como BNDE, Finep, Ipea, secretaria geral do ministério e suas subsecretarias. Uma coisa que sempre procurei fazer foi trabalhar em equipe, acho que isso distingue o bom do mau executivo.

Dentro do clima geral mencionado, gostaria de fazer outra referência ao documento *Metas de bases para a ação do governo*. Quase ninguém sabe que ali havia um capítulo que nunca foi publicado. Tratava da abertura gradual do regime, até o fim do governo. Quando encaminhei o texto ao Gabinete Civil, havia o capítulo, mas foi retirado na versão final. Recebi uma explicação do chefe do Gabinete Civil: "Este é um documento que trata de questões econômicas e sociais, não de questões políticas." O capítulo nunca foi publicado, mas foi escrito e quem escreveu fui eu. Para escrevê-lo, baseei-me no que o presidente Médici havia dito em seu discurso de posse, ou seja, que o Brasil, ao fim de seu governo, deveria ter-se tornado uma democracia plena. Infelizmente, não tenho mais cópia desse capítulo, não guardei.

Nessa época falava-se de "descompressão". O Samuel Huntington foi até convidado a vir ao Brasil, para participar de um seminário sobre o tema.[86]

Eu não estava no Brasil na época desse seminário, mas sei que houve essa visita do Huntington ao ministro Leitão de Abreu. Nessa altura, havia muitas idéias para fazer do Brasil um regime *sui generis*. O grande mérito do presidente Geisel foi exatamente não ter pensado em nada *sui generis*, apenas abertura democrática.

Queria mencionar uma conversa que tive com o general Otávio Costa, chefe da Assessoria Especial de Relações Públicas (Aerp), da presidência da República, em meados do governo, quando saiu um decreto sobre censura a livros. Tanto no governo Costa e Silva quanto no governo Médici, os ministros da Justiça procuravam contemporizar com a linha dura e a censura era a maneira de praticarem isso. Na conversa com o general Otávio Costa, nós nos indagávamos: se é uma revolução, como se faz censura a livros? A nós parecia uma contradição, não fazia sentido.

Mas, no âmbito do ministério, pude sempre contar com a cooperação dos chefes da Divisão de Segurança e Informação (DSI), no sentido de poder discutir as coisas e manter o clima de liberdade de recrutamento, de pensamento e de ação.

O "milagre" brasileiro tinha e tem vários pontos controvertidos.

De fato. Ainda recentemente, *O Globo* publicou entrevista do Paul Singer, fundador do PT, defendendo, segundo o jornal, o modelo usado por Delfim Netto para

---

[86] Desde 1972, discutiam-se no governo alternativas formais de mudança política. Em 1973, a pedido de Leitão de Abreu, chefe da Casa Civil, o cientista político norte-americano Samuel Huntington escreveu um documento intitulado *Métodos de descompressão política*, debatido por intelectuais e políticos brasileiros.

estimular o crescimento.[87] Certas áreas do PT querem o crescimento econômico o mais rápido possível, mas não se pode voltar a experiências passadas, a gente sabe que não funciona. No governo Figueiredo, no segundo semestre de 1979 e inícios de 1980, usou-se a estratégia de reeditar o "milagre" e naquela época já não funcionou. As circunstâncias se haviam modificado. Havia, por exemplo, a crise do petróleo.

COMO O SENHOR DEFINIRIA O "MILAGRE"? O PRESIDENTE GEISEL, POR EXEMPLO, DIZ EM SUAS MEMÓRIAS[88] QUE O DELFIM NETTO FEZ O QUE QUALQUER PESSOA RAZOAVELMENTE ESCLARECIDA FARIA: USAR A POUPANÇA QUE SOBRAVA EM OUTROS PAÍSES E QUE ERA EMPRESTADA A BAIXOS CUSTOS PARA PROMOVER O DESENVOLVIMENTO INTERNO.

De fato, o quadro internacional era muito favorável, o mundo estava crescendo rapidamente e, embora já houvesse problemas de inflação, o Brasil tinha muita facilidade de obter recursos externos. Mas a gente deve observar que o endividamento externo só em pequena parte foi utilizado para preencher o chamado hiato de recursos reais, quer dizer, o excesso das importações e bens de serviços sobre as exportações. Ele foi utilizado principalmente para acumular reservas, o que nos valeu após a primeira crise do petróleo. Outro ponto a assinalar é que naquele período, em termos de poupança e investimento, o uso da poupança externa era apenas complementar. O Brasil financiava 90% do investimento realizado anualmente – formação bruta de capital – com poupança interna e só 10% com poupança externa.

É importante assinalar que houve também a utilização de um conjunto de incentivos internos muito eficazes para acelerar o crescimento. Devemos lembrar que, no início do governo Costa e Silva, ainda existia capacidade ociosa, porque no governo Castelo Branco, como observamos, houve duas recessões. Ali começou a transição, o Brasil começou a crescer mais rapidamente. E, principalmente, havia taxas de juros baixas – acho que é a isso que se refere Paul Singer no comentário citado. Foram dados incentivos aos bancos, como a redução dos depósitos compulsórios mediante a contrapartida de redução de juros de empréstimos. Houve política monetária e política creditícia expansionista, grande estímulo às exportações através,

---

[87] *O Globo*, 9 mar. 2003.

[88] D'ARAUJO, Maria Celina; CASTRO, Celso. *Ernesto Geisel*. Rio de Janeiro: FGV, 1997.

inclusive, de um sistema de crédito-prêmio. Ou seja, a empresa, quando exportava, além de não pagar impostos, ainda tinha um crédito. Além disso, a autoridade monetária, quer dizer, o Banco Central, criava programas subsidiados para estimular a agricultura. Como já disse, tínhamos um Banco Central peculiar: não cuidava apenas da defesa da moeda e do controle da inflação, era também promotor do desenvolvimento, atividade que cabia, em princípio, aos ministérios econômicos. Grande número de programas subsidiados, principalmente para a agricultura, foram criados dentro do orçamento monetário por iniciativa da autoridade monetária, isto é, do Banco Central.

Outra questão importante no período é o grau de abertura da economia. Havia uma espécie de abertura assimétrica: proteção muito grande aos bens de consumo, convivendo com regimes especiais que isentavam de impostos as importações de produtos intermediários, quer dizer, matérias-primas para a indústria, e os equipamentos para diversos setores. De modo que a assimetria significava alto protecionismo para bens de consumo e tarifas muito baixas, ou até isenção, para produtos intermediários e equipamentos. Ou seja, o modelo é mais complexo do que normalmente se supõe. Citando outro exemplo disso, há um fato pouco conhecido sobre as fontes de crescimento industrial do período de 1969 a 1974. Nesta fase, segundo um estudo do Banco Mundial,[89] a expansão da demanda interna, como já mencionei, respondia por 96% do crescimento da indústria e as exportações respondiam por apenas 12%. Bom, estamos notando que o total excede a 100%. Por quê? Porque, no tocante à substituição de importações, foi de -8%. Então, vejam bem, freqüentemente se fala que de 1950 a 1980 houve um modelo de substituição de importações. Como, se no período de crescimento mais alto a taxa de substituição de importações foi negativa? Isto, é claro, não vale para todos os setores. Havia substituição de importações em algumas linhas de produto, mas na maior parte isso não acontecia. Então, aqueles -8% referem-se ao total da indústria de transformação.

O crescimento do período foi voltado, principalmente, para bens finais, em especial bens de consumo duráveis, e mais diretamente a indústria automobilística, que cresceu 25% ao ano, um crescimento espantoso.

---

[89] THE WORLD BANK. *A World Bank country study; Brazil industrial policies and manufactured exports*. Washington: The World Bank, 1983.

SOBRE O GRAU DE ABERTURA ECONÔMICA NOS GOVERNOS MILITARES, HÁ MUITA POLÊMICA. UNS DIZEM QUE ABRIU MUITO, OUTROS QUE PROTEGEU DEMAIS...

As exportações no período do "milagre" aumentavam cerca de 25% ao ano, mas as importações cresciam mais ainda, 28%. Por isso o Brasil deixou de ter superávit na balança comercial, que foi praticamente equilibrada em 1972, 1973. E havia uma razoável abertura ao investimento direto externo, numa orientação muito pragmática. Não havia nada de FMI, não se usou um tostão de lá. Fazia-se um crédito chamado de *stand-by*, um crédito apenas para uma emergência eventual e que nunca foi utilizado.

No tocante à empresa estrangeira, não houve tanto investimento em termos percentuais como no período do Plano de Metas, porque não existia o benefício da Instrução nº 113 da Sumoc. Mas havia liberdade de investimento direto externo no Brasil, de modo que tanto a empresa estrangeira quanto a empresa nacional cresciam muito. E ainda procurávamos criar condições para a empresa nacional ter melhores oportunidades de competir. Por exemplo, financiamentos do BNDE eram reservados exclusivamente para a empresa nacional, sob o argumento de que as empresas estrangeiras podiam recorrer a financiamentos externos de longo prazo.

DE TODA FORMA, O PAÍS PASSOU A SER MAIS AGRESSIVO NAS EXPORTAÇÕES, NÃO?

Superamos o problema dos anos 1950, de não acreditar que pudéssemos exportar manufaturados. Exportávamos muito nas indústrias tradicionais, têxteis e calçados, mas também na indústria automobilística. O maior programa de exportação daquela época chamava-se Benefícios Fiscais a Programas Especiais de Exportação (Befiex), e estava particularmente voltado para a indústria automobilística. Exportávamos, por exemplo, motores de carros da Ford para os Estados Unidos, pois havia uma fábrica especialmente orientada para produzir motores para a matriz. Os estímulos dados à indústria eram muito poderosos e funcionaram. Agora, em termos de participação no comércio internacional, isso ainda não tinha grande expressão.

E O "MILAGRE" CONVIVEU COM A INFLAÇÃO.

Certo, e a pergunta natural é: como houve o supercrescimento e, ao mesmo tempo, manteve-se a inflação em cerca de 20%, o que era considerado uma relativa estabilidade de preços? Houve vários mecanismos. Já mencionei uma certa capacidade ociosa no início do período, depois a necessidade de investir para expandir a capacidade produtiva. Houve controle de preços através do Conselho Interministerial de Preços (CIP), mas foram mantidos bons níveis de rentabilidade para os setores controlados. Nesse período, o Ministério da Fazenda tinha, praticamente, o controle de preços com relação às grandes empresas, nos setores de maior peso na formação dos índices de preços, para impedir o que hoje se chama de aumentos abusivos. Além disso, as exportações e as importações cresciam e isso ajudava a manter os preços sob controle – embora não fossem importações de bens de consumo, e sim de bens intermediários e bens de capital. Temos assim, de um lado, o controle de preços e, de outro lado, as importações, uma forma muito eficiente de manter preços crescendo dentro de certo limite e o setor privado satisfeito.

Por outro lado, as taxas de juros eram baixas, porque os bancos tinham redução do depósito compulsório à ordem do Banco Central, se as mantivessem baixas. A concentração em bens duráveis, particularmente na indústria automobilística, vinha da idéia de que era importante crescer na área dos bens finais. Por que isso acelerava o crescimento? Porque exigia pouco investimento, a relação capital/produto era baixa. Com menos investimento, tinha-se mais produto. E houve um enorme estímulo ao crédito ao consumidor, a fim de garantir demanda para os bens duráveis.

Digo isso com isenção, porque essa ação era muito mais da área da Fazenda do que do Planejamento. Houve, de fato, um uso eficiente dos instrumentos disponíveis, dentro da orientação adotada. Mas tanto a ênfase nos bens finais quanto a ênfase nos bens duráveis de consumo são freqüentemente criticadas. Fala-se que foi uma política ou imediatista ou concentradora de renda, ou ambas as coisas. E aí vem a questão da concentração de renda como obstáculo ao crescimento, levantada pelo Celso Furtado.

Chegamos assim à questão da concentração de renda. O Amartya Sen[90] diz que uma economia que nasce concentrando renda não se autocorrige nem se sustenta.

Tinha havido realmente aumento da concentração de renda na segunda metade dos anos 1960. Mas, sobre os anos 1970, o melhor que se pode dizer é que a distri-

---

[90] SEN, Amartya. *Desenvolvimento como liberdade.* São Paulo: Cia. das Letras, 2000.

buição de renda no Brasil permaneceu estável. Todos os estudos mostram isso. Os do Banco Mundial, do Fórum, do Ipea.[91] O Banco Mundial, no início dos anos 1980, é claríssimo quanto a esse ponto. Tecnicamente, o melhor que se pode dizer é isso. As variações na distribuição foram mínimas se considerarmos aqueles famosos 10 decis.

O Celso Furtado colocou a tese de que a concentração existente no país ia impedir o crescimento, num livro publicado em 1972,[92] quando o supercrescimento já tinha acontecido – vinha acontecendo desde 1968. E com um agravante: foi um crescimento baseado principalmente em bens de consumo duráveis, embora todos os setores tenham crescido.

A primeira conclusão de todo esse debate é mostrar ser possível ter muito crescimento com uma distribuição de renda ruim. No nosso caso, isso se viabilizou através de um grande bloco de investimentos complementares no setor moderno da economia: nas áreas de infra-estrutura, como energia elétrica e comunicações, nas indústrias de transformação, nos serviços modernos ligados à indústria, na agricultura moderna. Isso forma um grande núcleo básico de expansão, que vai provendo demanda. Além disso, há os efeitos na onda seguinte, com a expansão de emprego que produz salários que vão permitir a procura por bens de consumo. E assim o processo se realimenta. Aliás, quem primeiro levantou dúvidas sobre a "tese estagnacionista" do Celso foram dois economistas do MDB, a Conceição e o Serra.[93]

Este é um argumento. O outro é, por assim dizer, complementar a este, mas, intuitivamente, talvez seja até mais relevante. Refere-se ao fato de que a demanda não é segmentada, como freqüentemente certas áreas da esquerda brasileira costumam dizer. Segundo esta tese, os ricos compram principalmente bens de luxo, a classe média compra certos bens duráveis de consumo e os pobres compram alimentos e vestuário. O que os estudos da época já mostravam é que não há essa segmentação. O Fishlow tem um trabalho sobre o final dos anos 1960,[94] em que comenta que nas

---

[91] ALBUQUERQUE, Roberto Cavalcanti de; VILLELA, Renato. A situação social no Brasil: um balanço de duas décadas. In: VELLOSO, J. P. dos Reis (Org.). *A questão social no Brasil.* São Paulo: Nobel, 1991; BARROS, Ricardo Paes de; MENDONÇA, Rosane S. Pinto; DUARTE, Renata P. Nogueira. *Bem-estar, pobreza e desigualdade de renda: uma avaliação da evolução histórica e das disparidades regionais.* Rio de Janeiro: Ipea, set. 1995.

[92] FURTADO, Celso. *Análise do "modelo" brasileiro.* Rio de Janeiro: Civilização Brasileira, 1972.

[93] Ver nota 54 no capítulo 3.

[94] Ver nota 68 no capítulo 4.

favelas do Rio de Janeiro, depois que se chega a dois salários mínimos, começa-se a comprar bens duráveis de consumo e aí entra a história do consumismo moderno. Então, o pobre e o relativamente pobre querem consumir, na medida do possível, certas coisas que vêem o resto da sociedade consumir, principalmente quando há o efeito da televisão e da mídia em geral. O aspecto emoção, imaginação, entra muito no fenômeno desse consumismo moderno.

Podemos crescer com a renda concentrada, o que não significa que seja desejável, nem que seja a forma mais eficiente de crescer. Nem significa que não se deva melhorar a distribuição de renda.

O CRESCIMENTO É NECESSÁRIO PARA DISTRIBUIR RENDA, MAS SOZINHO NÃO GARANTE A DISTRIBUIÇÃO.

Temos o exemplo disso no período do "milagre". A economia crescia a 11% ao ano, havia expansão de emprego, mas a distribuição de renda em si, ou seja, a parcela que os 30%, 40% mais pobres tinham no PIB não cresceu, ficou estável. Só que antes, nos anos 1960, tinha piorado, e voltou a piorar nos anos 1980. Ou seja, se considerarmos as décadas entre 1950 e 2000, a única em que a distribuição de renda foi estável foi a de 1970. Nas outras, houve agravamento do problema, salvo em breves períodos, quando ocorre a estabilização de preços, como no caso do Plano Real. Mas aí é coisa provisória.

Observa-se hoje uma pequena tendência de melhora porque já se aprendeu muito sobre políticas sociais. Instituições internacionais como o Banco Mundial e o BID passaram a se voltar para o assunto. O Fórum tem discutido muito o problema, assim como o Ipea. Hoje sabe-se, por exemplo, que nem toda política social é favorável aos pobres. Aprendeu-se muito sobre o tema no final da década de 1980 e nos anos 1990.

DENTRO DA ÁREA SOCIAL, HÁ UMA FRASE DO PRESIDENTE MÉDICI QUE FICOU FAMOSA: "A ECONOMIA VAI BEM, MAS O POVO VAI MAL."

Vamos ver a frase. Falta uma palavra: "A economia vai bem, mas o povo *ainda* vai mal." E a diferença com esse *ainda* é a seguinte: se fosse só o "povo vai mal", poderíamos dizer que os ricos estão ficando mais ricos e os pobres mais pobres. Com o "ainda", é um pouco diferente. Não quer dizer que os pobres estejam ficando mais pobres, apenas que eles não estão acompanhando o nível de crescimento do país.

Acho que foi uma boa coisa o presidente ter colocado as coisas dessa maneira: dizer que, além do crescimento, é necessário dar atenção à distribuição de renda.

Todo o debate sobre distribuição de renda começou com o artigo do Albert Fishlow, que já mencionei. Ele me pediu um levantamento especial de dados do IBGE para fazer esse trabalho e eu autorizei. Depois veio a tese do Langoni, que hoje está sendo valorizada, pois o Fishlow se preocupou muito com aspectos relativos à política econômica da época, enquanto o Langoni se voltou para o que hoje se chama de capital humano ou desenvolvimento humano.[95] Todo ano a ONU publica um relatório sobre desenvolvimento humano e há toda uma escola, por assim dizer, de economistas brasileiros que estuda esse assunto. Acho que na época, contudo, a discussão poderia ter sido menos polarizada. Para ler o Fishlow, era necessário ler o Langoni. Mas naquela época havia o maniqueísmo: a tese do Langoni era uma defesa do governo, logo estava errada. Ou então: a verdade estava com o Langoni, o Fishlow estava errado. No fundo, a tese do Langoni foi uma resposta ao artigo do Fishlow e ambos têm razão no ponto central de cada um.

Em síntese, o que tem de ser feito é crescimento com redistribuição, segundo, aliás, está proposto no II PND.

A inflação é o outro lado do "milagre". Cresceu-se com inflação e perdeu-se o controle?

A inflação do ano de 1973, último ano do "milagre", deve ser bem discutida para entendermos o que vem a seguir. Sobre isso, existe um estudo da Fundação Getulio Vargas, levado ao presidente Geisel pelo Simonsen em 1974, estimando em 24% a taxa de inflação para o ano de 1973, e não em 12% como diziam as fontes oficiais. O problema é que a estimativa oficial tomava por base os preços dos supermercados, que eram tabelados. A Fundação foi ver os preços efetivamente praticados e a taxa dobrou. Nós, no Planejamento, fizemos uma estimativa da ordem de uns 20%. De qualquer forma, a inflação começou sua escalada, apesar das isenções generalizadas de tarifas de matérias-primas que foram dadas. A economia estava superaquecida.

---

[95] LANGONI, Carlos Geraldo. *A study in economic growth: the Brazilian case*. Thesis (PhD) — University of Chicago, Chicago, 1970.

Mas há outros aspectos a considerar sobre o "milagre". Houve um aumento grande da dívida externa, dinheiro usado em parte para importar bens e serviços, mas principalmente para aumentar nossas reservas, como já disse. Isso foi útil para o ano de 1974, quando tivemos de enfrentar as conseqüências da crise do petróleo.

Por falar nisso, cabe uma palavra sobre a reação inicial do governo à quadruplicação do preço do petróleo que, em outubro de 1973, passou de US$3 para US$12 por barril. Cheguei a propor medidas drásticas na ocasião, mas em fim de governo não há clima para isso. Falei com o ministro da Fazenda e com o ministro de Minas e Energia sobre a idéia de racionamento de gasolina, assim como sobre a necessidade de expurgarmos o preço do petróleo dos índices de preço. Meu argumento era que aquilo era um choque e, se deixássemos o preço do petróleo nos índices, estaríamos proporcionando às pessoas e empresas a recuperação de recursos suficientes para continuar adquirindo a mesma quantidade de derivados de petróleo que compravam antes, pois não se faria nenhuma contenção. Achava que esse era um bom argumento para o expurgo, mas era muito difícil de explicar naquela época, especialmente para a população.

Um dos grandes problemas do Brasil a partir de então foi a indexação generalizada. Ou seja, aquela sementinha da correção monetária, que parecia inocente quando criada em 1964, passou a ter uso geral e chegamos a um altíssimo grau de indexação, com forte impacto sobre a inflação.

Mas creio que está na hora de dizer uma palavra final sobre o "milagre" econômico. O resumo da ópera em português, como diria o professor Gudin, é que, com a perspectiva das décadas decorridas, foi um período de crescimento excepcional, que talvez não venha a repetir-se. O mérito do que aconteceu não fica diminuído pelo fato de que, até a eclosão do choque do petróleo, as condições internacionais eram, em geral, favoráveis.

Como, pelos indicadores existentes, a distribuição de renda ficou mais ou menos estável, as classes de baixa renda também devem ter obtido grandes ganhos de renda real. E a melhor razão para isso é que o emprego nos setores modernos, principalmente na indústria, que em 1973 representava 36% do PIB, cresceu aceleradamente, reduzindo muito o desemprego e o subemprego – neste caso, pela migração de trabalhadores com empregos precários para bons empregos.

Pena é que tenha havido o superaquecimento da economia em 1973: 14% de aumento do PIB é uma perda de controle. Daí a crise do petróleo nesse mesmo ano ter encontrado o Brasil em situação particularmente vulnerável.

JÁ QUE FALAMOS DE DESENVOLVIMENTO, O SENHOR FARIA UMA APRECIAÇÃO DA CEPAL EM TORNO DO TEMA?

A Cepal teve um papel importante no processo de crescimento brasileiro nos anos 1950 e no início da década de 1990, principalmente com algumas idéias do Raul Prebisch e de seu grupo mais próximo sobre industrialização e a importância da ideologia para o desenvolvimento. Mais tarde, já na década de 1990, Fernando Fajnzylber, por exemplo, falava de estratégias voltadas para a "transformação produtiva com eqüidade". Os dois tinham uma visão estratégica excepcional. Prebisch era a Cepal "heróica", inovadora, combativa, polêmica, com defeitos graves, sem dúvida. Fajnzylber era a Cepal madura, menos polêmica, mas também criativa e mais analítica. Nos anos 1950, não havia cursos de pós-graduação em economia no Brasil e a Cepal oferecia alguns cursos nesse nível. Eu mesmo fiz um curso de política fiscal lá e muitos economistas brasileiros importantes à época eram ligados a ela. Depois, passou por muitas transformações e, embora tivesse perdido um pouco do carisma, continuou sendo uma instituição reconhecida.

No início dos anos 1990, realizamos um Fórum Nacional que repensava estrategicamente a economia brasileira.[96] Era uma ação ligada ao esforço que vinha sendo feito na Cepal no mesmo sentido. Particularmente no fim dos anos 1980 e no começo dos anos 1990, a Cepal propôs estratégias muito boas para o desenvolvimento da América Latina. Contava, para isso, principalmente com a participação de Fajnzylber, que tinha grande capacidade de pensar estrategicamente. Ele foi autor de dois estudos para o Ipea. Um sobre empresas multinacionais e empresas nacionais no Brasil e outro sobre exportação de manufaturados.[97] É também o principal autor do estudo sobre estratégia de transformação econômica com eqüidade, o principal trabalho da Cepal do início dos anos 1990.[98] Fui várias vezes a Santiago e ele esteve aqui outras tantas, para discutir esse e outros temas correlatos.

---

[96] VELLOSO, J. P dos Reis (Org.). *Estratégia industrial e retomada do desenvolvimento.* IV Fórum Nacional, 1991; *Estratégia social e desenvolvimento.* IV Fórum Nacional, 1991. Rio de Janeiro: José Olympio, 1992.

[97] FAJNZYLBER, Fernando. *Estratégia industrial e empresas internacionais: posição relativa da América Latina e do Brasil; Sistema industrial e exportação de manufaturados: análise da experiência brasileira.* Rio de Janeiro: Ipea/Inpes, 1971.

[98] CEPAL. *Transformación productiva com equidad.* Santiago de Chile: Cepal, 1990.

Quando fizemos o I Fórum, eu o convidei a vir ao Brasil e ele discutiu o programa conosco. E sempre me convidava para essas rodadas que a Cepal fazia. Depois, a Cepal fez uma ligação com o Centro de Desenvolvimento da Organization for Economic Cooperation and Development (OECD), ou, em português, Organização para a Cooperação e o Desenvolvimento Econômico, em Paris, e daí surgiu um movimento em vários países da América Latina com o mesmo objetivo: superar a crise dos anos 1980 e retomar o crescimento, mas um crescimento de um novo tipo, com redistribuição, com estratégias apropriadas às condições dos anos 1990, e não uma mera volta ao desenvolvimentismo. Infelizmente, Fajnzylber morreu prematuramente, em 1991, com 40 e poucos anos. A Cepal continua fazendo muito bons trabalhos, mas a grande vantagem no tempo em que ele estava vivo era essa: a concepção de visões estratégicas, que até hoje são úteis aos trabalhos do Fórum.

Nos anos 1990 havia uma nova geração na Cepal, embora o Oswaldo Sunkel, contemporâneo do Prebisch, ainda estivesse lá. Mas já se passava a atribuir mais importância ao que se chama de fundamentos da economia, algo essencial, mas ainda negligenciado nos anos 1950. Os governos não se preocupavam muito com isso e deixavam os problemas para o governo seguinte. O que aconteceu também é que muitos países da América Latina, na década passada, passaram a fazer reformas econômicas, lançando-se no outro extremo, uma espécie de neoliberalismo com posições extremadas em matéria de fundamentos. Com isso, também se negligenciou a necessidade de pensar estrategicamente o desenvolvimento. Daí poder afirmar que, nos anos 1990, a Cepal estava num bom equilíbrio. Quer dizer, entendia que devíamos cuidar dos fundamentos, sem negligenciar a necessidade de visões econômicas estratégicas.

Durante o governo Médici, o senhor acompanhava os efeitos da reforma universitária?

A grande mudança é que se renovou o nível de graduação e se passou a dar ênfase à pós-graduação, o que foi muito importante para o Brasil, particularmente na área de economia. Tínhamos umas cinco boas escolas de economia, que ensinavam o que havia de atualizado na área. As demais tinham altos e baixos. A pós-graduação renovou completamente o ensino da economia e criou no Brasil a universidade que faz pesquisa. Mas aqui exageramos. A reforma estabelecia que ensino e pesquisa tinham de estar juntos, mas pode-se perfeitamente admitir uma escola boa em ensino que não faça pesquisa, como as muitas que existem nos Estados Unidos, ao lado das grandes universidades, voltadas para as duas coisas. Pesquisa custa caro e nem todas as universidades, principalmente as particulares, têm recursos para isso.

O que não resolvemos na época, e se arrasta até hoje, é o problema da gratuidade do ensino superior público. O Passarinho tentou acabar com ela para os alunos de mais alta renda e eu disse: "Não cai nessa, os alunos pobres vão se solidarizar com os alunos não-pobres. Sei como funciona o raciocínio deles. Vão ter medo. 'Acabam com a gratuidade para os de nível de renda mais alta e depois acabam com a gratuidade para mim.'" Já disse em pronunciamento público, no Fórum de Ciência e Cultura da UFRJ, que o atual sistema de financiamento das universidades federais está obsoleto. Se o governo federal não tem recursos, é preciso criar novos mecanismos. A minha idéia é ter fundações ao lado dos hospitais, das faculdades, que permitam novas fontes de recursos, e que haja uma articulação da universidade com a indústria. Coisa que também pode acontecer através de consultorias e outras formas de integração.

A universidade brasileira tem de fazer como as universidades americanas: ter um pé no governo, para executar projetos negociados, além da dotação orçamentária do MEC, e outro pé na iniciativa privada, para realizar parcerias. Isso em lugar de ficar imobilizada, esperando que caia mais dinheiro do céu, enquanto suas instalações se deterioram e seus professores perguntam para que existem.

O SENHOR JÁ MENCIONOU O SEBRAE. PODERIA FALAR MAIS SOBRE ISSO?

O Sebrae começou como órgão de governo e depois foi transformado numa entidade privada, embora ainda haja muita influência do governo, que é quem escolhe o presidente. Acho que o presidente do conselho é escolhido pelo setor privado e o presidente-executivo pelo governo. O Sebrae tem uma função muito importante junto à pequena e média empresa no sentido de se tornarem eficientes, poderem crescer e até exportar. Por isso mesmo, deve estar ligado à Agência de Promoção às Exportações Brasileiras (Apex). Há hoje uma tarefa extremamente importante para ele: está consciente de que é preciso começar a criar mecanismos para formalizar o mercado. Até sugeri um Sistema Integrado de Pagamento de Impostos e Contribuições das Microempresas e das Empresas de Pequeno Porte (Simples), não só para tributos mas também para direitos trabalhistas, para tudo que diga respeito às relações de empregados e empregador e igualmente para a legislação de previdência. É preferível ter um sistema simplificado, mas que dê um mínimo de legalização a quem está no mercado informal. Nós, no Ibmec – Mercado de Capitais, estamos também fazendo uma aproximação com o Sebrae, para examinar formas de capitalização das pequenas empresas. O Sebrae tem uma rede nacional e pode, no meu entender, desempenhar um papel importante. Sua missão básica é conduzir uma política integrada de desenvolvimento e modernização da micro e pequena empresa. Isso, essencialmente, significa políticas diferenciadas. Sem elas, não há formalização da micro e pequena empresa nem sua modernização.

E sobre o Sistema S?[99]

Sobre o Sistema S em geral, não conheço o suficiente para opinar. Conheço um pouco sobre o Senai e acho que estava evoluindo na direção certa. O Senai não pode ser mais aquele órgão que treina o trabalhador para um único ofício, deve formar pessoas polivalentes, dentro do novo paradigma industrial e tecnológico, familiarizar o trabalhador com as técnicas modernas de gestão. E entender a mensagem da economia do conhecimento: reciclagem permanente, para estar sempre atualizado.

A tortura é uma das lembranças mais fortes do governo Médici. O senhor estava a par do que se passava?

Como está registrado no livro de memórias do ministro Mário Gibson Barbosa, por duas vezes no governo Médici o assunto de tortura foi suscitado em reunião ministerial e, nas duas vezes, a posição do presidente foi a mesma: "Proíbo terminantemente torturas em meu governo." [100] Agora o que aconteceu é que, como está no livro do Gaspari,[101] os presidentes da República, antes do presidente Geisel, não

---

[99] O Sistema S é composto pelas seguintes instituições: Serviço Nacional de Aprendizagem Industrial (Senai); Serviço Social da Indústria (Sesi); Serviço Nacional de Aprendizagem do Comércio (Senac); Serviço Social do Comércio (Sesc); Serviço Nacional de Aprendizagem Rural (Senar); Serviço Social de Transporte (Sest); Serviço Nacional de Aprendizagem do Transporte (Senat); Serviço Brasileiro de Apoio às Pequenas e Médias Empresas (Sebrae).

[100] BARBOSA, Mário Gibson. *Na diplomacia, o traço todo da vida*. Rio de Janeiro: Record, 1992. p. 194.

[101] GASPARI, Elio. *A ditadura derrotada*. São Paulo: Cia. das Letras, 2003.

souberam controlar os comandantes e colocá-los dentro do espírito democrático. E só há realmente uma maneira de fazer isso: estabelecer, como fez Geisel, que tudo que acontecesse dentro de qualquer unidade militar fosse de total responsabilidade do seu comandante.

NOS GOVERNOS COSTA E SILVA E MÉDICI, COM A ESCALADA DA REPRESSÃO, MUITAS FAMÍLIAS PROCURAVAM AUTORIDADES DO GOVERNO PARA AS AJUDAREM A LOCALIZAR PARENTES DESAPARECIDOS OU PARA INTERCEDER PELOS QUE ESTAVAM ENCARCERADOS. O SENHOR CHEGOU A SER PROCURADO?

Houve apenas um caso. Não fui procurado, mas soube do problema e falei com o presidente. Quando falei, o Simonsen já o havia feito. Foi quando prenderam a Conceição, em novembro de 1974, já no governo Geisel. Eu disse: "Presidente, prender a Conceição? O que é isso?" Não sei se o Golbery fez alguma coisa, o certo é que imediatamente a Conceição foi libertada. Não se pode confundir o fato de a pessoa ser de esquerda com estar conspirando contra a ordem pública.

Talvez a razão para as pessoas não me procurarem fosse a minha condição de ministro da área econômica, dentro do raciocínio de não ser o mais indicado (ou relacionado) para ajudar pessoas presas. Vale a pena lembrar que o setor econômico do governo – Planejamento, Fazenda, Indústria e Comércio – tinha muita autonomia, por ser considerado uma área técnica, respeitada pelo espírito do militar brasileiro. Mas, em compensação, tínhamos pouca informação sobre a área de segurança: a velha idéia de "cada macaco no seu galho".

Só no governo Geisel, quando passei a participar da reunião das nove, é que tive um pouco mais de acesso a informações, porque às vezes acontecia que um dos outros "ministros da casa" trazia algum assunto da área de segurança para despachar com o presidente.

NO LIVRO DO ELIO GASPARI, *A DITADURA ESCANCARADA*, HÁ UMA MENÇÃO AO SENHOR A RESPEITO DA TORTURA. NA PÁGINA 284, ELE RELATA QUE O SENHOR, EM WASHINGTON, QUESTIONADO SOBRE O ASSUNTO, DISSE QUE ESSAS NOTÍCIAS CARECIAM DE FUNDAMENTO.

Sinceramente, não me lembro disso nem me recordo das circunstâncias em que teria acontecido essa minha manifestação, em maio de 1970, ou seja, no início do governo Médici. Talvez em algum evento da Brazilian-American Chamber of Commerce (Câmara de Comércio Brasileiro-Americana), a que era muito ligado. Como seja, a manifestação refletiria o grau de informação que eu tinha. E, como disse, ninguém me trouxe qualquer fato concreto – nem conhecidos meus, nem jornalistas da área econômica e da área política, com quem tinha contatos freqüentes. A propósito, durante um jantar aqui no Rio, cheguei a perguntar ao general Humberto de Sousa Melo, que sentou a meu lado, se havia tortura no II Exército, que ele comandou durante o governo Médici. Ele disse que não e elaborou: "O que acontecia é que, de início, o pessoal do Exército, quando checava algum 'aparelho', dava aviso, dizendo que saíssem todos com as mãos para o ar. A resposta era uma saraivada de balas, e com isso morreram muitos soldados e oficiais. A partir de certo momento, passou-se a invadir o aparelho sem aviso e, se houvesse qualquer tentativa de reação, os militares atiravam antes. Só isso."

Vale a pena, voltando à citação do livro de memórias do Gibson, reproduzir as palavras exatas do presidente Médici, numa das duas reuniões ministeriais em que o assunto foi tratado: "Os nossos estão morrendo e têm o direito de revidar com as armas. Esta é uma guerra, em que se mata e se morre. Mas prender alguém para depois submetê-lo a tortura é de tal modo covarde e ignóbil que não posso encontrar palavras adequadas para condenar prática tão sórdida. Proíbo, terminantemente, tortura em meu governo."[102]

Depois que deixei o governo, saíram muitos livros sobre o assunto e aí tomei conhecimento da extensão a que chegara a tortura.

O senhor era uma pessoa bem relacionada com a intelectualidade e com alguns católicos. Não lhe chegaram pedidos da Igreja?

Casos concretos, não. Eles conversavam comigo, inclusive dom Eugênio, sobre assuntos gerais, principalmente da área econômica. Uma vez, fiz uma sugestão a dom Eugênio: "A CNBB precisa arranjar um bom assessor econômico, porque não fica bem para ela dizer certas coisas." De nenhum outro membro da hierarquia católica recebi denúncias de tortura.

---

[102] BARBOSA, Mário Gibson. op. cit. p. 194.

O SENHOR CHEGOU A VER O LIVRO DO KENNETH SERBIN,[103] QUE NARRA OS ENCONTROS ENTRE REPRESENTANTES DA IGREJA E DO ESTADO DURANTE O GOVERNO MÉDICI? ELE SE BASEOU NO ARQUIVO DO GENERAL MURICY, QUE ESTÁ NO CPDOC. O LIVRO MOSTRA QUE DOM EUGÊNIO SALLES TEVE UMA POSIÇÃO DE DEFESA DOS DIREITOS HUMANOS.

Ele realmente defendeu os direitos humanos. Não é um conservador, eu o considero um bom arcebispo. Na hora necessária, fica ao lado da sua consciência. Fui procurado pela Igreja para discutir assuntos de desenvolvimento, de economia, mas nunca me chegaram casos concretos de tortura ou prisões. O que aconteceu muitas vezes foi ser procurado por gente de cinema que queria liberar um filme na censura. Pediam para eu interferir e eu interferia. Conversava com o responsável pelo veto e normalmente o resultado era bom. Eles diziam: "O senhor se interessa, entende do assunto e às vezes nos ajuda a resolver problemas." A censura criou caso com o *Guerra conjugal*, do Joaquim Pedro de Andrade, porque havia um sujeito que se apaixona por uma melancia. Fui lá e expliquei: "O senhor pode achar o filme estranho, mas não tem nem cena de sexo que justifique cortes." Em outros casos, eu dizia: "Faz um cortezinho, mas libera o filme." E a gente resolvia. Eles sabiam que eu gostava de cinema, aceitavam bem a minha interferência, e eu procurava estar fundamentado. Por exemplo, antes de falar com o chefe do SNI, no caso do Odylo que já mencionei, li tudo o que havia sobre o assunto.

O SENHOR ASSISTIA AO FILME TAMBÉM, ANTES DE INTERCEDER POR ELE?

Sim, porque havia uma sala de cinema no Ministério do Planejamento. O pior é que isso foi se espalhando e chegou a um ponto que disse: "Não sou da censura, tragam-me também filmes que não tenham problemas." Mas continuei ajudando porque achava que o regime militar, quando censurava qualquer manifestação cultural, cometia um duplo erro: mutilava uma expressão do espírito e colocava contra si a classe ligada à cultura, sem ganhar nada. O problema da luta armada não tinha ligação relevante com a cultura.

---

[103] SERBIN, Kenneth P. *Diálogos na sombra, bispos e militares, tortura e justiça social na ditadura*. São Paulo: Cia. das Letras, 2001.

É MUITO COMUM SETORES DO GOVERNO NÃO SE COMUNICAREM COM A SOCIEDADE. A GENTE OBSERVA BEM ISSO DURANTE OS GOVERNOS MILITARES.

Eu fazia contatos, não só com a área empresarial, mas também com jornalistas da área política. Castelinho, Villas-Bôas, Carlos Chagas, por exemplo, conversavam comigo regularmente. Também me relacionava bem na área cultural. Uma vez a Germana Delamare, jornalista do *Correio da Manhã*, ofereceu um jantar na casa dela e convidou artistas, intelectuais. Saí de lá às 6h da manhã, conversei com eles, respondi a tudo que perguntaram. Fiquei amigo de alguns deles, e houve um diretor de teatro, Flávio Rangel, que me perguntou depois: "Você esteve em Nova York, qual é a peça, o musical bom por lá?" Por conta dessa conversa, comprou os direitos do *Man of La Mancha* e me convidou para assistir no Teatro Manchete. Também comprou os direitos de *Pippin*, a história de Pepino, o Breve.

Também fiz a abertura de algumas reuniões da Sociedade Brasileira para o Progresso da Ciência (SBPC), quando o Congresso se realizava no Rio de Janeiro ou em São Paulo, mesmo quando havia mal-estar entre governo e cientistas.

Capítulo 6

Ministro do Planejamento, governo Geisel

Como foi o seu primeiro contato com o presidente Geisel?

Antes da posse, o presidente visitou diversos ministérios e o primeiro foi o do Planejamento, porque ele julgava ser o ministério que tinha uma visão de conjunto da economia. Foi ao meu gabinete, aqui no Rio, acompanhado do Moraes Rego e do Heitor de Aquino, dois assessores que eu não conhecia.

Eu já conhecia o presidente Geisel do governo Castelo Branco e do tempo da Petrobras, mas as nossas relações eram meramente formais, embora cordiais. No início do governo Médici, fui apenas a duas posses: a do Delfim, naturalmente, na Fazenda, e a dele, na presidência na Petrobras, o que mostra que eu lhe votava uma especial admiração. Durante o governo Médici tivemos contatos eventuais, porque o BNDE financiava projetos da Petrobras e estive presente à assinatura de alguns desses contratos.

Na primeira visita que ele fez ao ministério, o objetivo era que eu fizesse uma apresentação do que vinha ocorrendo com o desenvolvimento brasileiro. No final dos dois primeiros encontros, discutimos certos estudos que estavam sendo feitos e que vieram a ser utilizados no II PND. Estudos, principalmente, sobre o setor de insumos básicos, ou seja, produtos intermediários como siderurgia, petroquímica, papel, celulose, metais não-ferrosos, tipo alumínio, este último preparado pelo Ministério da Indústria. Também havia estudos sobre o mercado de capitais, feitos pelo BNDE e pelo Ipea.

Com esses encontros, ele sabia exatamente o que se passava e o que fazíamos. A certa altura, perguntou a minha opinião sobre o lugar que o Planejamento deveria ocupar na estrutura de governo. Se eu achava bom da forma como estava, isto é, como uma pasta ministerial. Respondi: "Não, presidente, acho que está errado. O Planejamento deve ser um órgão, uma secretaria da presidência da República, ou não deve existir. A função básica do Planejamento é ajudar o presidente na coordenação da política econômica e isso não pode ser feito sendo um órgão do mesmo nível dos outros." Tínhamos a experiência do Beltrão e a minha, apesar de meus esforços para vencer as dificuldades.

Ele me perguntou também o que eu achava sobre a organização da cúpula do governo. Esse era um assunto importante porque ele não gostava de superministros nem de ver ministros discutindo em público. Por outro lado, achava que devia haver espaço para discussão, para os ministros manifestarem suas opiniões, mesmo que divergentes. Minha resposta foi: "Presidente, acho que deve haver um conselho de desenvolvimento econômico. E também um de desenvolvimento social, ambos junto à presidência." Expliquei que, assim, os ministros das áreas econômica e social se reuniriam periodicamente para tratar de uma certa agenda, ou de qualquer assunto que fosse prioritário, num espaço com liberdade de manifestação. Isso evitaria que os ministros manifestassem suas divergências em público. Depois, já em 1974, quando fiquei sabendo que o Simonsen havia sido convidado para a Fazenda, tomei conhecimento de que havia proposto o mesmo.

O presidente Geisel também me consultou sobre duas outras coisas. Queria saber se os recursos alocados ao BNDE eram suficientes: "Presidente, se o senhor quer que o banco seja realmente um grande agente de financiamento do desenvolvimento, os recursos precisam aumentar." Sugeri que os recursos do PIS/Pasep fossem transferidos da Caixa Econômica para o BNDE porque na Caixa não havia uma aplicação prioritária para eles. "Se houver essa transferência do PIS/Pasep, o senhor pode fazer um grande programa de desenvolvimento, tendo o BNDE como principal financiador no longo prazo."

A segunda questão, como falei antes, dizia respeito a ciência e tecnologia, outra área que lhe interessava muito: "Velloso, você acha que o CNPq está bem na Secretaria Geral do Conselho de Segurança Nacional?" "Presidente, sinceramente, ciência e tecnologia são instrumentos fundamentais para o desenvolvimento, os usos militares são muito limitados, de modo que deve ir para o Planejamento." E, realmente, todas essas idéias foram depois objeto de alguns dos primeiros atos do presidente.

No início de janeiro de 1974, bem antes da posse, ele me telefonou e pediu para comparecer ao largo da Misericórdia, onde havia instalado sua equipe de preparação de governo. Era a antiga sede do Ministério da Agricultura. O encontro foi marcado para a quarta-feira seguinte. Nesse mesmo dia, uma segunda-feira, tive reunião com a minha equipe. Eu me reunia com a equipe do Planejamento toda segunda-feira, às 15h, para discutir e examinar os assuntos que estavam para ser decididos e os que deveriam surgir durante a semana. Lá pelas tantas, o Flanzer, que era o secretário-geral do Planejamento, voltou-se para mim e observou que meus olhos, que são castanhos, estavam amarelados: "Isso pode ser um derramamento de bílis, pode ser hepatite." Comuniquei-me imediatamente com o médico. A resposta foi: "Olha, tem toda probabilidade de ser mesmo hepatite." Fui para casa no fim da tarde, com a recomendação de repouso absoluto e de dieta e, obviamente, não pude ir à reunião com o presidente Geisel na quarta-feira. Telefonei-lhe, de início falei que tinha uma virose muito forte e assim fomos adiando a reunião. Ele foi escolhendo os ministros e vários ele mandava que fossem lá em casa. Era interessante, porque os ministros ficavam na porta, falavam comigo a distância. Lembro-me bem das visitas do Simonsen, do Ueki, ministro de Minas e Energia, e, já em fevereiro, do Rangel Reis, ministro do Interior. Fui continuando os contatos telefônicos com o presidente, até a altura do dia 20 de fevereiro, quando já não havia perigo de contágio. Mas o médico não me permitia sair. Então o presidente telefonou: "Olha, Velloso, vamos fazer o seguinte, eu vou até a sua casa." E realmente foi. Nessa conversa, ele me fez o convite para continuar no ministério, mas a pasta a que se referiu era a do Interior: "Você é do Nordeste, acho que pode fazer muita coisa em favor da região. O que você acha? Quero você no ministério e estive considerando essa função." Eu, tomado de surpresa, respondi: "Presidente, sou economista, quero seguir a minha profissão, ficar em um ministério que seja diretamente econômico. Acho que posso fazer muito pelo Nordeste sem precisar ser ministro do Interior." Ele disse: "Então não há dúvida, você vai continuar no Ministério do Planejamento e resolvo de outra forma a questão do Ministério do Interior." Na oportunidade, ainda acrescentou: "Olha, você sabe que os ministros têm de morar em Brasília. Vou querer que todos os meus ministros morem lá." "Tudo bem, presidente, já morei em Brasília, posso voltar."

No governo Médici, eu geralmente ficava lá de terça a quinta, mas minha equipe técnica ficava no Rio de Janeiro. E os outros ministros resolviam a seu modo o tempo que ficavam na capital.

O presidente Geisel acaba fazendo realmente a mudança do governo federal para a capital?

A mudança dos ministros e das principais equipes técnicas foi uma condição que ele estabeleceu. Falando em mudança, houve uma situação curiosa com a minha residência. Pouco depois da posse do presidente e dos novos ministros, recebi a informação de que o ministro do Planejamento tinha uma residência oficial na península dos ministros. Fiquei lá apenas alguns dias. Embora a casa tivesse recebido um prêmio de bienal de arquitetura, eu achava que era um caixote de concreto e vidro e não me ambientei. Pensava: "Vou ficar cercado de ministros, por todos os lados, até nos fins de semana." Não era o que eu queria, de modo que procurei ver alternativas e me foi sugerida uma casa na vila Planalto, atrás do Palácio do Planalto. Nessa vila, havia dois tipos de residências: duas casas construídas para os engenheiros da Novacap, empresa responsável pela construção de Brasília, e outras destinadas aos trabalhadores. Todas de madeira. Visitei uma das casas para engenheiros, chamada Fazendinha, e imediatamente decidi que era lá que iria morar. Era uma casa de madeira, extremamente simpática, com algum terreno e um bosque, o que era um verdadeiro privilégio em Brasília.

Havia dúvidas da parte do Corpo de Bombeiros quanto à segurança, mas argumentei: "O Corpo de Bombeiros fica a 200m, vamos trazê-los aqui, acatar todas as exigências e colocar a Fazendinha em condições de ser habitada." Lá tínhamos até animais. Tínhamos um casal de avestruzes, coitados, primeiro morreu a fêmea e depois o macho se afogou na piscina. Ninguém viu, foi durante a noite.

Era uma moradia muito boa para os dois filhos da Izabel, que eram garotos quando ela passou a morar comigo lá. Casamos no fim de 1975 e ela foi para Brasília no início de 1976. A filha dela, a Xuxa, tinha uma casa de boneca, de madeira, e o Felipe tinha um bode ou cabra, não sei bem. Tinha também um cachorro que se chamava Ideiafix, em homenagem ao Asterix, herói das histórias em quadrinhos francesas. A primeira filha do meu casamento com a Izabel, a Ana Paula, que hoje é cardiologista, nasceu no Hospital das Forças Armadas, mas foi imediatamente morar lá. O João Marcos já nasceu no Rio de Janeiro, logo depois de retornarmos, ao final do governo.

Quais as orientações iniciais do presidente Geisel?

O pronunciamento dele na primeira reunião ministerial, cuja cópia ainda tenho, foi uma espécie de definição de diretrizes, que contêm os principais elementos para as prioridades do II PND. Na ocasião, ele também lançou orientações em relação ao petróleo. Tinha havido a primeira crise em outubro de 1973 e, como vimos, o governo anterior não adotou nenhuma medida especial com relação aos preços dos derivados do petróleo. Nesse pronunciamento, ele foi enfático: "Não quero subsídios a derivados de petróleo no meu governo." Em 30 dias, o Ministério da Fazenda já tinha providenciado o reajuste nos preços de derivados, para evitar subsídio.

Mas isso era também inflacionário, não?

É, provocava inflação, especialmente porque havia indexação de preços, fazendo com que a inflação reprimida, por assim dizer, se perpetuasse. Não se voltava nunca aos níveis anteriores de preço. O novo nível de preços de derivados influenciava muito os preços na economia, mas era imprescindível para que se começasse a enfrentar adequadamente a crise do petróleo.

O que fizemos para evitar um efeito maior da indexação foi o expurgo, nos índices gerais de preços, das chamadas "eventualidades". Em geral, choques de oferta, como uma safra ruim, têm impacto sobre o custo de vida e não devem servir para reajustes futuros de salários. A medida era tecnicamente muito boa, mas não repercutia bem, porque parecia que o governo não estava dando a correção monetária integral. Era tecnicamente perfeita, mas não era solução. No fundo, esse problema nos preocupou durante os cinco anos do governo Geisel e, na verdade, a maneira de enfrentá-lo frontalmente era algo do tipo do projeto Larida, de Pérsio Arida e André Lara Resende.[104] A primeira tentativa foi o Plano Cruzado, em 1986, mas com uma idéia que não estava no Plano Larida: o congelamento de preços. Essa foi uma das razões pelas quais o Plano Cruzado naufragou. Houve muitos outros choques e tentativas semelhantes, mas na verdade a solução definitiva só veio com o Plano Real, que, na essência, é uma aplicação inteligente do Plano Larida.

Mas, voltando ao início do governo Geisel, os primeiros atos foram aqueles resultantes de sugestões que Simonsen, eu e assessores diretos do presidente tínhamos dado: a transformação do Planejamento em secretaria da presidência, a trans-

[104] Em 1983, os economistas Pérsio Arida e André Lara Resende apresentaram o Plano Larida, que indexava preços e salários à Obrigação Reajustável do Tesouro Nacional (ORTN). Esse índice valeria durante o tempo necessário para acabar com o déficit público, a causa básica da inflação. A proposta foi recusada pelo governo.

ferência dos recursos do PIS/Pasep para o BNDE, a criação do Conselho de Desenvolvimento Econômico (CDE) e do Conselho de Desenvolvimento Social (CDS), além de um conjunto de atos criando subsidiárias de capitalização no BNDE, porque até então o BNDE só dava financiamentos, não tomava participações nas empresas, nem sequer minoritárias, ou em ações preferenciais. A partir daí, passou a participar, só com ações preferenciais, sem direito a voto. Inicialmente, eram três subsidiárias, depois convertidas na BNDES Participações S.A. (Bndespar), que existe até hoje e aplica recursos em qualquer setor.

E APLICA BEM, SEGUNDO O SEU PONTO DE VISTA?

Em geral, acho que sim. Ela se revelou viável e tem viabilizado projetos importantes. Na época do II PND, aquelas subsidiárias de capitalização do BNDE foram fundamentais, complementando empréstimos para setores prioritários. Aliás, toda a área do BNDE funcionava muito bem. O presidente do banco, desde 1970, era Marcos Viana, que eu trouxe da Companhia Vale do Rio Doce, onde era diretor industrial, e que soube fazer funcionar uma equipe excelente.

Nos primeiros meses, houve também assuntos, digamos, especiais, como a fusão da Guanabara com o estado do Rio, que muita gente não esperava e que enfrentou a oposição de certas correntes políticas e até a do professor Gudin. Foi uma idéia que o presidente Geisel quis pôr em prática e que tinha, a meu ver, uma fundamentação geopolítica e geoeconômica. O ponto básico era que o Brasil não podia continuar tendo apenas um grande pólo econômico: São Paulo. A Federação brasileira tinha de ser razoavelmente equilibrada. Estava-se tentando criar um pólo de desenvolvimento em Minas Gerais e valia a pena fortalecer o pólo do Rio de Janeiro. Daí a fusão, que envolvia não só o desenvolvimento industrial do Rio de Janeiro, mas também o desenvolvimento agrícola. Para tanto, foi aprovado um programa especial de apoio aos hortigranjeiros no vale do São João. Os hortigranjeiros que o Rio de Janeiro consumia vinham de Mogi das Cruzes, pertinho da capital paulista.

Houve outra decisão complementar à fusão da Guanabara com o estado do Rio, que foi a divisão de Mato Grosso, sempre dentro da mesma idéia de relativo equilíbrio na Federação. Aqui o pensamento foi de longo prazo, antevendo que Mato Grosso viesse a se tornar um grande pólo agropecuário, talvez agroindustrial. Por isso, preventivamente, o governo dividiu o estado em dois.

EM RELAÇÃO À FUSÃO, O SENHOR LEMBRA QUAL FOI A EQUIPE QUE TRABALHOU NISSO, QUEM FEZ O PROJETO, COMO SE DEU A ESCOLHA DO FARIA LIMA PARA GOVERNADOR?

Começando pelo final da pergunta, a escolha do Faria Lima se deu porque ele já trabalhava com o presidente Geisel na Petrobras e o presidente confiava muito na sua capacidade executiva. Em termos dos estudos, a parte econômica ficou sob a responsabilidade do Planejamento e a parte política com o então deputado Célio Borja, que era líder do governo na Câmara dos Deputados. O Célio conta isso em seu livro de memórias, organizado pelo Cpdoc,[105] de modo que não preciso me alongar no assunto. A formulação do projeto, do ponto de vista da legislação, também ficou por conta do Célio Borja.

OS SENHORES FIZERAM PROJEÇÕES DE CRESCIMENTO, PLANEJAMENTO DE ATIVIDADES PARA O NOVO ESTADO DO RIO?

Não fizemos propriamente projeções, porque achávamos que não fazia sentido, mas realizamos estudos sobre como dar viabilidade econômica ao novo pólo. A idéia era o fortalecimento industrial e agrícola, além de alguns setores de serviços, como turismo e informática. Havia também a construção naval. O petróleo era uma expectativa. As questões fiscais e financeiras foram analisadas por uma equipe conjunta do Planejamento e da assessoria do Faria Lima.

QUEM TRATAVA DE TEMAS COMO FUSÃO DAS POLÍCIAS E DOS TRIBUNAIS REGIONAIS?

Tudo isso era responsabilidade da equipe constituída pelo novo governador.

O PRESIDENTE GEISEL MONITORAVA ESSE TRABALHO?

Tudo tinha de ser, em última análise, levado ao conhecimento do presidente, mas claro que a responsabilidade direta era do novo governador, Faria Lima.

A FUSÃO ACABOU? HOUVE EFETIVAMENTE UMA INTEGRAÇÃO ECONÔMICA E POLÍTICA?

Claro, e acho que é irreversível. Os problemas do estado do Rio decorrem principalmente de maus governos e de seu sistema político. O Rio de Janeiro não tem

---

[105] BORJA, Célio de Oliveira. *Célio Borja*. Rio de Janeiro: FGV/Alerj, 1999.

sido muito feliz na escolha de seus governantes. Mas, do ponto de vista político e econômico, já se pensa no estado do Rio como uma unidade. São poucos os deputados que dependem apenas da capital e freqüentemente esses se dão mal. Quem não tiver base no interior precisa pensar em construí-la, porque dificilmente alguém se elege sem ter votos por lá, a despeito da preponderância da capital no eleitorado do estado.

E sobre a divisão do Mato Grosso? Quem ficou responsável por esses estudos?

Foi também o Planejamento. Nós conhecíamos relativamente bem Mato Grosso, eu mesmo já tinha ido lá várias vezes, porque tinha havido um programa no governo Médici chamado Programa de Desenvolvimento do Centro-Oeste (Prodoeste), que preparou o Programa de Desenvolvimento dos Cerrados (Polocentro), que viria a ser criado em 1975. De modo que conhecíamos bem o planalto Central e o Centro-Oeste, particularmente Mato Grosso. Em parte da minha primeira fase como ministro e em parte da segunda, o Planejamento apoiou diretamente Mato Grosso em vários projetos importantes. Por exemplo, a construção da estrada Transpantaneira, com recursos especiais que o Planejamento propôs ao presidente, e apoio à Universidade Federal de Mato Grosso. Conhecia bem Campo Grande, onde estive algumas vezes e de onde sou cidadão honorário. Criamos também, na área de desenvolvimento científico e tecnológico, a cidade científica de Aripuanã,[106] uma idéia que funcionou bem no começo, mas que não continuou porque dependia de liderança da Universidade de Mato Grosso. A proposta era a de que fosse um centro de pesquisa na floresta e que os pesquisadores residissem lá. Cheguei a visitá-la.

Nos primeiros meses de governo, também houve o polêmico reatamento de relações diplomáticas com a China Popular.[107]

Aqui a surpresa foi grande, porque o que se esperava, eu inclusive, era apenas um reatamento de relações econômicas. Lembro que, certo dia, o assunto foi

---

[106] O projeto Cidade Científica de Humboldt, do início da década de 1970, envolvendo organismos nacionais e internacionais, visava a criar uma cidade auto-sustentável em plena floresta. Implantada no município de Aripuanã, a "cidade" foi repassada ao governo do Mato Grosso em 1981, mas a falta de recursos e a impossibilidade de conter o desmatamento determinaram o seu abandono.

[107] O reatamento das relações diplomáticas do Brasil com a China Popular ocorreu em agosto de 1974.

discutido na reunião das nove e o presidente explicou a sua posição. Achava que o Brasil devia ter relações com todos os países. Ora, nós já tínhamos relações com a Rússia, qual era o problema de ter também com a China? Além disso, os Estados Unidos já tinham feito aquela aproximação com os chineses, uma idéia do Kissinger, e o Nixon, inclusive, já tinha visitado o país. É claro que se pensava em desenvolver principalmente as relações comerciais nos primeiros anos, mas mesmo assim houve resistência em certas correntes da área militar. Entretanto, o presidente insistiu no argumento de que o Brasil devia se relacionar com todos os países. E não havia resposta para tal argumento, de modo que as resistências foram superadas. Foi a primeira de muitas decisões importantes em matéria de política externa.

Mais uma vez fica evidente que, com o presidente Geisel, o pragmatismo – no caso, o universalismo e o interesse nacional – sempre prevalecia sobre a ideologia.

O senhor leu o manifesto do ministro Sílvio Frota contra o reatamento, temendo que fortalecesse um avanço do comunismo no país?

Li, porque essas coisas sempre chegavam ao conhecimento da gente. Minha idéia era a de que não tinha fundamento. Ninguém mais insuspeito nesse aspecto do que o próprio presidente.

Esse relatório foi discutido alguma vez no ministério?

Não. Pode ser que tenha sido discutido na reunião das três. Todo mundo fala só da reunião das nove, mas na verdade havia a reunião das nove e a das três. Eu participava da reunião das nove e não via razão para participar da das três, que também era uma reunião dos ministros da casa. Isso porque sempre esgotei os meus assuntos na reunião das nove. Do meu ponto de vista pessoal, era bom que eu não participasse dessa reunião das três, porque, como disse, toda segunda-feira, às 15h, reunia a minha equipe. Lembremos que eu tinha dois gabinetes, um no Palácio do Planalto, outro num dos edifícios da Esplanada dos Ministérios. Creio que só no início de 1978 foi inaugurado o prédio da Seplan. Eu me dividia entre os dois gabinetes porque o espaço que tinha no Palácio do Planalto era pequeno.

UMA COISA INTRIGANTE É QUE O PRESIDENTE GEISEL NÃO TIVESSE TOMADO ESSE MANIFESTO COMO UMA AFRONTA À SUA AUTORIDADE. CHAMOU O MINISTRO FROTA PARA CONVERSAR, MAS NÃO LEVOU O ASSUNTO MUITO A SÉRIO.

O presidente sabia que tinha o controle da situação militar, embora esperasse reações de grupos militares mais radicais. Evidentemente, o assunto foi discutido com o Silveira, ministro das Relações Exteriores, que era muito favorável à idéia do reatamento e que era um dos mentores do "pragmatismo responsável".[108] Como tinha o controle das Forças Armadas, o presidente sabia que a disciplina militar ia prevalecer. Ele queria reduzir a um mínimo a força das correntes mais radicais, de modo que, quando necessário, usava ocasiões como essa até como teste. Sabia usar a prerrogativa constitucional de comandante das Forças Armadas: explicava a sua posição e, feito isso, tinha de ser obedecido.

NAS REUNIÕES MINISTERIAIS, FOI LEVANTADA ALGUMA DÚVIDA SOBRE ESSA DECISÃO? O SENHOR TEM CÓPIA DAS ATAS DESSAS REUNIÕES?

Não tenho cópia porque tenho pouco espaço de arquivo. Só trago para o meu escritório documentos que eu ache realmente necessários para o meu trabalho pessoal pelo resto da vida. Uma ata de reunião do ministério, ou das reuniões do Conselho de Segurança Nacional, a gente pode obter no Palácio do Planalto a qualquer instante que for preciso. Mas tenho convicção de que nenhuma dúvida a respeito da decisão foi jamais levantada em reunião ministerial.

O MINISTÉRIO SE REUNIA COM QUE FREQÜÊNCIA?

Não havia datas prefixadas. O CDE reunia-se toda quarta-feira, às 10h da manhã, mesmo se não houvesse agenda especial. Lembro que, a primeira vez que isso aconteceu, conversei antes, a respeito, com o presidente, na reunião das nove, e ele disse: "Isso é muito bom, assim podemos fazer uma discussão geral sobre a situação econômica." E foi uma das melhores reuniões do CDE. Ele dizia: "Fiz isso muitas vezes na Petrobras, reuniões com pauta livre." As reuniões do CDS eram mensais, enquanto o ministério e o Conselho de Segurança Nacional se reuniam por convocação do presidente.

---

[108] Expressão usada para definir a política externa do governo Geisel.

O que se discutia no Conselho de Segurança Nacional?

Assuntos que tivessem repercussão direta na segurança do país. Podiam ser assuntos políticos, mas era necessário que houvesse uma implicação direta sobre segurança nacional, a critério, naturalmente, do presidente. O Conselho de Segurança Nacional era constituído por todos os ministros, tinha praticamente a mesma composição da reunião do ministério.[109] Os temas é que eram diferentes. Questões, por natureza, estritamente de segurança não eram objeto de reuniões ministeriais.

A impressão que fica é que os assuntos só iam para o CSN quando já estavam decididos.

Essas reuniões tendiam a ser um pouco formais e às vezes homologatórias. Mas cumpria-se o ritual de dar a palavra a todos os presentes ou a quem quisesse falar. As opiniões eram ouvidas. Se modificavam a decisão do presidente, é muito difícil dizer. Já citei os projetos de impacto do governo anterior. Quando se discutiu a criação do PIN no governo Médici, sugeri que não houvesse só a construção da Transamazônica, que houvesse também a aprovação do Programa de Irrigação do Nordeste, o que acabou acontecendo. Mas era uma reunião de apenas cinco ministros.

Vamos colocar as coisas da seguinte forma: em assuntos ligados ao que se chamava de comando da revolução, o presidente, em geral, já tinha uma posição, embora quisesse ouvir os ministros para ver se havia algum argumento que abalasse essa convicção. No caso do ministério, o que acontecia é que a discussão afetava, às vezes, a forma de fazer, mas não sei se afetava a decisão de fazer. De todo modo, havia um grau de liberdade bem maior nas reuniões ministeriais.

Isso funcionou assim também no período Médici?

No período Médici, as reuniões do ministério talvez fossem mais formais porque, nos casos em que alguns projetos específicos, como aqueles projetos de impacto, iam ser discutidos, o presidente convocava apenas os ministros que ele achava que deveriam realmente participar e que poderiam ajudá-lo a formar juízo. Da reunião do ministério, e também da do CSN, participava um número muito grande de pes-

---

[109] Além dos ministros, participavam das reuniões do CSN o chefe do Emfa e os chefes de Estado-Maior das três Forças.

soas, o que dificultava a discussão. Por isso me parece que a criação do CDE e do CDS foi muito importante para o bom funcionamento do governo Geisel, porque institucionalizou a coordenação e estabeleceu uma regularidade nas reuniões dos ministros da área econômica e da área social. Ainda hoje acho que foram dois mecanismos muito válidos, e que nunca deveriam ter sido descontinuados.

O governo Lula retomou a idéia dos conselhos de desenvolvimento?

De outra forma. Agora o Conselho de Desenvolvimento Econômico e Social, constituído de cerca de 80 membros, é um mecanismo para ouvir a sociedade, inclusive com reuniões temáticas. A natureza é bem diferente daquela dos conselhos do governo Geisel, que eram instrumentos internos de governo visando à tomada de decisões. O atual é um órgão de consulta. Mas lembremos o seguinte: o CDE e o CDS não tomavam decisões, a decisão era do presidente. Só que nós conhecíamos bem os temas e geralmente o que propúnhamos acabava virando decisão do presidente. Não creio, contudo, que o presidente Lula tenha querido restabelecer a mesma idéia do governo Geisel, mesmo porque ele se reúne muito com seus ministros. Todos os dias, praticamente, há reunião com um ou outro. E ainda existem os fóruns setoriais, também como mecanismos de consulta. Cada governo tem o seu próprio estilo.

A equipe do governo Lula chegou a mencionar a procedência de se fazer um novo II PND.

No meu entender, quando surgem manifestações por um novo II PND, o que se quer é restabelecer a idéia de planejamento estratégico, uma visão de desenvolvimento que englobe pelo menos o período do mandato do presidente. Nos anos 1990, houve uma preocupação excessiva com a conjuntura, com os fatos correntes da economia. Então, o que se quer agora é mostrar que, embora a conjuntura deva merecer muita atenção, é preciso ter também uma visão de médio e, às vezes, de longo prazo. Todos fazemos isso na nossa vida particular, porque assim é a vida: curto, médio e longo prazo.

O II PND foi sendo preparado desde que o general Geisel foi indicado para o cargo de presidente da República, em meados de 1973, e encaminhado ao Congresso no dia 31 de agosto de 1974.

Desde o segundo semestre de 1973, havia estudos em elaboração e isso foi muito útil, porque o governo assumiu em 15 de março e no final de agosto tinha de encaminhar o projeto ao Congresso. Antes disso, com um mês de antecedência, encaminhamos a proposta aos ministros. Houve um esforço concentrado a partir de abril, maio, e a redação foi feita num espaço muito curto. É um documento pequeno, de 140 páginas. O que fiz foi estabelecer que todos os estudos, inclusive os do BNDE e alguns especialmente encomendados a consultores, como o da poluição, fossem encaminhados ao Ipea, no caso o Ipea de Brasília. O secretário de Planejamento e diretor de lá era o Roberto Cavalcanti, que hoje é diretor técnico do Fórum Nacional. O Ipea recebeu esses estudos, preparou documentos, textos básicos que me foram encaminhados. E no espaço de umas seis semanas, nos fins de semana, redigi o II PND.

Além do Roberto Cavalcanti, quem mais colaborou com o senhor?

Havia o secretário-geral do ministério, Élcio Couto, também presidente do Ipea, um esquema que fazíamos para evitar que houvesse problemas de coordenação entre o Ipea e a Secretaria Geral do Planejamento. O Élcio ficava supervisionando tudo e havia os diversos chefes de setor no Ipea. Para falar por todos eles, vou citar o Roberto, que realmente coordenou todo o trabalho. O que eu recebia eram documentos básicos de onde extraía o que achasse que devia entrar no II PND.

Abro aqui um parêntese, para dizer que, para as diversas atribuições do Planejamento tais como orçamento, reforma administrativa, definição de prioridades para empréstimos externos a estatais, secretaria geral do CDE, relações internacionais, havia os secretários-gerais adjuntos e os secretários temáticos. Por exemplo, prioridade para financiamentos externos era com o Antônio Augusto. Não vou citar os nomes em geral para não haver omissões. Sem falar nas atividades-meio como chefia de gabinete, diretoria de administração, consultoria jurídica, auditoria interna, DSI.

Em que momento o presidente entrava? O senhor fazia uma minuta, mandava para ele?

Tudo era encaminhado ao presidente em primeira mão e eu ficava depois aguardando suas manifestações. No momento em que ele autorizou, o texto foi enviado aos ministros. Mas, pela própria natureza, o II PND não se prestava muito a modificações dos ministros, porque não tratava de aspectos setoriais. Foi uma estratégia que adotamos também no I PND. Era uma proposta diferente do Programa Estratégico de Desenvolvimento e do Paeg, que tinham um volume especial de programas setoriais. O II PND era para ser encaminhado ao Congresso, então era muito mais sintético.

Recebidas as sugestões dos ministros, dei a redação final, remetida ao presidente para encaminhamento ao Congresso. Lembro bem que o Simonsen aprovou o plano, ou seja, não tinha uma visão diferente de como deveria ser a reação à crise do petróleo.

Os pontos básicos do II PND já estavam no discurso inaugural do presidente?

Estavam e isso facilitou o trabalho. Eram pontos que resultaram daqueles estudos que já existiam em fins de 1973 e sobre os quais vários ministros opinaram. O Simonsen e eu opinamos e tudo isso facilitou o trabalho posterior de elaboração do plano.

Mas, para entender a reação do governo ao choque do petróleo, é preciso ter em mente que ele teve um impacto brutal sobre a economia brasileira. Brutal porque, como dito, a economia estava superaquecida e, por isso, importando demais matérias-primas e com fortes pressões inflacionárias. Brutal porque, logo no primeiro ano após a crise, 1974, a balança comercial, ou seja, o movimento de importações e exportações, passou de um virtual equilíbrio para um déficit de cerca de US$4,7 bilhões – o total de nossas exportações, no ano anterior, fora de US$6,2 bilhões. E, note-se, o problema não era apenas a conta do petróleo que ocasionou um déficit de US$2,8 bilhões, por causa do aumento dos preços. Também ocasionou um déficit na conta das matérias-primas da ordem de US$5,6 bilhões, notadamente no que toca a insumos industriais básicos. Aliás, este segundo problema, nossa defasagem na produção de insumos industriais básicos, já estava identificado desde o diagnóstico da indústria feito pelo Ipea em 1966.

O que essas coisas significam é que o modelo de crescimento seguido até então pelo Brasil estava inviabilizado, principalmente por causa das duas vulnerabilidades agora dramaticamente expostas: a excessiva dependência em relação a importações de petróleo e também a importações de insumos básicos.

Falando agora sobre o plano em si, diria que a essência da chamada "estratégia de 1974" está na idéia de dois ajustes da economia brasileira. Geralmente os países desenvolvidos, quando reagiam à crise do petróleo, pensavam em um tipo de reajuste que envolvia a questão da energia em si, mais a questão macroeconômica por conta dos efeitos dessa crise na economia de cada país. Nós pensamos em dois ajustes. Um macroeconômico, caracterizado pela desaceleração gradual da economia, e um, digamos, estrutural, com mudanças do lado da oferta, do lado produtivo: mudanças estruturais na economia em termos de energia, mas também em termos de insumos básicos e de bens de capital. Tratava-se de investir maciçamente na área das chamadas *tradeables*, linhas de produtos comerciáveis internacionalmeente, para substituir importações e aumentar exportações.

Para isso, lembramos a reação do Brasil à Grande Depressão dos anos 1930. Entre 1932 e 1940, a indústria brasileira cresceu à ordem de 10% ao ano. É claro que não estávamos pensando em taxas tão altas, mas pensávamos em manter um certo ritmo de crescimento. Naquela ocasião, num livro que escrevi sob encomenda para a Editora Abril, intitulado *Brasil: a solução positiva*,[110] citei o fato de que, em chinês, a expressão correspondente a crise contém dois ideogramas: um relativo a risco e outro relativo a oportunidade. Então raciocinamos: assim como nos anos 1930 o Brasil usou a oportunidade de uma crise mundial para mudar o seu modelo econômico, podemos tentar algo que faça sentido no caso atual. Então, esse duplo ajustamento me parece ser a essência da "estratégia de 1974", uma denominação usada pela primeira vez num livro, hoje clássico, do Antônio Barros de Castro intitulado *A economia brasileira em marcha forçada*.[111] Nossa idéia básica era que o país se ajustasse ao mundo novo de altos preços do petróleo, de modo a, passados alguns anos, poder voltar a crescer normalmente, de forma sustentada.

Vale a pena citar outras idéias inovadoras desse plano. Havia a proposta de implantar um modelo brasileiro de capitalismo industrial, expressão que usávamos na época para significar principalmente a presença da empresa privada nacional em setores dinâmicos. Setores dinâmicos eram principalmente os setores de produtos intermediários e de bens de capital – os menos dinâmicos eram as indústrias tradicionais. Lembro até que um líder do MDB no Senado escreveu um livro em que dizia que o papel da empresa nacional era o da pequena e média empresa.[112] Nós tínhamos, ao contrário, a idéia de criar grandes empresas nacionais porque, nesses setores de insumos básicos e de bens de capital, sem grandes empresas não há escala para ser competitivo internacionalmente, e isso era necessário para substituir importações e para exportar. Passamos a usar principalmente o BNDE e a Finep para viabilizar grandes projetos em que a empresa privada nacional fosse participante. Às vezes, até majoritariamente.

---

[110] VELLOSO, J. P. dos Reis. *Brasil: a solução positiva*. São Paulo: Abril-Tec, 1978.

[111] BARROS DE CASTRO, Antônio; SOUSA, Francisco Eduardo Pires de. *A economia brasileira em marcha forçada*. Rio de Janeiro: Paz e Terra, 1985.

[112] BRAGA, Roberto Saturnino. *Discurso aos democratas*. Rio de Janeiro: Artenova, 1977.

A Coréia não fez algo parecido?

A estratégia da Coréia deve ser bem entendida. Na primeira fase após a crise do petróleo, aquele país teve muito crescimento, muito mais do que o Brasil, pois não houve a desaceleração que realizamos, e teve também muito endividamento, mais do que nós, em percentagem do PIB. Só que, quando a segunda crise do petróleo estava chegando, em 1979, a Coréia resolveu ajustar-se, foi ao FMI, fez acordo e com isso conseguiu não quebrar em 1982, inclusive porque tinha uma relação exportações/PIB muito maior que a nossa.

Já quanto ao modelo empresarial coreano, havia uma diferença importante em relação ao Brasil. Eles tinham um sistema de conglomerados multissetoriais, os *chaebol*, à semelhança do Japão. E aqui nossa preocupação era mais setorial. Isto porque as empresas industriais brasileiras, em geral, se limitavam a operar em certo tipo de indústria, mas nós as levamos a executar projetos que, às vezes, eram múltiplos do seu patrimônio líquido. Para isso, precisavam de estímulos de governo e de um ambiente de limitação de risco. Afinal, havia uma crise mundial que afetou duramente o Brasil e havia o problema da inflação que, em conseqüência da crise do petróleo, tinha passado para um patamar mais alto. Então, havia necessidade de minimizar os riscos, e por isso estabelecemos, nos projetos aprovados em 1975 e 1976, um limite superior à correção monetária incidente sobre empréstimos do BNDE para o setor privado.

As empresas que se beneficiaram especialmente dessa política eram produtoras de muitos tipos de insumos básicos, a exemplo das empresas siderúrgicas. Naquele tempo, havia uma espécie de divisão de trabalho: a área de produtos siderúrgicos planos ficava com as empresas estatais e os não-planos, com as empresas privadas. Então, siderurgia, petroquímica, celulose e papel são exemplos dos principais casos em que o II PND produziu grande efeito. Além de bens de capital.

Fez-se aí a terceira revolução industrial? Ou um aprofundamento da Revolução Industrial, como diz o Guillermo O'Donnell?[113]

Não propriamente com relação a esses setores. Desenvolvemos esses setores porque achávamos que o Brasil tinha o que nós economistas chamamos de vantagens

---

[113] O'DONNELL, Guillermo. *Reflexões sobre os estados burocrático-autoritários*. São Paulo: Vértice/ Revista dos Tribunais, 1987.

comparativas dinâmicas, ou seja, potenciais. Potencialmente podiam ser muito competitivos. Agora, talvez faça sentido o que disse o O'Donnell, porque houve também o desenvolvimento da informática e da indústria de computadores. Isso já estava mencionado nas diretrizes que o presidente definiu no pronunciamento à primeira reunião ministerial e no II PND.

E AS TELECOMUNICAÇÕES?

O desenvolvimento desse setor vinha do período de 1968 a 1973, fase em que houve de fato um extraordinário crescimento de toda a infra-estrutura na área. Nós até raciocinamos: "Podemos dar ênfase à energia, insumos básicos, bens de capital, porque já foi superado o atraso em matéria de infra-estrutura, ou seja, energia elétrica, transporte, comunicações." O governo Geisel resolveu também atacar a área de desenvolvimento ferroviário, uma modalidade de transporte que não tinha sido desenvolvida antes e sobre a qual houve controvérsias.

Houve também, como já mencionei, o propósito de tentar entrar no mundo da eletrônica. Já havia empresas multinacionais no Brasil que produziam grandes computadores, mas um setor que estava emergindo era o dos minicomputadores, embora fosse apenas um nicho de mercado naquela época. Foi aí que entrou a política de informática no período Geisel, que é diferente da que houve no governo seguinte.

QUE MAIS O SENHOR JULGA INOVADOR NO II PND?

Já falamos um pouco do modelo brasileiro do capitalismo industrial e outra idéia inovadora era o crescimento com redistribuição de renda. O capítulo seis do II PND trata exclusivamente disso. Vocês se lembram de que, no começo dos anos 1970, houve toda aquela controvérsia sobre distribuição de renda no Brasil, e o Delfim Netto foi acusado de defender a idéia de primeiro fazer o bolo crescer para depois distribuir. A fim de que não houvesse dúvida sobre qual era o pensamento do governo Geisel, fizemos um texto que diz com todas as letras: realizar políticas redistributivas enquanto o bolo cresce. Ou seja, uma estratégia de crescimento e de redistribuição simultâneos. Hoje isso fica atual porque há algumas correntes que dizem: "Para combater a pobreza, o importante não é o crescimento, é a redistribuição." Diante disso até escrevi um ensaio, alguns anos atrás, que deu título ao livro *Modernidade e pobre-*

za,[114] em que retomo a tese de crescimento com redistribuição, modificando um pouco a proposta de um estudo dirigido pelo Hollis Chenery para o Banco Mundial,[115] que falava em redistribuição com crescimento. Eu inverti: crescimento com redistribuição. A redistribuição se faria na medida em que a economia fosse crescendo.

Havia muita crítica ao "milagre", que não se teria preocupado com as políticas sociais, que se tinha prendido à idéia de que uma melhor distribuição de renda viria automaticamente com o crescimento. O citado capítulo do II PND era uma maneira de esclarecermos nosso ponto de vista. Não quisemos entrar na controvérsia, apenas definir a posição de que, enquanto cresce, um país pode simultaneamente adotar políticas redistributivas, ou seja, levar o bolo a todos. Essa era a idéia básica. Outra coisa inovadora do II PND foi que, pela primeira vez, um plano de governo adotou uma política de controle da poluição industrial e de preservação do meio ambiente.

Desde a Conferência de Estocolmo, em 1972, e as denúncias sobre a poluição de Cubatão e a destruição da Amazônia, o Brasil havia virado um vilão do meio ambiente.

Pensamos em tudo isso. A posição do Brasil na Conferência de Estocolmo fazia sentido, ainda hoje faz. Queriam deixar todo o ônus do controle da poluição para os países subdesenvolvidos, com base numa idéia, pelo menos implícita e às vezes explícita, de que não deveriam desenvolver indústrias como siderurgia, porque eram poluidoras. Então o que o Brasil procurou colocar nessa conferência é que os grandes poluidores eram os países desenvolvidos, porque já tinham as indústrias poluidoras e faziam culto ao automóvel. Então, não se podia estabelecer uma divisa: desse lado, ficam os subdesenvolvidos, que não podem ter essas indústrias; do outro, ficam os desenvolvidos, que podem poluir. Quer dizer, isso é um problema universal, todos os países têm de adotar políticas de controle da poluição industrial e de preservação do meio ambiente. Quando foi elaborado o II PND, já tínhamos mandado fazer um estudo especial sobre o grau de poluição nas regiões metropolitanas do Rio de Janeiro e de São Paulo. Fizemos o diagnóstico e começamos a definir políticas.

---

[114] VELLOSO, J. P. dos Reis; ALBUQUERQUE, Roberto Cavalcanti de. *Modernidade e pobreza*. São Paulo: Nobel, 1994.

[115] CHENERY, Hollis B.; AHLUWALIA, Montek S.; BELL, Clive et al. *Redistribution with growth*. New York: Oxford University Press, 1974.

O Brasil defendera aquelas posições em Estocolmo, mas isso não nos eximia de ter políticas de controle da poluição e de defesa do meio ambiente. Então começamos, oficialmente, a estabelecê-las e logo adiante se criou a Secretaria de Meio Ambiente (Sema), embrião do atual Ministério do Meio Ambiente, e passamos a determinar critérios de controle de poluição para as indústrias mais poluentes.

O caso de Cubatão tivera muito impacto e era citado explicitamente pelas agências internacionais. Então houve a necessidade de se fazer algo afirmativo e mostrar que o Brasil estava desempenhando o papel que lhe cabia.

Em 1981, quem passava de São Paulo para o Paraná ainda via uma faixa na fronteira dizendo: "Bem-vindo ao Paraná, traga sua poluição para cá."

Uma brincadeira de mau gosto, mas ainda havia essa mentalidade. Para ter novas indústrias, precisamos de legislação adequada.

Voltando ao assunto, outra idéia inovadora do II PND foi o enfoque nos programas de desenvolvimento regional sob a forma de áreas integradas, como denominávamos. Eram programas de pólos, áreas selecionadas, em que houvesse um potencial de desenvolvimento agrícola, agropecuário, agroindustrial. A meta era construir ali infra-estrutura, trazer desenvolvimento econômico, dar apoio tecnológico a pequenos agricultores, um assunto extremamente complicado. Aprovamos três programas de pólos: o Programa de Desenvolvimento de Áreas Integradas do Nordeste (Polonordeste), o Programa de Desenvolvimento dos Cerrados (Polocentro) e o Programa de Pólos Agropecuários e Agrominerais da Amazônia (Polamazônia). No Nordeste, houve um problema complicado: como dar apoio tecnológico a pequenos agricultores que às vezes eram analfabetos, ou não tinham a necessária capacidade empresarial. Então, durante anos, houve avaliações do Ipea sobre essa temática, em conjunto com o Banco Mundial. Nossa idéia era ter algo mais racional em termos de desenvolvimento regional, principalmente na área rural.

Finalmente, podemos citar a integração da comunicação com a informática. Hoje isso é, vamos dizer, uma preocupação universal, mas naquele tempo era novidade. Aprendi isso com um presidente da NEC, em visita ao Brasil. Em meados dos anos 1970, já se considerava integrar as duas tecnologias que hoje têm uma base comum – ambas são digitais –, embora isso só se tenha tornado realidade muito depois. O II PND foi encaminhado ao Congresso e aprovado com pequenas ressalvas.

EM NOVEMBRO DE 1974, O SENHOR VISITOU A ARÁBIA SAUDITA E O KUWAIT. QUAL ERA O OBJETIVO?

Desde que houve a crise do petróleo, e principalmente a partir do início do governo Geisel, o Brasil passou a ter uma política de aproximação com os grandes países produtores de petróleo do Oriente Médio. E veio ao Brasil o ministro das Relações Exteriores da Arábia Saudita, que se encantou com nosso país. Lembro bem que assisti à parada de Sete de Setembro ao lado dele, conversamos quase o tempo todo. Ele havia sido convidado pelo Silveira, com aprovação do presidente, e a partir daí começamos a considerar a hipótese de uma ida do ministro de Minas e Energia e do ministro do Planejamento ao Oriente Médio. Só que, duas ou três semanas antes da nossa partida, morreu o ministro das Relações Exteriores da Arábia Saudita. Chegamos a pensar em cancelar a viagem, mas decidimos ir de qualquer modo.

Fui com o Ueki, o embaixador Nogueira Batista, representando o Ministério das Relações Exteriores, e o presidente do BNDE, que era o Marcos Viana. Nós nos preparamos bem, dentro de um hábito de negociações com países desenvolvidos: levamos projetos de investimento que pudessem ser negociados, receber financiamentos ou até mesmo participação acionária num daqueles dois países. Mas a verdade é que encontramos uma realidade muito distante da que esperávamos, não em termos de acolhida. Na Arábia Saudita, falamos com o xeque Yamani, o todo-poderoso ministro do petróleo, com o ministro do Planejamento, que foi nosso cicerone, com o rei Faissal e com o herdeiro, príncipe Fahd, que depois veio a ser rei. Vários ministros eram membros da família real. Na entrevista com o rei Faissal, ele só falou de religião: "Temos de fazer a vontade de Alá..." Escutei aquilo durante 15 minutos, tentei colocar o assunto de uma parceria econômica entre o Brasil e a Arábia Saudita, mas percebi nitidamente que entrava por um ouvido e saía pelo outro.

O ministro do Planejamento era formado por uma universidade européia, sua equipe falava em planejamento moderno, mas começamos a verificar que faltavam instrumentos para a parceria que queríamos. Por exemplo, o único banco que havia naquele tempo na Arábia Saudita era o Banco Central. Como poderíamos ter análises de projetos, financiamentos, participação em projetos? No Kuwait, ainda conseguimos formar uma *joint-venture* entre o BNDE e uma empresa de investimentos oficial, que nunca fez muita coisa, porque a realidade que percebemos é que aqueles países estavam preparados apenas para reciclar os petrodólares no sistema financeiro europeu e norte-americano. Nada mais do que isso. Apenas faziam aplicações nos grandes bancos, não tinham interesse em investimentos. Isso só ocorreu muitos anos depois.

NO KUWAIT, OS SENHORES FORAM RECEBIDOS POR QUEM? HAVIA TAMBÉM ESSE TOM TEOCRÁTICO?

Fomos recebidos pelo primeiro-ministro e pelos ministros da área econômica. O Kuwait estava mais preparado para algum tipo de parceria, era menos dominado pela religião, mais secular, mas o obstáculo continuava sendo a falta de vontade política e também o desejo de não correr riscos. A idéia era a mesma: colocar os petrodólares nos grandes bancos europeus ou norte-americanos. Foi esta a conclusão a que chegamos.

Nós éramos compradores de petróleo do Kuwait, de vários outros países, mas principalmente da Arábia Saudita. E a origem da viagem, como disse, foi o interesse do ministro das Relações Exteriores desse país em aprofundar o relacionamento econômico com o Brasil. Não sei se podemos dizer que, se ele estivesse vivo, os resultados seriam diferentes. Talvez ele fosse capaz de influenciar decisões e de levar seu país a dar um salto, iniciar nova etapa no campo dos investimentos, para além de Europa e Estados Unidos. Ninguém sabe.

Felizmente, quando voltamos, foi anunciada a descoberta de petróleo na bacia de Campos. Devo mencionar que, em abril, salvo engano, já tinha havido uma reunião informal, à noite, no Palácio da Alvorada, do presidente Geisel e dos ministros de Minas e Energia, Planejamento e Fazenda com o presidente e diretores da Petrobras. Eles apresentaram ao presidente os resultados das análises sísmicas da bacia de Campos e disseram ter expectativas muito boas de encontrar ali petróleo em grande quantidade. Estávamos na expectativa de que a qualquer momento a Petrobras fizesse esse anúncio, o que aconteceu, por sorte, em novembro de 1974, a tempo de o governo poder iniciar logo um plano de produção naquela bacia. Realmente, "Deus é brasileiro".

Hoje o Brasil está quase auto-suficiente em petróleo e é líder mundial na tecnologia de exploração de petróleo em águas profundas. De vez em quando, surgem notícias de novos campos gigantes de petróleo e também de gás. Mas naquela época importávamos 85% do petróleo consumido no país, o que mostra como o problema era complicado.

A partir de 1974, mudaram as nossas perspectivas em relação ao petróleo, mas continuamos tendo de enfrentar o fato de que o Brasil só produzia 15% do petróleo que consumia. Isso nos leva a outra ocorrência do final de 1974. Quando falamos na estratégia do II PND, disse que, do ponto de vista macroeconômico, a decisão foi fazer uma desaceleração gradual da economia, mas existia ali uma sintonia fina difícil de acertar. Em que velocidade desacelerar? Queríamos uma taxa de crescimento menor, porque mais crescimento significava mais importação de petróleo, de matérias-primas, de equipamentos, ou seja, mais problemas na balança comercial. Por outro lado, era necessário ter um certo nível de crescimento, para que as empresas instaladas no país, nacionais ou multinacionais, pudessem fazer os grandes investimentos que estávamos querendo e para que pudessem executar os programas prioritários do II PND. Então, no final de 1974, fez-se a primeira desaceleração do governo Geisel. O Simonsen já vinha apertando a política monetária e de crédito e a desaceleração ocorreu. Só que ocorreu tão rapidamente que, no início de 1975, estávamos com recessão industrial, ou seja, taxa de crescimento negativa na indústria. Claro que houve uma reação muito forte do empresariado, porque não era isso o que se esperava, e o governo terminou recuando: a Fazenda adotou medidas de reaceleração. Há uma entrevista do Simonsen, de 3 de março de 1996, no *Jornal do Brasil*, em que ele diz que, se fosse hoje, não recuaria, ou melhor, recuaria apenas até o ponto de chegar ao ritmo de crescimento desejável.

Era uma sintonia fina difícil, uma espécie de equilíbrio na corda bamba: não crescer de mais nem de menos. Mas houve, em 1975, uma forte reaceleração que continuou até 1976 e nos criou novos problemas. No segundo semestre de 1976, fizemos um balanço da situação, foi um dos momentos mais importantes do governo Geisel, porque se fazia necessária uma segunda desaceleração.

Durante o governo iniciou-se a campanha pela desestatização.

Isso ocorreu ao longo de 1975, 1976, com a adesão de boa parcela do empresariado, o mesmo empresariado que estava sendo beneficiado por aqueles financiamentos do BNDE, da Finep, com correção monetária limitada. Tudo começou com um discurso do professor Gudin quando foi escolhido pela revista *Visão* como o Homem de Visão, em 1974. O discurso foi uma denúncia de que o Estado no Brasil havia crescido de uma forma brutal, parecia um país da "cortina de ferro". Isso obviamente carecia de sentido, mas o professor Gudin era um homem dado a polêmicas. É só lembrar a já mencionada e famosa polêmica dele com o Roberto

Simonsen.[116] Vivia permanentemente polemizando. Feita a denúncia, a revista *Visão*, que era superliberal, começou a insistir na tese de que a desestatização era necessária. A posição claramente definida no II PND era a de que o governo Geisel não iria estatizar nenhum setor que já não estivesse nas mãos do Estado. Mas os setores de infra-estrutura continuariam sendo desenvolvidos por empresas estatais, pela simples razão de que aquele antigo modelo de concessionárias de serviços públicos através de empresas privadas, que em geral eram empresas estrangeiras, não podia continuar, porque o país estava ficando sem infra-estrutura. Como vimos, o próprio Campos foi um dos relatores do grupo de trabalho que chegou a esta conclusão. Por isso é que se completou o sistema de estatais, as grandes *holdings* tipo Petrobras, Eletrobrás, Telebrás e até Portobrás.

O governo Geisel manteve uma espécie de *status quo*, não iria avançar no sentido de estatizar novos setores. Mas tivemos uma crise mundial e o assunto da reprivatização veio à tona. Isso, no tocante à infra-estrutura, implicava mudar o modelo da área, o que era considerado inoportuno. Podíamos reprivatizar empresas que fortuitamente tivessem ficado na mão do Estado. Fazia-se uma intervenção numa empresa para evitar que falisse, então se podia reprivatizar, e o governo Geisel fez isso em inúmeros casos.

Outro movimento que surgiu nessa ocasião foi o nacionalista, que contou até com a participação do ministro Severo Gomes, meu amigo querido. Essa corrente dizia estar havendo desnacionalização no Brasil e me lembro bem de um episódio de uma empresa de Santa Catarina, que nem era grande, mas o caso se tornou famoso, porque uma empresa estrangeira desejava comprá-la e o Ministério da Indústria e Comércio se insurgiu contra a operação.

Em agosto de 1975, salvo engano, fizemos um grande seminário em Salzburgo, na Áustria, que reuniu 500 grandes investidores europeus. Apresentamos o programa do governo brasileiro, o II PND, mostramos qual era o tratamento do governo em relação à empresa estrangeira e foi um grande sucesso. Quando voltamos, houve um seminário em Brasília, em que um dos empresários presentes, o Antônio Galotti, presidente da Light, de um jeito meio gozador, indagou: "Ministro, onde está o governo? Está em Salzburgo, anunciando um tratamento sem discriminações para a

[116] Ver nota 55 no capítulo 3.

empresa estrangeira, ou está em Santa Catarina, defendendo a posição do ministro Severo Gomes?"

O assunto veio aos jornais e eu reafirmava que valia a posição do II PND. Não se tratava de saber se o governo estava em Salzburgo ou em Santa Catarina: o governo estava no II PND. Levei o assunto ao presidente Geisel, que me autorizou a dar uma palavra com o Severo: "Olha, Severo, não há base jurídica para essas posições que você está assumindo. E o governo não pode se envolver assim em uma negociação entre uma empresa estrangeira e uma empresa nacional." E o Severo: "Velloso, estou apenas marcando posição política." Continuei minhas conversas com o presidente Geisel e um dia lhe disse: "Presidente, acho que o assunto tem de ser definido. Da forma como está, gera confusão e sei que o senhor não gosta que o governo demonstre descoordenação." Ele disse: "Vamos colocar a matéria na pauta da próxima reunião do CDE." E assim foi feito: coloquei o tema como assunto único da pauta, houve a reunião e o Simonsen até preparou um documento para essa ocasião. Já mencionei que o Simonsen gostava de escrever notas e documentos para o presidente, textos que ele próprio datilografava.

Ele apresentou seu documento e depois o presidente Geisel deu a palavra a todos os membros do CDE. Todo mundo opinou, e o Severo reiterou sua posição. O presidente reafirmou que a posição do governo era a que estava no II PND, e que não ia adotar nenhuma atitude discriminatória contra a empresa estrangeira. Ao fim, disse: "Todos estão cientes da posição do governo, não é, Severo?" "É, presidente, está definido, acabou a discussão."

Isso já tem a ver com a saída do Severo do ministério, em fevereiro de 1977?

Não, a demissão se deu em função de questões mais políticas: um episódio em São Paulo, numa reunião com empresários em que ele fez declarações que não devia ter feito a respeito do governo. Críticas que deveriam ter sido feitas pessoalmente ao presidente ou no âmbito do CDE. Esses eram os mecanismos internos através dos quais os ministros manifestavam suas divergências e, a partir daí, o governo tomava posição. O presidente dizia: "Esta é a posição do governo, o assunto está encerrado." Pronto. Então, vejam bem, a demissão do Severo não se deu pelo fato de ser uma espécie de dissidência, mas porque, digamos, não soube ficar dentro do espírito de coordenação do governo. Por mais de uma vez, manifestou publicamente críticas ao governo que deveria ter manifestado internamente. Ele poderia ter ficado até o fim.

HÁ ENTÃO UMA DIFERENÇA DE QUALIDADE ENTRE A DEMISSÃO DO FROTA E A DO SEVERO?[117]

Com o Frota, foi diferente, foi divergência política. Não aceitava o candidato que o presidente tinha escolhido. Com ele e com o Hugo de Abreu criou-se, acho, uma situação insustentável. Tanto que ambos foram demitidos. O Severo não saiu porque fosse um dissidente político, mas por uma questão de conduta que escapava ao desenho institucional que o presidente definira. O presidente não queria "brigalhada" de ministros pela imprensa. Ele dizia: "Isso não é governo, é bagunça, e eu não sou presidente de bagunça." Esse é o resumo da ópera em português, como dizia o professor Gudin.

Vocês sabem dessa história do "resumo da ópera em português"? Quando Gudin era estudante, ficava na porta do Teatro Lírico, ali na Almirante Barroso, em frente ao antigo Jóquei, entregando os folhetos de resumo quando havia ópera. Ele fazia isso para poder assistir à ópera. Então, dizia: "O resumo da ópera em português! O resumo da ópera em português!", expressão que passou a usar, mais tarde, em seus artigos.

FALANDO EM GUDIN, VOLTEMOS À DESESTATIZAÇÃO.

Sobre esse assunto, há ainda outro episódio. Achei que, depois dessa denúncia do Gudin, o governo deveria fazer algo afirmativo e propus a criação de um programa intitulado *Ação para a empresa privada nacional*, aprovado em reunião do CDE, em 15 de junho de 1976.[118] Em essência, a colocação que fiz ao presidente, quando lhe levei a minuta desse programa, era a seguinte: havia as denúncias de desnacionalização, as críticas à estatização e nossa resposta deveria ser de apoio à empresa nacional. Alguns estudos feitos para o Ipea pelo Fernando Fajnzylber, da Cepal, mostravam que a empresa privada nacional operava no Brasil em condições de desigualdade em face da empresa estrangeira, no tocante a dimensão, financiamentos, capitalização e vários outros aspectos. De modo que íamos procurar fortalecer sua competitividade, eliminando esses fatores de desigualdade. Isso não podia ser considerado uma discriminação contra a empresa estrangeira, porque era uma questão, digamos, de isonomia, de pelo menos reduzir o grau de desigualdade.

---

[117] Os ministros Severo Gomes e Sílvio Frota foram demitidos, respectivamente, em fevereiro e outubro de 1977.

[118] CDE. *Ação para a empresa privada nacional.* Brasília: CDE, 15 jun. 1976.

Esse documento foi distribuído aos ministros da reunião das nove e um deles, o ministro-chefe do SNI, general Figueiredo, disse: "Presidente, não tenho dúvida quanto ao mérito da idéia, apenas me pergunto se não vai ser interpretada como uma fraqueza do governo." E eu: "Presidente, não creio que seja demonstração de fraqueza, pelo contrário, acho que o governo mostra que sabe o que quer, inclusive porque essa ação em defesa da empresa privada nacional está no II PND. De modo que gostaria de conversar com o senhor depois da reunião, para que me exponha as suas dúvidas."

Terminada a reunião, fiquei com ele e expliquei: "Presidente, quero reiterar que acho muito importante o governo assumir uma ação positiva, não ficar apenas na defensiva. Não basta dizer aos empresários que o governo não vai estatizar. Aliás, este foi o primeiro governo que obrigou as estatais a pagar imposto de renda integral. Além disso, o senhor aprovou no CDE uma resolução estabelecendo que qualquer estatal que queira criar uma subsidiária tem de pedir autorização ao presidente. Então, o assunto de multiplicidade de subsidiárias estatais está sob controle. Quando o senhor aprovou as medidas para a implementação do II PND, saiu uma medida limitando o risco dos empresários nacionais que iam fazer investimentos muito grandes em relação ao seu tamanho. Foi a limitação da correção monetária a 20%, o que só valia para empresas privadas. As estatais, nos mesmos setores, pagavam correção integral. O senhor se lembra de que na ocasião apenas levantou a dúvida quanto aos índices da inflação. E se a inflação subisse muito? Até expliquei que aí o problema não seria a correção monetária nos empréstimos do BNDE, para os projetos do II PND, estar limitada a 20%, mas o fato de o governo não estar conseguindo controlar a inflação. Vamos dizer aos empresários que as estatais não têm esse benefício, que as estatais do setor de siderurgia pagam correção monetária integral."

Bom, expus meu ponto de vista e o presidente acabou apoiando. O programa foi aprovado e executado.

HÁ DESENCONTROS NAS INTERPRETAÇÕES SOBRE A ECONOMIA BRASILEIRA DO PERÍODO. UNS CRITICAM OS NÍVEIS DE ESTATIZAÇÃO E OUTROS O NÍVEL DE INTERNACIONALIZAÇÃO. TAMBÉM HÁ DISCORDÂNCIA SOBRE OS DADOS APRESENTADOS...

Podemos saber sobre essas tendências acompanhando os indicadores econômicos e as ações de governo. Mas não existem parâmetros internacionais para se dizer quando a internacionalização, por exemplo, atinge um patamar ideal. Fala-se em três tipos de capitalismo: o americano, o europeu e o japonês, todos com suas características próprias. Se formos medir o peso do governo em cada um desses casos, seja através da carga tributária, seja através da participação do Estado na economia, vemos que varia muito. São as circunstâncias políticas e históricas. Os Estados Unidos têm uma tradição de que o setor de infra-estrutura e, em geral, a área de concessões de serviços públicos são privados, mas na Europa do pós-guerra, talvez por influência dos partidos social-democratas, houve a nacionalização desses serviços. É só ver como na Inglaterra e na França, para não falar nos escandinavos, os setores de infra-estrutura estão nas mãos do Estado. E o modelo japonês, chamado modelo asiático, é um terceiro caso. Então, sugiro que, quanto à época que estamos analisando, tomemos dois tipos de elementos: primeiro, a ação global de governo, como procurei fazer agora; segundo, se o governo passou setores da economia para a área de competência estatal. Assim a gente sabe se houve ou não mais estatização. Eu diria que, em geral, não houve, e para isso começamos definindo as regras do jogo no II PND.

O governo achava que ainda não era o momento de rever a questão das concessões nos setores de infra-estrutura, tanto que isso só foi acontecer nos anos 1990, com os programas de privatização. Naquela altura achávamos, realmente, que as empresas estatais estavam proporcionando uma boa infra-estrutura ao país, melhor do que aquilo que havia antes. Mas decidimos também não colocar nenhum novo setor sob a ação do Estado. Fazíamos um acompanhamento das empresas, tínhamos um quadro das mil empresas mais relevantes do país, por setor, que está publicado naquele meu livro *Brasil: a solução positiva.* Fizemos isso até o final do governo e, por ali, íamos vendo a participação das estatais pelo critério do faturamento, patrimônio líquido e assim por diante, uma forma de poder comprovar que não estava aumentando a estatização. Eu tinha um economista incumbido de, todo ano, pegar o número especial de *Visão* sobre as empresas brasileiras e cotejar com as nossas informações. Preparava o quadro-síntese e levava ao presidente e, como disse, fiz questão de publicar esses dados no meu livro.

Além disso, foi o governo Geisel que fez a lei de sociedades anônimas, de grande importância para o desenvolvimento da empresa privada, e criou a CVM, crucial para o desenvolvimento do mercado de capitais. São peças importantes de uma economia de mercado.

ATÉ AQUI, O SENHOR ESTÁ SE PROTEGENDO DAS CRÍTICAS DA ESTATIZAÇÃO. E QUANTO À DESNACIONALIZAÇÃO?

O mesmo quadro mostra que não estava havendo desnacionalização, que não havia nenhum setor em que estivesse aumentando a presença das empresas estrangeiras. Mesmo teses recentes confirmam isso. Há uma tese do Marcelo José Nonnenberg, do Ipea, sobre empresas estrangeiras no Brasil, que mostra que isso não estava acontecendo.[119] Ao contrário, podemos até lembrar que foi a época em que a empresa nacional teve oportunidade de participar dos setores dinâmicos da economia, em oposição ao que pensavam alguns economistas do MDB. Para isso, o II PND proporcionou todos os mecanismos, alguns criticados, como a já citada limitação da correção monetária.

Em um quadro completamente diferente, nos anos 1990 houve compra maciça de empresas brasileiras por empresas estrangeiras em setores como o de autopeças. Não estou entrando no mérito, apenas constatando o fato. E isso ocorreu num número considerável de setores. Por quê? Porque houve abertura econômica, talvez açodada, e muitas empresas nacionais acabaram sendo absorvidas por empresas estrangeiras. Talvez se pudesse dizer: faltou uma atitude mais proativa do governo, para evitar que a desnacionalização ocorresse em escala tão grande.

Nos anos 1990, houve uma transição: iniciou-se uma posição extremamente crítica a toda a indústria brasileira, expressa pelas "carroças" do Collor, que atingia as empresas estrangeiras e a indústria brasileira em geral. No caso dos automóveis, toda a indústria é estrangeira, não há nenhuma empresa nacional fabricando automóveis. Mas isso se generalizava para toda a indústria. Aos poucos, o governo foi assumindo uma atitude mais proativa, começou a ver que eram necessários alguns instrumentos que pelo menos significassem isonomia competitiva. De início, só se aceitava a questão do custo Brasil, ou seja, as dificuldades que as empresas estabelecidas no Brasil tinham com custos tributários, transportes e infra-estrutura em geral. Então, podia produtivamente ser competitiva mas, quando se tratava de chegar ao destino, não o era. Aos poucos, passou-se para outra posição, passou-se a falar de nova política industrial, isto já nos anos 2000. No Fórum de 2002, o José Roberto Mendonça de

---

119 NONNENBERG, Marcelo José. *Determinantes dos investimentos externos e impactos das empresas multinacionais no Brasil – 1956/2000*. Tese (Doutorado) — UFRJ/IE, Rio de Janeiro, 2002.

Barros apresentou um ensaio, juntamente com economistas do BNDES, em que defende as bases de uma nova política industrial.[120] Novamente não estou entrando no mérito, apenas dizendo que o José Roberto, que tinha sido secretário de política econômica, admitia que levamos anos para fazer essa transição. É o que chamo de dúvida hamletiana da segunda metade da década passada.

NO GOVERNO GEISEL, ALÉM DO PRAGMATISMO RESPONSÁVEL, EM RELAÇÃO À POLÍTICA EXTERNA, TAMBÉM SE FALA EM DIPLOMACIA PRESIDENCIAL.

O presidente Geisel fez algumas viagens importantes a países desenvolvidos, como França, Inglaterra, Alemanha, Japão. Eu o acompanhei nos três primeiros casos e, no da Inglaterra, foi o Simonsen. Acho importante que haja essas viagens, mas elas envolvem risco e, pessoalmente, notei isso em dois casos: França e Inglaterra. No caso da França, tentou-se fazer com que fosse adotada uma decisão durante a estada do presidente em Paris. Estava em consideração, naquela altura, um financiamento para compra de equipamentos para projetos na área de energia elétrica. Havia surgido, antes de viajarmos para a França, o que se chamava de "proposta européia", partida de empresas de vários países europeus.

Chegamos ao hotel, mal tivemos tempo de tomar banho, trocar de roupa e ir para uma reunião com o primeiro-ministro francês, o Raymond Barre. Na discussão conosco, ele fez referência a uma proposta francesa e dissemos que dela não tínhamos conhecimento. Ele insistiu e, logo em seguida, o pessoal do Itamarati nos inteirou de que realmente havia uma proposta francesa de fornecer os mesmos equipamentos que estavam sendo oferecidos por empresas européias. Houve uma tentativa do governo francês para que a decisão fosse adotada durante a estada do presidente Geisel em Paris. Lembro que o último item da agenda do presidente era uma recepção oferecida pelo presidente Giscard D'Estaing. O comunicado oficial da visita já estava minutado pelo Itamarati, que insistia para que o presidente aprovasse essa minuta durante a recepção. Em toda viagem presidencial, havia um comunicado oficial que resumia a visita. A questão ali era o que incluir no comunicado. Tinham deixado um espaço em branco para essa questão da proposta de fornecimento de equipamentos.

---

[120] ALEM, Ana Claudia; BARROS, José Roberto Mendonça de; GIAMBIAGI, Fabio. Bases para uma política industrial moderna. In: VELLOSO, J. P. dos Reis (Org.). *O Brasil e a economia do conhecimento.* Rio de Janeiro: José Olympio, 2002.

Levei o texto da minuta no bolso, fiquei pensando ao longo de toda a recepção até que me ocorreu uma idéia, aproveitei uma oportunidade e disse: "Presidente, precisaria falar com o senhor e com o ministro Silveira um instante." "Aqui na recepção?" Disse-lhe que se referia ao comunicado oficial e ele aceitou. Daí a pouco, veio o ajudante-de-ordens falar comigo, falou também com o Silveira e nos reunimos com o presidente numa saleta, à margem da recepção. Apresentei ao presidente a minha sugestão: o comunicado oficial faria referência às duas propostas, a européia e a francesa. Eu poderia ficar na França mais um dia, com o ministro Ueki, para uma reunião com os fabricantes franceses, em que se explicaria o conteúdo da nota. O Silveira concordou, o presidente também, e assim foi feito. Houve, no dia seguinte, uma reunião em que o Ueki e eu apenas ouvimos e, ao final, dissemos: "Muito bem, agora temos os elementos para a decisão. Assim que chegarmos ao Brasil, vamos comunicar qual é." Quando voltamos ao Brasil, o assunto foi encaminhado ao presidente da Eletrobrás, que chamou fabricantes europeus e fabricantes franceses e fez uma análise. Ao final, acho, pegaram certos equipamentos de uma proposta, outros de outra. Mas tal é o perigo de viagens como essa.

No caso da Inglaterra, houve a mesma coisa, no tocante à Rede Ferroviária Federal. Recebemos um comunicado da embaixada em Londres de que tinha havido uma decisão que dava enorme participação a fabricantes ingleses no fornecimento de equipamentos. Encaminhamos à Cacex, que opinou: "A participação brasileira, no acordo preliminar feito em Londres, dá 25% a 30%, quando ela poderia chegar a pelo menos 70%." Essa comunicação foi feita aos produtores ingleses, que vieram ao Brasil, houve nova negociação e aí se fez o que se chamava àquela época de acordo de complementação da Cacex. Nele, procurava-se conciliar a posição dos produtores nacionais com a dos produtores estrangeiros e chegou-se a uma decisão adequada. Mas o primeiro acerto não deveria ter acontecido, ocorreu pelo açodamento de negociar e anunciar o resultado durante a visita do presidente. Quer dizer, em viagem presidencial, devem-se anunciar coisas que de antemão tenham sido decididas, nunca as que são negociadas durante a viagem.

E a visita à Alemanha, como foi?

Fui à Alemanha duas vezes, como ministro. Na primeira, fui participar, com o Ueki, da assinatura, em Frankfurt, de contratos de financiamento relativos ao acordo nuclear. E depois com o presidente, na viagem oficial a Bonn. Na primeira, o acordo nuclear já havia sido aprovado, fui para, como disse, formalizar os financiamentos que os bancos alemães iriam dar. Por isso é que foi em Frankfurt, sede dos bancos que iriam fazer os financiamentos.

O senhor poderia falar sobre o acordo nuclear com a Alemanha?

O Brasil tinha encomendado o projeto da nossa primeira central nuclear à Westinghouse, empresa americana. Por ocasião do projeto da segunda central nuclear, o país desejou que houvesse uma abertura americana no tocante ao processo de enriquecimento de urânio e os Estados Unidos se recusaram a negociar o assunto. A decisão do Brasil era de dominar a tecnologia de toda a cadeia produtiva e de ter algum processo de enriquecimento de urânio. A Westinghouse disse que não tinha autorização do governo americano para fazer qualquer negociação sobre enriquecimento de urânio. A partir daí, o Brasil achou que não tinha mais nada a esperar do lado americano. Foi por isso que começou a manter negociações com a Alemanha que vieram a resultar no acordo nuclear. Mas a primeira oportunidade foi dada aos Estados Unidos, inclusive pelo fato de que já tínhamos feito o primeiro projeto com a Westinghouse.

O senhor acha que essas atitudes, vamos dizer, de independência, em relação aos Estados Unidos eram uma marca do presidente Geisel?

O que posso dizer é que era, sim, uma posição independente, mas que estávamos sempre prontos a negociar. Por exemplo, o relacionamento da área econômica e do ministro Silveira com o Kissinger era muito bom. O Kissinger vinha ao Brasil com freqüência, gostava do Brasil. Ele achava que os Estados Unidos deviam ter um relacionamento muito bom com cinco, seis países, relevantes no mundo, porque sempre pensava geopoliticamente. Na América Latina, ele considerava que esse país era o Brasil. Quem leu o Kissinger, como eu li, desde os primeiros livros, um deles sobre o Tratado de Viena, até seus livros de memórias, vê isso.[121] Foi o que levou à reaproximação com a China e a Rússia. Como os Estados Unidos poderiam ignorar um país da importância da China? Ele colocou essa idéia na

[121] KISSINGER, Henry. *White House years*. Boston: Little Brown, 1979; *A diplomacia das grandes potências*. Rio de Janeiro: Francisco Alves, 1999.

cabeça do Nixon, um homem considerado de extrema direita até mesmo por alguns setores do eleitorado americano.

O Kissinger tem uma frase que não esqueço. Ele a escreveu em um artigo e depois a encontrei num texto oficial de definição de política externa, aprovado pelo Congresso americano, por proposta do presidente Nixon: "Os países assumem compromissos porque têm interesses, e não ao contrário". Não se trata de o país assumir compromissos e depois defender seus interesses. Não. O país cuida primeiro dos seus interesses, de seus *enlightened interests*, interesses de longo prazo, como Kissinger gostava de dizer. Em função desses interesses é que os países assumem *commitments*, compromissos. É assim que deve ser. Então, de certa forma, acho que o governo Geisel fazia isso: vamos ver onde estão os interesses do Brasil e, em função disso, vamos negociar. E negociamos com todo mundo.

NUNCA HOUVE UMA VIAGEM DO PRESIDENTE AOS ESTADOS UNIDOS...

Porque se queria evitar um problema de mal-estar. E contornava-se a ausência dessa viagem de muitas formas, inclusive com esse relacionamento muito próximo com o Kissinger e com toda a área econômica do governo americano.

O SENHOR CONHECEU O KISSINGER ANTES DE ELE VIR AO BRASIL?

Conheci várias pessoas, como o Glauber e Nelson Rodrigues, sempre de forma inteiramente casual. Com o Kissinger, foi algo semelhante. O ministro do Planejamento da Espanha tinha me convidado para um seminário em Madri, sobre integração hispano-latina em matéria de planejamento e desenvolvimento. Como eu tinha alguns assuntos a resolver em Paris, passei dois dias lá e, nessa ida a Paris, a Regina Leclery me telefonou, dizendo que gostaria que eu fosse a um jantar promovido por uma amiga dela, a atriz de cinema Marisa Berenson. Seria em homenagem ao Kissinger. Foi um jantar num restaurante, só com amigos da Berenson e da Regina. Lembro bem que estava a Odile Rubirosa Marinho, o Kissinger ficou na cabeceira, à sua direita ficou a Regina, à esquerda eu e, ao lado da Regina, a Marisa Berenson.

De passagem, o Kissinger estava em Paris para uma de suas inúmeras rodadas de negociações com o Le Duc Tho, com o propósito de acabar a guerra do Vietnã – na verdade, buscar uma saída honrosa para os Estados Unidos.

No jantar, o Kissinger se dividia entre a conversa com a Regina – que naturalmente ele preferia, estava naquela fase de mostrar admiração por mulheres bonitas –

e a conversa comigo, que versou sobre a situação do Brasil. Isso foi em fins de maio de 1973. Aproveitei para convidá-lo a vir ao Brasil. Ainda estávamos naquele supercrescimento, porque não tinha havido a crise do petróleo, que ocorreu em outubro do mesmo ano. Foi uma conversa bastante longa, que transmiti ao presidente Médici quando cheguei ao Brasil. Uns dois anos depois, voltei a me encontrar com o Kissinger, em Brasília. Quando vinha ao Brasil para conversas na área de relações exteriores, sempre tinha reuniões com a área econômica, ou seja, com o Simonsen e comigo. Tinha uma agenda econômica, problemas que representavam um semilitígio, como a questão dos créditos fiscais que o Brasil dava à exportação e que incomodava os americanos.

Isso se superava com as visitas de Simonsen aos Estados Unidos, as visitas do Kissinger ou de algum *trade-representative* americano.[122] A posição do presidente na defesa do interesse do país se traduzia, na prática, numa posição de independência. Isso é interpretação minha: acho que o presidente Geisel não se sentia muito à vontade com aquela posição muitas vezes atribuída ao governo Castelo Branco, principalmente ao Leitão da Cunha, de um alinhamento quase automático com os Estados Unidos. Ele procurava ampliar as relações com Israel e países árabes, por exemplo, assumia a atitude melhor para nossos interesses. Isso aconteceu também no caso do reconhecimento da independência de Angola, no acordo nuclear, no tratado de não-proliferação etc. O Brasil tinha um programa nuclear para fins pacíficos que ficava inibido diante de certas exigências do tratado. Pelo menos essa era a interpretação do Itamarati em relação ao tratado de não-proliferação. Nessa linha se entende também a denúncia do acordo militar com os Estados Unidos, em 1977. O presidente Geisel tinha ficado bastante tempo nos Estados Unidos estudando, então não havia nele nenhum antiamericanismo. Lembro bem que, uma vez, ele me emprestou um livro sobre o presidente Roosevelt, livro que desapareceu: coloquei na estante, estava lendo e sumiu. Então comprei outro sobre o mesmo tema e fui levá-lo, morrendo de vergonha: "Presidente, não sei o que aconteceu, o livro desapareceu da minha estante. Então comprei este, que é mais recente e creio que o senhor ainda não leu." Não havia antiamericanismo da parte dele, apenas aquela preocupação em saber onde estavam os interesses do Brasil mediante critérios não-imediatistas. O Silveira usava a

---

[122] Cargo, a nível ministerial, de quem dirige a política de negociações internacionais do governo americano.

retórica do pragmatismo responsável. O presidente não ia atrás de retórica, simplesmente dizia: "É uma questão dos interesses de longo prazo do país." Vendo seu comportamento em muitas reuniões, acho que era assim que interpretava. Não tinha preferência especial pela Alemanha, tanto que a primeira oportunidade no acordo nuclear foi dada aos Estados Unidos.

QUANDO O CARTER ESTEVE AQUI, O PRESIDENTE GEISEL, QUE JÁ HAVIA SAÍDO DA PRESIDÊNCIA, RECUSOU-SE A ATENDER UM TELEFONEMA SEU.

O presidente achava que o Carter não tinha se comportado bem quando veio ao Brasil, em março de 1978. Antes disso, sua mulher, Rosalyn, também havia feito muito jogo de cena quando esteve no país em junho de 1977.[123] Ele achava que, durante seu governo, os Estados Unidos não estavam reconhecendo o progresso que estava sendo feito em matéria de abertura, direitos humanos e o principal responsável por isso era o presidente Carter. De modo que havia um desacordo político, desnecessariamente.

NESSA DIPLOMACIA PRESIDENCIAL, ESTÁ FALTANDO AINDA COMENTAR A VISITA AO JAPÃO.

No Japão, houve uma entrevista do presidente aos jornalistas brasileiros sem protocolo nenhum, dentro do trem-bala, quando disse que o dia mais feliz de sua vida seria quando saísse da presidência. Qualquer coisa assim. Mas nessa visita ao Japão não há nada de particular a registrar, porque não houve decisões. O processo de tomada de decisões dos japoneses é muito peculiar, muito demorado. Já disse que estivera no Japão em viagem oficial, em janeiro de 1971, e que havia a idéia de uma parceria com os japoneses. Foi muito bom que o presidente Geisel tivesse ido lá porque, na segunda metade do seu governo, se consolidou uma parceria que infelizmente perdemos ao longo dos anos 1980. Foi uma das perdas do Brasil.

Nessa parceria, procuramos trazer todos os grandes grupos japoneses para o Brasil, o que realmente aconteceu. Foi um trabalho feito principalmente na área do Planejamento e da Fazenda. Cheguei a me tornar amigo de alguns dos presidentes dos grandes conglomerados japoneses e do presidente do Keidanren, que é a confe-

---

[123] Em audiência com Geisel, Rosalyn Carter fez cobranças sobre a situação dos direitos humanos no Brasil.

deração de todas as associações empresariais. O esquema funcionou em termos de relações comerciais e de investimentos no Brasil, que cresceram muito nos anos 1970. Então, foi lamentável que tivéssemos perdido isso na década seguinte, sem construir, por exemplo, uma parceria com a Coréia.

O presidente Geisel tinha uma profunda admiração pelo Simonsen, por sua competência intelectual e profissional, mas queria o crescimento. Nem sempre as orientações dele e as suas eram idênticas, mas, ainda assim, foi uma relação de trabalho e amizade muito estável. O senhor parecia expressar mais o ponto de vista do governo do que ele?

No II PND, havia a idéia da desaceleração gradual e dos dois ajustes que já mencionei, mas o problema era saber qual a velocidade com que a desaceleração deveria ser feita. Quando o governo Geisel começou, a economia brasileira estava superaquecida, isso todos sabíamos. Achávamos que o Brasil em 1973 tinha crescido 10%, 11%, depois se verificou que, na verdade, tinha crescido 14%. Então procuramos fazer gradualmente o ajuste macroeconômico. Mas, para isso, havia desaceleração, reaceleração, aproximações sucessivas. Isso os economistas passaram a chamar de *stop and go* e atribuíram a divergências entre o Planejamento e a Fazenda. Essa política de curto prazo era feita pelo Ministério da Fazenda, que tinha os instrumentos para isso. Só que, a partir de uma certa altura, o Simonsen achou que precisava de mais decisões de governo, porque a luta contra a inflação não ia bem. Em 1976 elevou a taxa de juros, passou a adotar políticas mais restritivas, propôs que o reajuste de tarifas das empresas públicas fosse limitado à correção monetária. E o presidente Geisel sempre atendeu ao que o Simonsen solicitava, reconhecendo a necessidade de não se perder o controle da inflação e eu não me opus.

O segundo semestre de 1976 foi uma espécie de divisor de águas no governo Geisel. Em 1975 tinha havido a reaceleração já mencionada, e que foi mais forte que o desejado, pois continuou no ano seguinte. No segundo semestre de 1976, o Simonsen escreveu várias notas ao presidente, mostrando a sua preocupação com a credibilidade externa do Brasil. Começou com uma de 6 de setembro de 1976, que cobre quase toda a política macroeconômica do governo, há outra de 27 de setembro seguinte e outra de outubro com o título *O problema da credibilidade externa brasileira*. Ele escrevia a nota, entregava ao presidente, mandava uma cópia para mim e o presidente também me remetia cópia do que recebia. Quando ele mandou a última, respondi num documento intitulado *Subsídios à programação para 1977*, que era uma análise das várias notas que ele tinha enviado ao presidente.[124] Depois ainda houve a resposta do Simonsen à minha nota: *Nota sobre o documento "Subsídios à programação para 1977"*. Finalmente, houve uma proposta conjunta nossa ao presidente, porque sempre fazíamos assim.

Qual a diferença de posição entre o senhor e o ministro Simonsen?

Vamos recapitular um pouco as posições do Simonsen e fazer um comentário sobre a minha resposta. O que ele argumentava é que o Brasil estava perdendo a credibilidade externa e isso o preocupava muito. Eu também estava preocupado, claro. Ele achava que a inflação estava muito alta, a situação de balanço de pagamentos não estava boa, os investimentos de governo estavam muito elevados e não havia sentido em apertar a política monetária e a política de crédito sem que, simultaneamente, houvesse um esforço na área fiscal. Então, sugeria que devia haver uma redução no que, em economês, se chama hiato entre poupança e investimento do governo, ou seja, uma redução do volume de recursos que o governo estava extraindo da economia para realizar o seu programa de investimentos. Concordei que realmente a inflação estava excessiva, concordei com as teses dele, mas coloquei o seguinte: no programa para 1977 não deveria haver contenção nos programas de estatais relacionados com o II PND, ou seja, nas áreas de petróleo, energia elétrica e de insumos básicos – os investimentos em bens de capital eram privados. O total de contenção de investimentos públicos proposto pelo Simonsen seria alcançado através de reduções nas demais áreas — por exemplo, transportes e comunicações, que não tinham mais defasagem a superar.

Explicando melhor: todo ano, o presidente aprovava os limites de investimentos para as empresas estatais. Esse era um trabalho que o Planejamento fazia, mandava para o Simonsen e era submetido ao presidente, que fixava os limites. A minha ressalva, portanto, era no sentido de que concordava com uma contenção no total dos investimentos do governo, ou seja, aceitava a tese de reduzir o hiato entre poupança e investimento das estatais, mas opinava no sentido de que a área de infraestrutura já tinha coberto o atraso no governo anterior e, por isso mesmo, os setores

[124] Fragmento do documento está reproduzido no caderno de ilustrações.

de transportes e comunicações não tinham mais atraso a cobrir. Nesses setores, tratava-se apenas de acompanhar a expansão da demanda. Com isso, podia haver ali uma contenção para poder preservar as grandes prioridades do II PND. Dentro dessa orientação, fiz um quadro com limites de investimentos para as estatais que atendia quantitativamente ao objetivo que o Simonsen tinha proposto. Nós então nos acertamos e levamos uma proposta conjunta ao presidente. Era hábito nosso nunca levar possíveis divergências para o presidente desempatar, porque isso enfraqueceria os dois ministros.

A orientação aprovada pelo presidente em meados de 1976 era uma definição que eu tinha proposto: como havia a necessidade de desaceleração, propus que o governo fizesse o ajuste para controlar a inflação, mantendo em ordem o balanço de pagamentos. O crescimento seria o que fosse possível. Com base nessa idéia, se fez a programação para 1977 que, cumprida, resultou numa desaceleração da economia para a taxa de 5% em 1977 e em 1978. E aí resolvemos aquele problema da sintonia fina que mencionei: ficamos nesse patamar de 5%.

Apesar de algumas divergências, sua relação com Simonsen era muito sólida.

Tudo que eu achasse que poderia interessar à área econômica mandava para ele. Gosto de falar de nossa parceria, que nasceu no primeiro semestre de 1961 quando fui fazer o curso de pós-graduação no Conselho Nacional de Economia. No primeiro dia de aula de matemática, entrou em sala um sujeito jovem, apressado e, naturalmente, a gente ficou se perguntando: "Será que esse é o professor da matéria?" Ele subiu ao tablado e foi logo escrevendo um resumo da aula no quadro-negro. Escreveu algumas equações, depois se voltou para nós e falou durante duas horas. Só que, lá pelas tantas, não percebeu que estava na ponta do tablado e caiu por cima de mim, que estava na primeira fila. Concluí logo: "Só pode ser o Simonsen." Depois, ele foi meu professor não só de matemática, mas também de teoria econômica no Centro de Aperfeiçoamento de Economistas (CAE), da Fundação Getulio Vargas, hoje Escola de Pós-Graduação em Economia (EPGE). Nessa altura, já tínhamos uma certa amizade. Quando voltei do exterior em meados de 1964, ele me convidou para dar aulas na escola, o que faço até hoje, primeiro no mestrado e depois no doutorado.

Já falei da parceria que mantivemos no governo Castelo Branco: todos os ataques feitos ao Paeg nós é que respondíamos, quer dizer, preparávamos a resposta para entregar ao ministro Campos. Depois, continuou funcionando no governo Costa e Silva. Foi o Simonsen que escreveu o capítulo de política macroeconômica do Programa Estratégico de Desenvolvimento. Quando assumi o ministério, almoçamos no Clube Seguradoras, na rua Senador Dantas, e ele me disse: "Velloso, não me ofereço para ser seu secretário-geral porque iria ganhar muito pouco." Tomei aquilo como brincadeira, porque não tinha nenhum sentido o Simonsen, que já era um dos mais famosos economistas do país, ser meu secretário-geral. Mas isso mostra a nossa camaradagem. Acho que foi o principal economista daquela geração e tinha a vantagem de não só ser muito sofisticado teoricamente, mas possuir um senso prático muito grande, propor soluções.

No governo Geisel, tivemos ótimo relacionamento e nunca levávamos ao presidente as nossas diferenças, quando elas existiam. Discutíamos, trocávamos notas até chegarmos a uma posição conjunta. Abri mão, inclusive, da prerrogativa de propor ao presidente a programação financeira para 1979 e apoiei a proposta que ele fez, porque ele é que iria executá-la, no governo Figueiredo. E continuamos amigos. Depois que deixou o governo, mesmo quando já estava doente, íamos almoçar freqüentemente na Casa da Suíça. O problema dos almoços com ele é que iam, às vezes, até as 4h da tarde, regados a vinho, e eu não estava acostumado a almoços que durassem tanto tempo.

Outra coisa que queria observar sobre o Simonsen é que ele só tem um livro à altura do seu talento: *Ensaios analíticos*.[125] Até lhe fiz uma homenagem no Fórum, onde apresentava um ensaio todo ano. Num almoço que lhe ofereci nessa oportunidade, disse: "Simonsen, a única coisa de que não gosto no seu livro, que é brilhante, é o título. Não dá idéia da importância do livro." Os outros livros dele são didáticos, de muito bom nível, às vezes com um tratamento matemático refinado, mas têm a limitação do livro didático. Ele nunca escreveu um livro que fosse realmente a expressão do grande economista e, mais do que isso, do homem de cultura geral que era, a não ser esse que ele intitulou, no meu entender, de forma pouco expressiva. Devia ter colocado um título que indicasse a substância do livro.

---

125 SIMONSEN, Mario Henrique. *Ensaios analíticos*. Rio de Janeiro: FGV, 1994.

Uma curiosidade: o senhor falou que o Simonsen era um dos economistas mais brilhantes, se não o mais brilhante, da geração dele. Quem eram os outros? Delfim era um deles?

Foi uma geração de muita gente brilhante, como Campos, Delfim e vários outros, mas havia uma diferença no Simonsen, talvez a maior razão para minha admiração por ele: foi autodidata. Fiquei dois anos em Yale, estudei com alguns dos professores mais eminentes nos Estados Unidos, inclusive com o James Tobin, prêmio Nobel de Economia em 1981. Interessei-me muito pela teoria que havia desenvolvido a respeito de investimentos em situações envolvendo risco e voltei ao Brasil certo de que tinha uma grande novidade. Fui conversar com o Simonsen, mencionei esses trabalhos e ele já tinha lido todos. Não tinha lido o livro do Tobin, porque esse nunca foi publicado, coisa que nunca entendi, mas tinha lido todos os artigos dele já publicados. Tive acesso aos originais do livro do Tobin por ter sido seu aluno em dois cursos.

O que mais me impressionava no Simonsen era o autodidatismo. De todos nós, foi o único que não estudou formalmente economia, a não ser a orientação que recebeu do professor Gudin, que era seu primo. Fez questão de fazer o curso de graduação em economia, porque o Conselho Regional de Economia exige o diploma para poder exercer a profissão... Fez o curso numa faculdade na praça da República, pouco ia às aulas, apenas fazia as provas. Todos nós estudamos economia, a maioria no exterior. O Simonsen foi o único autodidata, nunca fez um curso regular para valer, em graduação ou pós-graduação, na área de economia.

O senhor e o Simonsen tentaram preservar aquilo que o senhor chama desenvolvimentismo *soft*, mas acabaram fazendo algumas revisões no modelo.

Sim, para preservar a credibilidade do país, como expliquei. No governo Geisel foi assim, mas os governos posteriores esqueceram a lição que tínhamos aprendido em 1974, 1975, 1976, para equacionar o problema do equilíbrio na corda bamba. Já disse que o Brasil teve desenvolvimentismo *hard*, por exemplo, no governo Juscelino, crescimento a qualquer custo, não importava que a inflação subisse, que o balanço de pagamentos arrebentasse, que o país quebrasse internacionalmente. Depois veio o período de 1964 em diante, que chamo de desenvolvimentismo *soft* até o governo Geisel: conciliação entre crescimento e inflação. Com nuances, por exemplo, no governo Costa e Silva, que mudou um pouco a maneira de abordar o assunto, mas era *soft*. O Beltrão dizia: "Crescimento rápido, desde que a taxa de inflação não suba." No fundo, era também conciliar crescimento e inflação.

Como falar apenas em conciliação ficou complicado no governo Geisel, por causa da crise do petróleo, saímos à procura de uma nova definição, que foi aquela que mencionei: o crescimento que for possível, feito o ajuste para a inflação e o balanço de pagamentos. E é a isso que chamo de fim do desenvolvimentismo *soft*. Porque é quase aceitar uma taxa de crescimento residual, o que for possível. Só que naquele tempo essa taxa possível, considerada por nós quase uma emergência, era de 5% ao ano...

O SENHOR ACHA QUE AINDA PODEMOS VOLTAR A TER UMA POLÍTICA DESENVOLVIMENTISTA?

Nos anos 1980, tivemos reacelerações na economia quando não era adequado e os resultados foram péssimos. Os governos seguintes deveriam ter aprendido com a nossa experiência e não aprenderam. Não é que a gente fique querendo que todos sigam a orientação do governo Geisel. Mas essa orientação, se adotada nos anos 1980, *mutatis mutandi* – vai aqui a sabedoria *a posteriori* que adquiri –, teria sido muito melhor para o Brasil. E nos anos 1980 só tivemos "vôo de galinha", tentativas frustradas de voltar ao crescimento sustentado.

A POLÍTICA DE INFORMÁTICA FOI FORMALIZADA EM 1977, NÃO?

Sim, porque 1977 foi o ano da realização da concorrência internacional para a escolha das empresas que seriam autorizadas a produzir minicomputadores no Brasil. Fazendo uma rápida recapitulação, desde 1972 vínhamos falando em política brasileira de informática e computação. Tenho aqui um pronunciamento meu num congresso nacional de processamento de dados, de outubro de 1972. E lá já se falava literalmente da necessidade de uma política nacional de informática e computação. Essa política foi preconizada no discurso do presidente Geisel na primeira reunião ministerial e no II PND e foi implementada através principalmente da Comissão de Coordenação das Atividades de Processamento Eletrônico (Capre), criada em 1972. Esse órgão começou com a idéia muito simples de racionalizar a compra de computadores pelo governo e, depois, passou a abranger toda a orientação governamental em matéria de informática e política de computadores.

Mas pouco ou quase nada aconteceu até virem as definições do II PND. O ponto mais importante a destacar é que a política de informática do governo Geisel não envolvia reserva de mercado, ou seja, é algo diferente daquilo que se fez nos anos 1980. Existe um livro da Vera Dantas chamado *A guerrilha tecnológica*[126] que, na página 117, diz: "A Capre tomou especial cuidado para não fazer qualquer referência a uma reserva de mercado." Os membros da Capre, que incluía todos os ministérios envolvidos no assunto de política de informática e computadores, sabiam que nem eu nem o Simonsen seríamos a favor da reserva de mercado.

O objetivo da política de informática à época era permitir que houvesse a transferência de tecnologia para empresas brasileiras ou *joint-ventures* (empresas brasileiras e estrangeiras) no tocante a minicomputadores, que, como já falei, representavam apenas um nicho de mercado, não tinham ainda grande importância quantitativamente. Naquela época, as empresas faziam seus sistemas de computação através de grandes máquinas. Na área de grandes computadores havia completa liberdade, mas uma predominância, um virtual monopólio da IBM, que era também um grande exportador de CPU para o Japão, por exemplo. Procuramos considerar todos os interesses envolvidos, lembrando que, inicialmente, a IBM informou não ter interesse na produção de minicomputadores no Brasil. Quando viu que o mercado estava crescendo rapidamente, passou a produzir o chamado "Barra 32", como ficou conhecido à época. Fiz até uma reunião com a Capre em nível técnico, depois uma reunião com os ministros que tinham assento na Capre, lá na Fazendinha. Acabamos aceitando a proposta trazida a mim pelo Élcio Costa Couto, secretário-geral do Planejamento e presidente da Capre. Proposta para uma concorrência internacional.

A concorrência foi feita em 1977 e foram escolhidas as empresas que iriam produzir na área. Mas estimulávamos que houvesse uma associação da empresa brasileira com a estrangeira, para que a empresa estrangeira fizesse o fornecimento de tecnologia, desde que houvesse a abertura da tecnologia para a empresa nacional. Era essa a idéia, essa era a política de informática do governo Geisel.

No governo seguinte, foi diferente. Primeiro, o assunto de informática foi transferido para a alçada da secretaria do Conselho de Segurança Nacional e aí houve uma aliança entre militares e "técnicos nacionalistas". Disso surgiu a lei de informática,

---

[126] DANTAS, Vera. *A guerrilha tecnológica: a verdadeira história da política nacional de informática.* Rio de Janeiro: LTC, 1988.

estabelecendo reserva de mercado e adotando certas posições que sempre me pareceram erradas. Até cheguei, na segunda metade dos anos 1980, a procurar a Secretaria Geral do Ministério de Ciência e Tecnologia. Apresentei uma nota com a minha posição, dizendo, por exemplo, que as duas exigências impostas no caso de uma *joint-venture* não faziam sentido: a primeira era que a empresa estrangeira tivesse no máximo 30% do capital e a segunda que ela não fosse a fornecedora de tecnologia. Eu pensava rigorosamente o contrário. Até argumentei, naquela oportunidade: "Por que a empresa brasileira vai fazer uma *joint-venture* nessas condições, se entra com 70% do capital e tem de arranjar a fonte de tecnologia?" Eu tinha e tenho a posição de que nem deveria ter havido lei de informática. Não se faz política de desenvolvimento através de leis, é um erro. O que se faz através de leis é definir um incentivo fiscal, por exemplo, porque isso é constitucionalmente necessário. Mas não podemos definir uma política setorial por lei, porque dentro de cinco anos as condições se alteram. Então, sempre fui contra qualquer lei que definisse política econômica. Por exemplo, há uma resolução famosa do CDE que dá apoio à indústria de bens de capital. Quando saí do governo, o pessoal do setor veio me procurar para apoiar uma proposta de lei a ser levada ao Congresso, em defesa da indústria de bens de capital, e eu disse: "Quem redigiu aquela resolução, aprovada no CDE, sobre apoio a bens de capital fui eu, mas sou contra a idéia de transformá-la em lei, porque não sei o que vai acontecer daqui a alguns anos."

A lei de informática institucionalizou o contrabando no Brasil.

A lei de informática institucionalizou duas coisas: o contrabando e a chamada engenharia reversa. Como se faz o computador? Monta-se, aprende-se a montar. A engenharia reversa faz o contrário. Pega um computador contrabandeado, desmonta e vê como se faz, que peças produzir... O Simonsen até escreveu um artigo na imprensa sobre isso, mas saiu do governo Figueiredo, de modo que suas posições não prevaleceram. A observação que faço sobre a lei de informática do governo Figueiredo é que ela representava uma descontinuidade em relação ao governo Geisel, sob vários aspectos.

Outra iniciativa do governo Geisel foi a desconcentração industrial?

Sim. Em dezembro de 1977, houve uma decisão adotada no âmbito do CDE sobre desconcentração industrial no Brasil. A idéia já estava contida no II PND, mas o governo resolveu operacionalizá-la com uma decisão que essencialmente estabelecia o seguinte:

não serão aprovados projetos ou incentivos a projetos novos para a Grande São Paulo. Lembro que naquela altura o prefeito de São Paulo, Figueiredo Ferraz, fez uma declaração que escandalizou e horrorizou os paulistanos: "São Paulo precisa parar." Isso era rigorosamente o contrário do lema paulistano: "São Paulo não pode parar."

Queríamos a desconcentração, que poderia ser para o interior de São Paulo, como realmente aconteceu, ou para outros pólos: Minas Gerais, Rio de Janeiro, Rio Grande do Sul, Nordeste, segundo aliás tinha acontecido no caso do pólo petroquímico da Bahia. A decisão do pólo da Bahia tinha sido do governo anterior, embora a inauguração tenha ocorrido no governo Geisel. Estive presente à inauguração e até falei em nome do presidente, que estava lá, mas me deu a palavra. No caso do Rio Grande do Sul, construiu-se outro pólo petroquímico e, para Minas Gerais, houve o projeto da Açominas.

A instalação da Fiat em Betim, Minas Gerais, está dentro dessa idéia. Foi também idéia do governo anterior, embora concretizada no governo Geisel. Envolveu uma das decisões mais difíceis que tive de tomar. Pela lei, os financiamentos de longo prazo eram reservados para a empresa nacional, só podendo haver exceção com autorização do próprio presidente da República, e quem dava o parecer conclusivo para o presidente era o Ministério do Planejamento. Esse assunto ficou comigo bastante tempo para exame. Créditos do Banco do Brasil para capital de giro, por exemplo, podiam ser concedidos normalmente a empresas estrangeiras, mas os créditos do BNDE, de longo prazo, achávamos, deveriam ser reservados para a empresa nacional. De outro lado, na idéia da desconcentração industrial, não era só levar para lá a Fiat, a montadora, mas também os fornecedores, o que realmente aconteceu: em torno da Fiat, criou-se todo um conjunto industrial. Quando me posicionei sobre tudo isso, fiz um parecer e levei ao presidente Médici, que o aprovou.

Concluindo, a decisão de dezembro de 1977, sobre desconcentração industrial, foi o início de uma série de decisões que significaram a criação ou o fortalecimento de pólos industriais fora da área da Grande São Paulo.

E sobre a inflação ao fim do governo? Que medidas foram adotadas visando ao governo seguinte?

Em dezembro de 1978, o Simonsen, ministro da Fazenda, já havia sido convidado pelo presidente eleito, o general Figueiredo, para ser ministro do Planejamento. Simonsen adotou uma concepção diferente desse ministério. Na verdade, seria um misto de Planejamento e Fazenda e ele ainda presidiria o Conselho Monetário Nacional. Quer dizer, deixava de existir aquela divisão tradicional em que o Planejamento tratava mais de assuntos de médio prazo e Fazenda atuava principalmente na conjuntura. Como o Simonsen tinha preocupações e concepções próprias, alterava a configuração dos dois ministérios e, dentro desse espírito, levou ao presidente a programação financeira para o ano de 1979, em que Figueiredo já estaria no poder. Na verdade, já era a antecipação da política a ser seguida no novo governo. O documento tem o título *Proposta de contenção de despesas federais em 1979*. Foi examinado na área do Planejamento e terminei concordando. O Simonsen revelava ali uma preocupação muito grande com a inflação, que naquela altura estava na ordem de 40% ao ano e com tendência a crescer, segundo ele dizia.

Uma das razões principais para a inflação mais alta era a indexação mais ou menos generalizada. A solução das excepcionalidades que tínhamos adotado – isto é, excluir dos índices coisas como perdas de safras, ou outros tipos de choques de oferta, ocorrências que não teriam seu efeito perpetuado – não era satisfatória, não resolvia o problema. Havia muita dificuldade em reduzir a taxa de inflação porque tanto os salários e preços quanto todas as variáveis dentro da economia eram sempre reajustados em função da inflação do período anterior. E sempre que havia um choque qualquer, um problema de safras, um problema externo, a taxa subia para um novo patamar e nunca voltava ao patamar anterior. O Simonsen estava tentando superar esse tipo de dificuldade e propunha uma contenção das despesas federais para o ano de 1979. Depois, quando assumiu a função de ministro do Planejamento, deixou claro que objetivava uma desaceleração da economia, dos 5% que tivemos em 1977 e 1978, para qualquer coisa na ordem de 3%. Encontrou, como sabemos, muita dificuldade, reações do empresariado e de vários ministros gastadores e não teve o necessário apoio do presidente Figueiredo. Vejam bem, tratava-se de reduzir a taxa de crescimento para algo como 3%. Como as coisas mudaram no Brasil...

A proposta de Simonsen para 1979 foi debatida em uma reunião do CDE e meu parecer foi favorável. O presidente assinou a programação financeira para o ano seguinte na forma como o Simonsen desejava. Uma particularidade é que isso implicava alguns cortes no orçamento. No meu período de 10 anos de ministro, nunca houve, como disse, cortes no orçamento. Mas aprovamos porque queríamos dar ao Simonsen todos os instrumentos de que ele dizia precisar para combater a inflação.

Por que era tão difícil desindexar? Ao contrário, o governo ainda indexou mais, o salário passou a ter aumento semestral, depois trimestral.

Veja bem, o Simonsen tinha escrito um livro sobre a inflação em 1969, em que distinguia os fatores autônomos dos fatores de realimentação do processo inflacionário.[127] Quando falamos em fatores de realimentação, estamos falando exatamente de indexação. Só que, em todo o período Geisel, a única proposta que ele fez, e eu também não propus nada diferente, foi, como disse, a questão das excepcionalidades. Mas isso era muito pouco, não resolvia. Na verdade, só com uma desindexação completa e instantânea, no gênero da proposta Larida, é que esse problema poderia ser resolvido. Isso ficou claro depois, com a experiência de outros países como Argentina e Israel. O Brasil, na segunda parte da década de 1980, aplicou vários choques com esse objetivo, só que o fez da forma errada. A solução só ocorreu com o Plano Real, que não foi um choque no sentido de algo imprevisto, como nos anos 1980. Mas fez a desindexação instantânea e total, exceto para contratos de longo prazo. Por isso, deu certo.

Ministro, o senhor poderia falar sobre o Proálcool?

Nós tínhamos um programa de fontes alternativas de energia e o mais importante era o Proálcool. Acho que, mesmo com as mutações por que passou, o Proálcool é um sucesso, pois o Brasil se tornou um grande exportador de álcool. Houve certas dúvidas a respeito dos subsídios que lhe foram destinados, especialmente nos anos 1980. De início, havia um subsídio em cruzeiros dado através da gasolina, mas o raciocínio é de que valia a pena porque o problema do Brasil, naquela altura, era principalmente a escassez de dólares e de outras moedas fortes. Havia a convicção de que, com o aumento de produção e de produtividade, poderíamos reduzir gradualmente o subsídio. Acho que o Proálcool funcionou bem sob dois pontos de vista. Primeiro, como adição à gasolina, o que hoje é uma prática internacional. Grande número de países demanda álcool para esse fim. De outro lado, havia a possibilidade do carro a álcool. Foram feitas adaptações nos motores de carros, o que permitiu ao Brasil, durante algum tempo, ter esse tipo de veículo. Evidentemente, quando houve a abertura e passamos a ter modelos importados e a

---

127 SIMONSEN, Mario Henrique. *Aspectos da inflação brasileira*. Rio de Janeiro: FGV, 1969.

produzir os nossos com tecnologia mais avançada, a idéia do carro a álcool foi perdendo sentido. Ainda mais porque não houve outra crise de petróleo como aquelas duas dos anos 1970.

Outra vantagem do programa é que a usina pode produzir álcool ou açúcar, conforme as circunstâncias do mercado internacional. E mais, o álcool como combustível é menos poluente. Na verdade, é lamentável que não se tenham produzido ainda substitutos para o carro a gasolina, altamente poluidor. Por exemplo, o carro elétrico. São os interesses constituídos que impedem isso.

Isso vale também para as fontes alternativas de energia? Energia solar, eólica...?

O problema é que essas formas de energia não funcionam em grande escala ou são dispendiosas, mais dispendiosas que as formas tradicionais. Por isso representam pouco na matriz energética e, em conseqüência, continuamos dependendo do petróleo e de seus derivados.

Mas temos muitos rios para gerar energia elétrica.

Realmente, temos um potencial hidrelétrico que não se esgotou nem vai se esgotar tão cedo. Nessa área, o problema é a excessiva dependência do Brasil à hidreletricidade, que é mais barata. Uma tentativa de reduzir essa dependência foi produzir a energia nuclear, mas à época não funcionou. Agora, acontece que muita coisa ainda exige derivados do petróleo: é só lembrar o caso do automóvel e dos caminhões ou ônibus, em torno dos quais gira a vida das cidades e de muitos setores econômicos.

O senhor participou da formulação dos contratos de risco da Petrobras?

Veja bem, havia a esse respeito um resíduo de nacionalismo *à la* anos 1950. O próprio presidente Geisel, diante da nova realidade criada pela crise do petróleo, mudou de idéia. Mas fazia restrições à idéia dos contratos de risco quando era presidente da Petrobras. Como presidente da República, tomou a iniciativa de fazê-los. Eu, claro, fui a favor, mas houve reações, inclusive na área militar. Sempre achei que os contratos de risco faziam muito sentido, uma vez que eram uma oportunidade de trazer para o Brasil a colaboração de empresas internacionais – algumas das *sisters*, como se chamava naquela época – e não ficarmos limitados ao que a Petrobras pudesse prospectar diretamente. Era mais uma alternativa que se criava para o Brasil, e não podíamos desprezá-la. O problema, só resolvido depois, com a legislação que eliminou o monopólio, é que havia naturalmente uma tendência da Petrobras a ficar com as melhores áreas. Isso dificultou inicialmente a adoção dos contratos de risco. Hoje o Brasil tem um sistema de competição entre a Petrobras e as multinacionais que é a melhor solução.

E sobre o pacote de abril de 1977?[128] O senhor participou da reunião do Conselho de Segurança Nacional que o aprovou?

Vamos dar minha posição à época: o presidente realmente nos convenceu de que não seria possível aprovar a reforma do Judiciário no Congresso porque as resistências eram grandes. Votei a favor com base nisso. Havia, de fato, um impasse. O que quer que disséssemos não mudaria as posições adotadas pelos parlamentares. Só que o governo aproveitou o recesso do Congresso para baixar um pacote que trazia coisas como o senador biônico... E isso nada tinha a ver com reforma do Judiciário.

Temos de entender o seguinte: o ministro Golbery possuía grandes qualidades e vocação para o dia-a-dia da política, coisa que o presidente Geisel aproveitou bem. Mas o outro lado disso era um certo casuísmo. A idéia consistia em dar à Arena condições de ganhar as eleições enquanto fosse possível. Isso nos remete de novo à questão dos partidos. O bipartidarismo que tínhamos, criado por lei, sem tradição, nunca representou solução natural para o país. Era uma construção teórica do agrado do primeiro presidente do regime militar, que tinha, no meu entender, grandes qualidades, mas que se rendeu aos argumentos do que considero ser um artificialismo. Então, a partir do momento em que começa a abertura e passa a haver liberdade de imprensa, o bipartidarismo se torna complicado, porque o partido de oposição passa

---

[128] Durante os 14 dias de abril de 1977 em que o Congresso esteve fechado, foram decretadas a reforma do Judiciário e uma série de medidas envolvendo várias áreas de interesse. Do ponto de vista político, criaram-se, entre outras coisas, novos mecanismos para assegurar maioria situacionista no Legislativo e controlar a escolha de governadores e presidente da República; o mandato presidencial passava a ter duração de seis anos; os mandatos de prefeitos e vereadores a serem eleitos em 1980 seriam de apenas dois anos, para permitir a coincidência geral das eleições em 1982; um terço dos senadores passaria a ser eleito de forma indireta; as emendas constitucionais passariam a depender de maioria simples no Congresso para aprovação; a propaganda eleitoral ficava ainda mais restritiva.

a constituir uma frente única de todos que são contra o regime. Isso significava que, inexoravelmente, o partido do governo ia tender a perder as eleições. Houve casuísmos para retardar o inevitável: é assim que vejo as medidas políticas que foram adotadas naquele chamado pacote de abril.

Como o senhor vê a relação do general Golbery com o presidente Geisel? Era mesmo uma "eminência parda"?

Só diz isso quem não conheceu bem o presidente Geisel. Falar em "eminência parda" no seu governo revela desconhecimento da forma como ele concebia a presidência da República. Por isso é bom entender a relação entre os dois. O Golbery sabia muito bem até onde podia ir. Eu via isso todo dia, na reunião das nove. Ele levava suas idéias ao presidente e tinha o mesmo trabalho que Simonsen e eu tínhamos para convencer o presidente quanto ao que se estava propondo. É claro que ele tinha intimidade com o presidente, nós não. Mas tinha o mesmo trabalho. E observávamos outros detalhes: ele nunca se dirigiu ao presidente por "você".

Quem tratava o Geisel por "você"?

Não conheci ninguém. No Palácio do Planalto, nunca vi ninguém tratá-lo assim. Todos o chamavam de "presidente", inclusive o Golbery.

Como eram as reuniões das nove? Quase um mito, na época... Dá para fazer uma etnografia?

Começavam rigorosamente às 9h. Não se comia nada, nunca. Iam das 9h às 10h, e só era servido cafezinho e água, como em qualquer audiência do presidente. O objetivo da reunião era preparar o dia do presidente e do governo. Então, se o presidente não fazia alguma observação inicial, se não trazia algum assunto, o que às vezes acontecia, passava a palavra a cada um de nós, em certa ordem. De passagem, a reunião era na sala de trabalho, o clima era de informalidade. Primeiro, o ministro do Gabinete Civil, o Golbery, falava dos assuntos políticos e administrativos, depois eu com os assuntos da área econômica, depois vinha o chefe do SNI. Havia uma certa hierarquia na área militar: primeiro o Figueiredo, chefe do SNI, depois o chefe da Casa Militar, que na maior parte do tempo foi o Hugo de Abreu. No final do governo, o Moraes Rego, muito melhor.

Às vezes ia algum convidado, para tratar de um tema especial? Silveirinha nunca participou, por exemplo?

Não que eu lembre. Quando havia alguma coisa específica da área externa, o presidente normalmente fazia uma reunião com o Silveirinha e o Golbery. Se envolvia tema econômico, chamava o Simonsen e a mim. Os assuntos eminentemente políticos eram discutidos em reuniões com Golbery, Petrônio Portela, às vezes com o Armando Falcão.

A reunião das nove acontecia todos os dias?

Diariamente, e isso criava para mim uma rotina. Chegava às 8h, quando tinha de preparar a minha pauta da reunião, se não o tivesse feito de véspera. Às vezes, ultrapassávamos o limite das 10h, mas tínhamos cuidado, porque às 10h começavam as audiências e o presidente não gostava de se atrasar.

Ali todo mundo podia dar palpite em qualquer assunto. Então isso significava que, num assunto econômico, o Figueiredo podia opinar, como ocorreu no caso do programa *Ação para a empresa privada nacional*, que já narrei. E eu podia falar sobre os assuntos levados pelos outros, se realmente tinha contribuição a dar. Em geral, havia muito cuidado em entrar nos assuntos da área dos outros, por parte de todos, até do Golbery.

Que problemas o chefe do SNI levava?

Devemos lembrar que havia um complemento da reunião das nove – a reunião das três, a que já me referi, à qual normalmente eu não comparecia. Então, houve muitos assuntos levados pelo SNI a essas reuniões, onde estavam apenas o presidente, os chefes do Gabinete Civil, do SNI e do Gabinete Militar. Mas, à reunião das nove, o Figueiredo levava assuntos que estavam sendo comentados dentro da "comunidade de informações", ou seja, o sistema de agências do SNI. Quase sempre, temas do dia. E, também, assuntos administrativos de sua área.

NA ÉPOCA, O SNI FAZIA UMA "APRECIAÇÃO" SEMANAL DA SITUAÇÃO POLÍTICA DO PAÍS PARA SER ENCAMINHADA AO GOVERNO. O SENHOR LIA ESSE MATERIAL?[129]

Depende. No início, o Heitor mandava para mim todos os despachos dos ministros. Mas era muito difícil acompanhar aquela montanha de papéis, de modo que, a partir de certa altura, eu selecionava, só lia o que realmente me interessava. Passava uma vista-d'olhos e 80% das coisas deixava de lado. Os despachos do Simonsen, de que o presidente sempre mandava cópia para mim, eu lia sistematicamente, por motivos óbvios.

O SENHOR SABE QUEM REDIGIA ESSAS APRECIAÇÕES SUMÁRIAS DO SNI? ALGUNS NOS DISSERAM QUE ERA O PRÓPRIO FIGUEIREDO.

Acho que eram funcionários da Agência Central que redigiam; o Figueiredo, só em casos excepcionais. Isso é mera impressão.

ESSES RELATÓRIOS ERAM MAIS OPINATIVOS DO QUE INFORMATIVOS. OS CENÁRIOS QUE APRESENTAVAM ERAM MUITO PRIMÁRIOS, O SENHOR NÃO ACHA?

Realmente, acho que teria sido necessário, a exemplo dos órgãos de inteligência de outros países, contratar especialistas. Mas usou-se muita gente da reserva militar, freqüentemente pessoas sem a formação técnica necessária. Inteligência é muito importante para o governo, mas só funciona mesmo quando é especializada.

O SENHOR ERA O CIVIL MAIS PODEROSO DO GOVERNO GEISEL, NÃO?

Era, segundo o Elio Gaspari, mas o que eu queria mesmo era ser um bom ministro do Planejamento. E isso me ajudou no relacionamento com o presidente. Tenho a impressão de que ele realmente concordou em fazer do Planejamento uma secretaria da presidência, levando em conta meu perfil de discrição. E eu tinha um cuidado especial em só fazer as coisas com a autorização dele. Vou dar alguns exemplos. No caso do orçamento, discutia as propostas orçamentárias com todos os ministros e, nessas reuniões, observava rigorosamente os tetos para cada ministério, tetos que haviam sido aprovados pelo presidente Geisel, no início do processo de elaboração orçamentária. O ponto de partida era uma carta que o presidente, me-

---

[129] O arquivo Geisel, doado ao Cpdoc, possui vários desses documentos do SNI.

diante proposta do Planejamento, encaminhava aos ministros. Da mesma forma, quando se tratava da fixação de níveis salariais para as empresas estatais. Propus que devia haver uma certa hierarquia na remuneração do presidente e dos diretores das estatais. Para isso, classificamos as estatais, salvo engano, em cinco grupos, e cada um tinha o seu nível de remuneração. Todo ano havia um valor fixado para tais remunerações, mas isso era aprovado primeiro pelo presidente. Disso decorria todo o sistema de remuneração dentro das empresas.

Nunca pretendi, como às vezes o Campos fazia, confiante na ascendência que tinha sobre o presidente Castelo Branco, fazer coordenação de governo. Eu próprio fiz questão de dizer ao presidente: "Só o presidente coordena, ministro só passa a bola para o presidente." Se o ministro percebia que eu estava agindo em nome do presidente, as coisas funcionavam. Uma vez, o ministro da Marinha não se satisfez com os limites que estávamos estabelecendo para o seu ministério. Havia o limite geral orçamentário, mas existia também, como já disse, certos complementos que vinham dos fundos de emergência, recurso que usávamos para não precisar fazer cortes. Ele dizia não poder aceitar os limites que apresentamos. Então pedi que procurasse o presidente. Assim que terminou a reunião, liguei para o presidente: "Presidente, acaba de sair daqui o ministro da Marinha que disse não estar satisfeito com o limite estabelecido para o seu ministério." Ele disse: "Deixa comigo." Até hoje o ministro não procurou o presidente. Por quê? Porque sabia que o que eu estava fazendo tinha autorização do presidente.

A idéia era essa: o Planejamento era forte porque era um órgão da presidência e porque cuidava da visão de longo e médio prazo, que interessava ao presidente. Era por isso que o Planejamento era forte, mas agíamos com muita discrição. Acostumei a minha equipe da seguinte forma: "O que for dito por nós tem de ter credibilidade. Então, o que eu acerto com os ministros nessas reuniões sobre orçamento é sagrado, inclusive no tocante a eventuais suplementações. Os ministros têm de confiar na nossa palavra." Quando chegava setembro, outubro, a gente avaliava a situação de cada ministério e dava a complementação necessária. Não era preciso o ministro nos procurar. Assim, a gente construía credibilidade.

O senhor devia ter também muitos bajuladores. Como se lida com isso?

Não havia regra, mas eu tinha certos hábitos, por exemplo, em matéria de presentes de empresas. Não recebia. Não sei se por ter sido ministro ou pela função que tenho no Fórum, até hoje não recebo. Mas me preocupava em que isso não criasse constrangimento. Da primeira vez que recebi um empresário japonês, não sabia do hábito deles de dar presentes. Ele me deu um relógio e fiquei apavorado. O Japão naquela época era grande exportador de relógios. Quando terminou a reunião, chamei o meu secretário particular: "Você é testemunha de que recebi esse relógio, faz dele o que achar melhor." Depois, em contato com o Itamarati, quando estava me preparando para a visita ao Japão, os diplomatas me disseram que, quando eu fosse visitar qualquer ministro, tinha de levar um presente. Mandei comprar umas pedras brasileiras, baratas para nós, e levei. Os japoneses adoraram, achavam muito bonito.

Nossa regra era não receber presentes de muito valor. E havia outra regra. Quando chegavam os presentes no fim do ano, o chefe de gabinete tirava o cartão, então eu nem sabia quem os enviara. Um dia, um deputado de São Paulo chegou lá distribuindo relógio para todo mundo. Peguei o meu, fiz questão de entregar ao chefe de gabinete: "Se a servente estiver precisando de um, dá para ela, eu já tenho." E houve o caso de um político altamente controvertido que mandou para o meu gabinete uma jóia para a minha mulher. Acho que era um presente de casamento. Pensei: se devolver, ele vai ficar com raiva de mim, vai criar problema. É uma liderança da Arena, apóia o governo... Chamei o chefe de gabinete: "Você se lembra daquela fundação mantida principalmente pelos funcionários do Banco do Brasil, o Abrigo Cristo Redentor? Manda para lá." Nem mostrei à minha mulher, para ela não ficar tentada.

O governo não tinha regras escritas em relação a receber presentes, mas procurei fazer o que achava razoável. Nas viagens internacionais, o presidente era claro: "Ninguém compre nada, porque não vai levar." Não se podia trazer nem presente para a família. Do ponto de vista da família, a pior viagem era com o presidente. Tinha o lado bom, porque a gente não perdia tempo fazendo compras.

Podemos falar agora sobre a política cultural do governo Geisel?

Demos muita atenção ao desenvolvimento cultural que, para nós, era parte do desenvolvimento tanto quanto o aumento do PIB. A mais importante iniciativa foi na área do patrimônio, com um programa de restauração de cidades históricas, primeiro para o Nordeste, depois para o Rio de Janeiro e Minas Gerais. É importante assinalar que tomamos a decisão de, em alguns casos, fazer a restauração de toda a cidade e não apenas de alguns monumentos. Por exemplo, em Ouro Preto e em inúmeras cidades do Nordeste. Uma das coisas mais bonitas que vi na vida foi quando passei uma noite em Marechal Deodoro, Alagoas, à margem do São Francisco. Havia uma lua cheia, a cidade totalmente restaurada com lampiões de energia elétrica, mas que seguiam o modelo colonial. Esse programa compreendeu cerca de 100 projetos executados. Talvez se possa dizer que, nos cinco anos do governo Geisel, se fez mais nessa área do que em todo o período anterior, desde a criação do Instituto do Patrimônio Histórico e Artístico Nacional em 1937.

Esse programa de restauração de cidades foi concebido e executado sob a coordenação da Seplan. O coordenador foi o Henrique Oswaldo e nós fornecíamos os recursos, que eram repassados ao então Ministério da Educação e Cultura.

E A EMBRAFILME?

Foi outro grande programa cultural do governo. O programa já vinha de antes, mas se expandiu no período Geisel. Nossa idéia era realmente dar grande expressão ao cinema nacional. Então, inúmeras vezes reuni os principais cineastas na Fazendinha, em Brasília, para definir idéias que iam além da ação da Embrafilme, pois envolviam a distribuição e a exibição. Nesses dois estágios, havia alguma dificuldade para os filmes nacionais. Sei que muita coisa em relação à Embrafilme é discutível, porque ela foi entregue ao próprio setor. Os diretores da Embrafilme nesse período eram geralmente diretores de cinema. De toda forma, o resultado é positivo.

Houve várias leis nesse período, como a da obrigatoriedade de os cinemas exibirem filmes nacionais por um certo número de dias ao ano. Em cinema, gasta-se muito dinheiro para produzir a primeira cópia de um filme. Mas as reproduções são baratas e por isso os produtores estrangeiros entram tanto no mercado. O cineasta brasileiro tinha muita dificuldade e custo para fazer com que seu filme existisse, de modo que houve uma legislação especial para amparar nosso cinema. Uma vez lancei um desafio numa dessas reuniões na Fazendinha: cada um de vocês deve aproveitar a oportunidade para fazer o filme com que sempre sonhou. Nelson Pereira dos Santos, por exemplo, dizia que o filme dos seus sonhos era *A retirada da Laguna*. Não se cria sob encomenda, a não ser em certas circunstâncias, e assim mesmo não se garante a qualidade de nenhum produto cultural feito sob encomenda. Mas ali era diferente, era um desafio que lancei, porque havia recursos.

A propósito de cinema, gostaria de dizer uma palavra sobre a minha amizade com o Mário Peixoto, o lendário diretor de *Limite*. Por coincidência, ele era primo de d. Elza, mãe de Izabel, e por essa razão, em certo período, tivemos muitos contatos com ele e fizemos boa amizade. O Mário era uma personalidade. Educado na Europa, era uma figura de livro de Proust. Aliás, sua literatura memorialista é proustiana e *Limite* tem características proustianas. Certa vez, o Mário nos convidou, d. Elza, Izabel e eu, para almoçar com ele, na enseada do Abraão, na ilha Grande. Foi um dia inesquecível. A casa em que morava era cheia de objetos de arte, colecionados por ele. O almoço foi servido no jardim, dia belíssimo, por empregados de libré. Dia inesquecível também por outra razão: no fim da tarde, um dos meus pés foi picado por borrachudos e, durante a noite, inchou até ficar disforme. Na manhã seguinte, tive de ir à reunião das nove calçando um chinelo nesse pé. A grande frustração do fim da vida de Mário Peixoto foi não ter conseguido realizar o seu segundo filme, *A alma, segundo Salustre*, baseado num roteiro dele próprio, uma "desesperada tentativa de fazer a poesia virar vida", nas palavras de Arnaldo Jabor.

Mas, voltando ao tema dos programas culturais do governo Geisel, outras iniciativas vieram da área da Finep, que tinha um programa cultural próprio, inclusive financiando a produção de discos de alto valor artístico que encontravam dificuldades nas gravadoras comerciais. Criou-se um programa denominado Pró-Livro, no BNDE, para financiar editoras. Lembro bem que, a propósito desse programa, recebi uma visita, no meu gabinete no Rio, do Carlos Lacerda, que eu não conhecia pessoalmente. Era dono da Editora Nova Fronteira e queria saber se havia exigências quanto ao tipo de livros que poderiam ser publicados através desse programa. Disse-lhe que não, apenas o BNDE não ia financiar *best-sellers*. Mas o Pró-Livro não deu o resultado esperado porque as editoras brasileiras àquela época não tinham organização, ou estrutura suficiente, para tomar um empréstimo no BNDE, apresentar garantias. Eram geralmente empresas familiares, com um toque de amadorismo. Havia e há sempre um pouco de aventura em ser dono de uma editora.

Outra medida importante foi o projeto Nova Jerusalém, que apoiamos graças à intervenção de Plínio Pacheco, líder da equipe e alma do projeto. A primeira vez em que assisti lá à encenação da Paixão de Cristo, na Semana Santa, fiquei impressionado. Construíram uma cidade de pedra no meio do sertão de Pernambuco e faziam aquele trabalho com atores principalmente da região.[130] Voltei lá há dois anos, porque o Plínio Pacheco, já bastante doente, novamente me convidou, até recebi uma

[130] A cidade foi construída entre 1963 e 1999.

homenagem e vi que o projeto passara a contar com a participação de alguns atores famosos. Esse projeto ganhou fama internacional, tanto que, quando fui lá pela última vez como ministro, já havia televisões de dezenas de países. É realmente uma coisa impressionante. Hoje, quem toca o projeto é o filho do Plínio, Robinson Pacheco, e sei que ainda conta com apoio do governo. Espero que receba apoio suficiente para ir adiante, porque é algo extremamente importante do ponto de vista de afirmação cultural no Nordeste.

No Nordeste, havia também o apoio a projetos como a Orquestra Armorial, dentro do movimento armorial lançado pelo Ariano Suassuna. O líder da orquestra era o maestro Cussy de Almeida, que aliás tocava um legítimo violino Stradivarius. A riqueza cultural das várias regiões do Brasil é uma coisa impressionante, e custa pouco apoiá-la.

O senhor teve contato com o pessoal do *Pasquim*?

Um dia fui procurado pelo Élcio Couto, secretário-geral do Planejamento, que me falou: "Olha, Velloso, acho que o *Pasquim* vai acabar." E eu: "O que está havendo?" Ele explicou que o jornal estava à míngua porque a censura cortava as coisas mais interessantes, o jornal vendia pouco, não tinha propaganda... O Élcio era muito amigo de alguns dos diretores do *Pasquim* pelo fato de ser mineiro. Fiquei com aquilo na cabeça e falei: "Precisamos de evidências. Conversa com o Ziraldo e pede material censurado para eu ver." O Élcio era até personagem do Ziraldo, "Jeremias, o bom". Eles me deram vários recortes e, no finzinho da reunião das nove, falei: "Presidente, queria falar a respeito do *Pasquim*, porque acho que estão cometendo uma injustiça, um erro. Conheço o pessoal do *Pasquim*, são uns gozadores, mas não tem nenhum subversivo. Então vamos fazer um teste: o senhor reconhece este texto?" Ele disse: "Isso não é da Bíblia?" E eu: "Pois é, censuraram um trecho da Bíblia, do Livro dos Provérbios. E esse texto, o senhor reconhece?" "Claro, é um discurso meu." "Pois é, foi censurado." Isso encerrou o assunto, ele deve ter dado instruções ao Falcão e aliviaram a censura no *Pasquim*, que voltou a ter graça e a fazer gozações.

Durante o governo Geisel, o senhor também conheceu Glauber Rocha, que havia sido exilado. Como foi?

Dada a minha ligação com o cinema, um dia fui procurado por um dos nossos diretores, creio que o Cacá Diegues, que me disse: "O Glauber está muito interessado em voltar para o Brasil." Eu digo: "Ótimo." Cheguei a mencionar isso na reunião das nove e o presidente disse que não havia nenhum problema. Ele voltou e, na primeira vez que foi a Brasília, eu o convidei para um almoço na minha casa. Ali começou o contato e ele criou o hábito de, sempre que ia a Brasília, me procurar para almoçarmos juntos na Fazendinha. Ficamos amigos e devo registrar que fui amigo do Glauber até sua morte, em 1981.

Ele foi patrulhado pela esquerda por causa das declarações que havia feito em favor do projeto de abertura e do general Golbery, a quem chamou de "gênio da raça". Era muito patrulhado. O termo "patrulhamento" foi usado, acho, pela primeira vez pelo Cacá Diegues, referindo-se às patrulhas ideológicas de esquerda, que freqüentemente são piores que as de direita.

O Glauber tinha poucos amigos nos seus últimos tempos de vida. A última vez em que o vi foi por acaso, na praça General Osório, no Rio. Ele tinha ido jantar com a mulher em algum lugar e eu estava com a Izabel. Conversamos um pouco ali na rua e o senti amargurado. Ele dizia: "Meus amigos estão debandando." E voltou para o exterior, onde adoeceu.[131]

ALÉM DE IDEOLOGICAMENTE SER UMA PESSOA POLÊMICA, O SEU CINEMA ERA PERTURBADOR. O SENHOR VIU *CABEÇAS CORTADAS*, POR EXEMPLO?

Não vi *Cabeças cortadas*, mas vi seus filmes mais conhecidos, como *Deus e o diabo na terra do sol*, *Dragão da maldade*... Mas não gostava muito de sua fase no exterior. Gostava do Glauber falando sobre o Brasil, achava que aí tinha realmente uma contribuição a dar. Por isso não tive curiosidade em ver certos filmes dele. Era naturalmente polêmico e havia algo nele de provocador, como se fosse uma forma de ser diferente e, com isso, conseguir grande repercussão para o que estava querendo dizer.

O QUE TEM MUITO A VER COM O TEMPERAMENTO DE OUTRO SEU AMIGO, O NELSON RODRIGUES, NÃO?

Ah, sim, ninguém foi mais polêmico do que o Nelson Rodrigues. Ele usava seu reacionarismo como instrumento de comunicação. A gente tem de respeitar certas pessoas que são polêmicas por natureza e que agravam deliberadamente a controvérsia.

---

[131] Glauber Rocha viveu exilado de 1971 a 1975, em vários países. Em 1981, viajou para França e Portugal, de onde voltou em grave estado de saúde. Morreu em 22 de agosto de 1981.

Em relação às mulheres, ele consagrou várias frases machistas.

Mas ele não estava levando aquilo a sério, quem levava não o conhecia. Fazia várias provocações, caricaturas: as alunas de psicologia da PUC, os padres de passeata... O Glauber também tinha essa qualidade de provocar, às vezes deliberadamente.

Outro exilado famoso que volta ao Brasil no governo Geisel é o Darcy Ribeiro.

Também falei com o presidente sobre isso. Não lembro como o assunto chegou a mim, o certo é que alguém falou comigo e falei com o presidente. Para facilitar as coisas, invocou-se o argumento de que tinha um problema grave de saúde. Realmente tinha, mas ainda viveu muitos anos.[132] Ele ficou sem um pulmão, mas viveu muito tempo, felizmente.

O caso do Darcy era mais complicado do que o do Glauber, porque ele tinha sido chefe da Casa Civil do Jango. Evidentemente, não fui só eu que intercedi por ele, nem ele voltou por minha causa. Houve uma autorização do governo, dentro de um caminho hierárquico.

---

[132] Darcy Ribeiro esteve exilado de 1964 a 1976 e morreu em 1997.

Fac-símiles

- SEPLAN

- GT INTERMINISTERIAL DOS ENCARGOS SOCIAIS (SEPLAN-MPAS)

ENCARGOS SOCIAIS E PIS-PASEP: PROPOSTA DE NOVA BASE DE INCIDÊNCIA

Brasília, fevereiro de 1979

SECRETARIA DE PLANEJAMENTO DA PRESIDÊNCIA DA REPÚBLICA

APOIO À PRODUÇÃO E AO CONSUMO DE ALIMENTOS BÁSICOS

(Documento Preliminar)

Brasília, fevereiro de 1979

P.R. SECRETARIA DE PLANEJAMENTO.

PROGRAMA DE CAPITALIZAÇÃO DA PEQUENA EMPRESA PRIVADA NACIONAL - PROPEQ

(Documento Preliminar - Para Discussão Interna)

março de 1979

D E S E N V O L V I M E N T O   U R B A N O

(Minuta Para Discussão)

Fevereiro/1979

CONFIDENCIAL

ÇÓPIA Nº

JPRU

SUBSIDIOS À PROGRAMAÇÃO

PARA 1977

OUTUBRO DE 1976

5. Os objetivos que devemos perseguir para 1977 devem ser:

a) balanço de pagamentos: *deficit* de comércio de, no máximo, US$ 500 milhões;

b) inflação:

— alternativa de 30%; ou

— alternativa de 25%.

c) crescimento: o que for possível (com a qualificação feita em relação a emprego).

1-12-78

PRIMEIRAS IDÉIAS: PERSPECTIVAS E PRIORIDADES

5. No tocante às perspectivas do crescimento, a indagação a fazer é: deve o Brasil continuar crescendo a 5%? Quando será possível elevar essa taxa, para ficarmos numa escala, no prazo médio, entre 6 e 8%?

Isso dependerá essencialmente de podermos apresentar *superavits* crescentes na balança de comércio, com a observação suplementar de ser a taxa de inflação declinante.

Fotos

Casamento dos pais, Antonieta e Castrinho, Piauí, 1927 (Maria Antonieta dos Reis Velloso e Francisco Augusto de Castro Velloso).

Reis Velloso ao sete anos, praça da Graça, Parnaíba, Piauí, 1938.

Reis Velloso e Izabel, 1977, no Cinema Brasília, em Brasília.

Reis Velloso entregando o diploma de médico ao filho João Paulo, Universidade Gama Filho,1980, Rio de Janeiro.

Geisel, Izabel e Reis Velloso, casamento no civil, 1981, cinco anos após a aprovação da lei do divórcio.

Reis Velloso no dia de seu casamento, acompanhado do colunista e cunhado Zózimo Barroso do Amaral e do jornalista Carlos Castelo Branco.

Izabel Velloso, ao centro, com seus quatro filhos. Começando pela esquerda, Felipe, Ana Paula, João Marcos e Xuxa.

Ministro do planejamento, governo Costa e Silva.

Reis Velloso e o primeiro-ministro japonês, Sato, governo Médici.

Mario Henrique Simonsen e Reis Velloso, governo Geisel.

Ministro do Planejamento, governo Geisel.

Reis Velloso e o ator James Stewart, início dos anos 1980.

Capítulo 7

Balanço da abertura e controvérsias do governo Geisel

O SENHOR TRABALHOU COM QUATRO PRESIDENTES. COMO AVALIA O ESTILO DO PRESIDENTE GEISEL EM RELAÇÃO AOS DEMAIS?

O presidente Geisel tinha muita experiência de gestão. Lembremos que, nos anos 1930, fora secretário da Fazenda na Paraíba, tinha uma longa carreira no Exército e fora presidente da Petrobras. No fundo, quando falei naqueles conselhos de desenvolvimento, o econômico e o social, ele se lembrou das reuniões de diretoria na Petrobras. Ele começava a semana se reunindo com a diretoria para programar o que ia ser feito, de modo que tinha experiência até empresarial e isso o ajudou muito na gestão de governo.

Pelo que entendo, há muito de mito a respeito do presidente Geisel. Eu diria que são principalmente três: primeiro, o do "alemão", não no sentido carinhoso dos amigos, mas no sentido de considerá-lo um homem rígido, inacessível, coisa que não era. Posso dizer isso pelo contato diário na reunião das nove. Era uma pessoa educada, delicada, atenciosa. Como já contei, quando fui convidado para ministro, estava com hepatite. Na posse, eu ainda não estava em plena forma e ele providenciou para que eu pudesse sentar um pouco durante a cerimônia.

Aos poucos, fui aprendendo a conhecê-lo melhor como pessoa. De vez em quando, havia umas reuniões de ministros no Alvorada, à noite, para assistir a um filme, sempre seguido de coquetel. Numa dessas ocasiões, quando Izabel e eu estávamos esperando o carro na saída, o presidente nos acompanhou e ficou ao nosso lado, conversando. De repente, noto que havia um braço sobre o meu ombro. Fiquei paralisado, olhei para a direita, estava a Izabel com os braços caídos: "Só pode ser o presidente." Ficamos alguns minutos ali conversando, enquanto esperávamos o carro, ele com a mão no meu ombro.

Outro mito a seu respeito é o de ser centralizador. A experiência que tive, durante cinco anos de convivência, foi de grande autonomia. O que o presidente queria era ser informado, mas sempre tomávamos a iniciativa das coisas. Em nenhum momento me senti inibido. O que evidentemente acontecia é que o ministro devia estar preparado para responder às suas perguntas, porque realmente entrava no mérito dos assuntos. Recebia os documentos, fazia anotações nos tópicos em que estava interessado em saber mais ou tinha dúvidas. Mas nunca houve nenhum cerceamento nem aquela sensação de estar sendo controlado, monitorado. Pelo menos na área econômica, ele deixava tudo sob nossa responsabilidade, do Simonsen e minha.

Por isso fui eu quem tomou a iniciativa de propor a estratégia, as principais políticas do II PND. Com relação ao orçamento, era a mesma coisa. E acredito que o mesmo acontecesse com o Simonsen, que estava sempre propondo medidas na área de inflação, do balanço de pagamentos etc. De modo que acho que só os ministros que não tinham um plano de vôo poderiam achar que o presidente era centralizador. Ele queria ver as coisas acontecendo.

O terceiro mito era o de ser nacionalista-estatizante. Isso é muito falado, mas, pelas políticas adotadas, mesmo em assuntos controvertidos, fica claro que tinha convicções, mas era pragmático. No caso da empresa estrangeira, quando surgiram dúvidas quanto às intenções do governo, ele convocou uma reunião do CDE e esclareceu a posição do governo. Quando houve a campanha chamada de "desestatização", propus aquele programa *Ação para a empresa privada nacional*, que dava apoio às empresas privadas nacionais para poderem competir com as estrangeiras, um objetivo de isonomia. Foi no governo Geisel que se adotou a medida de obrigar as empresas estatais a pagar integralmente o imposto de renda, porque até então pagavam o que queriam, pois havia uns truques contábeis usados para pagar pouco. O Simonsen propôs normas, o presidente aprovou e o tratamento do imposto de renda passou a ser rigorosamente o mesmo para empresas privadas e estatais. E, como disse, no II PND estava muito claro: o governo não ia ocupar novas áreas. Também não se quis iniciar um processo de privatização porque a grande preocupação era realizar os investimentos necessários para enfrentar a crise do petróleo. E as áreas de infra-estrutura, mais diretamente petróleo e energia elétrica, já estavam entregues a estatais, e por isso mesmo não era oportuno cogitar da volta ao sistema de concessionárias privadas. Mas isso tudo por motivos muito objetivos, muito pragmáticos.

Quero ainda dizer da amizade que mantive com ele depois que saímos do governo. Freqüentemente, eu o procurava para almoçar e nós conversávamos sobre tudo, inclusive sobre a política econômica, e lembro que, num desses encontros, cheguei a fazer a pergunta que não tivera a coragem de fazer quando estávamos no governo. Por que escolhera o Figueiredo? A resposta dele foi a de que o Figueiredo tinha competência, tinha feito uma carreira militar muito boa, havia sido sempre o primeiro aluno. Lembrei-me até do que ele dizia sobre Castelo Branco e Costa e Silva: que o Castelo Branco tinha um enorme respeito pelo Costa e Silva porque tinham sido colegas de turma e o Costa e Silva tinha sido o primeiro aluno. Raciocinei que um militar dá muito mais atenção a isso do que nós, civis, e continuei alimentando as minhas dúvidas, o que ele percebeu, mas apenas sorriu.

Qual a impressão predominante na equipe do governo Geisel sobre o general Figueiredo? Otimismo? Confiança?

A resposta é: depende. Havia gente que apoiava, como o ministro Golbery, o Heitor de Aquino, o Simonsen e o presidente da Caixa Econômica Federal, Carlos Rischbieter, que veio a ser o ministro da Fazenda. Eles tinham grande confiança no novo presidente, o que não era o meu caso. Ele me parecia competente para exercer funções estritamente militares, ser chefe da Casa Militar, por exemplo. Tinha feito uma carreira considerada muito boa, mas eu achava que não tinha a visão, o preparo geral, que, por exemplo, o presidente Geisel tinha, e que eu considerava necessário para ser um bom presidente da República. Havia também características pessoais de que eu não gostava, mas que não vou comentar.

Não se cogitou um presidente civil nessa ocasião?

Não que eu saiba. A idéia era eliminar os mecanismos de exceção, como o AI-5, e isso foi feito, mas tendo um militar à frente do governo para fazer a transição.

Na área militar, quem poderia ser, se não fosse o Figueiredo?

Eu não conhecia suficientemente bem os generais de quatro estrelas da época para opinar, mas tinha simpatia pelo general Reinaldo de Almeida e cheguei a mencionar o nome dele para a Petrobras, como trampolim para colocar-se, futuramente, entre os candidatos à presidência. Não fui além disso porque, como não queria que se envolvessem com a área do Planejamento, procurava não me envolver muito com a área militar, a não ser em termos institucionais. Eu tinha bom relacionamento com os três ministros militares, com o chefe do Estado-Maior das Forças Armadas, mas procurava manter essas relações em termos institucionais, porque, inclusive, era o que me convinha. Agora, o sentimento que tenho é de que o regime de 1964 deveria ter-se limitado ao mandato do presidente Castelo Branco. Salvo exceções e salvo alguns "anfíbios" – vocês se lembram, era a denominação que se dava àqueles militares que faziam carreira política, como o Passarinho, o Costa Cavalcanti, Andreazza –, os militares tinham dificuldade de entender a dinâmica do sistema político.

ALÉM DO DOCUMENTO SOBRE A CONTINUIDADE DO CRESCIMENTO, O SENHOR APRESENTOU OUTRAS PROPOSTAS AO NOVO PRESIDENTE?

Em janeiro de 1979, na mesma oportunidade em que entreguei esse documento, entreguei outras quatro propostas.[133] Eram projetos de lei ou de decreto e até hoje lamento que o governo seguinte não os tenha colocado em prática, naturalmente adaptando ao seu gosto. A primeira proposta era sobre uma política de desenvolvimento urbano, preparada na área do Planejamento, com a ajuda do Bulhões Pedreira e de empresários do setor. Criávamos instrumentos muito interessantes para o desenvolvimento urbano, como um conceito de "solo criado" que me parecia fazer sentido. Não sei se vocês sabem, mas a prefeitura de São Paulo havia lançado essa idéia e acho que chegou até a transformá-la em lei. Mas a mim parecia que havia uma concepção melhor do que a de São Paulo, ou seja, estabelecer um tributo apenas sobre o aumento de gabarito que se fazia numa determinada área. Havia um ganho caído do céu para o proprietário que aumentava sua edificação e, com esse tributo, podia-se ter mais recursos para o desenvolvimento urbano.

Apresentamos também a proposta de criação de uma contribuição de melhoria urbana, nunca aplicada no Brasil, porque, da forma como está ou estava na Consti-

---

[133] A reprodução da capa desses estudos consta no caderno de ilustrações.

tuição, era sempre subjetiva. Propúnhamos um critério objetivo, que pudesse ser operacionalizado através de um projeto de lei ou de uma emenda constitucional, criando um tributo novo com essa destinação.

Outra sugestão foi a mudança da incidência dos encargos sociais e do PIS/ Pasep, assunto que voltou a ser falado no governo Lula. A proposta concreta que fizemos, inclusive usando simulações, era a de mudar a incidência de tais encargos da folha de salários para o valor adicionado – que é o que deve ser –, porque aí não há a incidência em cascata. Uma terceira proposta era um programa de apoio à capitalização da pequena empresa e a quarta e última, um programa de apoio à produção e ao consumo de alimentos básicos.

A questão que se pode levantar, evidentemente, é por que isso não foi feito antes, ao longo do governo Geisel. Porque os estudos demoraram. Esse trabalho sobre desenvolvimento urbano levou mais de um ano. Quando ficou pronto, infelizmente era tarde e o presidente Geisel não quis mandar de última hora para o Congresso.

Como disse, entreguei ao presidente eleito, com autorização do presidente Geisel, um documento em que discuti em que condições a economia brasileira poderia voltar a crescer mais do que os 5% dos dois anos anteriores.[134] Essencialmente, a idéia era que o Brasil só poderia ter crescimento superior quando pudesse garantir um período de grandes superávits comerciais. No fundo, queria-se evitar o excessivo endividamento. Só que o novo governo, após a saída de Simonsen, fez exatamente o contrário. Houve uma descontinuidade.

Como foram suas relações com o ministro Golbery?

Tínhamos contato diário na reunião das nove e as conversas isoladas só ocorriam em função de assuntos concretos. Éramos vizinhos no Palácio do Planalto, porque o meu gabinete ficava entre o dele e o do Figueiredo. E eu dividia a toalete com o Golbery, de modo que às vezes acontecia despacharmos na toalete, cada um no seu cubículo: "E naquele caso, o que você acha, o que propõe?" Mas eu só o procurava quando queria resolver algum assunto de governo.

---

[134] Fragmento do documento está reproduzido no caderno de ilustrações.

E SOBRE A SAÍDA DO GOLBERY DO GOVERNO FIGUEIREDO, DEPOIS DO ATENTADO DO RIOCENTRO?[135] O SENHOR CONVERSOU COM O PRESIDENTE GEISEL A RESPEITO?

Trocamos apenas comentários rápidos. Mas acho que o Golbery fez bem em sair. Ele e o Heitor eram entusiastas da candidatura do Figueiredo e o presidente também achava que estava fazendo uma boa escolha. Mas eu já tinha a experiência do governo Médici, quando ele era chefe do Gabinete Militar. Nunca quis muita aproximação pelo tipo de pessoa que era. Tínhamos estilos diferentes, sempre nos demos bem, mas cada um no seu lugar. Eu me aproximava muito mais do Golbery do que do Figueiredo, porque tinha o que conversar. Minha relação com o Figueiredo, enquanto esteve no Gabinete Militar e na chefia do SNI, era entrar na sua sala quando tinha alguma coisa a ser discutida, e pronto. Nós nos tratávamos bem, sem maior aproximação, e não fui daqueles que fizeram romaria ao seu gabinete depois que foi escolhido presidente da República, embora minha sala fosse ao lado da dele. Mas era tudo uma questão de estilo. Acho que também o Simonsen se decepcionou, porque estava acostumado a receber todo o apoio do presidente Geisel e não teve o mesmo apoio do Figueiredo.

No governo Figueiredo, o Simonsen era um ministro do Planejamento muito forte: reunia as principais funções do Planejamento e da Fazenda, mas não foi prestigiado. Não teve condições de fazer o que era necessário. Há que reconhecer que Simonsen e eu estávamos escolados de cinco anos enfrentando uma crise internacional. Ele sabia que não podíamos bobear. Faria o que julgava necessário, ou voltava para a praia de Ipanema. Foi o que aconteceu. Mesmo na área de segurança, Figueiredo não enfrentou o problema como devia e aconteceu o Riocentro.

QUAL A SUA VISÃO SOBRE A ESTRATÉGIA DO PROJETO DE ABERTURA DO PRESIDENTE GEISEL?

A questão básica, me parece, é entender por que a abertura política funcionou no período Geisel e não antes. Funcionou porque o presidente enquadrou os co-

---

135 Na noite de 30 de abril de 1981, duas bombas explodiram no Riocentro, na Barra da Tijuca (RJ), onde o Centro Brasil Democrático (Cebrade) promovia um show de música popular em comemoração ao Dia do Trabalho, com a presença de cerca de 20 mil pessoas. Uma das explosões ocorreu num carro particular que manobrava no estacionamento, matando um dos ocupantes, o sargento Guilherme Pereira do Rosário, e ferindo gravemente o motorista, capitão Wilson Luís Chaves Machado, ambos do DOI-Codi do I Exército. Embora o episódio fosse notoriamente reconhecido como "acidente de trabalho" de uma ação terrorista da direita militar, o processo foi arquivado pela Justiça Militar.

mandantes militares e fez questão de mostrar que, como presidente da República, era o comandante das Forças Armadas. Isso fica claro em dois fatos simbólicos: as demissões do comandante do II Exército, general Ednardo d'Ávila Melo, em 1976, e do ministro do Exército, Sílvio Frota, em outubro de 1977. Desde o início do governo, o presidente se preocupava sempre com a aplicação da lei. Em várias análises que fazíamos de problemas políticos concretos na reunião das nove, da qual eu participava sempre, quando um determinado inquérito era mencionado, ele perguntava: "A lei está ou não está sendo aplicada?" A exigência era essa, cumprir a lei.

Vale ainda outra observação. O presidente sempre repetia, como se pode verificar no depoimento que ele e Moraes Rego deram a vocês, que o comandante de uma unidade militar é sempre o responsável pelo que se passa dentro dela.[136] Ouvi isso pessoalmente do presidente Geisel, quando já estava fora do governo. Almoçávamos de vez em quando e eu aproveitava para fazer perguntas que não havia feito quando ele estava na presidência. Certa vez, perguntei sobre a demissão do comandante do II Exército, como tinha acontecido, e ele contou a história. Já tarde da noite, recebeu um telefonema do Paulo Egídio, governador de São Paulo: "Presidente, o senhor sabe que houve uma segunda morte no comando do II Exército? A morte de um operário, Manuel Fiel Filho?"

O presidente me disse que comentou: "Paulo, muito bem. Você me telefona a essa hora e agora vai dormir tranqüilo porque transferiu o problema para mim. Eu é que não vou dormir." E continuou: "Realmente dormi mal, acordei cedo, chamei o ajudante-de-ordens e pedi que fizesse uma ligação para Sílvio Frota, o ministro do Exército. Falei com ele e comuniquei que estava demitindo o general Ednardo, comandante do II Exército."

Quer dizer: ele comunicou ao ministro a sua decisão, mas não o consultou. Por quê? Porque quem nomeava os comandantes dos exércitos era o presidente da República, assim como era o presidente quem nomeava os embaixadores, pois o embaixador representa o presidente, não o ministro das Relações Exteriores. Os comandantes

---

[136] Referência às entrevistas desses militares, publicadas nos seguintes livros: D'ARAUJO, Maria Celina; CASTRO, Celso. *Ernesto Geisel*. Rio de Janeiro: FGV, 1997; D'ARAUJO, Maria Celina; CASTRO, Celso; SOARES, Gláucio Ary D. *Visões do golpe: a memória militar sobre 1964*; *Os anos de chumbo: a memória militar sobre a repressão*; *A volta aos quartéis; a memória militar sobre a abertura*. Rio de Janeiro: Relume-Dumará, 1994-95.

do Exército representavam o presidente da República, estavam diretamente vinculados a ele, não ao ministro. Essa autoridade na área militar, Castelo, Costa e Silva e Médici não tiveram. Na época, observava essas ações e conversava sobre elas com quem tinha posição semelhante à minha. Dois de meus interlocutores foram Moraes Rego e Otávio Costa, que vocês também entrevistaram.[137]

No decorrer desta entrevista, foi lançado o livro do Elio Gaspari, *A ditadura derrotada*.[138] A partir dele e da polêmica que criou, o senhor achou importante registrar aquilo que está conceituando como "as duas aberturas do presidente Geisel". O que vem a ser isso?[139]

A idéia me veio de uma intervenção do Marcos Sá Correia no programa de televisão *Manhattan Connection*, em dezembro de 2003, quando disse: "O presidente militar que mais abriu seu governo ao julgamento do país foi exatamente aquele considerado o mais fechado." A partir disso, concluí que o presidente Geisel fizera duas aberturas: a abertura política, ou a distensão, e a abertura das informações sobre sua administração e sua maneira de pensar.

Logo após o lançamento do livro do Gaspari, o preço que ele pagou pela transparência foi caro. No decorrer da primeira semana, não houve um julgamento equilibrado, um *fair trial*. Houve, sim, uma espécie de caça às bruxas. Saíram vários artigos e entrevistas longas, alguns inclusive de jornalistas famosos, que confessadamente não tinham lido o livro. Quer dizer, basearam seus comentários em matérias sensacionalistas que a imprensa publicara, ou fizeram citações pinçadas a esmo, fora de contexto. Com isso, todos falavam da "face oculta de Geisel", "Geisel desnudado", coisas assim. Nem ao menos pareciam ter lido o livro que vocês dois organizaram![140] O início de um julgamento equilibrado só veio depois de umas duas semanas, quando apareceram os artigos de Augusto Nunes, Villas-Bôas Corrêa, Gilberto Paim, Humberto Braga.

---

[137] Ver nota anterior.

[138] Ver nota 110 no capítulo 5.

[139] Esta parte da entrevista, com os comentários sobre o livro de Elio Gaspari, foi gravada em 26 de março de 2004. As demais partes do livro correspondem a entrevistas realizadas entre dezembro de 2002 e julho de 2003.

[140] Ver nota 88 no capítulo 5.

Mas além dessas análises precisamos de outras mais sofisticadas, feitas por historiadores, por especialistas, que examinem melhor esse novo material do Gaspari e o coloque em perspectiva, levando em conta que os livros *Ernesto Geisel* e *A ditadura derrotada* são, no meu entender, complementares. Por exemplo, no primeiro já havia a polêmica menção do presidente à tortura.[141] Outra polêmica se deu em torno da audiência de Geisel com o general Dale Coutinho, ocorrida antes da posse e narrada por Gaspari. A conversa gravada é de 16 de janeiro ou fevereiro de 1974. O livro apresenta duas datas, deve ser esclarecido, mas de toda forma não é relevante, porque as duas são anteriores à posse.[142] Em primeiro lugar, o presidente tinha de ser cuidadoso com o que dizia referindo-se a fatos ocorridos no governo anterior porque, teoricamente, existia até a hipótese de ele não vir a tomar posse. Em segundo, e o mais importante para mim, é que, como comandante militar, ele aceitava o fato de que, numa guerra, certas situações justificavam a tortura – aliás, ele já dissera isso a vocês dois. Todos os exércitos e serviços secretos fazem isso. Em algumas situações, adota-se até a regra de não fazer prisioneiros. Gostaria de lembrar que, durante a guerra da Argélia, houve um amplo debate na França sobre tortura. Raymond Aron, num de seus livros, *O espectador engajado*,[143] um livro de entrevistas, faz referência ao fato de que assumiu uma posição contrária à tortura, mas que havia eminentes generais do Exército francês declarando aos jornais que, em certas circunstâncias, torturar era inevitável.

É necessário ainda considerar outros aspectos daquela conversa entre Geisel e Dale. O presidente começa mostrando a necessidade do contato com o mundo político: "político é necessário", "Porque senão como é? Nós vamos, nós temos a outra alternativa, que é ir para uma ditadura [...] que é uma solução muito pior."[144] E mais adiante: "Eu sou um sujeito profundamente democrático, toda a minha vida fui."[145] Outro ponto importante é que, depois da troca de idéias sobre "esse troço de matar",

---

[141] No livro *Ernesto Geisel*, mencionado na nota anterior, à p. 225, Geisel admitiu que a tortura era justificável em alguns casos.

[142] Nessa conversa, transcrita por Gaspari em *A ditadura derrotada*, à p. 324, Geisel diz ao general Dale Coutinho: "Ó Coutinho, esse troço de matar é uma barbaridade, mas eu acho que tem que ser."

[143] ARON, Raymond. *O espectador engajado*. Rio de Janeiro: Nova Fronteira, 1982.

[144] GASPARI, Elio. *A ditadura derrotada*. cit. p. 319, 320.

[145] Ibid. p. 323.

o presidente falou: "É claro que vamos ter que estudar [um novo] processo, vamos ter que repensar..."[146] Eu sublinharia esse *repensar*.

Quero ressalvar que em relação a esses dois assuntos, torturas e ordens para não fazer prisioneiros, penso diferente do presidente Geisel, embora reconheça que ele estava falando como comandante militar e colocando-se na posição de quem tem de tomar uma decisão. Sou civil, para mim o poder é civil, por isso não consigo pensar como atuaria em situações bélicas para mim impossíveis de conceber.

Há outros pontos que gostaria de trazer como subsídio para um julgamento mais equilibrado do governo Geisel. O primeiro é que a decisão de fazer a abertura, que culminou com o fim do AI-5, já estava tomada desde antes da posse. No livro do Gaspari, há duas referências a esse propósito que devem ser mencionadas. De um lado, deveria haver uma redemocratização pura e simples, tendo como instrumento básico a realização de eleições normais e livres. Quer dizer, não haveria nenhum regime *sui generis*. Isto porque havia a proposta de descompressão do Huntington[147] e havia propostas para institucionalizar o regime autoritário. Um dos principais líderes da oposição, Fernando Henrique Cardoso, nosso ex-presidente e meu caro amigo, num artigo que escreveu para um livro organizado pelo Alfred Stepan, publicado em inglês em 1973, ano anterior ao início do governo Geisel, dizia o seguinte sobre o fim dos governos militares: "Isso não quer dizer que a alternativa ao totalitarismo deva ser uma abertura democrática. Pode ser perfeitamente apenas uma institucionalização do próprio regime autoritário. De qualquer modo, mesmo aqueles que falam de abertura democrática parecem concebê-la apenas em termos de uma participação mais ampla e mais efetiva da burguesia e das classes médias no processo político e não parecem muito interessados em permitir a reconstituição das organizações de representação popular. Estas últimas parecem, portanto, apenas uma remota possibilidade no horizonte presente de opções políticas."[148]

Na concepção de redemocratização do presidente Geisel, era necessário, por outro lado, desmontar o sistema de repressão, que se tornara a "força autônoma", tão

---

[146] GASPARI, Elio. *A ditadura derrotada*. cit. p. 325.

[147] HUNTINGTON, Samuel. *A ordem política nas sociedades em mudança*. Rio de Janeiro: Forense Universitária; São Paulo: USP, 1975.

[148] CARDOSO, Fernando Henrique. Associated-dependent development: theoretical and practical implications. In: STEPAN, Alfred. *Authoritarian Brazil: origins, policies and future*. New Haven: Yale University Press, 1973. p. 175. (Tradução livre.)

temida por Castelo, conforme citação de Gaspari: "Voltaram ao poder [Geisel e Golbery] no dia 15 de março de 1974. Tinham o propósito de desmontar a ditadura radicalizada desde o ano de 1968, com o Ato Institucional nº 5. Queriam restabelecer a racionalidade e a ordem."[149] Esta é talvez a principal referência explícita no livro do Gaspari ao fato de que a decisão de fazer a distensão estava tomada antes da posse.

O ponto seguinte é que Geisel e seus conselheiros mais próximos, principalmente Golbery, estavam de acordo quanto à estratégia, mas, quanto à tática, só foram se acertando ao longo da jornada, que o deputado Célio Borja, liberal, líder do governo na Câmara, chamou de "a aventura". Geisel achava que a tática devia ser deixada livre, porque eram mares nunca dantes navegados. Em janeiro de 1974, o presidente comenta com Golbery: "Governo aberto, como os que mais o foram [...] Tudo o que você botou aí está muito certo. [...] Não está na hora ainda."[150]

Sabia-se que a abertura não seria fácil, que o presidente teria de enfrentar duas correntes extremadas: de um lado, a oposição, para quem tudo o que o governo fazia estava errado; de outro, a linha dura, as forças da repressão. Por isso a abertura teria de ser "lenta, gradual e segura", a frase mais famosa do presidente.

Nos primeiros meses de governo, concluiu-se que não haveria abertura se não fosse enfrentada a questão do sistema de repressão: "ou eles ou nós". E Golbery, em abril de 1974, declarava: "Eu acho que estamos sofrendo uma ditadura dos órgãos de informação. Esses órgãos, hoje, estão misturados, porque o DOI prendeu quatro, mas o Dops prendeu 40."[151] O livro também menciona o caso do Cebrap, quando prenderam abusivamente alguns pesquisadores. E também o da Conceição, minha querida amiga, que é, digamos, desbocada, era de oposição, de esquerda, sempre foi, mas nunca teve nada de subversiva. E também mostra que, em alguns casos de tortura, o pessoal da repressão debochava dos presos dizendo: "Vai reclamar com o Geisel."[152]

Continuando, vale relembrar que, para enfrentar o "sistema", teria de ser feito o enquadramento dos comandantes militares, coisa que até então nenhum dos presidentes militares havia conseguido. Mas Geisel dizia também estar "aberto a quais-

---

[149] GASPARI, Elio. *A ditadura derrotada*. cit. p. 15.

[150] Ibid., p. 240.

[151] Ibid., p. 398.

[152] Ibid., p. 408.

quer pleitos, sugestões ou críticas construtivas".[153] Na primeira reunião ministerial, anunciou que buscaria um "gradual, mas seguro aperfeiçoamento democrático".[154] Em agosto de 1974, reafirma a "lenta, gradativa e segura distensão", em discurso aos dirigentes da Arena.[155] Portanto, com isso, havia reações na área de segurança. Em junho de 1974, na primeira reunião com o Alto-Comando das Forças Armadas, o presidente declarou julgar que a subversão estava restrita a "determinados focos". E salientou: "Nós temos que trabalhar em medidas preventivas e temos que trabalhar com medidas repressivas, se necessário. As medidas preventivas são muito importantes..."[156] Nas palavras de Gaspari, à mesma página, Geisel "queria ver luz no fim do beco". Em outubro de 1974, Golbery referiu-se a "uma conversa em que Geisel reclamou de oficiais do CIE dizendo que, 'é preciso implantar uma política de prisões sem violência'".[157]

Gostaria de mencionar minha experiência pessoal na reunião das nove, porque, quando levavam ao presidente casos de prisões ou de deportação de padres estrangeiros, a questão que ele sempre colocava era: " A lei está sendo cumprida?" Podia ser a lei de segurança da época, mas queria fazer as coisas dentro da lei. Geisel não queria complicações conceituais, não procurava regimes especiais, não queria descobrir a pólvora. Queria a democracia tradicional, da lei, da ordem. Quando em novembro de 1974, nas eleições para o Legislativo, o MDB, como é sabido, conseguiu votação expressiva contra a Arena, no tocante principalmente ao Senado e assembléias legislativas de São Paulo, Rio de Janeiro e Rio Grande do Sul, três dos principais estados, a reação do presidente Geisel foi: "Eleição é isso mesmo." E mais adiante: "É isso e pronto."[158] O livro ainda mostra que o presidente desconsiderou as sugestões do SNI e as que lhe foram levadas pelo ministro da Marinha, após as eleições de 1974, no sentido de expurgar, cassar os deputados do MDB que criticaram o governo durante a campanha.[159] E, nos dias seguintes a essa ocorrência, "preservou a disciplina, tanto entre os militares como entre as vivan-

---

[153] GASPARI, Elio. *A ditadura derrotada*. cit. p. 254.
[154] Ibid., p. 396.
[155] Ibid., p. 459.
[156] Ibid., p. 404.
[157] Ibid., p. 409.
[158] Ibid., p. 467.
[159] Ibid., p. 472.

deiras".[160] Relembre-se aqui o quanto as vivandeiras são importantes! Conhecemos toda a história dos anos 1950, quando grupos civis procuravam as correntes militares para convencê-las a dar um golpe.

Segundo Gaspari, com essa estratégia, estava derrotada a ditadura, ou melhor, derrotado o sistema de repressão. Tal resultado seria completado, creio, pelos atos de demissão do comandante do II Exército e do ministro do Exército, confirmando o fato de que estava imposta a autoridade do presidente da República aos comandos militares e, por via de conseqüência, ao sistema de repressão.

Minha conclusão é que o presidente conseguiu realizar a abertura em circunstâncias altamente adversas. E, mais, não era militar da ativa, usou principalmente sua autoridade moral. Por isso, julgamos que ficará bem perante a história.

O governo Geisel deixou controvérsias também em relação a algumas iniciativas econômicas.

A controvérsia continua. E a razão é aquela que já vimos: a maneira como se enfrentou a primeira crise do petróleo, escolhendo uma estratégia que levava em conta o risco e as oportunidades. Também é controverso no que toca ao impacto da crise sobre o desenvolvimento brasileiro. Como dito, a primeira coisa que aconteceu em 1974 é que a balança comercial, que nos dois anos anteriores tinha sido mais ou menos equilibrada, de repente apresentou um grande déficit, em função do aumento do preço do petróleo e do impacto desse aumento no preço das matérias-primas. As importações excederam as exportações em US$4,7 bilhões. Isso para o Brasil era uma coisa terrível.

O segundo elemento a considerar, mais importante do que isso, é que a crise do petróleo simplesmente inviabilizou o modelo do período do milagre, que era altamente dependente de importações de petróleo, de produtos intermediários, o que chamávamos de insumos industriais básicos, além, evidentemente, de equipamentos. Ou seja, naquele novo mundo criado pela crise internacional, o Brasil não tinha vez: ou fazia uma grande mudança estrutural ou tão cedo não teria crescimento. Por isso saímos com a "estratégia de 1974", que ainda é alvo de críticas.

A primeira é de que o Brasil não se ajustou à crise do petróleo, apenas financiou o seu desequilíbrio com um grande aumento da dívida externa. Deveria ter feito uma

[160] GASPARI, Elio. *A ditadura derrotada.* cit. p. 474.

grande redução da demanda global através de uma recessão, ou pelo menos de uma política de crescimento zero. Além disso, precisaria ter feito um esforço adicional na área das exportações. Em lugar de programas de substituição de importações, teria sido melhor concentrar-se no aumento das exportações. A essa crítica, podemos responder que o país se ajustou. Na verdade, o Brasil fez dois reajustes: um macroeconômico, uma desaceleração progressiva, não repentina, da economia. O outro, igualmente importante e necessário, foi do lado da produção, com aquele grande programa de investimentos em petróleo, energia em geral, insumos básicos, bens de capital para substituir importações e para exportar. Além disso, como o próprio Simonsen assinalou, a recessão só teria efeito durante um certo período. Assim que o país saísse da recessão, voltaria o problema, por causa da dependência nas importações – a dupla vulnerabilidade –, e o crescimento não retornaria. Então, a recessão era a não-solução. Os países desenvolvidos puderam recorrer à recessão porque fizeram muita economia de petróleo e porque, com o alto nível de renda, tinham tempo para fazer ajustes lentos, enquanto o Brasil queria ter a oportunidade de continuar crescendo. Era isso que estávamos procurando: uma solução que permitisse ao país não ter por muito tempo o problema de balanço de pagamentos, para voltar a crescer.

Quanto à idéia de uma concentração no aumento das exportações, sem nenhum programa especial de substituir importações, deve-se dizer que houve, sim, um esforço adicional de expandir exportações, tanto que o crédito prêmio pago aos exportadores aumentou, em média, cerca de 40%. Como resultado, ocorreu uma duplicação do valor das exportações, que passaram de US$6,2 bilhões em 1973 para US$12,7 bilhões em 1978.

Mas colocar todos os ovos nesse cesto seria temerário, numa situação mundial de brutal recessão, pois necessitaríamos de algo como quadruplicar as exportações. Havia a questão crucial: exportar o que e para quem? Nossa pauta de exportações, à época, limitava-se a produtos primários, têxteis, calçados, automóveis. É como fazer guerra com escassez de pólvora.

Há um comentário adicional a essa crítica: diz-se que as tentativas de ajustes da demanda foram fracas e resultaram em políticas *stop-and-go*. Isso foi até muito atribuído a divergências entre Fazenda e Planejamento, aos ministérios da área econômica que não se entendiam: ora prevaleceria um, ora outro. Tal não acontecia, como vimos, porque o presidente da República jamais deixaria que ocorresse e porque o Simonsen e eu tínhamos o cuidado de sempre atuar em conjunto, para não colocar o presidente naquela posição de ter de desempatar. Isso nós evitamos, mas existia um problema real de difícil solução. Era, como já dissemos, a sintonia fina entre inflação e crescimento. "Recessão de crescimento" foi uma expressão criada à época. Se o Brasil crescesse a 4%, estava em "recessão de crescimento".

Um segundo tipo de crítica, essa muito mais válida e que por isso deve merecer nossa atenção, é a de que a solução deveria ter sido, de um lado, uma maxidesvalorização – havia um desequilíbrio fundamental de balanços de pagamentos, na linguagem das instituições internacionais – e, de outro, um brutal reajuste nos preços de derivados de petróleo. É o que os economistas chamam de ajuste através de uma mudança violenta nos preços relativos, principalmente os dois preços-chave: taxa de câmbio e preços de derivados de petróleo. Esse tipo de crítica tornou-se freqüente, na verdade, na altura de 1982, quando o Brasil quebrou. A resposta é que tínhamos consciência da importância de mudar os preços relativos, para ajustar a economia ao novo contexto, e fizemos muita coisa nesse sentido, embora não da forma que se veio a propor, *a posteriori*. Mas houve um grande número de medidas restritivas do lado das importações, logo no começo do governo Geisel. Fez-se uma reunião especial da área econômica, em que se terminou discutindo exclusivamente quais seriam as medidas restritivas no tocante a importações. Então, foi adotado um depósito prévio, um aumento de tarifas aduaneiras em alguns casos, restrições quantitativas e proibição de importar automóveis. E, do lado das exportações, como dito, houve um aumento de cerca de 40% nos créditos fiscais. Há um trabalho do Rubens Cysne,[161] então professor da EPGE, mostrando que, se levarmos em conta as medidas adotadas do ponto de vista de estímulo às exportações e de restrição às importações, o que temos é um grande aumento na taxa de câmbio efetiva. Como se fosse um sistema de taxas múltiplas de câmbio, a exemplo dos anos 1950.

Simonsen dava uma longa explicação para dizer por que não se deveria fazer a maxidesvalorização. Primeiro, porque o sistema de minidesvalorizações estava funcionando bem. Segundo, o efeito sobre a inflação, como havia indexação, seria muito grande, porque havia uma transferência substancial do aumento da taxa de câmbio para os preços no atacado e, depois, para os preços no varejo. E haveria efeitos negativos em relação às empresas, que tinham sido estimuladas a tomar empréstimos

---

[161] CYSNE, Rubens Penha. *A economia brasileira no período militar*. Rio de Janeiro: EPGE, ago. 1993. (Ensaios de Economia, n. 18.)

em dólar, dada a limitação de créditos do BNDE para financiamentos de longo prazo. O BNDE não podia financiar tudo. Então, como o Brasil tinha um acesso fácil aos petrodólares, tanto nos Estados Unidos quanto na Europa, as empresas estatais e privadas recorriam ao endividamento no exterior. A maxidesvalorização seria um desastre para elas. Tudo isso mostra que houve uma política de taxa de câmbio adequada, ou seja, mudança de preços relativos quanto a essa variável-chave.

Quanto aos preços de derivados de petróleo, uma das primeiras medidas que o presidente Geisel exigiu foi, como vimos, acabar com o subsídio. O Planejamento mantinha um sistema de calcular o coeficiente de internalização, ou seja, cobrar internamente o preço vigente no mercado internacional. Em outras palavras, não dar subsídio a derivado de petróleo. Meu livro *O último trem para Paris* mostra que o coeficiente de internalização no governo Geisel sempre esteve próximo a 100% e até acima disso. Ou seja, cobrávamos aproximadamente o que era necessário para internalizar o preço externo. Isso não significa que não houve problemas. Houve, no tocante aos preços de óleo diesel e óleo combustível. Por quê? Porque havia menos flexibilidade para cobrar mais sobre esses derivados, devido aos efeitos sobre o setor produtivo e sobre a inflação. Em conseqüência disso, *a posteriori*, a gente pode achar – e hoje acho isso – que os preços poderiam ter subido ainda mais, porque houve um crescimento excessivo na demanda de óleo combustível e óleo diesel. Essa é a resposta ao segundo tipo de crítica. Quer dizer, houve, para o conjunto dos derivados de petróleo, uma forte mudança de preços relativos, adequando a nova situação à segunda variável-chave.

Sobre essa idéia de ajustar os preços relativos, deve-se colocar ainda um ponto: a proposta é válida, mas não suficiente. Por quê? Porque não dá ao país um novo motor de crescimento. Explicando: o país fica em condições de crescer, mas como crescer? Qual é o plano de vôo?

Diria que a estratégia de duplo ajuste, contida no II PND, atende aos dois requisitos. O plano de vôo vem através do grande programa de investimentos em *tradeables*, produtos comercializáveis internacionalmente, objetivando a substituição de importações e a expansão das exportações: energia, basicamente energia elétrica, e petróleo; insumos industriais básicos, como siderurgia, petroquímica, celulose e papel, alumina-alumínio; certas linhas de bens de capital, principalmente aquelas voltadas para setores em que o país estava realizando grandes programas de investimento.

Os resultados corresponderam à expectativa. Em 1984, quando foram concluídos todos os programas prioritários do II PND e tirando proveito da maxidesvalorização feita no ano anterior, a balança comercial apresentou um megassuperávit de US$13,1 bilhões, resultante de um superávit de US$11,2 bilhões em bens de consumo, US$6,1 bilhões em matérias-primas, inclusive insumos básicos, e US$0,1 bilhão em bens de capital – a conta de petróleo e derivados ainda tinha déficit de US$5,1 bilhões.

Em outras palavras: o Brasil havia passado de grande importador líquido (importações menos exportações) de matérias-primas a grande exportador líquido. De grande importador líquido a exportador líquido de bens de capital. Permanecera como grande exportador de bens de consumo. E estava reduzindo percentualmente a dependência quanto a importações de petróleo.

O terceiro tipo de crítica é que o governo Geisel foi estatizante e megalomaníaco, tendo recorrido a um programa faraônico de investimentos em projetos controvertidos, executados principalmente por empresas estatais. Em resposta, lembraria que, nos grandes programas de investimentos realizados, muitas vezes as empresas estatais estavam em desvantagem, porque, como já disse, a correção monetária limitada a 20% era uma vantagem exclusiva das empresas privadas. É claro que o programa de petróleo foi executado por uma estatal, o de energia elétrica também, mas eram setores que já estavam sob a responsabilidade do setor público. Então, não se pode dizer que houve um aumento da estatização, o que não significa que não tenha havido projetos controvertidos.

Quais foram esses projetos controvertidos?

A Ferrovia do Aço, a Açominas e o programa nuclear. Mas, antes de entrar no mérito desses casos, gostaria de assinalar que, mesmo no ano em que mais se investiu nesses três projetos, eles representaram apenas 6%, 7% dos investimentos das principais estatais. Esse levantamento também está no livro de minha autoria, que acabei de citar.

No caso da Ferrovia do Aço, o presidente e nós achávamos que o Brasil vinha dando muita ênfase ao transporte rodoviário. O presidente quis que fosse construída uma ferrovia-padrão, fazendo a ligação entre Belo Horizonte e São Paulo. Recebeu o nome de Ferrovia do Aço. Mas o que aconteceu? Analisamos o projeto, tínhamos dúvidas quanto ao orçamento. A obra começou e o que se observou foi que o orçamento estava sempre sendo reajustado. Até que um dia eu disse para o presidente: "Fizemos uma análise e chegamos à conclusão de que é impossível calcular bem os custos desse projeto." A ferrovia era uma sucessão de túneis e viadutos, por causa da topografia, obras de arte que custavam muito caro. Minha proposta ao presidente foi pagar as dívidas e suspender a execução da ferrovia. Ele ainda perguntou: "Mas, Velloso, não há outro caminho?" Expliquei que tínhamos recebido tantos orçamentos, tantas revisões orçamentárias, pedidos de complementação, que ficávamos sem saída, continuar era um risco muito grande. Ele marcou uma reunião com o ministro dos Transportes, Dirceu Nogueira, e fiz um resumo dessa situação. Ao fim, o presidente comentou com o Dirceu: "Você sabe que apoiei o projeto, queria uma ferrovia-padrão para o Brasil, mas a gente tem de ser realista. Nessas circunstâncias, vamos suspender as obras." E assim foi feito. Só que no governo seguinte ela foi retomada. Nós apresentamos até uma alternativa chamada Linha Centro, uma idéia do BNDE e do Banco Mundial. Era um percurso mais simples, que melhorava um trecho já existente e cumpria a função destinada à Ferrovia do Aço, sem a sucessão de túneis e viadutos.

E A CONTROVÉRSIA SOBRE A AÇOMINAS?

O presidente queria prestigiar o governo do Aureliano Chaves e o projeto encontrado foi o da Açominas. Na prática, retardamos tanto quanto possível o seu início. O projeto só se tornou viável a partir da crise da dívida externa, em 1982, quando o Brasil passou a fazer um esforço enorme para exportar e o projeto foi convertido em uma iniciativa voltada para exportações. Hoje é uma empresa inteiramente viável.

POR QUE O PRESIDENTE QUERIA PRESTIGIAR O AURELIANO CHAVES? JÁ ESTAVA DECIDIDO QUE ELE SERIA O VICE DE FIGUEIREDO?

O Aureliano era considerado um bom governador pelo presidente. Eu também tinha boa impressão dele como executivo. Embora, creio, ele e o Figueiredo não se entendessem bem. Como vice, o Aureliano foi perdendo o respeito pelo Figueiredo, mas não quis criar problemas maiores.

E QUANTO AO PROGRAMA NUCLEAR?

Tentamos evitar que houvesse um volume muito grande de dispêndios com o programa nuclear durante o mandato do presidente Geisel. Porque, vocês lembram, houve aquela troca de notas com o Simonsen, ele propondo contenção dos investimentos, e eu concordando, desde que não afetasse os programas prioritários do II PND. Então, como estava muito no início, retardamos o que foi possível. Vocês observam que não houve grandes obras, as grandes obras vieram depois, sob um argumento que não me parece válido: o da continuidade.

De fato, o investimento do governo Geisel no projeto atômico foi deliberadamente inexpressivo ante o seu custo total. Não faço segredo disso. Queríamos concluir as coisas que apresentassem resultados até o final do governo, ou logo após. Isso se limitava a áreas como petróleo, hidreletricidade, insumos básicos, bens de capital, porque o prazo de maturação não é tão longo quanto o de uma central nuclear.

Mas todo o ambiente mundial em relação a centrais nucleares e em relação à tecnologia nuclear mudou no espaço de cinco anos. Quando houve a primeira crise do petróleo, os países desenvolvidos recorreram às centrais nucleares como uma tábua de salvação. Estados Unidos, Europa e Japão fizeram grandes programas nucleares, porque não tinham alternativa. O Brasil encontrou petróleo, tinha álcool e hidreletricidade. Tinha mais margem de manobra. Acontece que, aos poucos, se foi verificando pelo mundo afora que a tecnologia de centrais nucleares era extremamente complexa, era um conjunto de sistemas que não estava inteiramente dominado. Quando houve o acidente de Three Mile Island, na Pensilvânia, Estados Unidos, em 1979, soou o alarme e todos os países começaram a rever seus programas. E começaram a surgir manifestações populares contra o uso da energia nuclear. Depois veio o acidente de Chernobyl, em 1986, um negócio terrível, que inspirou muito medo.

Agora, sem fazer sabedoria *a posteriori*, indago: se o governo Geisel foi tão cuidadoso em não gastar muito no programa nuclear, por que o governo seguinte fez investimentos enormes? Investiu-se em equipamentos, em todas as fases do programa, não só na construção de centrais. Por que não se pensou em um programa nuclear modesto?

De início, a comunidade científica, aí incluído o José Goldenberg, e também o MDB apoiaram o projeto, falavam que seria um novo período da história industrial do Brasil. Como aos poucos foram surgindo novas realidades no setor, deveria ter havido uma atitude de rever o que estava sendo feito. A oposição e a comunidade de cientistas passaram a criticar, a fazer restrições. Nessa altura, o Goldenberg declarou que a comunidade científica aceitava um programa nuclear modesto. Era isso que deveria ter acontecido.

Também tentamos investir na pesquisa do *laser*. Numa de minhas idas a Los Angeles, na primeira metade dos anos 1970, dentro daquele esforço de promover as nossas exportações, conheci, na residência do cônsul-geral do Brasil, um cientista brasileiro, Sérgio Porto, que era o chefe do setor de *laser* da Universidade da Califórnia em Los Angeles e uma das maiores autoridades do mundo no assunto. Conversando na piscina, perguntei se não gostaria de voltar ao Brasil e ele disse que sim. Veio para a Unicamp, liberamos recursos para a sua pesquisa, mas ele dizia não receber. Falei com o reitor e expliquei que, a partir daquele momento, os recursos seriam vinculados. Ou gastavam no projeto do *laser* ou não poderiam ser gastos. Entre os projetos que ele estava desenvolvendo, havia um de enriquecimento de urânio através de *laser*. Por infelicidade, ele morreu prematuramente com 40 e poucos anos, problema súbito de coração.

Um dos escândalos do governo Geisel foi a falência da empresa Lutfalla, um caso muito noticiado na imprensa e no qual o nome do senhor foi envolvido.

Os fatos são os seguintes: a Lutfalla tinha sido uma grande exportadora na área têxtil, mas não sei se por causa do início de recessão industrial que houve em 1975, ou por qual outro motivo, começou a apresentar dificuldades financeiras. Foram feitas consultas ao BNDE e ao Planejamento sobre que atitudes tomar, pois a empresa se tornou inviável. Pior do que isso, haviam sido descobertas irregularidades muito graves. Em resumo, os controladores da empresa, todos da família Lutfalla, haviam colocado bens da empresa, como fazendas e outros bens, no nome deles. Então, quando o BNDE quis executar as garantias do empréstimo que dera, não havia patrimônio suficiente. Com isso, havia a opção de simplesmente deixar a empresa falir ou fazer uma intervenção, ou seja, comprar a empresa simbolicamente, ficar com todos os bens e procurar recuperar os bens que tinham sido desviados. O assunto veio a mim e incumbi o secretário-geral do Planejamento, Élcio Couto, de analisar o caso. O Élcio era reconhecidamente um sujeito muito sério e competente, conhecia bem análises de projetos, e acabou sugerindo a intervenção, a exemplo de outros casos semelhantes que tinham ocorrido, inclusive na área têxtil. Levava-se em conta, principalmente, que era uma empresa importante no setor, sua falência teria um efeito considerável na área têxtil, pois muitos fornecedores dependiam dela. Ou seja, haveria efeitos em cadeia. Fazer a intervenção era uma tentativa de recuperar a empresa e de recuperar os bens desviados. Aliás, está-se procurando hoje fazer uma mudança na lei de falências, para introduzir um instituto jurídico que existe na legislação americana há muitas décadas e que se chama reestruturação da empresa.

Levei o assunto ao presidente Geisel, ele concordou com a solução, e o problema foi encaminhado ao BNDE. O que se fez foi desapropriar os bens pessoais dos Lutfallas, tornar sem efeito os atos de transferência dos bens da empresa para os nomes dos proprietários, e chegamos a ponto de desapropriar a casa do velho Lutfalla, o patriarca da família, porque o nome dele ainda figurava como sócio da empresa. Mas o caso ganhou dimensões políticas muito fortes e decidi que o melhor era comparecer ao plenário da Câmara, para dar os esclarecimentos necessários. Preparei uma exposição introdutória, como sempre faço, historiei as intervenções anteriores na própria área têxtil e dei o exemplo da América Fabril, de propriedade de Fernando Gasparian, um dos líderes do MDB. Mencionei esta particularidade apenas para mostrar que, quando havia essas intervenções, a motivação política não era considerada. O que se considerava era o interesse da economia nacional. A partir daí, houve um anticlímax, algumas perguntas, o próprio MDB fez indagações facílimas de responder. Saí tranqüilo da Câmara e, a partir desse momento, o assunto Lutfalla ficou encerrado, o processo de execução correu normalmente na Justiça.

Agora, vamos entender por que o escândalo se tornou estritamente político. A mulher do Paulo Maluf, d. Sílvia, era filha do velho Lutfalla e tinha sido, em anos anteriores, acionista da empresa. O Paulo Maluf nunca teve diretamente nenhuma relação com a empresa, a empresa dele é outra, é a Eucatex, dirigida por seu irmão Roberto Maluf. Acontece que um jornal de São Paulo, adversário figadal do Maluf, recebeu a documentação de todo o processo no BNDE através de um procurador, que tinha sido contratado provisoriamente para prestar serviços no banco e, depois, se tornou candidato a deputado federal pela oposição. O jornal queria mostrar o envolvimento de Maluf com a empresa e o favorecimento do governo federal. Mas tudo foi esclarecido e o caso morreu.

Uma crítica que se faz também é a de que, naquela época, o modelo de desenvolvimento baseado em capital estrangeiro, capital nacional e Estado, o modelo da era Vargas, estava se esgotando, mas o governo insistiu em dar-lhe uma sobrevida.

Na verdade, o que temos nos anos 1970, e principalmente no governo Geisel, é muito diferente da era Vargas. Em primeiro lugar, o Estado havia progredido muito, graças a tudo que se fez após a reforma administrativa do início de 1967. Há até um ensaio do Hélio Jaguaribe feito para o I Fórum Nacional, mostrando que, até o final dos anos 1970, o Brasil manteve o Estado mais eficiente do Terceiro Mundo.[162]

De um lado, o Estado desempenhava bem a função de definir estratégias de desenvolvimento e havia avançado bastante no sentido de criar uma burocracia weberiana. De outro, as empresas estatais, que dominavam a infra-estrutura, eram bastante eficientes, com as exceções conhecidas: o Brasil tinha uma boa infra-estrutura de energia elétrica, comunicações e transportes. E eram pouco endividadas. No final de 1978, o índice de endividamento dos grandes conglomerados, ou seja, a relação entre despesas financeiras (amortizações + juros) e investimentos era a seguinte: Grupo Petrobras, 22%; Grupo Siderbrás, 23%; Grupo Eletrobrás, 34%; área de transportes (DNER, Portobrás, Sunamam, Rede Ferroviária), 42%; Telebrás, 67%.

Além disso, como visto, deu-se grande oportunidade ao setor privado nacional, que só a partir daí pôde ter grandes empresas e funcionar em setores dinâmicos. E a empresa estrangeira investiu muito no período, principalmente nos programas prioritários do II PND.

A dúvida que se pode levantar é quanto à herança do governo Geisel: estava o Brasil, na altura de 1978, grávido das crises que iriam emergir nos anos 1980 – grávido da crise da dívida externa, grávido da inflação bárbara, grávido da crise financeira do Estado? Ou seja: o ovo da serpente? Em primeiro lugar, vale a pena examinar qual era a situação da economia e suas perspectivas.

Havia-se feito uma desaceleração, que reduziu a taxa de crescimento, de 14% em 1973, para 5% em 1977 e 1978; a inflação tinha passado a um novo patamar, essencialmente por causa do choque do petróleo, mas se encontrava estabilizada em cerca de 40% ao ano; o déficit da balança comercial caíra de US$4,7 bilhões em 1974 para U$0,98 bilhão em 1978. É verdade que o endividamento externo líquido, isto é, excluídas as reservas externas, se elevara de US$6,2 bilhões em 1973 para US$31,6 bilhões, mas estava sob controle. Estudo feito pela assessoria do CDE, em fins de 1978, mostrava ser possível, gradativamente, aumentar o superávit comercial e reduzir o déficit comercial e o déficit em conta corrente, que, na projeção feita, caía do nível existente para algo como US$2 bilhões em 1982 ou 1983, se, claro, houves-

---

[162] JAGUARIBE, Hélio. Sociedade, Estado e partidos na atualidade brasileira: sucinta aproximação preliminar. In: VELLOSO, J. P. dos Reis (Org.). *A crise brasileira e a modernização da sociedade*. Rio de Janeiro: José Olympio, 1990.

se condições razoáveis na situação internacional. Mas isso não aconteceu e aí é que surgiu o problema.

O Simonsen, já convidado para ministro do Planejamento, estava preparando as condições para que as coisas, em 1979, funcionassem bem. Inclusive, como já foi dito, foi ele que propôs a programação orçamentária para 1979, eu concordei e o presidente Geisel aprovou. Essencialmente, o que se programou foi um superávit orçamentário correspondente a 1% do PIB, para corrigir certas distorções então existentes. O problema era que, a despeito do orçamento equilibrado nos anos anteriores, havia certas despesas no orçamento monetário, controlado pela Fazenda, que, na verdade, deveriam ser feitas pelo Tesouro, isto é, fazer parte da despesa orçamentária. Eram certos subsídios e parte da despesa dos juros da dívida pública. O Simonsen já havia reduzido tais subsídios em 1977 e 1978, e a idéia era ter o mencionado superávit orçamentário em 1979 para cobrir boa parte dos subsídios ainda existentes e dos juros pagos pelo orçamento monetário.

Além disso, ele estava programando uma nova desaceleração da economia em 1979, de 5% para 3% de crescimento, levando em conta a necessidade de trazer a inflação para um patamar mais baixo, e o fato de o preço internacional do petróleo e a taxa de juros em empréstimos externos estarem subindo.

De forma consistente com tudo isso, levei, como disse, ao presidente eleito, o general Figueiredo, com autorização do presidente, um documento que havia preparado, e que constitui um legado explícito do governo Geisel. Seu título é *Primeiras idéias: perspectivas e prioridades*.

A questão central colocada nesse documento, de janeiro de 1979, foi: deve o Brasil continuar crescendo a 5%? Quando será possível elevar essa taxa, para ficarmos numa escala, no prazo médio, entre 6% e 8%? E a resposta: isso dependerá essencialmente de podermos apresentar superávits crescentes na balança de comércio, com a observação suplementar de ser a taxa de inflação declinante. Nosso problema era não aumentar com muita rapidez a dívida externa.

O que realmente aconteceu, como se sabe, foi muito diferente. E a razão básica, no meu entender, é que houve uma descontinuidade, a primeira das duas descontinuidades dos anos 1980, que estão na raiz das crises daquela década. A descontinuidade consistiu, essencialmente, em que, com a ida de Simonsen para a praia de Ipanema, o que se fez, em lugar de uma desaceleração para 3%, foi uma reaceleração da economia para a faixa de 8%, em 1979 e 1980. Além disso, houve a mudança na política salarial, que passou a adotar reajustes semestrais, em vez de anuais, e a maxidesvalorização de dezembro de 1979, com a volta dos créditos fiscais à exportação que haviam sido substituídos por reajustes maiores nas minidesvalorizações. Abriu-se a caixa de Pandora. E isso quando já se estavam configurando os dois novos choques externos: segunda crise do petróleo, mais forte que a primeira, e crise da taxa de juros, que disparou internacionalmente, a partir das ações do Federal Reserve, nos Estados Unidos.

A conseqüência foi que a inflação passou para o patamar de 100% e posteriormente para 200%; o déficit em conta corrente deu um salto e chegou a US$15 bilhões em 1982/83; o endividamento externo líquido chegou a US$80 bilhões em 1982, quando houve o colapso externo. E já em 1981 o Brasil havia perdido a credibilidade perante os bancos credores. Testemunhei isso numa ida a Nova York, em janeiro de 1981.

Mas o governo Figueiredo investiu pesadamente nas áreas de energia elétrica e petróleo e concluiu os programas de investimentos em *tradeables* do II PND. Como resultado, e também em face da segunda maxidesvalorização, em 1983, emergiu um megassuperávit na balança comercial em 1983 e maior ainda em 1984: US$13 bilhões. Estava iniciada a década de megassuperávits comerciais, que só iria terminar com a política de taxas de câmbio quase fixas nos anos seguintes ao Plano Real.

Então, no final de 1984, o Brasil estava com um megassuperávit comercial, o que significava o fim da crise da dívida externa, do ponto de vista de dólar. Mas restava o problema de ter cruzeiros no orçamento para comprar os dólares necessários ao pagamento de juros da dívida pública. Além disso, a taxa de crescimento, após a recessão de 1981, já havia retornado ao nível de 5% ao ano, satisfatório. O problema era a inflação que, embora estável, se encontrava ainda no patamar de 220%.

Estava claro o que deveria ser feito: como a taxa de crescimento já era satisfatória, havia que atacar a inflação e o problema orçamentário. Em lugar disso, quando o Francisco Dornelles também "foi para a praia", talvez a do lago de Brasília, em agosto de 1985, reacelerou-se a economia para 8% e o circo pegou fogo. Foi a segunda descontinuidade dos anos 1980, e esta sem as medidas corretivas necessárias, levando ao melancólico resultado da década perdida.

Havia um ponto de vista prometéico de que o mais importante era crescer

Pode-se ter esse ponto de vista, mas não se pode ser suicida. Porque quando se resolve crescer em circunstâncias absolutamente adversas, estamos nos candidatando ao suicídio ou a buscar problemas gravíssimos com a comunidade financeira internacional. Quando houve a crise da dívida externa, em 1982, o que aconteceu? Passaram a dar uma ração ao Brasil. O que quer dizer isso? Era a atitude do comitê de bancos: "O Brasil vai receber esse ano tal volume de financiamentos. Virem-se." Talvez 1985 tenha sido uma situação ainda pior, pelo fato de que o Brasil, se quisesse, tinha condições de pagar os juros com os megassuperávits comerciais a partir de 1984. Ou seja, do ponto de vista de dólar, o problema da crise da dívida externa estava resolvido para nós, porque ninguém esperava que pagássemos o principal. O principal a gente conseguia rolar, desde que pagássemos os juros. A esse respeito, eu achava que os juros também deveriam ser renegociados, porque a crise dos juros foi uma tentativa do Federal Reserve de tirar os Estados Unidos da alta inflação à custa de uma catástrofe para o mundo subdesenvolvido. Mas isso é outra coisa. O fato é que o Brasil tinha condições de pagar os juros, se quisesse. Havia, como vimos, um problema de orçamento porque, no início dos anos 1980, um grande volume de dívida externa do setor privado fora transferido para a autoridade monetária. O Banco Central recebia os cruzeiros do devedor brasileiro, que queria pagar uma certa dívida, mas, como não tinha o dólar, a dívida passava a ser da autoridade monetária, e havia a necessidade de gerar cruzeiros no orçamento para adquirir os dólares dos exportadores, e fazer o pagamento no exterior. Então, o lado principal do problema da dívida, o lado em dólar, estava resolvido, tínhamos dólares. Mas restava um problema orçamentário grave a resolver. Assim mesmo, o que aconteceu? Em 1985, resolveram voltar a crescer a 8% ao ano, taxa insustentável, e a saída que acharam foi aplicar choques: Plano Cruzado, Plano Bresser, Plano Verão. Nenhum deles resolveu o problema da inflação. Custou muito ao país se livrar dessa mania de pacotes, que rompem as regras do jogo, elevam a taxa de risco do país e têm conseqüências por muitos anos. Até hoje sofremos as conseqüências daquela série de choques e da moratória havida após o Plano Cruzado.

Em seu balanço, a desaceleração da economia era inevitável?

No governo Geisel, como explicado, houve uma desaceleração substancial, para o nível de 5% ao ano, para não perdermos a credibilidade. Um saudável medo do abismo que não houve nas crises dos anos 1980. Por isso perdemos a credibilidade externa e deixamos de crescer. Começou a safra das "décadas perdidas" para o crescimento e o emprego, por não termos entendido que o momento era de desacelerar para fazer os ajustes necessários e voltar a crescer mais adiante. Há horas em que os amigos do crescimento têm de fazer isso.

Qual seria o balanço social do governo Geisel?

Vamos tratar primeiro da década de 1970. Numa visão de síntese, podemos registrar efeitos importantes do crescimento rápido. Isso é algo hoje esquecido. Houve uma queda drástica da pobreza crítica, um crescimento rápido do emprego, que nacionalmente aumentou em média 3,7% ao ano. E na área industrial, 7% ao ano.

Havia, nos anos 1970, baixa taxa de desemprego aberto e de informalidade, grande mobilidade social ascendente, abundância de recursos para gastos sociais, grande melhoria geral dos indicadores, redução do desnível entre indicadores urbanos e rurais e também do desnível entre indicadores do Centro-Sul e do Nordeste.

Em suma, o senhor acha que, na área social, os anos 1970 foram favoráveis.

Com as ressalvas usuais sobre o tipo de política social que era feita à época, do ponto de vista quantitativo os resultados sociais foram muito favoráveis. Os indicadores melhoraram porque as classes de renda baixa estavam melhorando – aliás, todos os decis da distribuição aumentaram sua renda mais ou menos na mesma proporção. Isso só foi obtido nos anos 1970: as décadas de 1960 e de 1980 pioraram a distribuição de renda. Então, a conclusão a que se chega é a seguinte: o melhor que o Brasil conseguiu, mesmo nos anos 1970, foi uma distribuição de renda mais ou menos estável. Por quê? Porque os fatores da má distribuição de renda no Brasil são muito complexos e remontam a certas tradições que temos de considerar no longo prazo, inclusive examinando o tipo de sociedade que temos e o tipo de políticas sociais que fazemos.

Durante os governos dos anos 1960 e 1970, fazíamos muitas críticas, por exemplo, à área de educação, porque a burocracia do Ministério da Educação se preocupava principalmente com índices de matrículas. Em fins dos anos 1980 e começo dos 1990, surgem contribuições, por exemplo, do Fórum Nacional e de instituições internacionais como Banco Mundial e BID. O Brasil tinha grandes programas sociais de âmbito nacional que embutiam distorções, além do fato de terem uma execução no nível federal, o que num país continental não faz sentido. Na área da educação, isso só foi corrigido, vamos fazer justiça, no governo Fernando Henrique, com o Paulo Renato usando essas novas contribuições.

Em 1991, fizemos um estudo no Fórum Nacional, que está no livro *A questão social no Brasil*,[163] para, pelo menos, termos uma base quantitativa do problema. Roberto Cavalcanti de Albuquerque e Renato Vilela escreveram o capítulo "A situação social no Brasil: um balanço de duas décadas". Esse estudo originou-se de uma discussão travada no Fórum, em que percebi que os números sobre distribuição de renda eram os mais disparatados. Esse trabalho mostra que, se tomarmos os indicadores que compõem o Índice de Desenvolvimento Humano (IDH), nos anos 1970, vemos que houve um aumento de 30% em geral e de 60% no Nordeste. A expectativa de vida aumentou 14%, a taxa de alfabetização aumentou 15% e a renda *per capita* das famílias aumentou 54%. Em outro indicador, o Índice de Nível de Vida (INV), que foi criado especialmente para esse estudo, verifica-se um aumento geral de 52% e de 107% no Nordeste. Vendo os componentes desse segundo índice, os níveis de educação tiveram melhoria de 27% e nas condições de habitação, incluindo abastecimento de água, energia elétrica e geladeira, houve um aumento de 67%. Nos níveis de participação econômica, ou seja, rendimento familiar acima da linha de pobreza, vê-se um aumento de 54%. Nas condições de lazer e informação, isto é, disponibilidade de rádio e televisão, o aumento foi de 67%.

Fizemos também um balanço econômico e social para o período do governo Geisel que está em um trabalho do Ipea, de 1979, chamado *Realizações do governo Geisel, 1974-1978*.[164] Nele se mostra que, nesse período, o aumento do emprego foi de 17%, as matrículas no ensino do 1º grau cresceram 16% e as do ensino de 2º grau, 79%. No ensino superior, o aumento foi de 75% e na pós-graduação, 170%. Foi realmente uma verdadeira explosão na área de pós-graduação.

Temos nesse estudo um quadro que apresenta o orçamento social executado no mesmo período, com um aumento, tomando educação, saúde, saneamento, nutrição, habitação e previdência, de 85%, a preços constantes. Mais uma vez volto àquele ponto: havia uma preocupação com a área social, mas havia crescimento, o que facilitava a disponibilidade de recursos. Não devemos esquecer isso quando vemos certas tendências nos anos 1990, que dizem não ser o crescimento tão importante

[163] VELLOSO, J. P. dos Reis (Org.). *A questão social no Brasil*. III Fórum Nacional, 1990. São Paulo: Nobel, 1991.

[164] INSTITUTO DE PLANEJAMENTO ECONÔMICO E SOCIAL. *Realizações do governo Geisel: 1974-1978*. Brasília: Ipea/Iplan, 1979.

para a melhoria das condições sociais e para a distribuição de renda. É claro que, se não tenho crescimento, tento melhorar diretamente a distribuição de renda. Mas isso é mais complexo porque significa ou revisão de políticas sociais, ou conflito de interesses. Não havendo crescimento, um ganha e outro perde, necessariamente.

Particularmente em saneamento, a época de maiores investimentos foram os anos 1970, principalmente durante o governo Geisel, com os financiamentos do Plano Nacional de Saneamento (Planasa), através do Banco Nacional de Habitação, que era vinculado ao Ministério do Interior. É importante salientar a significação direta do saneamento, água em particular, para reduzir a mortalidade infantil. Saneamento é bem público e deve ser universalizado. Um erro gravíssimo que se cometeu na segunda metade dos anos 1980 foi a extinção do BNH. Se o BNH tinha distorções, que fossem corrigidas. Não fazia sentido acabar com a instituição, isso nunca me convenceu. Jogou-se a criança fora com a água do banho. E, com isso, foram praticamente desmontados os programas de habitação e saneamento, até hoje.

O BNH TINHA UM VÍCIO DE ORIGEM DE FAZER POLÍTICA HABITACIONAL PARA CLASSE MÉDIA, NÃO?

Mas, veja bem, o BNH era um banco de segunda linha, nunca emprestava diretamente, fazia repasses para o sistema bancário. Então, não precisava de muita burocracia, era um órgão relativamente pequeno, não tinha filiais. É verdade que emprestava recursos principalmente para a classe média, porque o dinheiro provinha do FGTS, que tinha correção monetária e juros de 3%. Então, tinha de remunerar nessas condições e ainda havia o *spread* da intermediação. Mas existia um sistema orientado especificamente para as classes de renda baixa, o sistema das companhias habitacionais, com recursos orçamentários. Não se pode fazer construção popular em bases convencionais, usando apenas recursos com correção monetária plena. Casa popular tem de ser subsidiada com dinheiro de governo, estadual ou federal. Ou construída através de programas especiais, mais simples, de financiamento de materiais, programas específicos para habitação em favelas, mutirões. Ou ainda a alternativa de conjuntos residenciais para alugar aos trabalhadores. Isso se faz em todos os países e foi um sistema que conheci no Iapi. Se damos ao trabalhador o direito de viver permanentemente naquela habitação, corrigindo o aluguel pelo mínimo indispensável, faz sentido. Habitação popular é um negócio complicado, inclusive pelo canibalismo, ou seja, às vezes o pobre vende coisas da casa porque precisa comer. Por isso tem de haver soluções diferentes, conforme o nível de pobreza.

Mais alguma coisa, antes de encerrarmos a análise do seu período no governo?

Sim, uma palavra sobre a importância das equipes no meu sistema de trabalho, desde o Ipea, da Secretaria Geral, até os dois períodos como ministro. Sem máscara, o mérito principal que tive foi formar boas equipes, em sentido amplo, incluindo BNDE, Finep, CNPq, IBGE, e conseguir que elas funcionassem bem. Faço a referência para não ficar citando nomes, pois haveria as inevitáveis omissões e injustiças. Várias das melhores idéias, ou pelo menos a proposta de converter certos temas em prioridades, vieram dos meus colaboradores. O que, em geral, eu poderia fazer bem era a escolha dos melhores e a formulação das estratégias de desenvolvimento – a visão global.

Capítulo 8

Tempos de Fórum e as transformações dos anos 1980/90

Depois de deixar o governo e antes de começar o Fórum, o senhor teve uma experiência na televisão em que debatia questões do desenvolvimento brasileiro. Como foi?

O que houve foi o seguinte: em 1986, publiquei *O último trem para Paris*,[165] livro que começa analisando a crise de 1929, com seus reflexos sobre o Brasil, e vai até o "Panorama visto de 1986", última parte, e cujos títulos lembram ou são nomes de filmes... Mas a parte principal é a terceira, "Paraíso perdido: os grandes choques". O livro vendeu bem, teve várias edições e alguém, que não lembro, sugeriu transformá-lo em uma série de televisão. Fiz um roteiro e fui conversar com o presidente da TVE. Sugeri-lhe cinco programas, um por semana, com entrevistas e uma mesa-redonda, com gente de opiniões diferentes, para que houvesse realmente debate. Ele achou a idéia boa e o programa foi feito. Depois veio a sugestão de transformá-lo em vídeo. Consegui um patrocinador e fizemos cinco vídeos, um para cada programa. A primeira entrevista foi com o presidente Geisel, que não gostava muito dessas coisas, mas aceitou ir lá para falar sobre a abertura. O título do programa era o mesmo do livro: *O último trem para Paris*.

Como o senhor detalharia a década de 1980, quando se iniciou o Fórum Nacional?

Acho que, para dar a perspectiva, vale a pena fazer uma breve avaliação do antigo modelo, digamos, o período de 1930, quando o Brasil transferiu o motor do

---

[165] VELLOSO, J. P. dos Reis. *O último trem para Paris: de Getúlio a Sarney, "milagres", choques e crises do Brasil moderno*. Rio de Janeiro: Nova Fronteira, 1986.

crescimento, da agricultura exportadora, para a industrialização, secundada pelo crescimento agrícola, até 1980, quando começou o período de perda de dinamismo da economia, que continua até hoje.

Em síntese, eu diria que, do lado positivo, o antigo modelo, mesmo com as distorções conhecidas, conseguiu realizar o objetivo básico de construir no Brasil uma grande economia industrial, integrada e diversificada. Inclusive, nos anos 1970, com desconcentração regional e grande capacidade de geração de empregos – diga-se de passagem, bons empregos, principalmente na indústria.

Isso se fez, essencialmente, pelo crescimento sustentado, a taxas satisfatórias, em todas as décadas. Uma questão relevante, ainda hoje, é dizer como isso ocorreu. Quais foram os principais fatores determinantes do crescimento sustentado, cujo *know-how* o país parece ter perdido? Em primeiro lugar, era mais fácil. Não havia a economia globalizada financeiramente, de que resulta o fenômeno da "vida perigosa", a que se refere o Riobaldo Tatarana. Em seguida, a um governo que deixava fortes desequilíbrios, internos e externos, geralmente sucedia outro que procurava corrigir os desequilíbrios. Ou seja, os "fundamentos" funcionavam razoavelmente. Ou, dito melhor, não constituíam obstáculo ao crescimento continuado.

Por outro lado, não predominava, nas áreas de tomada de decisões sobre política econômica, principalmente no Executivo e no Congresso, excessivo ideologismo, político ou econômico. Havia a ideologia do desenvolvimento e, em geral, suficiente auto-estima nacional, coisas que ajudavam o funcionamento da economia de mercado e o crescimento. E depois do período de desenvolvimentismo *hard*, ou seja, o de crescimento a qualquer custo do tipo JK, que deixou uma herança desfavorável à sustentação do crescimento, e após a curta fase de virtual ausência de política econômica que levou a uma economia desgovernada no período Jango, veio a correção dos excessos no governo Castelo. Numa palavra, prevalecia, em geral, uma postura de bastante pragmatismo. Em conseqüência disso, o sistema de incentivos e "substitutos históricos", bem complexo e variando pragmaticamente de período a período, funcionava com eficácia para realizar o objetivo de ciclos longos de crescimento.

Finalmente, *last but not the least*, conseguiu-se sempre, nas fases principais – anos 1930, Plano de Metas, "milagre econômico" e II PND –, fazer acontecer uma dinâmica econômica especial, resultante de uma onda ou de um bloco de investimentos, rica na criação de interações entre setores e também em realimentações, pelo fato de as interações serem nas áreas de produção, emprego e consumo. Ora, essa é a dinâmica desejável para se ter o ciclo continuado de crescimento.

E do lado das distorções?

Primeiro, a questão da competitividade. Como o modelo econômico, embora criando alguns complexos industriais muito competitivos – agricultura moderna, insumos industriais básicos e, por causa dos programas especiais de exportação, indústria automobilística, têxteis, calçados –, não tinha preocupação geral com a competitividade internacional, havia muita heterogeneidade. Avançou-se demais na substituição de importações, em termos de índice de nacionalização em certos segmentos industriais e da amplitude do processo de substituição.

Em seguida, o risco de *rent seeking*, ou seja, a apropriação do Estado por interesses privados. Os principais fatores de risco eram o fato de não existir uma verdadeira política de estímulo à competitividade interna, a chamada política antitruste, e de os grupos executivos, principalmente no CDI, tomarem decisões específicas, relativas a incentivos a projetos. O que se fez? Quanto à competição, em geral, usou-se um substituto histórico, a política de controle de preços nos setores básicos, através do Conselho Interministerial de Preços (CIP), de forma razoável. Mas na primeira fase, ou seja, governo Médici, o controle era em relação a grandes empresas, ou seja, de forma individualizada. Na fase seguinte, para evitar esse problema, estabeleceu-se que as decisões de reajustes de preços seriam por setor, evitando-se, pois, decisões caso a caso. E sempre houve duas preocupações irmanadas: assegurar uma razoável rentabilidade, para manter o estímulo ao investimento, e olhar para o lado da produtividade, para evitar que a natural oligopolização dos setores básicos resultasse em perda para o consumidor.

No tocante aos grupos executivos, já a partir do início dos anos 1970, foi estabelecido que a presença de representantes da iniciativa privada só ocorreria no Conselho de Desenvolvimento Industrial, que tratava apenas de políticas, e não de projetos. Mesmo assim, nos grupos executivos – que passaram a ter apenas representantes de órgãos do governo –, continuava a decisão em nível de projeto. Não havia financiamentos, apenas decisões concernentes a regimes especiais de importação: isenção ou redução de tarifa de importação. Com esse formato, não chegaram ao meu conhecimento denúncias ou escândalos relativos à operação desses grupos, constituídos, em geral, de técnicos de bom nível.

Mas voltando à análise da década de 1980...

Ao criar o Fórum, chamávamos o final dos anos 1980 de época da "crise global brasileira". Isso nos leva a considerar a chamada "década perdida" na sua complexidade. Porque realmente foi perdida para o crescimento, para a produtividade, para o emprego. A taxa média do crescimento do PIB foi de uns 2,5% ao ano e o aumento da renda *per capita* foi praticamente nulo. Ficamos parados enquanto nossos concorrentes cresciam e tornavam suas economias muito mais competitivas e sofisticadas. Mas houve a redemocratização e a Constituição de 1988, ainda que com aspectos negativos na área econômica e quanto ao regime jurídico único dos servidores públicos.

Do ponto de vista do desenvolvimento social, nos anos 1980 houve um certo progresso. Podemos comparar a década de 1970 com a de 1980, nas dimensões econômica e social, para que a complexidade da década perdida fique mais evidente. Por exemplo, em termos de variação real do PIB *per capita*, nos anos 1970 o aumento acumulado foi de 81%. Na década de 1980, -1%. Se considerarmos o Índice de Desenvolvimento Humano (IDH), que é um misto de índice econômico e social, o aumento acumulado na década de 1970 foi de 30% e na de 1980, 7,7%. Passando mais diretamente à dimensão social, vemos que a expectativa de vida ao nascer, na década de 1970, teve melhoria de 14%; na década de 1980, 8%. A taxa de alfabetização aumentou 13% e 8,7%, respectivamente. Agora, se considerarmos o Índice de Nível de Vida (INV), índice criado especialmente para o Fórum e mais amplo do que o Índice de Desenvolvimento Humano, vemos que o aumento nos níveis de educação foi de 27% na década de 1970 e de 34% na década de 1980. Nesse ângulo, a década perdida se saiu bem. Já nas condições de lazer e informação, disponibilidade de televisão e rádio, na década de 1970 houve melhoria de 67% e na de 1980, de apenas 17%, porque depende do nível de renda.

Nos anos 1970, houve uma queda na pobreza absoluta de 53%; na década de 1980, um aumento de 27%. A diferença é brutal porque o binômio crescimento/emprego é muito importante para reduzir esses níveis de pobreza. Não é uma ação direta do Estado, mas, com melhor desempenho geral da economia, a pobreza absoluta cai. Se examinarmos um pouco a questão econômica da década perdida, vemos uma sucessão de descontinuidades, crises, choques desestruturantes, perdas de oportunidades, tendência à perda de competitividade na indústria. As descontinuidades são muito importantes, como vimos. Em 1979 e 1985, o Brasil deveria ter desacelerado a economia e acelerou. E chegamos ao fim da década naquele clima que caracterizei de crise global. Havia uma incapacidade de governar.

O governo posterior ao regime militar não mostrou capacidade de resolver os problemas do país. Evoluiu no sentido da redemocratização, mas não melhorou o governo. Ao contrário. A democracia é compatível com bons e maus governos, obviamente. Mas aqui voltaram as várias práticas do patrimonialismo: clientelismo, corporativismo, populismo. E foi nesse clima que surgiu a idéia da criação do Fórum Nacional.

Como foi concebido o Fórum Nacional?

No final de 1987, Peter Knight, um economista do Banco Mundial que coordenara um grande relatório sobre políticas de recursos humanos no Brasil, procurou o Paulo Guedes, que trabalhava comigo no Ibmec, e revelou sua preocupação: "Você não pode falar com o seu amigo Velloso para ele tentar conversar com economistas e ver se é possível uma ação conjunta para enfrentar a crise em que o país se encontra?" A partir daí, comecei a fazer contatos, não apenas com os principais economistas brasileiros, mas também com sociólogos, cientistas políticos, líderes empresariais, líderes sindicais, líderes do Congresso Nacional, porque achava que o Fórum não podia ficar restrito à área econômica, tinha de ser nacional. E, como houve boa receptividade, começamos a formar grupos temáticos de trabalho, para discutir os diferentes assuntos. Essa amplitude de preocupações está bem expressa nos 10 livros relativos ao I Fórum. Dessas conversas surgiu a idéia de criar uma espécie de diálogo de lideranças, para encontrar convergências. Não se pretendia chegar a um projeto nacional de consenso, como se volta a falar hoje. Víamos muito bem, naquela altura, a diversidade de interesses no Brasil e a criação de convergências já seria muito importante. Mesmo porque ainda havia uma grande polarização ideológica em relação ao regime militar, bem como divergências das correntes econômicas e políticas mais conservadoras em relação às mais novas.

Como queríamos um fórum pluralista, houve necessidade de vencer certas resistências. Lembro que, quando falei em convidar o PT para participar, houve reação por parte de certas áreas empresariais, como a Associação Nacional dos Bancos de Investimento (Anbid), e me ocorreu pedir ao presidente da entidade que promovesse um almoço com os empresários do setor. Nesse almoço, expliquei: "Ou fazemos uma coisa pluralista ou não tem Fórum. A disposição dos que estão formando o Fórum é reunir diversas correntes para tentar encontrar convergências, de tal modo que simplifique o trabalho de propor estratégias políticas concretas para tirar o país dessa crise global." Eles deram o benefício da dúvida e fui a Brasília, conversar com o líder da bancada do PT, deputado Plínio de Arruda Sampaio. Expliquei os objetivos do Fórum e o programa de trabalho que estávamos considerando fazer. Ele gostou muito e eu o convidei a participar. Ele respondeu: "Com prazer." Mas, quando foi me levar à porta, parou um instante e disse: "Antes preciso consultar a bancada." Ou seja, ele tinha de conseguir autorização para participar do Fórum. De modo que realmente havia polarização, o que se manifestava do lado empresarial e também do lado do PT que, não preciso repetir, era muito mais radical do que tem sido nos últimos anos. Mas a verdade é que essas incompreensões foram superadas e pudemos realizar o I Fórum, que cobriu uma gama enorme de temas. Tínhamos a preocupação de manter o Fórum com uma agenda atualizada e, se possível, até um pouco à frente da agenda da sociedade. Até hoje o Fórum já publicou cerca de 60 livros.

O Plínio de Arruda Sampaio compareceu ao I Fórum?

Compareceu, e levou o filho, o economista Plínio de Arruda Sampaio Júnior, e ambos viraram freqüentadores assíduos do encontro. Enquanto foi líder do PT, o Plínio compareceu.

Fizemos contato também com lideranças sindicais, para não termos apenas líderes empresariais, de governo e acadêmicos. Fizemos contato com a CUT, a Força Sindical e a CGT. Pouco depois, realizamos um seminário sobre o futuro do sindicalismo, que deu origem a um livro, com a participação de lideranças das três centrais,[166] que também passaram a ser assíduas. No I Fórum, adotamos um lema inspirado em uma citação do personagem Riobaldo Tatarana, em *Grande sertão: veredas*, de Guimarães Rosa: "Sei que nada não sei, mas desconfio de muita coisa."

Nos anos iniciais tivemos muito diálogo com a Cepal, que havia passado por uma transformação e tinha o Fernando Fajnzylber com muitas idéias inovadoras, que deram inclusive origem a um documento de repercussão à época, *Transformação econômica com eqüidade*. Convidamos o Fajnzylber a vir ao Brasil antes do Fórum e o consultamos sobre o que estávamos querendo fazer. Depois, quase todo ano, ele nos convidava para ir à Cepal, em Santiago, participar das discussões sobre a nova estratégia de desenvolvimento, que era um grande avanço em relação às posições da Cepal nos anos 1950. Também tivemos muito diálogo com o Centro de Crescimento Econômico da OCDE, em Paris, à época dirigido por um economista americano, Colin Bradford, que tinha muita ligação com a Cepal e acompanhava a nova estraté-

[166] VELLOSO, J. P. dos Reis; RODRIGUES, Leôncio Martins (Orgs.). *O futuro do sindicalismo: CUT, Força Sindical, CGT*. São Paulo: Nobel, 1992.

gia proposta – transformação econômica com eqüidade. De modo que a América Latina esteve muito presente em Paris, no centro da OCDE, e eu pessoalmente fui lá, três ou quatro vezes, participar de seminários. E assim íamos procurando construir um pensamento diferente do nacional-desenvolvimentismo dos anos 1950, mas também diferente das idéias do neoliberalismo, como se tem denominado, que já estavam começando a dominar a América Latina. Essas foram as origens do Fórum, que neste ano de 2003 completa 15 anos.

O Fórum é uma instituição longeva no Brasil, um país de experiências institucionais passageiras.

Várias instituições surgiram na América do Sul, à mesma época, com as mesmas preocupações, não sei se ainda existem, desconfio que não. O Roberto Cavalcanti escreveu um trabalho sobre a evolução do Fórum Nacional, cobrindo cada um dos fóruns e seus painéis.[167] De minha parte, dei-me ao trabalho de percorrer esses cerca de 60 livros que o Fórum publicou e fui destacando os temas que me pareceram mais importantes. Há temas como a crise global brasileira, do final dos anos 1980 e começo dos anos 1990; revisão das políticas sociais e o balanço da questão social; reforma do Estado, privatização, novo modelo de gestão; novo modelo de desenvolvimento; as aberturas econômicas; integração das Américas e Alca; reforma política; reforma do sindicalismo; a nova ordem internacional, que deu origem até a uma conferência internacional que fizemos em 1992, a questão racial; modernidade e pobreza; emprego, violência urbana e segurança pública; o real e a estabilização como valor social; desenvolvimento agrícola e reforma agrária; estratégia de investimento para exportar, tema abordado em todos os fóruns desde 1998; reforma da previdência; reforma da Justiça; condições macroeconômicas para um novo ciclo de desenvolvimento sustentado. Desde 1996, em todos os fóruns sempre há um painel sobre este último tema. Dois anos depois do real, já estávamos indagando como podíamos passar da simples estabilização para um novo ciclo de crescimento sustentado.

Tivemos também alguns painéis especiais, que abordamos para mostrar o universalismo do Fórum. Entre eles: imprensa brasileira; cultura e desenvolvimento; estratégia de desenvolvimento do cinema nacional; condição da mulher no Brasil; internet. Também fizemos algumas propostas especiais para o governo, tais como

---

[167] ALBUQUERQUE, Roberto Cavalcanti de. *A evolução do Fórum Nacional.* 2003. ms.

uma nova estratégia de desenvolvimento para o Nordeste, como consta de um ensaio do Roberto Cavalcanti que está no livro relativo ao seminário que organizamos em 2002 sobre os 50 anos do BNDES e do Banco do Nordeste.[168] No ano anterior, tínhamos feito um seminário do qual resultou uma espécie de estratégia de desenvolvimento para a Amazônia, baseada na biodiversidade e, no ano passado, também demos outra contribuição, desta feita voltada para a economia do conhecimento.[169]

De tudo o que o Fórum fez, gostaria de destacar a conferência internacional intitulada "A nova ordem mundial em questão", de 1993, organizada essencialmente pelo Luciano Martins, e que trouxe ao Brasil cerca de 25 dos maiores analistas de diferentes países: Estados Unidos, Rússia, Alemanha, Inglaterra, Japão e outros. Vieram, entre outros, o Helmut Schmidt, ex-primeiro ministro da Alemanha, e o Robert McNamara, ex-secretário de Defesa norte-americano.

O livro resultante dessa conferência constitui, ainda hoje, uma referência para os especialistas em relações internacionais e deu ao Fórum o nosso primeiro prêmio Jabuti.[170] O segundo foi para o livro *O Brasil e a economia do conhecimento*, em 2002.[171]

Gosto de brincar com o Luciano Martins, dizendo que, juntos, quebramos o Inae com o excedente de despesas em relação ao orçamento daquela conferência. A salvação foi um adiantamento do Ibmec, do qual eu era presidente e por "sugestão" minha. Graças a isso, todas as despesas foram pagas em dia e o adiantamento foi pago através de créditos de patrocínio do Fórum, ao Ibmec, durante vários anos. O problema, quando se trazem figuras eminentes como aquelas, são os imprevistos, o imprevisível. Por exemplo, no caso do McNamara, entre nossas obrigações, estava pagar a passagem de ida e volta de Washington ao Rio. Só que ele teve de aceitar um compromisso em Tóquio imediatamente antes de nossa conferência e a saída foi pagar-lhe uma passagem Tóquio–Rio, Tóquio–Washington. Um pouco mais caro que o previsto.

---

[168] VELLOSO, J. P. dos Reis; ALBUQUERQUE, Roberto Cavalcanti de (Orgs.). *A promoção do desenvolvimento: os 50 anos do BNDES e do Banco do Nordeste.* Rio de Janeiro: José Olympio, 2003.

[169] Ver nota 65 no capítulo 4.

[170] VELLOSO, J. P. dos Reis; MARTINS, Luciano (Orgs.). *A nova ordem mundial em questão.* Rio de Janeiro: José Olympio, 1993.

[171] Ver nota 65 no capítulo 4.

O Fórum tem se antecipado na discussão de certos temas, não?

Gostaria de dar alguns exemplos a esse respeito. Por exemplo, revisão das políticas sociais foi um assunto que discutimos já no I Fórum. O que é isso? É a idéia de que as políticas sociais brasileiras freqüentemente não atendem preferencialmente os pobres. No I Fórum, houve um ensaio sobre o assunto e vejam que agora, no começo do governo Lula, voltou a questão do foco das políticas sociais, coisa que a gente vem discutindo desde o início. Sobre reforma do Estado, houve também no I Fórum um ensaio chamado "O Leviatã ferido: a reforma do Estado brasileiro".[172] Nesse I Fórum, foram abordados ainda a abertura econômica, o modelo de desenvolvimento, a nova estratégia industrial e tecnológica, reforma tarifária, política de importação, o Brasil e o mundo da terceira revolução tecnológica. Tudo isso em 1988. Quanto à integração das Américas, que hoje tem o nome de Alca, começamos a discuti-la em 1990. Seguramente, o Fórum foi a primeira instituição brasileira a discutir a idéia de uma área de livre-comércio nas Américas, naquele tempo chamada de Iniciativa para as Américas, lançada pelo Bush pai. O seminário especial que fizemos sobre o tema deu origem ao trabalho "Alternativas estratégicas do Brasil em face do Plano Bush: iniciativa para as Américas".[173]

O Fórum começa no ano da nova Constituição, a agenda nacional estava cheia de temas que haviam sido os temas da Constituinte. O senhor acompanhou esse processo, qual a sua visão sobre a nova Constituição?

Tínhamos bastante ligação com o deputado Bernardo Cabral, que terminou como uma espécie de relator-geral da Constituição. Acompanhamos de perto todo o processo. Minha idéia, em síntese, é a seguinte: a Constituição é muito boa em relação aos direitos políticos e foi bem ruim no tocante à ordem econômica, que teve de ser quase inteiramente modificada. Continha idéias desprovidas de sentido que não prevaleceram nem nos anos 1950, como a de discriminar a empresa estrangeira. Outro aspecto em que me parece que a Constituição não é boa é em matéria de regime do funcionalismo público. Criou o Regime Jurídico Único, o que me pareceu um retrocesso em relação à reforma administrativa de 1967, que já havia partido

---

[172] VELLOSO, J. P. dos Reis (Org.). *O Leviatã ferido: a reforma do Estado brasileiro*. Rio de Janeiro: José Olympio, 1991.
[173] VELLOSO, J. P. dos Reis (Org.). *O Brasil e o Plano Bush*. São Paulo: Nobel, 1991.

para a idéia da descentralização e da diferenciação, considerando a realidade do Brasil como país-continente. Tínhamos usado ao máximo os instrumentos que a reforma administrativa dava em termos de criação de novos tipos de mecanismos, como as fundações e empresas públicas, para criar ou reformular instituições como Ipea, IBGE, Finep, BNDES. A Constituição acabou com as carreiras próprias e englobou todo mundo no Regime Jurídico Único. A perda de flexibilidade e eficiência, como resultado, foi enorme. O Ipea, por exemplo, foi uma das vítimas desse nivelamento por baixo e desse engessamento.

Outro problema foi o que se fez com o regime de previdência. Há um lado altamente assistencialista na Constituição, pois 5 milhões de pessoas foram incorporadas aos beneficiários da previdência rural sem jamais terem contribuído qualquer coisa e ganhando um salário mínimo. Lembremos que, com o Funrural, a aposentadoria era de meio salário mínimo. Então, na verdade, o que se fez foi criar um gigantesco programa de renda mínima, um dos maiores do mundo.

Trezentos mil servidores sujeitos à CLT foram transferidos para o regime jurídico único, com os benefícios dos dois sistemas: estatuto do funcionalismo público e CLT. Vejo essas questões da previdência como a grande causa do bloqueio fiscal de hoje. A situação é simples: ou fazemos a reforma da previdência também no sistema público ou vamos continuar perguntando todo ano: por que não alcançamos o crescimento sustentado? Uma das causas, não a única, é esta, e o governo está tomando providências a respeito. Quer dizer: o constituinte tem o direito de criar benefícios, mas precisa dizer quem paga a conta. E isso não foi feito.

A CARGA TRIBUTÁRIA DO PAÍS AUMENTOU MUITO.

Ah, certamente. Mas em conseqüência do aumento de despesas, ao longo dos anos 1990, e principalmente despesas de transferências: previdência do INSS e previdência pública – inativos e pensionistas, pessoal ativo, assistência social. O ajuste fiscal feito a partir de 1998 foi principalmente do lado da receita. Daí o aumento da carga. Hoje a carga tributária representa cerca de 36% do PIB, enquanto na época do Plano Real era 24%. Houve esse aumento porque não se fez o ajuste fiscal do lado da despesa, em grande medida por causa da inflexibilidade da despesa de transferências, como referido. A saída encontrada foi o aumento da carga tributária e nisso o Estado brasileiro foi extremamente eficiente. Mexer do lado da despesa fere direitos adquiridos ou fere interesses, então fica difícil. Mas é claro que temos outros problemas na área de tributação, como o efeito em cascata de certos tributos. Entretanto, isso sozinho, no meu entender, não seria suficiente para impedir que o país tivesse crescimento sustentado. Dificultaria, mas não impediria. O problema é que não se atua na área da despesa, não se ultrapassa nunca o atual bloqueio fiscal. E os investimentos, principalmente na área de infra-estrutura, ficaram reduzidos a algo residual, no orçamento, o mesmo acontecendo com programas de geração de emprego e renda. As despesas que aumentaram vertiginosamente foram para transferência de renda e outras formas de assistencialismo.

A crise fiscal tem outras facetas. Uma é que o custo de transgressão é baixo.

É verdade, mas houve avanços, principalmente em relação a grandes empresas. E algum progresso se fez quanto aos profissionais liberais. Todavia, o maior crescimento da carga tributária foi por causa da criação das contribuições: Cofins, Contribuição para o Financiamento da Seguridade Social e Contribuição Provisória sobre Movimentação ou Transmissão de Valores e de Créditos e Direitos de Natureza Financeira (CPMF). Mais recentemente, houve o recurso às receitas extraordinárias. E uma das mais importantes delas vem dos acordos, a exemplo do que fizeram com os fundos de pensão, assunto que se arrastava na Justiça havia mais de 10 anos, creio.

Voltando ao Fórum, as reformas foram um tema constante.

Ah, sim. À época da Constituição, tratamos de reforma política tal como é entendida hoje e ainda se incluía a discussão do parlamentarismo. O deputado Nélson Jobim era o nosso âncora. Também examinamos a reforma do Judiciário numa época em que ninguém estava tratando do assunto. No VIII Fórum, em 1996, convidei o então presidente do Supremo Tribunal Federal, o ministro Sepúlveda Pertence, para abrir os trabalhos e pedi que abordasse o tema. Ele veio, fez um pronunciamento muito favorável à reforma. Com isso, a gente evitava atritos: se o presidente do Supremo preconiza uma reforma da Justiça, não precisamos ficar preocupados com reações dentro do Judiciário. Na ocasião, fizemos também um painel sobre o tema que continua sendo abordado até hoje.

E a reforma trabalhista?

Estamos ainda longe de chegar a um mínimo de convergência no tocante a isso. Creio que o mais importante é o problema da negociação, ponto básico de qualquer reforma trabalhista. A CLT é um código que estabelece tudo ou nada. Precisamos de um sistema que permita às empresas e aos trabalhadores negociarem de acordo com a conjuntura do país e a situação da empresa. Temos de fazer o possível para reduzir a informalidade. Um modo evidente é ter crescimento, mas não podemos ficar esperando até que o Brasil alcance a fase do crescimento sustentado para fazer as reformas. Não existe um Sistema Integrado de Pagamento de Impostos e Contribuições das Microempresas e das Empresas de Pequeno Porte (Simples), para tributação de pequenas empresas? A minha idéia é que poderia haver um sistema "simples" para direitos trabalhistas nessas pequenas empresas. Elas têm de pagar integralmente os direitos trabalhistas e por isso preferem, muitas vezes, não assinar a carteira, o que significa ter um trabalhador sem qualquer direito. Com isso, a previdência também deixa de arrecadar. Tudo em relação à micro e pequena empresa tem de ser diferenciado.

Podemos fazer uma reforma da legislação trabalhista sem mexer na Constituição. Apenas autorizar que, em determinadas circunstâncias, seja possível negociar. O trabalhador não vai perder nenhum direito. Se, por exemplo, uma empresa está na iminência de quebrar, acho que deveria haver a possibilidade de uma negociação, como já fiz numa instituição em que dou aula. Como ela estava numa situação financeira muito séria, há uns 10 anos assinei uma autorização de redução de salário. Também se houver uma recessão forte, seria conveniente poder negociar temporariamente, uma negociação para atender a conjunturas. É importante ter flexibilidade, não ficar na base do tudo ou nada, que, na verdade, significa apenas mais informalidade.

O que seria fundamental na reforma tributária?

Creio que só se conseguiria fazer reforma tributária no Brasil se mantivéssemos a regra básica de que não haveria perda de receita. Senão, criaríamos um problema muito sério entre União, estados e municípios. Claro, a médio prazo, a carga tributária tem de cair, porque está escandalosamente alta. A atual reforma pretende acabar com os efeitos em cascata, um anacronismo no sistema tributário no Brasil, com efeitos muito sérios, principalmente do ponto de vista da competitividade internacional. É a história do custo Brasil. Outra questão é a de racionalizar o ICMS, pois os estados têm autonomia para supertributar certos setores e beneficiar outros. O estado simplesmente examina onde é mais fácil cobrar o ICMS e aumenta a alíquota para aquele setor. A atual reforma propõe menos alíquotas e regras nacionais que impeçam a guerra fiscal. Há ainda a idéia de ampliar a base do imposto, visando a ter um maior número de contribuintes.

No Fórum do ano passado, pedi ao Everardo Maciel para preparar um ensaio sobre reforma tributária.[174] Uma das coisas importantes que ele diz é que reforma tributária tem de ser um processo, senão não se sai do lugar. Por exemplo, na área do imposto de renda, ele acha que já se avançou muito. Na área do ICMS, não. Na área dos efeitos em cascata, um pouquinho. A estratégia deve ser ir enfrentando os problemas por etapas. E obviamente deve-se ter em mente que, a uma certa altura, deve começar a haver redução de carga tributária. No momento, o que se pede é que não se criem novos tributos nem se aumente a alíquota dos existentes.

A criação de regras nacionais para a cobrança do ICMS não fere o princípio federativo da autonomia dos estados?

Vejam bem, essa autonomia, na forma como colocada na reforma tributária de 1967, aliás, muito boa, em geral, tem sido usada para criar a desordem fiscal, provocar guerra fiscal, tumultuar a situação fiscal do país, produzir déficit. É duvidoso que um estado possa ter o direito de fazer déficit. Existem constituições, como as de vários estados nos Estados Unidos, que não permitem isso. O déficit deve ser prerrogativa da União, porque tem o Banco Central e outros mecanismos de ajuste, tem a responsabilidade última pelo regime fiscal. Então, a autonomia dos estados, necessariamente, precisa de certos limites. Os estados são autônomos para aquilo que a Constituição define como sendo a sua autonomia

Qual a importância da reforma tributária para a população?

Primeiro, temos de reconhecer que é importante para pôr ordem nas contas públicas, o que deve beneficiar a todos. Além disso, há um dispositivo estabelecendo que a menor alíquota do ICMS seja para os produtos de consumo popular. Ou seja, existe esse dispositivo que interessa diretamente à população, algo que já deveria ter

[174] MACIEL, Everardo. Reforma tributária viável. In: VELLOSO, J. P. dos Reis (Org.). *O Brasil e a economia do conhecimento*. Rio de Janeiro, José Olympio, 2002.

sido feito. Mais do que isso, deveríamos caminhar no sentido de que os produtos de consumo popular ficassem isentos de ICMS. Isso melhoraria a qualidade de vida das classes de renda mais baixa, pois o que acontece é que freqüentemente elas pagam mais imposto do que as classes de renda alta. Uma das razões é que são impostos indiretos, não se pode sonegar. Então, o indivíduo está isento do imposto de renda e pensa que com isso não está pagando imposto. Está pagando e esse imposto pesa proporcionalmente mais no seu orçamento do que no das classes de renda média e alta, pois o custo da alimentação para ele é uma parcela muito maior do seu orçamento. O assunto está atrasado: não esquecer que um projeto deixado pelo governo Geisel para o governo Figueiredo era sobre estímulos à produção e ao consumo de bens de consumo populares. Há, evidentemente, o propósito de, mais adiante, poder reduzir a carga tributária.

Os anos 1990 decorreram sob o signo das reformas e do "Consenso de Washington".

Quando começamos o Fórum, tínhamos consciência de que para sair da crise global precisávamos, antes de tudo, controlar a hiperinflação e realizar certas reformas econômicas necessárias aos bons fundamentos da economia. Eram necessárias certas liberalizações, como abertura às importações, privatização e desregulação, iniciativas que fazem parte do Consenso de Washington e que geravam grande debate ideológico. Essas reformas, ou transformações, obviamente têm de ser entendidas como necessárias, mas não suficientes para a retomada do crescimento, diversamente do que acreditavam alguns dos chamados "neoliberais". Toda a América Latina embarcou nessas reformas, alguns países até mais do que o Brasil, e, no entanto, foi uma época de baixo crescimento para a região. Porque só se fez o início da travessia.

Os próprios formuladores da expressão "Consenso de Washington" já falam em "Pós-Consenso de Washington", lembrando que nada há de errado com as propostas do consenso, pois, em sua maioria, não têm ideologia, apenas dizem respeito aos bons fundamentos na economia. Só que não são suficientes para retomar o crescimento. Precisamos de políticas sociais muito mais ativas de combate à pobreza. O Banco Mundial concorda com isso e, mais recentemente, até o FMI começou a falar em políticas de combate à pobreza. Nem tudo está perdido.

Segundo a sua percepção, qual seria um novo modelo de desenvolvimento para o país?

A partir dos anos 1980, o modelo de desenvolvimento dos anos 1970, que era uma evolução do antigo modelo nacional-desenvolvimentista, deixou de ser eficaz e nada foi colocado no lugar. Nesse período, predominou o imediatismo. Os anos 1980 eram caracterizados pela situação de *no model, no policy*, quer dizer, não havia modelo, não havia políticas, porque estávamos caminhando para uma crise global e tentando sobreviver.

Mas achávamos que devíamos começar a pensar em um novo modelo e, na minha concepção, deveria continuar sendo um modelo de economia continental, mas voltado para a competição e a competitividade internacional. Deve o Brasil adotar um modelo exportador, como o dos países da Ásia? Minha resposta é não. Brasil, Estados Unidos serão sempre economias continentais. Mas os Estados Unidos já superaram a fase que estamos procurando superar e demoraram décadas para fazer do comércio exterior uma grande fonte de renda e emprego, sem perder as características de uma economia continental. As exportações, como percentagem do PIB, nos Estados Unidos, devem estar na ordem de 15%, e na Coréia, de 35% a 40%, mas para chegar a isso levaram 40 anos. Creio que também o Brasil tem de continuar aumentando o percentual do seu comércio exterior, mas sem perder de vista que é uma economia continental, assim como Rússia, Índia e China.

Ao formular uma estratégia de desenvolvimento, o país precisa se preocupar com um aumento de produção para atender tanto ao mercado interno quanto ao externo. É o modelo de mercado dualista, e que constitui o chamado dilema da economia continental. Isto porque há uma tendência das empresas, inclusive multinacionais, de cuidar principalmente do mercado interno, levando a uma tradição de exportações anticíclicas: se há problemas com a demanda interna, elas se lançam a todo vapor nos mercados externos. Mas quando a demanda interna se recupera, o esforço de exportações diminui. Deve-se cuidar permanentemente das exportações, num contexto de aumento do fluxo total de comércio. As empresas têm de pensar simultaneamente no mercado interno e externo. Porque, do contrário, nunca se alcançará uma situação de balanço de pagamentos sustentável. Na prática, significa ter três fontes de crescimento e cuidar das três: expansão da demanda interna, expansão das exportações e substituições das importações.

No novo modelo, fala-se em substituição competitiva de importações. Só se substituem importações quando formos potencialmente competitivos em uma certa linha de produto. Então, mesmo a substituição de importações obedece a requisitos. Não podemos cometer certas irracionalidades do passado. Por outro lado, medidas tópicas de apoio à exportação não resolvem. É preciso haver uma estratégia instrumentada em políticas muito claras. Mas não se deve esquecer que a inserção na globalização envolve riscos. Durante algum tempo se falou no Brasil na idéia de um modelo alternativo de inserção internacional que não implicasse esses riscos. Acontece que não existe.

NÃO EXISTE ALTERNATIVA À GLOBALIZAÇÃO?

A não ser que se fechem as fronteiras econômicas do país. Mas temos de reconhecer os principais riscos. Do ponto de vista econômico, o risco é ficarmos cada vez mais defasados em relação aos desenvolvidos, se não dominarmos os novos paradigmas industrial e tecnológico. Também há risco social, pois podem gerar-se novas formas de exclusão. Ou seja, não há modelo alternativo, mas há diferentes maneiras de fazer a inserção na globalização. Gosto de citar aos meus alunos da EPGE o velho ditado chinês que Deng Xiao-Ping repetia: há nove formas de esfolar um gato. Então, temos de procurar a alternativa que permita crescimento econômico e desenvolvimento social, e isso sempre vai depender da presença do Estado e da sociedade. O mercado sozinho não vai resolver a questão. Quando se fala em globalização, não se pode deixar a definição das estratégias relacionadas a essa inserção ao sabor do mercado. Porque há valores envolvidos e quem pode cuidar de valores é o Estado, a sociedade. Não se pode esperar que o mercado passe agora a ter preocupações explícitas com as novas formas de exclusão social – já se fala até em exclusão digital, hiato de conhecimento. Cada avanço que se faz tecnologicamente significa o aparecimento de uma nova forma de exclusão. Então, a gente vê que até para fazer a inserção na globalização precisamos estar atentos aos valores.

Cada país tem de definir a sua estratégia, mas não pode perder o "trem da história". Lembro-me de um artigo que o Simonsen escreveu para a *Veja*, no meio daquela crise global de meados dos anos 1980, dizendo que o Brasil tinha perdido "o trem da história". Foi um artigo de muita repercussão e ele tinha razão. Não se pode ficar de costas para a realidade e achar que, com isso, estamos resolvendo qualquer problema. Não, você apenas não está vendo os problemas.

O Brasil está passando por um processo de mudança e a idéia básica de voltar-se para a competição e a competitividade já aconteceu. Pode-se dizer que temos evoluído para um novo modelo de desenvolvimento e que adquirimos consciência da importância da competitividade. Mas acho que ainda não encontramos o caminho certo para superar o dilema da economia continental. Ainda estamos procurando a forma de ter uma expansão contínua do comércio exterior. O desempenho das exportações na década passada não foi bom e ainda temos os problemas do custo Brasil e aqueles relacionados com a integração de política industrial, tecnológica e de comércio exterior. E muitos outros temas, proativos na evolução para um novo ciclo de crescimento sustentado.

Na segunda metade da década passada, houve o que eu chamo de dúvida "hamletiana" da parte do governo sobre se devia ou não ter política industrial. Ora achava que podia ter apenas políticas industriais horizontais, ora achava que podia ter também uma política industrial vertical. Ou seja, nos anos 1990, todos os governos tinham a consciência da necessidade de desenvolver a competitividade, mas houve realmente hesitação na hora das políticas. E ficamos com uma política industrial que era apenas de parte do governo. Creio que no atual governo não vai haver mais essa dúvida. Quer dizer, o governo Lula aceita plenamente a idéia de política industrial, inclusive políticas verticais setoriais. Mas até o final do governo anterior havia dúvidas.

No Fórum de 2003, uma das coisas mais destacadas é que todos os países fazem política industrial, a começar pelos Estados Unidos, Japão, União Européia, cada um dentro das suas características. Por exemplo, os Estados Unidos usam parte do orçamento do Ministério da Defesa, que antes da guerra com o Iraque, iniciada em março de 2003, era de cerca de US$400 bilhões, para pesquisa tecnológica, voltada para a área de defesa, mas que serve à indústria em geral. A Europa é mais explícita.

O receituário puramente liberal – ou neoliberal, como se diz – não gosta da idéia de políticas verticais, ou seja, de políticas setoriais. Mas, na maioria, as decisões de apoio à indústria que vêm hoje de qualquer governo são setoriais, ou estão voltadas para o que se chama de *clusters,* de aglomerados industriais. Parece haver uma convergência muito grande no sentido de que políticas setoriais ou de *clusters* são indispensáveis, desde que se esteja atento à questão da competitividade internacional. Não há por que promover setores que vão atuar apenas internamente. É o que os economistas chamam de vantagens comparativas dinâmicas. Há ainda que levar em conta que precisamos também controlar resultados, ter metas, ter objetivos bem definidos.

O GOVERNO SARNEY MONTOU AS CÂMARAS SETORIAIS, DESCARTADAS NO GOVERNO FERNANDO HENRIQUE, NÃO?

Mas no governo Fernando Henrique começou a haver os fóruns de competitividade, voltados para cadeias produtivas e complexos tecnológicos, que tinham a mesma função das câmaras setoriais.

AS CÂMARAS SETORIAIS REUNIAM REPRESENTANTES DO GOVERNO, DE EMPRESÁRIOS E DE TRABALHADORES. A CRÍTICA QUE SE FAZIA É QUE ALI ACABAVA PREDOMINANDO A OPINIÃO DOS EMPRESÁRIOS E QUE, ALÉM DISSO, ELAS SERIAM UM ESTÍMULO AO CORPORATIVISMO.

Essas câmaras são mecanismos de consulta e o governo depois formula as políticas e as estratégias que julgar mais adequadas. Essa é, aliás, uma prática antiga no Brasil. Vamos lembrar os grupos executivos do Plano de Metas e depois o Conselho de Desenvolvimento Industrial (CDI), subordinado ao MIC. Esses grupos executivos haviam sido criados no governo Juscelino como um mecanismo paralelo, porque a burocracia governamental não era considerada capaz de tomar decisões rápidas. Quando veio a reforma administrativa de 1967, evitou-se esse tipo de procedimento e os grupos executivos foram colocados no âmbito do CDI.

O problema do *rent-seeking* sempre existe, mas isso não deve levar o governo a não fazer consultas. Nenhum governo faz mais consultas do que o atual, que é um governo de origem popular. Existem fóruns em todas as áreas. Isso é bom, desde que não leve a uma paralisia decisória. Agora, obviamente, há que estabelecer o primado do interesse público. E, para isso, é preciso dispor de boas instituições, senão haverá sempre o *rent-seeking*, com ou sem grupos executivos ou câmaras setoriais.

NÃO SEI SE SOMOS ESCRAVOS DA TRAJETÓRIA, MAS DE TODA FORMA O BRASIL TEM UMA TRADIÇÃO DE ESTADO ATUANTE NO PROCESSO DE DESENVOLVIMENTO.

Nos anos 1990, o Estado foi bastante ativo. Por motivos ideológicos, ele se autolimitava com relação a certos temas, como acabamos de ver, mas era uma autolimitação. O setor privado – principalmente na área industrial – estava pedindo, o governo é que não quis fazer políticas setoriais, planejamento estratégico.

Por que esse cuidado?

Foi o conflito ideológico que o José Roberto Mendonça de Barros tornou muito claro quando saiu da Secretaria de Política Econômica do governo Fernando Henrique. Havia um conflito ideológico e o governo estava tentando evoluir, superá-lo. E evoluiu bastante porque, muitas vezes, o BNDES tomou a iniciativa, independentemente de haver ou não uma política definida, e fez políticas setoriais. De modo que quem tem os instrumentos, se quiser, faz na prática as políticas acontecerem, mas dependia da gestão do BNDES, que era mais ou menos ativa, dependendo de quem era o presidente, a diretoria.

Em 2002, no XIV Fórum, o José Roberto apresentou, juntamente com economistas do BNDES, uma proposta de política industrial, com todas as letras – porque há os subterfúgios para evitar conflitos abertos. Está no livro *Brasil e a economia do conhecimento*. Enquanto esteve na Secretaria de Política Econômica, o José Roberto usava expressões como "política de competitividade". Mas não vamos nos prender a questões semânticas.

A grande novidade dos anos 1990 foi o Plano Real.

Sabidamente deu certo e teve o efeito de tornar a estabilidade um valor social, principalmente a partir de quando se mostrou que quem mais sofria com aquela inflação bárbara eram os pobres. A primeira idéia do plano foi que a estabilização de preços se realizasse sem recessão e sem choques. E isso aconteceu. O segundo elemento foi a criação de uma espécie de moeda intermediária, a URV. Por quê? Para permitir o realinhamento dos preços, porque, quando se tem inflação desbragada, os preços ficam desalinhados. E se fez o alinhamento através de uma correção pelo dólar, uma moeda que tem cotação diária. Então, ao fim de algum tempo, praticamente todos os preços estavam alinhados. Depois vinha a etapa do real propriamente, ou seja, uma reforma monetária, uma nova moeda com dia marcado para acontecer. E por que todo esse procedimento? Porque, diferentemente dos outros planos, tudo foi feito com aviso prévio. Não houve choques.

Vamos tomar o exemplo mais famoso, que é uma imagem do James Tobin, prêmio Nobel de Economia em 1981. Ele formulou a coisa nos seguintes termos: imaginemos um grande estádio, no nosso caso, o Maracanã. Há 180 mil pessoas assistindo a um jogo, mas as pessoas que estão no banco da frente começam a se levantar, o que prejudica quem está atrás, e assim por diante. Até que todo mundo fica de pé, porque, é claro, todos se defendem. Então, como fica essa situação? Todo mundo está vendo mal e todo mundo está de pé. Se houver um esquema pelo qual se faz soar um apito e, ao som do apito, todo mundo senta, todos vão assistir ao jogo com mais conforto. Ou seja, ninguém perdeu nada, todo mundo ganhou, e a diferença é que agora está todo mundo sentado. No caso da indexação numa inflação bárbara, as posições relativas vão continuar as mesmas se todo mundo fizer lá a sua indexação pela URV. Num determinado momento, não existe mais o cruzado, passa a haver o real e a conversão é instantânea, pois os preços estão alinhados. Vem a estabilidade, parece um toque de mágica, mas deu certo. Foi brilhante. Fizeram o que Simonsen e eu, por exemplo, estávamos querendo fazer e não conseguimos, usamos apenas um paliativo. Faltava o Plano Larida, ou algo semelhante.

Isso parece, como diria o Nelson Rodrigues, o "óbvio ululante". Mas o impressionante é que tivemos antes tantos planos econômicos sem resultados positivos.

Porque eram feitos através de choque e incorriam em dois problemas. O primeiro é que os economistas mais ligados à linha ortodoxa não acreditavam que a indexação fosse obstáculo ao combate à inflação. Numa reunião do Conselho da Confederação Nacional da Indústria, ao qual eu pertencia, realizada no começo dos anos 1980, perguntei a um presidente do Banco Central: "E o problema da indexação, como vai ser tratado?" Ele disse: "Não, isso não constitui problema. Nós vamos usar a política fiscal e principalmente a política monetária para acabar com a inflação." Só que não acabou. No final do governo Figueiredo, houve um grande esforço no sentido do ajuste fiscal, de estabilizar a inflação. O déficit operacional ficou reduzido a 2% do PIB, mas a inflação no final de 1984 estava em 220% ao ano. Foi o melhor que se pôde fazer, mas o problema da indexação, em si, não foi resolvido.

O segundo tipo de problema veio quando foram feitos o Plano Cruzado e os choques seguintes. De repente, aplicava-se um novo plano, só que todo mundo já estava esperando e, naturalmente, dentro de pouco tempo não estava mais funcionando. Com ou sem congelamento, os preços continuavam subindo porque não havia uma política fiscal adequada e os agentes econômicos tinham aprendido a se defender. Então precisou-se fazer a mágica da proposta Larida, principalmente na versão do André Lara Resende. Ali havia a idéia das duas moedas, uma indexada e uma não-indexada. E, evidentemente, a não-indexada tendia a desaparecer.

Quando a surpresa do choque é esperada, é como esperar um ladrão. Se temos fortes razões para desconfiar que vão tentar assaltar a nossa casa no dia 12 de janeiro, entre 18h e 20h, tomamos providências. Nesse sentido, era comum uma alta preventiva de preços. Cada um se defendia como podia. Então, o Plano Real aboliu a idéia de choque.

Outro componente do Plano Real foi a conversão de salários. Utilizou-se a regra de conversão pela média, o mesmo que previa a chamada fórmula salarial do Paeg em 1964 e que, naquele tempo, foi considerada por muitos economistas e por toda a oposição ao regime militar uma forma de achatamento dos salários. Queriam o aumento pelo pico. Só que esse argumento não levava em conta que, em momentos de inflação alta, esse pico só é válido durante um certo momento. Ao longo do mês, o salário vai perdendo substância em termos reais. Logo, na verdade, o salário que se recebia não era o pico, era a média. Essa coisa, também óbvia, é que fez com que os economistas que prepararam o Plano Cruzado e o Plano Real propusessem fazer a conversão salarial pela média. E havia outro requisito, o ajuste fiscal duradouro. Em geral, no ano inicial se fazia um ajuste fiscal preventivo, só que nos anos seguintes não mantínhamos o mesmo esforço e a conseqüência eram os déficits primários.

Hoje todo mundo discute se o superávit primário de 4,35% que o governo fixou para o ano de 2003 é alto, é baixo, é adequado. Nos anos seguintes ao Plano Real, o saldo primário das contas do setor público no Brasil foi negativo. Só a partir da crise de 1998 é que passamos a ter metas de superávit primário. E qual é a importância prática disso? É que superávit primário é a forma de gerar recursos para pagar os juros da dívida do governo. Se o saldo é negativo, não há recursos para pagar esses juros e aí temos de fazer dívida para pagar juros, primeiro passo para formar uma bola de neve. Em termos técnicos, aumenta a relação dívida líquida/PIB.

Além do Plano Real, qual a transformação mais importante da década de 1990?

Trata-se do novo paradigma industrial e tecnológico, que faz parte do mesmo processo que envolve aberturas econômicas e globalização. Por quê? Sem abertura, não há a globalização produtiva. É pela abertura que vamos ter mais importações, que não só trazem o resultado de novas tecnologias, como também forçam as empresas do país a absorver o novo paradigma tecnológico. E, de outro lado, a globalização em si universaliza o novo paradigma industrial e tecnológico, superior ao anterior e mais eficiente. Que vem a ser esse novo paradigma? Remete a três idéias básicas. A primeira é a de um novo modelo de produção; a segunda é a de novos métodos de *management*, de gestão empresarial; e a terceira é a produção por redes, os *networks* entre empresas montadoras e fornecedoras, dentro da mesma empresa, ou entre matriz e subsidiárias. Há também redes entre grandes e pequenas empresas, o que é importante para a modernização destas.

Quanto ao novo modelo de produção, temos de assinalar que se trata, na verdade, do fim de uma era industrial. Em fins do século XIX, começo do século XX, tivemos o início da era da produção em massa e o chamado paradigma fordista. Significava essencialmente o quê? Produção em massa para reduzir custos, o que tecnicamente se chama de economia de escala, isto é, produção em massa de produtos homogêneos. Quando comecei meus estudos em Yale, em 1962, trabalhos da época sobre escalas econômicas mostravam que, para o setor automobilístico, a escala de produção econômica era da ordem de 200 mil unidades. Ou seja, escalas inferiores a isso eram antieconômicas. Só que, naquela época, nem toda a produção brasileira somava 200 mil unidades. Chegamos ao fim desse modelo e passamos agora a outro baseado na idéia de produção flexível e diferenciada, produção por lotes, de tamanho maior ou menor. Pode-se ter a produção por lotes sem perder significativamente em termos de custos e, por outro lado, pode haver a diferenciação de modelos.

Nos novos métodos de *management*, passou-se a falar de qualidade total, pois até então só se falava em controle de qualidade. Ao longo de todos os estágios da produção industrial, planejada por computadores, fica presente a idéia da qualidade total, de um certo padrão de qualidade que deve ser observado em todas as etapas do processo produtivo, reduzindo ao mínimo os rejeitos. A idéia dos novos métodos é também reduzir a um mínimo o tempo de entrega, o *just-in-time*, e também reduzir os estoques. Não é necessário manter estoques porque o suprimento se faz no momento certo.

Antigamente os aparelhos de televisão tinham garantia de um ano. Na Copa do Mundo de 1994, uma marca japonesa ofereceu garantia de quatro anos, até a Copa seguinte. Os fabricantes partiam da idéia de que os defeitos que iriam surgir seriam inexpressivos. O objetivo era "defeito zero", em lugar dos 15% ou 20% ou 10% que eram geralmente aceitos. No tempo do Henry Ford, comprava-se um carro da Ford de qualquer modelo, de qualquer cor, desde que fosse preto e *model T*. Como no ditado: "Pode casar com quem quiser, desde que case com a Maria." Hoje isso mudou. Há condições de fugir daquela ditadura da escala de produção em massa, produzindo em menores quantidades, variando os modelos, fazendo o que os economistas chamam "diferenciação do produto". O paradigma fordista de produção em massa de um produto homogêneo acabou. Li certa vez a descrição de uma fábrica da Benetton, localizada relativamente perto de Roma: recebia pedidos de toda a Europa. Eles entravam na programação do computador e logo em seguida eram atendidos: pedidos em diferentes quantidades, para inúmeros tipos de modelos, de inúmeros produtos. Às vezes, é necessário interagir com a máquina, ou seja, o novo paradigma exige uma qualificação maior do trabalhador.

O IMPACTO DESSAS MUDANÇAS FOI MUITO GRANDE SOBRE O TRABALHO. SAIR DA MÃO-DE-OBRA INTENSIVA PARA A MÃO-DE-OBRA ESPECIALIZADA E FLEXÍVEL, NÃO É?

E o que está por trás disso? As tecnologias genéricas como informática, computação, comunicações e, naturalmente, os novos métodos de gestão empresarial. E, em conseqüência desse novo paradigma, temos implicações muito importantes para as vantagens comparativas do país, ou seja, as coisas em que o país se especializa, as linhas de exportação que adota. Segundo a linha tradicional do comércio internacional, havia o que se pode chamar de vantagens comparativas naturais. Os países tenderiam a se especializar naqueles produtos em que têm vantagens relativas em relação a outros países. Essas vantagens derivariam de fatores naturais: capital, mão-de-obra, variando de país para país. A disponibilidade natural determinaria as especializações.

Hoje entende-se que cada país tem capacidade de criar vantagens comparativas, através de diversas formas, usando o conhecimento. Todas as novas tecnologias, novos métodos de *management*, *design*, *engineering* e marketing fazem parte da diferenciação. E tudo isso é importante quando se negocia no âmbito internacional. O Brasil está discutindo um acordo com a União Européia para uma zona de livre-comércio e está discutindo a Alca, um acordo de livre-comércio nas Américas. Nessas negociações, temos de levar em conta não só as vantagens comparativas que temos em decorrência de nossa dotação natural de fatores, mas também as potenciais, inclusive aquelas que podemos desenvolver através do conhecimento, da tecnologia, dos elementos trazidos pelo novo paradigma, que foi ampliado e hoje se chama "economia do conhecimento".

Outra implicação do novo paradigma é a idéia da empresa inteligente. Sobre isso, há um livro importante do James Brian Quinn, *Intelligent enterprise*,[175] ainda nos anos 1990, que diz que a empresa deve se concentrar nas suas competências específicas, ou seja, naquilo que ela pode fazer com padrão internacional. E as outras coisas ela vai contratar com outras empresas, para isso usa o sistema de redes, os *subcontrating networks* (terceirização). Há exemplos famosos como a Boeing, que desenvolve a concepção de um modelo de avião, mas faz muito pouco do avião em si. Tudo mais é o chamado *global sourcing*: subcontrata empresas em todo o mundo, que produzem as peças e ela faz a montagem. A Embraer faz a mesma coisa. A Apple fez isso em relação ao computador pessoal, o microcomputador. Desenvolveu a concepção e definiu que só ia produzir certos componentes. O resto foi subcontratado, o que aqui no Brasil se chama de terceirização. De modo que temos uma empresa diferente da tradicional, com implicações para o comércio internacional. De um lado, a importância crescente da concorrência imperfeita, ou seja, de produtos que não são *commodities*, que não são homogêneos, são diferenciados. É uma concorrência imperfeita porque, se a empresa, por uma questão de tecnologia, de *design* e até de marketing, consegue convencer o mercado de que o seu produto é diferente, ela não precisa cobrar o mesmo preço dos concorrentes, pode cobrar um prêmio, mas sem perder clientes. Se tivéssemos produtos homogêneos, no momento em que uma empresa passasse a cobrar mais, iria experimentar um problema de vendas, pois a tendência seria todos os bem-informados – porque às vezes é um problema de informação – comprarem de quem está vendendo mais barato. Por isso se chama concorrência imperfeita.

Outra característica do comércio internacional é o chamado comércio intra-indústria, ou seja, dentro do mesmo setor, e intra-empresa – dentro da mesma empresa, o tipo de comércio que prevalece nos países desenvolvidos. Se examinarmos o grosso do comércio entre Estados Unidos, Europa e Japão, veremos que se dá dentro de um mesmo setor ou da mesma companhia. O Brasil hoje já tem, no seu comércio com os Estados Unidos, essa característica: uma importância muito grande do comércio intra-indústria e do comércio intra-empresa. Tudo isso deve ser considerado na hora em que se fazem as políticas de comércio exterior do país.

---

[175] QUINN, James Brian. *Intelligent enterprise*. New York: Free Press, 1992.

O Brasil tem política de comércio exterior?

Está procurando montar. Acho que depois que se criou a Câmara de Comércio Exterior (Camex), em 1995, e o Ministério do Desenvolvimento, Indústria e Comércio Exterior, em 2000, evoluímos bastante nesse sentido. E o ministro Furlan está querendo avançar mais, só que é importante guardar a idéia de que as políticas industrial, tecnológica e de comércio exterior devem ser integradas: fazem parte da política geral de competitividade internacional, que distingue o novo modelo do antigo modelo. O antigo se preocupava com a competitividade de certos setores ou complexos produtivos, fundamentais para uma boa política de exportações. O novo implica a idéia dessa política geral de competitividade – o maior número possível de setores ou complexos.

A Lei Kandir[176] foi importante mesmo nesse sentido?

Foi. Teve relevância porque uma das coisas que têm significação é a chamada "isonomia competitiva", ou seja, os produtores nacionais devem operar em igualdade de condições com os concorrentes. E um dos nossos problemas é a tributação em cascata que incide sobre o faturamento.

Como o senhor avalia os resultados da abertura econômica dos anos 1990?

Na verdade, é bom falar em aberturas: abertura de importações, abertura do Investimento Direto Externo (IDE) e, até, abertura aos fluxos externos de capital. As duas primeiras são essenciais à política geral de competitividade. A terceira significa estarmos ligados à globalização financeira, que hoje é instantânea, pois se faz através de computadores e inclui os fluxos de capital de curto prazo, o *hot money*.

No tocante à abertura às importações, houve uma reação rápida por parte das empresas industriais, que passaram a fazer um esforço para adotar o novo paradigma industrial, mas ainda de um ponto de vista principalmente defensivo, ou seja, resistir ao avanço das importações. E agora, mais recentemente, há um certo esforço no

---

[176] A Lei Complementar nº 87, de 13-9-1996, também chamada de Lei Kandir, prevê, entre outras coisas, a desoneração do pagamento do ICMS das exportações de produtos industrializados semi-elaborados e de produtos primários, e formas de compensações aos estados e municípios em caso de perda de arrecadação decorrente dessa medida.

sentido de ter estratégias mais ofensivas, de absorver novas tecnologias, de sair em busca de novos mercados, de procurar definir estratégias de inserção internacional, baseadas em pontos diferenciados, que permitam a obtenção de prêmios nos preços cobrados. O Fórum tem-se voltado para esse esforço.

Sobre a abertura do nosso mercado, na gestão do Bresser como ministro da Fazenda,[177] já tinha havido algumas medidas iniciais de liberalização do comércio exterior brasileiro, mas a verdade é que foi no governo Collor que se fez a liberalização em massa das importações. De 1990 a 1994, a tarifa média sobre importações caiu de mais de 50% para 13%. Ao lado disso, houve, unilateralmente, a eliminação de todas as barreiras não-tarifárias. Isso foi o essencial de nossa abertura, mas convém registrar que houve uma antecipação do cronograma, inclusive por motivos que não me parecem válidos, e que estavam relacionados com a idéia de conter a inflação. Não se pode usar mudança de tarifa com esse objetivo. Há um estudo do Renato Baumann, da Cepal,[178] mostrando que nesse período 85% das tarifas foram modificadas. E algumas delas foram modificadas várias vezes, criando uma situação de grande instabilidade tarifária. Isso é um negócio muito complicado porque evidentemente o nível tarifário define a rentabilidade de um projeto. Como a empresa vai poder se programar? Nos Estados Unidos as tarifas são estabelecidas, em geral, pelo Congresso Nacional. Para fazer uma mudança, é preciso a autorização do Congresso. E, aqui no Brasil, alteravam-se tarifas, primeiro por lei e depois por portaria do ministro da Fazenda.

Outro problema que se costuma assinalar é que foram desmontados todos os mecanismos de defesa da produção industrial brasileira, como o sistema *antidumping*, as salvaguardas e até as entidades que cuidavam disso. A Cacex, por exemplo, que era uma carteira do Banco do Brasil e, por isso, tinha flexibilidade de gestão, foi extinta e suas atribuições passaram para uma diretoria dentro de uma secretaria do Ministério da Economia, ou seja, um órgão de administração direta sujeito a toda a rigidez e aos níveis salariais da administração direta.

Se avaliarmos bem, o que aconteceu efetivamente do ponto de vista macroeconômico? O saldo da balança comercial brasileira passou de um superávit de US$13,3

---

[177] Bresser-Pereira foi ministro da Fazenda de 29 de abril de 1987 a 18 de dezembro de 1987, durante o governo José Sarney,

[178] BAUMANN, Renato; RIVERO, Josefina; ZAVARTIERO, Yohana. As tarifas de importação no Plano Real. *Pesquisa e Planejamento Estratégico,* Rio de Janeiro, v. 27, n. 3, p. 541-586.

bilhões em 1992 para um déficit de US$6,8 bilhões em 1997. Passamos de um grande superávit para um grande déficit. E, se tínhamos déficit grande na balança comercial, imagine na conta corrente, que inclui o déficit de serviços – frete, seguros, juros, *royalties*, remessa de dividendos. Outro ângulo pelo qual a gente pode ver o processo de abertura é pelo aumento das importações e das exportações. Naquele mesmo período, ou seja, entre 1992 e 1997, as importações aumentaram 284% e as exportações, 167%.

Pode-se examinar o efeito dessa evolução do comércio exterior brasileiro por complexos industriais. Estudos do Ipea mostram que, ao longo da década, houve uma retração nos complexos têxtil, metal-mecânico – principalmente componentes, por exemplo, autopeças e componentes da área eletrônica – e químico, neste caso principalmente produtos finais. Por outro lado, houve uma expansão nos complexos de construção e agroindústria. Esse resultado nos revela alguma coisa. Na agroindústria, significa a transformação do setor primário. É realmente extraordinário o que aconteceu no agronegócio brasileiro, que hoje fornece grandes saldos comerciais e, em grande parte, é responsável pela recente virada da balança comercial. Mas, em geral, na indústria, e particularmente naqueles três complexos que mencionamos, houve regressão: têxtil, metal-mecânico e químico. Então, no setor secundário estamos perdendo: a participação da indústria caiu ao longo dos anos 1990.

Mas deve-se reconhecer que não houve uma desindustrialização do Brasil, apesar da forma como a abertura foi feita.

ESSE DÉFICIT TÃO GRANDE NA BALANÇA COMERCIAL, AO LONGO DOS ANOS 1990, NÃO SE DEU, EM PARTE, TAMBÉM PORQUE IMPORTAMOS PARA MODERNIZAR O PARQUE INDUSTRIAL BRASILEIRO?

Sim, até certo ponto. E houve um fator importante: a taxa de câmbio foi mantida quase constante, no período posterior ao Plano Real. Mas, para responder melhor à pergunta, devemos referir que há estudos que tomam dois momentos da situação da indústria brasileira: por volta de 1984[179] e inícios dos anos 1990.[180] Por eles, obser-

[179] CASTRO, Paulo Furtado. Abertura econômica, investimento estrangeiro e desnacionalização: comentário. In: VELLOSO, J. P. dos Reis (Org.). *Como vão o desenvolvimento e a democracia*. Rio de Janeiro: José Olympio, 2001.

[180] COUTINHO, Luciano; FERRAZ, João Carlos (Orgs.). *Estudo de competitividade da indústria brasileira*. Campinas: Papirus, 1994.

vamos que ao longo dos anos 1980, por tudo que vimos, houve realmente uma grande perda de competitividade. Agora, o que se deve avaliar não é se o Brasil devia ou não fazer a abertura, mas se o fez de forma adequada, ou seja, minimizando os efeitos prejudiciais sobre a indústria brasileira. Também podemos perguntar se a abertura teria sido tardia. Faço referência a isso porque há um trabalho do Ipea, de 1985, que já propunha se iniciasse a abertura naquele momento.[181] E fazia sentido, porque o Brasil estava com um grande superávit comercial. Estávamos na época dos megassuperávits.

O Bresser, durante o governo Sarney, acordou para o assunto, deu instruções ao presidente do Conselho de Política Aduaneira (CPA), o José Tavares, para que fizesse estudos, e começou a tomar algumas medidas, mas, como vimos, só no governo Collor aconteceu a abertura em grande escala. Ainda quanto à abertura econômica, a segunda indagação é se aquele prazo de quatro anos, que foi encurtado, não foi muito pequeno. Por exemplo, a Coréia fez a sua abertura ao longo de um período de 10 anos, de modo a poder fortalecer os setores que estavam sendo atingidos.

Outra questão é se a abertura foi sustentável. Acabamos de ver a brutal diferença entre o aumento das importações e o aumento das exportações, o que coloca dúvidas sobre sua sustentabilidade. O objetivo de uma boa política de comércio exterior deve ser aumentar tanto as importações quanto as exportações. Mas se temos as importações crescendo muito mais rapidamente do que as exportações, como aconteceu ao longo da década de 1990, vê-se que não foi sustentável e começamos a ter uma vulnerabilidade externa muito grande. O Brasil passou a apresentar déficits na conta corrente, da ordem de 4% a 5% do PIB, o que não se consegue financiar durante mais do que, digamos, dois a três anos. Porque o resto do mundo não está disposto a financiar déficits dessa magnitude. E, se financiar, surge o problema do endividamento externo muito rápido. É claro que alguém pode achar bom porque, com isso, se está importando poupança. Mas não foi à toa que o Brasil, em 1998, caminhou para uma crise externa de enormes proporções. Houve a crise da Ásia, em países que tinham déficit em conta corrente da mesma ordem do Brasil, como a Tailândia. Foi lá que começou a crise da Ásia. E, de repente, aquele modelo asiático, que era a maravilha do mundo, começou a ter problemas. Depois veio Rússia, Brasil.

---

[181] IPEA/INPES. *Perspectivas de longo prazo da economia brasileira*. Rio de Janeiro: Ipea, 1985. Parte II.

Quer dizer, realmente correm-se riscos muito grandes e talvez desnecessários. Agora, se perguntarmos se houve ruptura da indústria brasileira, a resposta é não, porque a indústria reagiu rapidamente. Mas assim mesmo houve efeitos muito fortes sobre certos setores e sobre certos complexos industriais. Talvez a maior aberração seja que o Brasil passou a ser um grande importador de algodão. Desde a época da Colônia, o Brasil era um exportador desse produto, de repente virou importador.

Por que o Brasil passou a importar algodão?

Porque a concorrência de países da Ásia dizimou a produção no Brasil, até que, através de esforço da Embrapa e dessa fonte quase inesgotável de expansão da fronteira agrícola brasileira, o cerrado, conseguimos produzir algodão no Centro-Oeste. Quando se falava de produção de algodão no Brasil, pensava-se sempre em Nordeste ou São Paulo, mas a expansão veio do Centro-Oeste. E hoje o Brasil já não importa mais algodão.

E os impactos desse novo paradigma sobre o emprego e a produtividade?

Há uma literatura vasta, principalmente a partir de 1996, 1997, sobre os enormes aumentos de produtividade na indústria de transformação brasileira nesse período. Por que ocorreu isso? Porque a primeira reação das empresas, ao absorver o novo paradigma, foi dispensar gente: houve redução de emprego e aumento de produtividade de 1,8% na mão-de-obra empregada. O que é pouco se compararmos com as décadas anteriores a 1980, quando a média de crescimento da produtividade foi superior a 4% ao ano.

O que se verifica é que, nos anos 1990, houve aumento de produtividade na indústria, mas com expulsão de trabalhadores para setores de produtividade mais baixa e para o mercado informal, que se tornou um fenômeno impressionante e ainda não sabemos como resolvê-lo. Dados recentes do IBGE, divulgados pela imprensa, mostram que mais de 70% dos empregos criados em São Paulo, no primeiro semestre de 2003, estavam no mercado informal. E sabemos como é mercado informal. Pode haver certas áreas em que há uma boa remuneração para o trabalhador, mas é exceção. Em geral, o mercado informal é composto pela microempresa ou pelo indivíduo que tenta resolver o seu problema de geração de renda de qualquer jeito. É só ver, aqui no Rio, as ruas Sete de Setembro e do Ouvidor, permanentemente ocupadas por camelôs. Isso é um fenômeno que não existia no Brasil até o final dos anos 1970, quando havia grande geração de emprego na indústria, na área de serviços modernos e assim por diante.

O Fórum avançou na discussão sobre qual formato deveria ter o Estado para responder a tantos desafios?

Houve uma tentativa de ter um novo modelo de Estado e nós, no Fórum, lançamos a idéia do Estado inteligente, o Estado das ações estratégicas, que executasse menos, reduzisse a ação direta, principalmente nas áreas de infra-estrutura, e se concentrasse nas suas funções próprias, naquilo que é da sua própria natureza. Ou seja, procurava-se uma menor amplitude da ação do Estado principalmente no âmbito federal. Num país com a dimensão do Brasil, não faz sentido o governo federal estar envolvido na execução de programas de âmbito local. Buscávamos uma melhor definição de atribuições, bem como a descentralização, principalmente das políticas sociais. Esta última parte se tornou imperativa com a Constituição de 1988, que transferiu recursos da União para os estados e municípios sem transferir atribuições. Então, unilateralmente, o governo federal passou a efetuar a transferência de atribuições, o que fazia muito sentido. Houve até, na época em que o Bresser era ministro da Reforma Administrativa,[182] uma tentativa de implantação de um Estado gerencial. Isso se liga a todo um movimento que houve, principalmente nos Estados Unidos, de reinventar o governo. Essencialmente, a idéia era levar métodos de gestão da empresa privada para certos serviços de governo: preocupação com resultados, atenção ao cliente, espírito empresarial, ou seja, capacidade de iniciativa, superação daquela posição da burocracia tradicional. Alguma coisa se fez nesse sentido, mas a mudança, ainda em curso, se tornou complicada pelo fato de o governo estar fazendo um ajuste fiscal que significa, principalmente, reduzir dotações para outros custeios e investimentos. E, por motivos diferentes, não tem havido, talvez, o necessário esforço de reestruturação e redimensionamento de certos ministérios na área de infra-estrutura e na área social. Na área de infra-estrutura, por exemplo, talvez o Ministério das Comunicações, em função das privatizações, não precisasse ter a

[182] Bresser-Pereira esteve à frente do Ministério da Administração e Reforma do Estado (Mare) de janeiro de 1995 a dezembro de 1998.

mesma estrutura de antes. Também na área de educação, houve uma transferência de atribuições para estados e municípios, de modo que também poderia caber aí uma reestruturação do ministério correspondente.

O Estado brasileiro continua espaçoso?

Talvez, mas em certo sentido, foi o deflagrador do processo de transformações que ocorreram na época, embora não tenha desempenhado papel ativo na definição de uma nova política industrial, pelas razões que já vimos. Mas na área de infra-estrutura, em especial em telecomunicações, praticamente todo o sistema de estatais foi privatizado e o Estado passou a ter uma função de regulação. Hoje observa-se uma fricção dessas agências com os ministérios, pois o Brasil não tem tradição reguladora. É preciso definir bem o que é função do ministério e o que é função da agência reguladora, pois ainda não há uma consciência nítida do papel de cada um. Políticas setoriais, por exemplo, devem ser definidas pelos ministérios, são função do governo e não da agência reguladora, cuja tarefa é cumprir a regulação estabelecida para o setor privatizado.

Agora, o que aconteceu em transportes deixou muito a desejar, por ser enorme a deterioração de nosso sistema rodoviário, que era bom em geral. E há ainda problemas e dúvidas em relação à energia elétrica.

Resumindo, no geral, seu balanço dos anos 1990 não é apenas negativo?

A primeira observação que faria é que a década foi importante, principalmente, em dois sentidos. Em primeiro lugar, colocou a preocupação com a competitividade internacional no centro do modelo de desenvolvimento. No antigo modelo, o Brasil já vinha adquirindo competitividade em muitos setores, inclusive porque havia uma política de promoção de exportações que funcionava bem. Éramos grandes exportadores de automóveis, têxteis, calçados e assim por diante. Além disso, éramos exportadores de produtos primários, fossem eles agrícolas, agroindustriais ou minerais. Com o II PND, tornamo-nos exportadores em insumos básicos: siderurgia, petroquímica, papel, celulose, alumina. Ou seja, o Brasil era competitivo em grande número de setores industriais, pelo menos até o início dos anos 1980. Depois, como vimos, a situação se deteriorou, pois veio uma década da ausência de políticas e de inflação desbragada. O que se fez nos anos 1990 foi tentar estabelecer que o modelo se voltaria simultaneamente para os mercados interno e externo, embora, na prática, esse seja um esforço que está demorando a acontecer. O setor privado, inclusive as multinacionais, ainda tem, como vimos, muito daquela idéia anticíclica. Assim não se consegue uma economia internacionalmente competitiva em caráter permanente.

O segundo sentido em que a década foi importante foi ao consagrar a estabilização como valor social. Nos anos 1960 e 1970, a idéia era de relativa estabilidade de preços e, por isso, se trabalhava com uma perspectiva de inflação de até 20% ao ano. Hoje, a meta é muito mais rigorosa, um dígito, ou seja, menos de 10%.

Esses dois fatores a que nos referimos, a preocupação com a competitividade e o controle da inflação, são essenciais no mundo globalizado. Sendo isso verdade, pode-se dizer que a grande frustração da década foi não termos chegado ao crescimento sustentado. Nesse sentido, tivemos uma segunda década perdida, mesmo porque o crescimento médio do PIB foi de 2,6%. Parecido com o da década de 1980, que havia sido de 2,5%. Qual é a diferença? Há alguma diferença positiva se consideramos que a taxa de crescimento populacional caiu um pouquinho. Mas ainda estamos, praticamente, com a renda *per capita* estabilizada, enquanto sobe a dos concorrentes. E isso numa situação muito favorável do ponto de vista externo e de alto crescimento nos Estados Unidos. Do lado do emprego, produziu-se um mar de informalidade.

E por que não conseguimos ainda o crescimento sustentado hoje? Antes de tudo, na área de fundamentos ainda existem duas vulnerabilidades estruturais: o bloqueio fiscal e a vulnerabilidade do balanço de pagamentos, e isso está presente na percepção que analistas internos e externos têm do risco do país. Quer dizer, o problema do ano de 2002 não foi resultante apenas da questão de credibilidade política do candidato Lula ou da preocupação com sua possível vitória. Foi resultante também da ausência de políticas de competitividade integradas, pelo menos nas áreas industrial, tecnológica e de comércio exterior. Saliento que devem ser políticas integradas, porque é a única maneira de estimular o investimento para exportar, ou seja, sair das exportações anticíclicas e estimular a substituição competitiva de importações.

Temos ainda outro problema sério no tocante às estradas, o sistema ferroviário brasileiro está muito mal, e o sistema de portos também tem problemas graves. A área tributária é problemática. Quer dizer, aquilo que faz parte da chamada competitividade sistêmica deixa muito a desejar. Mas claro que não vamos poder esperar até que tudo isso esteja resolvido para retomarmos o crescimento. Pelo menos grande parte dessas coisas têm de ser feitas. Principalmente a superação das vulnerabilidades estruturais e a integração das três políticas que mencionei.

Temos também problemas na área das políticas sociais. Foi feito um grande esforço nos anos 1990, visando à revisão e à descentralização dessas políticas sociais. Mas houve também uma tendência, em grande parte motivada pela Constituição de 1988, de desenvolver programas sociais que "dão o peixe, mas não ensinam a pescar". Isto é, com caráter assistencial. Temos de considerar exceções, como a bolsa-escola, mas essa tendência levou a um enorme aumento nos gastos sociais, particularmente nas transferências para pessoas, causa básica do bloqueio fiscal que o Brasil enfrenta, conforme já foi assinalado.

Numa palavra, nos anos 1990, o Brasil avançou no sentido da mudança do modelo e fez a estabilização, mas não conseguiu voltar ao crescimento sustentado. Na área social, houve avanços, principalmente em educação. Mas ficamos enredados num círculo vicioso: assistencialismo através das transferências de renda, sob o argumento de não se poder esperar pelo crescimento – argumento válido até certo ponto, mas que em excesso prejudica a volta do crescimento. Sem dúvida, é inegável ter havido bastante melhoria em vários aspectos da área social.

É isso que o Banco Mundial chama de "economia de transferências", não?

No início da década de 1990, o Banco Mundial passou a dizer que o Brasil não é mais uma economia de mercado, e sim uma "economia de transferências". Transferências de renda para pessoas que são responsáveis pelo grosso dos gastos da União. Talvez nos estados e municípios a situação seja ainda pior. E isso é um fenômeno principalmente dos anos 1990. A participação desses gastos antes da Constituição de 1988 era incomparavelmente menor. Hoje, como a despesa da União passou a ter uma enorme rigidez, quando há contingenciamentos adicionais, fazem-se cortes até em gastos necessários ao funcionamento da máquina administrativa, simplesmente porque não há alternativa. Mas o investimento minguou. Isto é, a contribuição direta das despesas orçamentárias ao crescimento passou a ser minúscula.

Como última observação nesse balanço, quero ressaltar a importância da redemocratização. Há dois anos, o Fórum fez um painel especial com o título *Como vai a democracia brasileira?* e um dos ensaios respondeu: "Vai bem, obrigado".[183] Apesar

[183] ABRANCHES, Sérgio. A democracia brasileira vai bem, mas requer cuidados. In: VELLOSO, J. P. dos Reis (Org.). *Como vão o desenvolvimento e a democracia.* Rio de Janeiro: José Olympio, 2001.

dos problemas que conhecemos, a democracia brasileira está se consolidando, a transição para o governo Lula ocorreu muito civilizadamente, mesmo vindo de uma corrente política completamente diferente daquelas que governam o país há décadas. Temos de mencionar também os avanços da sociedade civil. O Brasil virou uma democracia de massas ativas. Existe organização não-governamental para tudo... O terceiro setor se movimenta muito, às vezes é difícil distinguir o que é defesa de interesses próprios do que é funcionamento legítimo da sociedade civil, mas a verdade é que essa mobilização é um fenômeno relativamente recente no Brasil.

De toda forma, ao lado da desigualdade a gente vê ainda muita impunidade...

Isso está ligado a um lado altamente negativo do sistema político brasileiro, o de levar a lógica política para a administração pública e para toda a vida social. Quando a gente discute o funcionamento, a eficiência do Estado, vemos que não existe aqui aquilo que no parlamentarismo se chama "administração permanente". No parlamentarismo, pode-se mudar de ministros a qualquer instante e o país continua funcionando normalmente, porque há estabilidade na administração. A lógica política não invade as faixas mais baixas da hierarquia administrativa do país. Há também ligações perigosas entre faixas da área política e o jogo do bicho, o narcotráfico. Vocês lembram bem aquele episódio em que uma juíza convocou todos os bicheiros do Rio de Janeiro para uma sessão e, ao fim, simplesmente decretou a prisão de todo mundo.[184] Por quê? Porque havia evidências de ligação do jogo do bicho com certas áreas corrompidas da administração e com as drogas. O caso do Espírito Santo é uma coisa terrível e uma ilustração do que de pior pode acontecer nesse sentido. Ali, a direção da Assembléia Legislativa tem ligação explícita com o narcotráfico e há suspeitas de que isso atingisse o governador.[185] De repente, vê-se que a maior parte da cúpula política do estado está envolvida com o narcotráfico. É obviamente um caso de intervenção federal mas, como, por motivos políticos, não se deseja fazer a intervenção, tenta-se enfrentar o problema de outra forma.

---

[184] Em 21 de maio de 1993, em decisão inédita, a juíza Denise Frossard, da 14ª Vara Criminal do Rio de Janeiro, condenou 14 banqueiros do jogo do bicho por formação de quadrilha e bando armado.

[185] Refere-se ao deputado José Carlos Gratz, ex-presidente da Assembléia Legislativa do Espírito Santo, que acabou preso e condenado em 2003, por envolvimento com o tráfico de drogas.

Não se pode omitir que, na área de segurança pública, gerou-se um monstro, o poder paralelo das gangues do narcotráfico. E a realidade terrível de cidades como Rio e São Paulo serem extremamente perigosas. E ainda estamos tateando na busca de controle do problema, que só virá quando tivermos ação integrada da União e dos estados na execução de boas políticas de segurança pública.

Mais alguma coisa sobre o Fórum?

Sim, rapidamente, quero voltar à importância da equipe, em sentido amplo. A equipe do Instituto Nacional de Altos Estudos (Inae), órgão que mantém o Fórum, é muito pequena, deliberadamente. Na área técnica, só duas pessoas: o Roberto Cavalcanti, diretor técnico, e eu. Na área administrativa, a chefe de secretaria, as duas outras secretárias, o gerente administrativo e financeiro, dois rapazes para o trabalho de apoio, e a senhora da limpeza. Essa pequena equipe constitui a minha "outra família", que não é, pois, nenhuma "namoradinha". Os ensaios e estudos são, em geral, encomendados a especialistas, ou seja, "terceirizados".

Falei em equipe em sentido amplo porque temos apoio direto dos principais membros do conselho do Inae, dos sócios instituidores e daqueles que considero os "10 mais" do Fórum, isto é, os participantes que, além de redigir ensaios, colaboram com sugestões para temas dos painéis ou de outros eventos. Uma conferência nacional, como é o Fórum, não pode ser criação de duas ou três pessoas. Sem aquele grupo e, claro, sem os patrocinadores, simplesmente não haveria Fórum Nacional.

Ocioso dizer, por outro lado, que sem a participação dos ministros e demais autoridades, das lideranças políticas, empresariais, sindicais, dos acadêmicos, da sociedade civil e sem a cobertura da mídia e a presença do público, o Fórum não teria razão de ser. Pois o objetivo é apresentar propostas concretas, ao governo e à sociedade.

Capítulo 9

Visão estratégica sobre o Brasil

QUAL A VISÃO ESTRATÉGICA QUE O SENHOR JULGA NECESSÁRIA PARA O BRASIL HOJE?

Ela tem a ver com três aspectos: a retomada do crescimento de forma sustentada, as reformas institucionais, complementares às que já foram feitas, e, em terceiro lugar, a evolução para um novo estágio de desenvolvimento. A retomada deve partir da definição da necessidade de uma estratégia de crescimento sustentado – o plano de vôo de longa distância. Nessa definição, deve-se começar dos fundamentos econômicos. O compromisso com os fundamentos não é uma questão ideológica, é uma precondição objetiva para o desenvolvimento sustentado em uma economia globalizada. Isso nos remete à importância de manter sob controle as percepções internas, e principalmente as externas, quanto ao risco do Brasil. Caso contrário, temos fuga de capitais, perdemos financiamentos externos, inclusive para exportações e importações, como aconteceu em 2002. Naquele ano, simplesmente desapareceram a entrada de capitais e o financiamento externo para o Brasil. Mesmo em 1982, quando houve o colapso externo devido à crise da dívida, o Brasil, num acordo com os bancos, manteve o financiamento de importações e exportações, que é de curto prazo. Mas em 2002 não houve nada disso. A fonte secou: simplesmente não vinham recursos do exterior.

O SENHOR ACHA QUE O RISCO DO BRASIL É UM INDICADOR CONFIÁVEL?

É uma boa pergunta, porque eu mesmo tenho dúvidas a esse respeito. A idéia é fornecer um prêmio de risco em relação à taxa de juros da dívida de longo prazo do governo americano, que é sempre a menor dos Estados Unidos, qualquer coisa como 1% de juros. Pode-se ter dúvida quanto à forma de mensurar o risco do Brasil e, principalmente, quanto às avaliações feitas pelas agências de classificação. Lembro bem que, quando houve a crise russa, uma dessas agências disse que o risco do Brasil estava no mesmo nível do risco da Rússia. Ora, eu tinha acabado de voltar da Rússia e até escrevi num jornal que essa agência não conhecia a Rússia, não conhecia o Brasil ou não conhecia os dois.[186] Eu tinha verificado que as condições e os problemas russos eram completamente diferentes. Por exemplo, a abertura que se fez na Rússia e a tentativa de evoluir para uma economia de mercado foram muito difíceis, pois esbarraram no fato elementar de que a sociedade não entendia o que era uma economia de mercado. Desde 1917 a Rússia tinha uma economia estatizada, perdeu-se a memória do mercado. Eu notava que a nossa guia, que trabalhava para uma empresa privada de turismo, tinha o comportamento de uma funcionária pública. Tinha sido funcionária pública a vida toda. A forma como o governo Yeltsin fez as privatizações foi um desastre.

De qualquer forma, o mercado financeiro dá atenção a essas agências e temos de conviver com o problema.

O SENHOR TEM FALADO AQUI DA NECESSIDADE DE CRIATIVIDADE. COMO A VÊ NO BRASIL?

Depois de seis meses de governo Lula, começaram a surgir propostas alternativas, como a Agenda Interditada,[187] cujos pontos principais já vinham sendo propostos no governo Fernando Henrique: redução da taxa de juros, sustentável ou não, redução do superávit primário, ampliação dos gastos públicos, num esquema keynesiano, à semelhança do que foi feito nos anos 1930 com a Grande Depressão nos Estados Unidos. Não creio, no entanto, que assim a economia brasileira vá conseguir a retomada do crescimento de forma sustentada. Precisamos, sim, ter compromisso com os fundamentos e exercitar a arte de fazer política econômica. Política econômica não vem de um modelo mecânico. Um exemplo de engenhosidade podem ser as medidas adotadas pelo novo governo Lula, em junho de 2003, de apoio ao microcrédito. O mesmo em relação ao apoio à agricultura familiar, algo que devia

---

[186] VELLOSO, J. P. dos Reis. O Brasil diante da crise. *O Estado de S. Paulo*, 27 out. 1998.
[187] Documento dos economistas do PT, de junho de 2003.

ter sido feito há muito tempo, mas que sempre esbarrava na política de financiamento de um plano geral de safra. Com isso, a agricultura familiar ficava com as sobras ou sem nada. Não acho que essas medidas sejam suficientes para aquecer a economia, porque quantitativamente o efeito é muito pequeno, mas mostram a preocupação em usar flexibilidade e criatividade.

Nosso desafio é manter o combate à inflação e retomar o crescimento. O governo Costa e Silva foi bem-sucedido nisso, mas o governo Castelo Branco, não. Controlou a inflação, mas não teve sucesso na retomada do crescimento. Não fez a conciliação prevista no Paeg.

Voltemos à visão estratégica para o futuro.

Podemos aprofundar a questão dos fundamentos falando em estabilidade, bloqueio fiscal e dívida pública, ou seja, a agenda macroeconômica. No tocante ao controle da inflação, existe um problema no momento. Trata-se da questão das tarifas na área de comunicações e de energia elétrica.

O problema do reajuste das tarifas de serviços públicos tem de ser enfrentado para que o declínio que se está notando na taxa de inflação seja sustentável. Acontece que os contratos foram malfeitos, mas, se descumprirmos os contratos, temos o rompimento das regras do jogo, e todo o setor de infra-estrutura, que foi privatizado, fica em xeque. Tem de haver um reajuste, mas não pode ser arbitrário, senão podemos sucatear as empresas privatizadas. No meu entender, o contrato está errado quando estabelece reajustes na base de Índice Geral de Preços – Disponibilidade Interna (IGP-DI), que é o índice geral de preços, que chegou a mais ou menos 30% nos últimos 12 meses, entre meados de 2002 e meados de 2003.

Na verdade, estamos voltando a uma discussão dos anos 1960: como reajustar tarifas de serviços públicos? Ali estávamos no dilema entre continuar com um modelo de concessionárias de serviços públicos à base de empresas privadas estrangeiras, ou partir para um modelo de empresas estatais, o que acabou prevalecendo por decisão do próprio Castelo Branco e do Roberto Campos, ministro do Planejamento. O que guardei da discussão dos anos 1960, e é apropriado hoje, é que precisamos de reajustes em bases realistas, com fundamento em índices setoriais em condições de eficiência, ou seja, obedecendo a metas de aumento da produtividade. Temos de ter índices para acompanhar a evolução dos custos de cada setor, que nem sempre têm muita relação com os índices gerais, sejam eles IGP-DI ou o

Índice Nacional de Preços ao Consumidor Amplo (IPCA). Índices setoriais permitem reajustes realistas e, ao mesmo tempo, não são mecanismos autônomos de aumento da inflação.

É UMA SITUAÇÃO DIFÍCIL PARA AS AGÊNCIAS REGULADORAS.

Sim, as agências reguladoras têm de cumprir a lei, essa é sua função. Elas são reguladoras, não fazem a política do setor. Quem é responsável por fazer a política do setor é o governo. Então, quem deve negociar com as empresas é o governo, como estamos tentando fazer. Creio que a Agência Nacional de Telecomunicações (Anatel) referendou o reajuste arbitrado pelas empresas porque isso é simplesmente o cumprimento dos contratos, mas não quer dizer que o governo não possa fazer nada. Inclusive, é preciso que as empresas de comunicações e de todos os setores tenham cuidado, pelo fato de que vai haver uma renegociação que vai durar 20 anos. Então, se agirem unilateralmente agora, o governo pode ser muito mais duro quando chegar a hora de estabelecer as bases para os novos contratos. É como no casamento e na vida em geral; não se faz a coisa unilateralmente.

É preciso também considerar os modelos estabelecidos para cada setor, para ver se estão apropriados, porque, se não estiverem, será necessário introduzir modificações na legislação. Governo e empresas têm de se entender, têm de negociar. As agências reguladoras têm uma certa semelhança com o Poder Judiciário. Embora acompanhem operacionalmente as empresas, têm essa função básica de zelar pelo cumprimento da lei, dos contratos. Por isso são autônomas.

QUAIS AS PERSPECTIVAS PARA A DÍVIDA PÚBLICA?

A dívida pública subiu muito como percentagem do PIB, está em algo como 58%. Deveria ser muito menos. Para alguns, a sensação é de que vai continuar subindo até o setor público se tornar inviável. A fim de evitar isso, temos de apresentar grandes superávits primários, difíceis de serem obtidos. Por definição, o superávit primário é usado para o pagamento de juros e o Brasil está mostrando que tem compromisso com o serviço da dívida, que vai honrar regularmente seus pagamentos. Para isso, o governo tem feito grandes contenções no orçamento, cortes generalizados, atingindo mesmo a área social. Tudo isso para evitar que a dívida aumente, saia de controle.

Mas, além das vulnerabilidades de caráter interno, temos de perguntar se, com os superávits na balança comercial nos anos de 2002 e 2003, ainda existe vulnerabilidade externa. A minha resposta é que temos de continuar sendo cuidadosos e que só vamos saber a resposta definitiva quando voltarmos a crescer. Se tomarmos, por exemplo, o que aconteceu de janeiro a maio de 2003, vemos que o aumento das exportações foi de quase 30% em comparação com o mesmo período do ano anterior, e que o das importações foi zero. Por quê? Principalmente porque não há crescimento, a economia está estagnada. É natural que as importações cresçam se o país voltar a apresentar taxas de crescimento de 3%, 4%. É nesse momento que vamos saber se houve uma mudança estrutural no balanço de pagamentos, ou seja, se vamos continuar apresentando grandes superávits comerciais, mesmo com crescimento mais elevado. Porque, quando se fala em vulnerabilidade externa, olhamos principalmente para o déficit em conta corrente, ou seja, a soma da conta de comércio com a conta de serviços. O Brasil tinha déficits de conta corrente de 4% do PIB, ou mais, e isso foi uma das grandes causas da crise de 1998, pois não se consegue financiar tais déficits por muito tempo. O Afonso Pastore tem um critério para saber se o déficit em conta corrente é sustentável. Ele tem dito no Fórum que temos de considerar só aquele déficit em conta corrente que pode ser financiado através de investimento externo direto. Isso não dá mais que 2% do PIB. Então, para obter a necessária redução no déficit em conta corrente, é preciso obter um grande superávit comercial durante algum tempo, além de também reduzir o déficit de serviços, o que está acontecendo, isto é, conta de viagens ao exterior, fretes, seguros e serviços diversos. Esse grande superávit comercial precisa ter caráter estrutural. Continuar fazendo um grande esforço de expansão das exportações, para obter os superávits num contexto em que as importações crescem. Mais investimentos significam mais equipamentos importados, mais tecnologia trazida do exterior. As exportações precisam crescer suficientemente para sustentar um aumento de importações e ainda apresentar um grande superávit comercial.

E a taxa de juros?

Nesse ponto, a pergunta é como obter uma trajetória sustentável de declínio dos juros reais, ou seja, descontada a inflação. Quais as condições para conseguir isso? Primeiro, precisamos de uma trajetória de declínio da taxa de inflação. Segundo, ter uma situação de contas públicas em ordem, um ajuste fiscal funcionando bem. Ambas vão acontecer lentamente. O objetivo deve ser o de buscar taxas de juros reais ao nível dos países emergentes. Um problema da economia brasileira é o alto custo de capital para as empresas e isso está muito ligado à taxa de juros dos financiamentos dos bancos privados e públicos. Essa taxa não é arbitrária, depende da situação geral da taxa de juros, embora em perspectiva de mais longo prazo. Até o BNDES tem uma taxa de juros de longo prazo (TJLP), que leva em conta o que está acontecendo no mercado geral de taxa de juros. Então, na verdade, o problema que queremos colocar é mais amplo: não é só reduzir a taxa de juros para alcançar padrões internacionais, mas também para abrandar o custo de capital para as empresas no Brasil, que é extremamente elevado. A maioria das empresas não tem acesso a recursos de capital de giro e a financiamento de capital fixo em condições adequadas. Para isso é também necessária a redução do *spread*, isto é, da intermediação bancária. Estudos recentes no âmbito do FMI mostram que o sistema bancário brasileiro opera em condições de oligopólio. Em todo o mundo, o sistema bancário opera em situação de oligopólio, mas há dinâmica competitiva. No entanto, esses trabalhos revelam que a dinâmica do sistema bancário brasileiro é de oligopólio não-competitivo. Trocando em miúdos, vieram os bancos estrangeiros na década de 1990 e se anunciou que isso aumentaria a concorrência, reduziria *spreads*, mas tal não aconteceu. Temos alguns bancos líderes brasileiros, que sabem operar muito bem no varejo, e os bancos estrangeiros se acomodaram. Existe ainda o problema da inadimplência, que o sistema bancário alega ser muito elevado. Bom, aí entra outra providência que está na pauta do governo: a lei de falências. É muito antiga, está completamente desatualizada, precisa ser reformulada para criar uma figura semelhante à que existe nos Estados Unidos, a da reestruturação. Em lugar de a empresa pedir concordata ou falência, recorre a um esquema de reestruturação, de modo que continua funcionando. Com isso, mantém-se o emprego e a empresa continua produzindo, embora freqüentemente tenha de mudar de controlador. Na mesma lei de falências, tem de ser resolvido o problema de o credor ter como executar as garantias recebidas dos empréstimos feitos, em caso de inadimplência.

Outro fator que eu colocaria nessa questão de custo de capital para as empresas é a disseminação dos novos instrumentos do mercado de capitais, alguns já em funcionamento, mas que precisam ser generalizados. Temos o que se chama de securitização de recebíveis na área do petróleo e em várias outras: as empresas faturam e, com base nesse faturamento, podem emitir títulos que são vendidos no mercado de capitais.

É preciso não confundir mercado de ações com mercado de capitais. As ações são um dos instrumentos do mercado de capitais. Existe o que se chama nos Estados Unidos *venture capital*. No Brasil, usou-se uma denominação pouco apropriada: capital de risco. São as empresas emergentes na área de novas tecnologias. Já há fundos para essas empresas emergentes, mas isso tem de ser disseminado. Há também os fundos de *private equity*. Quer dizer, já existem inúmeros mecanismos no país que permitem às empresas não ficarem dependendo apenas do sistema bancário, que, no Brasil, nunca se acostumou a operar a longo prazo. Sempre operou para o crédito comercial, o crédito de capital de giro, e comprando títulos do governo. Resumindo, do ponto de vista dos fundamentos, se queremos realmente criar as bases para o crescimento, o problema do custo de capital para as empresas se torna muito importante.

E crédito para moradia?

No caso da moradia, já tivemos um sistema financeiro de habitação que hoje tentamos reconstruir em novas bases, pois existem mecanismos diversos para esse tipo de financiamento. Isso é muito importante no caso de a construção civil vir a ser reativada. Um detalhe: não podemos superestimar a capacidade de geração de emprego na construção civil. A agroindústria gera mais emprego do que ela, mas, de qualquer modo, é um grande gerador de postos de trabalho, a despeito das mudanças tecnológicas havidas.

A competitividade da economia está no centro de suas preocupações sobre o futuro, não?

Lembro o impasse da Coréia, em 1997, mesmo ano em que houve a crise da Ásia. Há um relatório de uma consultoria internacional, feito a pedido do governo coreano e divulgado um pouco antes da crise daquele ano, mostrando que a Coréia enfrentava o que eles chamavam de *competitive nutcracker*, ou seja, um quebra-nozes competitivo. A Coréia estaria imprensada entre os setores de alta tecnologia do Japão e os setores intensivos em mão-de-obra barata da China e não conseguia encontrar o espaço para a sua própria estratégia. Então o Brasil tem de se preocupar com isso, com os rumos que pretende seguir nas áreas em que quer consolidar vantagens comparativas e adquirir outras. Para isso, precisamos de uma estratégia e de políticas mais diretamente voltadas para a competitividade internacional. Por exemplo, políticas ativas nas áreas industrial, tecnológica, regional e de comércio exterior. E, como vimos, essas políticas têm de ser integradas, porque do contrário não conseguimos o efeito desejado. Então, isso se tornou muito importante e parece estar acontecendo no atual governo, que não partilha da dúvida hamletiana que perseguiu os anos 1990: ter ou não política industrial ativa. Havia até quem achasse que não se devia fazer nenhuma política industrial, depois voltou o bom senso. Se todo mundo faz política industrial, Estados Unidos e Japão e União Européia, por que o Brasil não faria?

É necessário falar de isonomia competitiva, pois freqüentemente as empresas que operam no Brasil estão em inferioridade de condições em relação às empresas que operam no exterior. Refiro-me a aspectos de tributação para exportações e importações, financiamento, taxa de juros, novos instrumentos de capitalização, disponibilidade e custos de infra-estrutura. Em seguida, precisamos reconhecer a necessidade de utilizar ao máximo todos os incentivos que os acordos no âmbito da OMC permitem, principalmente o apoio à expansão de pesquisa tecnológica e desenvolvimento de produtos, bem como os incentivos regionais e para o meio ambiente. O exemplo da União Européia é bom, porque ela tem usado explicitamente políticas industriais com ênfase sobre esses tipos de mecanismos, não oferecendo margem a que, por exemplo, Estados Unidos ou o Japão apresentem reclamações à OMC. O Brasil precisa fazer a mesma coisa.

Outro tipo de instrumento refere-se à emergência dos *global players*, empresas nacionais com projeção internacional. O Brasil já tem algumas empresas internacionais, mas é preciso ter mais. Ou seja, as empresas brasileiras têm de se acostumar a ter atuação direta no exterior, fazer investimentos, comprar outras empresas, fazer alianças estratégicas, fazer fusões, aquisições, tudo isso. E, para tal, elas precisam de dimensão e de apoio do governo no tocante a financiamento e outros aspectos, através da ação do Sebrae, da Apex, do BNDES, do Banco do Brasil.

Outro mecanismo é a promoção de investimentos de multinacionais no Brasil, para expansão de exportações e substituição de importações. Já existe uma empresa, a InvestBrasil, que tem essa finalidade específica. Mas isso deve ser um programa geral de governo.

Um exemplo muito citado ocorreu há cerca de cinco, seis anos, quando o Brasil perdeu um investimento da Intel, na área de microeletrônica, para a Costa Rica. Era um negócio de US$1,5 bilhão. Nós simplesmente não soubemos entender a importância de ter uma ação permanente de promoção de investimentos de certas multinacionais. Então, se temos, por exemplo, interesse em reduzir o déficit do complexo eletrônico, vamos identificar as linhas de produtos em que o Brasil pode ser uma plataforma regional ou mundial, vamos fazer a promoção, isto é, tentar convencer empresas multinacionais a virem para o Brasil fazer os investimentos que queremos, para não ficarmos dependentes apenas da estratégia de cada multinacional.

Outro aspecto quanto à retomada do crescimento sustentado é a elevação da taxa nacional de investimentos, ou seja, da relação investimentos/PIB, principalmente em alguns setores prioritários, como aqueles que estão próximos da plena capacidade: siderurgia, celulose, papel, ao lado do agronegócio. Um tipo de apoio muito importante é hoje constituído pelo projeto Moderfrota, que é recente e está tendo um sucesso extraordinário no financiamento, em condições especiais, de venda de máquinas para o setor agrícola. É o tipo da coisa relativamente fácil de ser feita, que tem um grande sucesso e vai permitir ao Brasil se tornar um grande exportador de equipamentos agrícolas, o que é uma oportunidade óbvia, além, claro, de consolidar a nossa competitividade no agronegócio.

Devemos falar também da agricultura familiar articulada com a reforma agrária. Este é um problema complexo, pela necessidade de evitar que tanto a agricultura familiar, espontânea, quanto os assentamentos de reforma agrária se convertam em agricultura de subsistência. Para isso, já citamos esse passo importante dado pelo governo, ao definir um plano de custeio de safra para a agricultura familiar, o que evidentemente pode atender também aos assentamentos de reforma agrária. Antes, fazia-se plano de safra apenas para o agronegócio. É preciso cuidar também do apoio à criação de redes de comercialização externa e interna para essa agricultura familiar.

Continuando, seria necessária uma linha de apoio ao aumento da produção e da disseminação de produtos industriais de massa. Nós já falamos aqui na proposta do governo de que a menor alíquota do ICMS seja exatamente para esse tipo de produto. Mas é preciso ver todas as etapas do processo, seja produção, seja comercialização.

Igualmente, continua desejável o apoio ao investimento nos setores prioritários, para expansão das exportações e substituição competitiva de importações, neste caso sujeito à condição de sermos potencialmente competitivos. Não é suficiente dizer que o Brasil tem grande déficit no setor.

Seria também necessária uma política de investimento na área de saneamento?

Para isso, temos de discutir a superação do impasse hoje existente no modelo de concessão para essa área. O setor de saneamento no Brasil está em marcha lenta, porque não se decide se as concessões vão ficar a cargo dos estados ou dos municípios. É preciso haver um acordo entre ambos para que o setor volte a deslanchar. Foi um dos setores que mais cresceu nos anos 1970 e depois quase desapareceu. A Constituição prevê que o saneamento seja municipal, mas todo o sistema montado era de base estadual, exatamente para ter escala, para ter coordenação, para superar as limitações de recursos do município. A grande maioria dos municípios brasileiros não tem condições de fazer redes de água e esgoto, então isso simplesmente fica relegado, embora seja vital, social e economicamente, para não mencionar o impacto sobre a expectativa de vida, a mortalidade infantil. Mas é um setor que está muito mal, obrigado.

Poderíamos pensar em consórcios, mas seria necessário algum tipo de regulamentação. A proposta que está no Congresso enfrenta um impasse: há os que defendem que a responsabilidade maior fique com os municípios e há os que defendem que a responsabilidade maior fique com os estados, quando o que tinha de haver mesmo era uma articulação entre ambos, com o apoio da União. O governo está criando agora um Programa de Parcerias Público-Privadas (PPP) para setores de infra-estrutura. Mas se o problema da regulação não for resolvido, ficamos criando instrumentos que não vão funcionar e a própria ação dos bancos oficiais, como a Caixa Econômica Federal e o BNDES, fica prejudicada. A ausência de regulação significa, na prática, uma estagnação. No estado de São Paulo, como existe a companhia Saneamento Básico do Estado de São Paulo (Sabesp), criou-se uma parceria com empresas interessadas que estão tentando, através de uma ação prática, superar o impasse da regulação. Mas os outros estados não dispõem desse mecanismo e a coisa tem de ser resolvida mesmo pela regulação. Isso pode marchar independentemente da agenda de reformas do governo, pois existem inúmeros projetos de lei no Congresso. É preciso, sim, uma negociação para chegar a um projeto de lei comum que possa ser aprovado.

Existe no Brasil alguma coisa que se equipare a um "sistema nacional de logística"? Quem se dedica a pensar nisso?

É uma denominação cada vez mais freqüente, que o BNDES, por exemplo, usa para identificar pontos de estrangulamento. Lembro-me do caso do anel ferroviário de São Paulo, em que falta, parece, uma extensão de 44km. Quer dizer, por causa desse pequeno trecho de 44km, não se completa toda uma rede. A mesma coisa acontece com os anéis rodoviários, para não falar dos estrangulamentos nos portos. No sistema nacional de logística incluem-se coisas que não estão na definição estrita de infra-estrutura, como tecnologia de informação, que dá sentido a todo o sistema.

O SENHOR TEM FALADO TAMBÉM EM REGIONALIZAÇÃO DA ESTRATÉGIA NACIONAL DE CRESCIMENTO.

O ponto principal aqui é a idéia de um novo enfoque. Trata-se agora da regionalização da estratégia nacional de desenvolvimento, com identificação das oportunidades de investimento para as regiões menos desenvolvidas, e não mais aquele antigo tratamento de região-problema. O Brasil já é um país relativamente integrado, de modo que se pode adotar esse novo enfoque: definir uma estratégia de desenvolvimento nacional e depois o papel que vai caber às grandes regiões. Evidentemente, o papel mais importante é o da região Centro-Sul, integrada com a região Centro-Oeste. Porque a tendência é para, na prática, desaparecerem as fronteiras entre essas duas regiões, pois o Centro-Sul está se espraiando na direção do Centro-Oeste, pela cultura da soja e do algodão, por exemplo. Agora é o trigo que se está deslocando. Quando a gente falava de trigo no Brasil, pensava logo em Rio Grande do Sul, que talvez seja um estado sem condições adequadas para esse plantio. Por isso o Brasil nunca foi um grande produtor de trigo. Mas agora está sendo plantado no Centro-Oeste e, em geral, na área de cerrado do sul do Maranhão e no Piauí, e no oeste da Bahia. Repito que precisamos entender a importância do cerrado para o desenvolvimento agrícola brasileiro. Criou-se uma nova era.

Ainda sobre regionalização da estratégia de desenvolvimento, gostaria de mencionar que o Fórum Nacional tem hoje duas propostas. Uma voltada para uma nova estratégia de desenvolvimento do Nordeste, à base de uma inserção na economia nacional e internacional, e outra direcionada para o desenvolvimento da Amazônia, levando em conta essencialmente o aproveitamento da biodiversidade da região. Este seria o elemento central que poderia ser complementado com projetos de ecoturismo e pesca. Já existe um centro de biotecnologia da Amazônia, na Zona Franca de Manaus, e o Fórum já publicou um livro sobre isso.[188] Então, vocês percebem que a ênfase

[188] VELLOSO, J. P. dos Reis; ALBUQUERQUE, Roberto Cavalcanti de (Orgs.). *Amazônia, vazio de soluções? Desenvolvimento moderno baseado na biodiversidade.* Rio de Janeiro: José Olympio, 2002.

agora é diferente. Queremos saber quais são as oportunidades de desenvolvimento econômico do Nordeste e da Amazônia. É claro que o Nordeste continua com o problema das secas e a proposta de estratégia trata disso. Mas não é o tema prioritário, o tema prioritário é a identificação de oportunidades para aquela dupla inserção a que me referi: o Nordeste como economia pequena, para se distinguir da economia continental, devendo, pois, ter um modelo exportador, para o resto do Brasil e para o resto do mundo.

O SENHOR MENCIONOU QUE O BRASIL PRECISA DE VÁRIAS REFORMAS COMPLEMENTARES. COMO SERIA NO CASO DA SEGURANÇA?

O segundo tema da visão estratégica diz respeito à agenda de reformas complementares às que estão sendo aprovadas pelo Congresso. Começaria falando da necessidade de um sistema nacional de segurança pública, que integrasse a ação da União e dos estados em matéria de segurança e que se articulasse com as políticas sociais do governo. Foi a proposta que discutimos agora no XV Fórum Nacional. Ou seja, só vamos equacionar essa questão do poder paralelo quando a União assumir a coordenação de um sistema nacional, como parece estar sendo feito agora. Há uns quatro anos o Fórum Nacional fez um seminário sobre segurança pública em que discutimos essa idéia.[189]

O que observei no governo passado foi uma espécie de hesitação em assumir realmente o comando de certas ações. Como a situação se agravou muito, não estamos ainda na barbárie, mas é indiscutível a existência de um poder paralelo que desafia o Exército e o governo. Nem o Al Capone desafiava a polícia... Mas aqui no Brasil o narcotráfico abertamente desafia todos os poderes, em particular a polícia. Diante dessa situação, a proposta apresentada é de que o governo tem de fazer duas coisas: primeiro, o sistema nacional, sem ter dúvidas quanto ao seu papel de coordenação com os estados, inclusive com suplementação de recursos. Segundo dados do ministro Márcio Thomaz Bastos, da Justiça, veiculados na imprensa, nas três principais regiões metropolitanas, São Paulo, Rio e Belo Horizonte, o gasto com segurança é da ordem de 5% do PIB local. São gastos enormes que não apresentam resultados à altura. A segunda coisa a esse respeito é levar as políticas sociais às favelas e às perife-

---

[189] VELLOSO, J. P. dos Reis; ALBUQUERQUE, Roberto Cavalcanti de (Orgs.). *Pobreza, cidadania e segurança*. Rio de Janeiro: José Olympio, 2000.

rias das zonas urbanas. Porque do contrário o narcotráfico vai continuar conquistando corações e mentes dos jovens.

E AS REFORMAS COMPLEMENTARES NA ÁREA POLÍTICA?

A segunda reforma complementar deveria dotar o país de um sistema de partidos estruturalmente moderno, que faça as instituições partidárias serem co-responsáveis pela preservação dos bons fundamentos da economia e pela agenda de reformas. Precisamos de um mínimo programático, de fidelidade partidária, de um sistema eleitoral distrital misto, de um bom sistema de financiamento de campanhas. Há uns três, quatro anos, o senador Sérgio Machado tentou aprovar uma reforma política muito ampla e não conseguiu. Não podemos exigir a reforma máxima, não funcionará. Temos de escolher uns três, quatro tópicos, como os que acabei de citar, digamos, e procurar efetivá-los. É também importante garantir a transparência dos partidos, do Congresso e do financiamento das campanhas políticas. Lembro que, quando cheguei ao Rio e fui secretário do deputado Jorge Lacerda, nos anos 1950, o meu salário era pago por ele, ou seja, os deputados não tinham qualquer mordomia. Depois da mudança para Brasília, o Congresso se acostumou à idéia de que deve ter todas as mordomias: residência ou auxílio-residência, equipe de assessores e assim por diante. O público só toma conhecimento depois que o fato está consumado. Deve haver mais transparência porque o Congresso tem uma espécie de orçamento autônomo e suas despesas aumentam a uma taxa altíssima. Não vale mais o argumento de que, quantitativamente, a significação desses custos é pequena. Não é mais.

Para haver co-responsabilidade, é preciso também que o Executivo dê mais oportunidade ao Congresso. Por exemplo, que o orçamento seja apresentado em termos de programas e de projetos. A Comissão de Orçamento deveria ser o *locus* para a discussão e a transparência das despesas públicas. Por exemplo, no orçamento público não constam subsídios, renúncias fiscais, mas acho que deveria constar. Já houve um grande progresso com a inclusão das contas do Banco Central no orçamento. Há hoje, para isso, um orçamento de crédito. Era tudo confuso, agora melhorou. Mas precisamos avançar um pouco mais, a ponto de ter transparência, dentro daquele objetivo de prestar contas à sociedade e, ao mesmo tempo, dar oportunidade ao Congresso de discutir o que o Executivo quer fazer. Não sou a favor de uma idéia que tem sido preconizada de que o orçamento seja mandatório. Para mim, quase por definição, o orçamento é autorizativo, pois o Executivo tem de ter sempre a possibilidade de fazer ajustes, fazer política fiscal.

Uma idéia que tem sido discutida nos últimos tempos é a viabilidade de um grande partido de centro-esquerda. Mesmo no atual governo o assunto chegou a ser mencionado e o presidente do PT fez declarações nesse sentido. Tenho dúvidas quanto à viabilidade, por exemplo, de unir PSDB e PT, pois são culturas muito diferentes e existem incompatibilidades entre as lideranças. Mas talvez seja possível ter maiorias mais estáveis, se tivermos um sistema de partidos mais moderno.

E na Justiça?

A terceira reforma complementar visaria a dotar o país de uma justiça estruturalmente moderna, acessível aos pobres. Justiça lenta é Justiça falha. Temos de cogitar de uma justiça mais rápida, descongestionada a partir da base. Os juizados especiais são uma idéia importante, mas é preciso que sejam disseminados. O descongestionamento dos tribunais superiores pode ser feito com algum tipo de súmula vinculante, pois o que se observa é que cerca de 80% dos processos nesses tribunais são repetitivos.

Outro ponto dessa Justiça moderna é a questão da *accountability*. O Poder Judiciário tem de aceitar a idéia de prestar contas à sociedade, o que significa, inclusive, mais transparência em matéria de gastos. E chegamos à mesma questão do Congresso Nacional. Alguns anos atrás, levei à Comissão Especial de Reforma do Judiciário os dados sobre o aumento rapidíssimo, tão rápido quanto o do Congresso Nacional, da despesa do Judiciário nos 15 anos anteriores. Cresceu tanto que não é mais quantitativamente sem significação, tem de ser considerado. Parece que estamos caminhando nesse sentido, através da idéia de fixar um percentual da receita para o Congresso e o Judiciário. Para isso, torna-se imperioso que haja muito mais transparência e um programa de modernização. E aí entra a discussão sobre se cada tribunal vai fazer o seu programa de modernização. O recomendável seria um programa de modernização geral, ou seja, vai além da informatização. Que houvesse um comitê de coordenação que fizesse uma programação dos trabalhos, para não haver tratamentos desiguais e explosão de gastos.

Sobre o acesso à Justiça, é necessário que não só a União mas todos os estados tenham a carreira de defensor público e que haja balcões de direito, até em nível municipal, para ajudar o cidadão comum a conseguir valer seus direitos.

Ao lado de tudo isso, deveria ser criado um órgão de controle externo, que não fosse constituído apenas de membros do Poder Judiciário. Mas essa é uma questão a ser discutida, negociada. O importante é que o Congresso retome o assunto, para que a reforma realmente aconteça. Devemos mencionar também que seria necessária uma reforma do processo em geral, não só criminal, para que seja possível observar prazos razoáveis para a tomada de decisões. Recentemente, o presidente do Supremo Tribunal do Trabalho dizia que o prazo médio de decisão de um processo na Justiça do Trabalho é de cinco anos. Então o trabalhador vai sempre preferir – e é isso que acontece – negociar seja o que for, a ter de esperar cinco anos por uma decisão.

Outra reforma complementar tem a ver com a eqüidade.

Essa é mais complexa, refere-se a criar instrumentos para deixarmos de ser um país estruturalmente desigual e autoritário. A sociedade é muito hierarquizada, e, a despeito do progresso que houve, ainda estamos naquele mundo do "você sabe com quem está falando?"[190] Algumas coisas podem ser feitas de maneira sistemática, como implementar a universalização dos bens públicos de maior sentido social, ou seja, educação básica, saúde preventiva, combate a endemias, abastecimento de água, previdência mínima.

Nos anos 1990, a sociedade brasileira identificou duas coisas importantes: as políticas sociais não davam prioridade aos pobres e os mecanismos de reprodução da desigualdade se mantinham, a despeito dos programas de governo e da expansão dos gastos sociais. A desigualdade estrutural da sociedade brasileira é uma herança histórica que as políticas sociais reproduzem. Por isso é necessário implementar de fato a universalização de certos tipos de bens públicos. Não basta constar como um direito na Constituição, pois a Constituição assegura todos os direitos sociais a todos. Trata-se de buscar uma ação efetiva de governo. É preciso também proporcionar aos pobres oportunidade de emprego e um mínimo de capital humano, ou seja, educação e treinamento profissional. Em seguida, eliminar a sistemática de privilégios e subsídios em favor dos não-pobres. A reforma da previdência não é necessária apenas por ser vital para o ajuste fiscal. É um meio para se ter mais justiça social, pois tanto o sistema público quanto o do INSS estão cheios de subsídios e privilégios para os não-pobres.

---

[190] Referência a uma expressão analisada pelo antropólogo Roberto DaMatta, em *Carnavais, malandros e heróis* (Rio de Janeiro: Zahar, 1980).

E QUANTO À EDUCAÇÃO?

Assim como existem privilégios na área de previdência, existem privilégios na área de educação. Sabemos que o percentual de estudantes pobres nas universidades públicas é próximo de zero. E aí entra toda a discussão complexa da ação afirmativa. Creio que um caminho para mudar esse quadro seria a universalização do ensino médio e a oferta de cursos públicos de preparação para o vestibular para os pobres, principalmente os negros. Veja, falo em política pública para esses cursos, porque a ação do voluntariado e das ONGs chega até certo ponto. Também tenho dúvidas muito sérias sobre o sistema de cotas. Não resolve o problema e me parece inconveniente sob certos aspectos. Enfim, trata-se de eliminar a discriminação contra os pobres e aqueles considerados não importantes pela sociedade brasileira.

Nos anos 1970, falava-se muito em desigualdade na distribuição de renda, mas pensar em políticas públicas para construir uma sociedade estruturalmente menos desigual é coisa dos anos 1990. Então, a suma das sumas é a criação da cidadania econômico-social, ou seja, considerar todos os tipos de direitos, não apenas os civis e os políticos.

O SENHOR TEM INSISTIDO NA EXPRESSÃO "ECONOMIA DO CONHECIMENTO", TERMO QUE DIZ RESPEITO A UM NOVO ESTÁGIO DE DESENVOLVIMENTO.

O Fórum de 2002 discutiu o terceiro ponto de minha visão estratégica, qual seja, a criação de um novo estágio de desenvolvimento, ao mesmo tempo em que se faz o esforço para a retomada do crescimento sustentado. Este é um assunto de execução a longo prazo, mas que precisa começar agora. Precisamos discutir desde já as bases para essa evolução, porque concorrentes do Brasil, como Coréia e China, já têm programas nesse sentido aprovados pelo governo, programas de evolução para a economia do conhecimento, modelo predominante nos países desenvolvidos, significando mais de 50% do PIB desses países. Quando abrimos esse Fórum de 2002, fiz referência ao fato de que, seis meses antes, a China tinha aprovado um programa voltado para a economia do conhecimento, elaborado em conjunto com uma equipe do Banco Mundial. Ora, se a China pode fazer, por que nós não podemos? E mais, vamos continuar perdendo posição se os nossos concorrentes evoluírem nesse sentido e nós, não?

O que vem a ser economia do conhecimento? Primeiro, vamos tornar claro, não é apenas tecnologia da informação. Podemos considerar que tem duas dimensões e quatro pilares. Há uma dimensão econômica e outra social. A primeira significa levar o conhecimento, sob todas as formas, a todos os setores da economia, inclusive à agricultura. Então, estamos vendo que não se trata apenas da questão *high-tech*. Quando falamos em conhecimento, queremos dizer educação, saúde, pesquisa, novas tecnologias, *design*, marca, diversas formas de engenharia para diferenciar o produto etc. O Brasil, por exemplo, criou um café *gourmet* que é tão fino quanto o mais fino café da Colômbia, o que mostra como o conhecimento é importante na agricultura. Com satélites para previsão do tempo, podemos ter a agricultura de precisão, a que usa tecnologias refinadas. Não teríamos chegado ao ponto a que chegamos no agronegócio, não fora o conhecimento, em particular as pesquisas da Embrapa. O Brasil é muito forte no setor de *commodities* industriais como siderurgia, petroquímica, celulose e metais não-ferrosos. Se adicionarmos conhecimento, os produtos deixam de ser simples *commodities*. Temos de entender que no comércio mundial predomina, como vimos, a concorrência imperfeita, os produtos diferenciados. A tendência é as coisas padronizadas desaparecerem no espaço da indústria e da agricultura.

Criou-se até a expressão "modelo escandinavo" para falar dos países da Escandinávia que se especializaram em desenvolver cadeias produtivas inteiras em setores intensivos em recursos naturais. Através da aplicação do conhecimento, eles conseguem alcançar um nível de renda *per capita* várias vezes superior ao do Brasil, que também é rico em recursos naturais. Produzem até os equipamentos para essas cadeias produtivas, montam um complexo a partir da produção de conhecimento. A Suécia é nossa concorrente em produtos florestais. Temos a enorme vantagem de que o nosso eucalipto fica maduro em sete anos e o deles em 70. Mas eles compensam essa diferença com conhecimento. Quer dizer, a nossa vantagem natural pode ser perdida para a adição de conhecimento que é feita lá.

Voltemos ao café. Quem é o terceiro maior exportador do mundo? A Alemanha. O quarto? A Itália. Quer dizer, pela ordem, Brasil, Colômbia, Alemanha e Itália. A Itália nunca viu um pé de café e a Alemanha, muito menos. Simplesmente, eles colocam uma tarifa de tal modo elevado para o café processado que só entra lá o café em grão. A partir daí, fazem tudo, do café *gourmet* a rede de lojas como o *Starbucks* e outras formas de adicionar valor. Agregam valor pelo conhecimento.

A segunda dimensão significa levar o conhecimento a todos os segmentos sociais, inclusive aos pobres. Assim, a gente associa a estratégia econômica à estratégia social. Fala-se hoje de exclusão digital, mas existe também a exclusão de conhecimento. Quem não tem conhecimento é excluído. De modo que temos de cuidar das duas dimensões. Um governo popular como o de Lula chega falando em exclusão social, e isso é bom. Mas, na verdade, já existem novas formas de exclusão social, trazidas pelo mundo globalizado e de relações assimétricas em que vivemos. E aqui chamamos atenção para algumas idéias-chave, para a relação entre gente, conhecimento, crescimento, emprego. É uma maneira de valorizar o ser humano, porque sem ele nada funciona. Podem-se ampliar consideravelmente as oportunidades de emprego se dotarmos as pessoas de um mínimo de conhecimento. Claro, o lado da demanda é essencial – a necessidade de crescimento sustentado, para criar oportunidades de emprego.

Quando surgiu a moderna teoria do crescimento, nos anos 1950, com Solow, usava-se um modelo em que havia um fator residual, quer dizer, tentava-se explicar o crescimento dos países através do capital físico e da expansão da população economicamente ativa, mas se reconhecia que havia um resíduo enorme.[191] Depois, estudando melhor o que era esse resíduo, chegou-se à expressão "produtividade total dos fatores". Ou seja, um aumento de produtividade que não pode ser atribuído a nenhum fator em particular. Hoje a gente diria que isso é tecnologia, mas é muito mais do que tecnologia, é conhecimento. Se nos anos 1950 a produtividade total dos fatores era um fator residual, hoje é o objetivo principal da política de desenvolvimento. Conhecimento passa a ser o fator por excelência do crescimento.

No caso do Brasil, o primeiro pilar do modelo de economia do conhecimento é a competitividade internacional, baseada no investimento para exportar e para substituir competitivamente importações. Estatísticas do Instituto de Estudos para o Desenvolvimento Industrial (Iedi) mostram que a participação dos produtos dinâmicos nas exportações brasileiras é de apenas 3%. Ou seja, nossas vantagens comparativas estão muito presas a setores e linhas de produtos de pouco dinamismo no comércio mundial. Não vamos desprezá-las, mas é preciso evoluir para novos tipos de vantagens comparativas, fazendo a diferenciação do produto brasileiro e diversificando a composição das nossas exportações. Fica implícita a importância de novas plataformas de exportação, ou seja, cadeias produtivas voltadas

---

[191] Uma retrospectiva do autor a esse respeito é encontrada em: SOLOW, Robert M. *Growth theory – an exposition*. Oxford: Oxford University Press, 1970.

simultaneamente para os mercados externo e interno e de novos *clusters* de inovação como a Embraer, que envolve uma instituição de ensino, de pesquisa e uma empresa. O parque tecnológico protótipo é o Vale do Silício, mas não estamos falando em nada daquela envergadura. A idéia é multiplicar os *clusters* de inovação, mesmo de tamanho médio ou pequeno.

Um segundo pilar da economia do conhecimento é o desenvolvimento das tecnologias genéricas. Ou seja, informática, eletrônica, comunicações, internet, que têm um enorme poder de transformação produtiva, bem como de transformação econômico-social. Há um livro recente do Chandler que mostra como a indústria eletrônica transformou a economia americana nas últimas três décadas do século passado e como será o grande fator de transformação no século XXI.[192] Aqui no Brasil estamos tratando de estabelecer uma forte base dessas tecnologias, através de produção interna e de importações. E, para isso, temos agora os fundos tecnológicos, que podem ser utilizados para universalização do acesso ao computador, à internet. São mais de 10 fundos setoriais[193] e é preciso uma boa programação para utilizá-los, além de evitar os contingenciamentos, que, praticamente, os vêm anulando.

O terceiro pilar é a estratégia de desenvolvimento tecnológico. Baseia-se no acompanhamento, com criatividade, da fronteira tecnológica mundial. Não se trata de fazer o que a lei de informática pretendia fazer e foi um desastre. Dentro dessa linha, devemos acelerar a superação da tradição de passividade tecnológica da maioria das empresas no Brasil, inclusive as multinacionais. Houve uma nova lei de incentivo a pesquisa e desenvolvimento, no final de 2002, e é preciso que as empresas tomem conhecimento dessa legislação. Ela concede incentivos fiscais e financiamentos para a realização de pesquisas e desenvolvimento de produtos de empresas e para projetos de obtenção de patentes. Temos agora a multiplicação de parcerias entre universidade e empresa, novos mecanismos de apoio à inovação na área do BNDES e da Finep, que criou o projeto Inovar, voltado para o apoio a incubadoras de empre-

---

[192] CHANDLER JR., Alfred D. *Inventing the electronic century*. New York: Free Press, 2001.

[193] Os fundos de apoio ao desenvolvimento científico e tecnológico, criados a partir de 1999, são um instrumento de financiamento de projetos de pesquisa, desenvolvimento e inovação. Atendem 14 áreas, cada uma com recursos oriundos de contribuições incidentes sobre o faturamento de empresas e/ou sobre o resultado da exploração de recursos naturais pertencentes à União. Os 14 fundos existentes têm seus recursos administrados pela Finep, com a participação de representantes do setor produtivo, acadêmico e do governo.

sas em áreas de novas tecnologias, apoio do *venture capital*, ou seja, capital de investimento em setores de novas tecnologias. Por outro lado, o país tem de se posicionar bem quanto às tecnologias emergentes: biotecnologia, desafios para a alta industrialização, uso de materiais avançados, agricultura de precisão, tecnologias para o desenvolvimento das grandes cidades que estão ficando inviáveis. Ou seja, o Brasil tem de ter a preocupação de se colocar bem sempre que surgem essas tecnologias, porque em algumas delas podemos ter oportunidades, como é o caso da biotecnologia, ou perder o bonde, como no caso da lei de informática dos anos 1980.

Um quarto pilar diz respeito à nova oportunidade que se apresenta ao Brasil pela sua conversão em país de alta densidade de capital humano. Nessa área, cabe mencionar o novo modelo de educação e os códigos da modernidade, ou seja, uma educação que dê mais atenção à capacidade de raciocinar, de criar, de tomar iniciativas, de se relacionar, isto é, uma mudança completa em relação à educação tradicional livresca, repetitiva. A educação brasileira vai enfrentar proximamente um duplo desafio: a universalização do ensino médio e a expansão rápida do ensino superior. Desafio quantitativo de um lado e qualitativo de outro. O Ministério da Educação apresentou dados recentemente, informando que 60% dos estudantes da 4ª série não sabem ler direito. Então, se até a 4ª série eles não aprenderam a ler direito, o que aprenderam? Isso mostra as deficiências no nosso ensino básico.

Outra linha de atuação é a educação permanente, ou seja, educação por toda vida, cultura do aprendizado. Aprender, desaprender, aprender novamente. E, finalmente, objetivar a eliminação do analfabetismo. Uma coisa que ficou clara pela revolução da didática é que todo mundo pode aprender. Quando digo todo mundo, quero dizer até os excepcionais. Há três anos, fui à Câmara dos Deputados para uma discussão sobre a nova lei de diretrizes e bases da educação que estava em análise na comissão especial. Uma deputada do Rio Grande do Sul, a Esther Grossi, que se especializou no ensino de excepcionais, fez exatamente essa afirmação: todos podem aprender.

Finalmente, temos de cuidar das instituições da economia de mercado – coisas como garantir o cumprimento de contratos e a governança corporativa nas empresas. A CVM é cada vez mais exigente em matéria de governança corporativa, e o BNDES também. Se as empresas querem recursos para investimentos ou querem ir ao mercado de capitais, precisam ter uma moderna governança corporativa com base em padrões internacionais, porque os investidores não aceitam menos. Isso inclui, entre outras coisas, a proteção ao investidor minoritário, participação de acionistas do conselho, regras quando há venda de controle. O Brasil tem a tradição da empresa em que existe um controlador, que freqüentemente pensa que pode fazer o que quiser. Essa tradição tem de ser superada, porque com isso a empresa não vai chegar a lugar nenhum.

A Bolsa de São Paulo criou o Novo Mercado, baseado no *Neue Market* da Alemanha. Como havia toda uma discussão sobre a reforma da lei de sociedades anônimas no Congresso, que demoraria a ser aprovada, a Bovespa resolveu fazer um atalho: estabelecer que só entra no novo mercado a empresa que contratualmente se obrigar a respeitar os padrões internacionais. Estabelece o padrão internacional e quem quiser ter suas ações no novo mercado tem de assinar um contrato, incorporando as novas idéias sobre governança corporativa.

A construção de instituições também leva em conta a proteção ao direito de propriedade intelectual e aí enfrentamos problemas. Além da pirataria, o Instituto Nacional de Propriedade Industrial (Inpi) tem dificuldades de ação, pois dispõe dos recursos e não pode gastar. É o mesmo caso da CVM. Os dois têm uma taxa específica, receita própria, enfim, os recursos de que precisam, mas não podem gastar por causa das limitações do ajuste fiscal. Boas instituições também significam boas organizações de mercado: empresas, órgãos reguladores, mercado de capitais adequado etc. Isso e as boas regras do jogo criam o ambiente de que o país precisa para que a economia do conhecimento signifique realmente um novo estágio de desenvolvimento.

Podemos resumir então suas questões-chave para chegar ao desenvolvimento sustentado?

Precisamos, como disse, partir da idéia da necessidade de uma estratégia, plano de vôo de longa distância. Estratégia que dará sentido às políticas de competitividade e às demais políticas econômicas voltadas para a consecução do crescimento sustentado. Mostramos nos anos 1990 ser capazes de ter um plano de vôo para chegar, digamos, a São Paulo, ou Belo Horizonte. Trata-se agora de mostrar capacidade para fazer vôos intercontinentais: ir a Nova York ou Londres, por exemplo. Para isso, não é suficiente ter políticas de competitividade – já as tínhamos na década passada. É preciso também ter estratégia, com o sentido indicado.

Primeiro, há que lembrar que "bons fundamentos" são indispensáveis, mas não suficientes para chegar lá. Da mesma forma, investimentos prioritários na infra-estrutura econômica são muito importantes e constituem uma base, com poder de impulsionar, mas também não são suficientes. O mesmo se pode dizer em relação à chamada agenda microeconômica, embora se possa falar em sinergia entre agenda macro e agenda micro. O "algo mais", que transforma o necessário em suficiente, parece estar, provavelmente, no que considero três questões-chave da estratégia.

A primeira refere-se à natureza da nova política industrial, anunciada recentemente pelo governo. Segundo os ministros envolvidos na sua concepção e aprovação, principalmente os ministros Palocci, da Fazenda, Furlan, do Desenvolvimento, e Eduardo Campos, da Ciência e Tecnologia, o ponto básico é colocar a inovação no centro dessa política. Na prática, uma integração também das políticas industrial, tecnológica e de comércio exterior.

Essa visão é importante, porque há requisitos a preencher em termos de avanços para o desenvolvimento sustentado. De um lado, a necessidade de considerar não apenas o aspecto da oferta, isto é, dar competitividade às linhas de produção prioritárias, mas também o aspecto da demanda, isto é, saber para onde tendem os nossos principais mercados. De outro lado, a definição das formas de apoio às estratégias industriais das empresas brasileiras que estão passando a uma posição mais ofensiva, ajudando-as a formular estratégias de inserção nos seus mercados no exterior.

A segunda seria a *dinâmica econômica*, que envolve, essencialmente, a criação de uma rede de conexões, encadeamentos e realimentações, de modo a assegurar a continuidade do crescimento. Conexões de três tipos: de produção, de emprego e de consumo. Assim serão evitados os sucessivos "vôos de galinha". Ou seja, vôos curtos, tentativas malogradas de criar um novo ciclo longo de crescimento. A proposta que se faz é de ser essa rede construída através de um núcleo de investimentos, ao nível de setores, de *clusters* – aglomerados – regionais e locais, e também em nível de empresas.[194] Investimentos que usem estrategicamente as fontes de crescimento da demanda mais ligadas à competitividade internacional: expansão das exportações e substituição competitiva de importações, de forma a ser acionada também a terceira fonte de crescimento da demanda, a expansão da demanda interna. Na verdade, numa

[194] No novo paradigma industrial e tecnológico, as conexões entre empresas são importantes, através de alianças estratégicas, redes de fornecedores e terceirizações (*subcontracting networks*), inclusive com a participação de micro e pequenas empresas.

economia continental como a nossa, esta última é quantitativamente a mais importante. E seu acionamento será intensificado se as empresas, nacionais e multinacionais, adotarem estratégias de duplo mercado, procurando atender simultaneamente aos mercados interno e externo.

Dessa forma, por trás do ciclo longo de crescimento, tem de haver um ciclo longo de investimentos, orientados para criar a desejada rede de conexões e realimentações. E, num país nas condições do Brasil, é importante salientar que, nos investimentos, o enfoque setorial e o enfoque regional, ou local, como proposto antes, são complementares.

A terceira questão-chave a destacar consiste na *definição do espaço* que o Brasil pode ocupar, no comércio internacional, considerando, ao mesmo tempo, o lado da demanda, ou seja, aquilo que o resto do mundo mais está querendo comprar, e o lado da concorrência, principalmente dos grandes emergentes e, claro, dos países desenvolvidos. Torna-se agora relevante levar em conta, igualmente, os países do Leste europeu, recém-incorporados à União Européia e que têm custos da mão-de-obra inferiores aos do Brasil. A idéia geral é evitar o quebra-nozes competitivo a que, por exemplo, estava sujeita a Coréia, no início de 1997, espremida entre a concorrência do Japão, nas altas tecnologias, e da China, nos setores intensivos em mão-de-obra barata. E agora competitividade também em setores de novas tecnologias, devido aos investimentos de empresas multinacionais.

A preocupação em definir o nosso espaço significa que a nossa estratégia de competição internacional não pode limitar-se à orientação, correta mas incompleta, de só dar estímulo a linhas de produtos em que somos potencialmente competitivos. Isso é necessário, mas não suficiente. Temos também de atentar para a situação da demanda mundial dessas linhas de produtos, considerando particularmente a lista dos "produtos dinâmicos" no comércio mundial, segundo os estudos da Unctad. E, igualmente, para as estratégias dos nossos concorrentes mais próximos, os grandes emergentes como China, Índia, Rússia, México, que podem estar voltados exatamente para competir nas linhas de produtos por nós escolhidas, além dos novos emergentes do Leste europeu, que já mencionamos. Em resumo, tanto quanto possível, temos de tentar evoluir para uma composição de exportações com maior conteúdo de procura dinâmica, e evitar concorrer somente nas coisas que os outros emergentes podem fazer igual ou melhor que nós.

A partir dessa colocação, a sugestão seria, de um lado, no aspecto da demanda, aumentar a nossa participação na referida lista dos 100 principais "produtos dinâmicos" no mercado mundial, segundo os estudos da Unctad e outros trabalhos sobre o tema. Ainda do lado da demanda, conquistar mercados nos grandes emergentes, já citados, procurando ver os setores em que para eles podemos aumentar exportações. Esse potencial pode indicar a conveniência de uma relação de comércio envolvendo mecanismos de preferências. Não se pode esquecer, contudo, que nossa relação com os grandes emergentes tem duas faces: podem constituir-se em bons mercados para as nossas exportações, mas são também potenciais competidores.

De outra parte, do lado da concorrência, definir políticas especiais nas áreas de nossas grandes vocações naturais (agronegócio, agroindústria, insumos industriais básicos), objetivando ficar, digamos, entre os três primeiros no mundo. E também no tocante aos demais setores industriais, em que devemos tentar desenvolver competências diferentes ou melhores do que as dos grandes emergentes. Ou competir com produtos/modelos diferenciados. A idéia, pois, é evitar que façamos apenas o que os nossos concorrentes próximos já podem fazer, por serem países em estágio de desenvolvimento semelhante ao nosso e que vêm apresentando resultados excelentes na expansão das exportações.

Finalmente, lembrar que, enquanto expandimos a estratégia de desenvolvimento sustentado, devemos ter a vista sempre voltada para evoluir em direção ao modelo de economia do conhecimento, inclusive porque as ações com esse objetivo podem criar oportunidades para a sustentabilidade do crescimento. Os dois movimentos se reforçam mutuamente.

Capítulo 10

Síntese e conclusões

O SENHOR PODIA FAZER UM BREVE RETROSPECTO ECONÔMICO E SOCIAL DO BRASIL DE 1950 AOS DIAS DE HOJE, COBRINDO, PORTANTO, A FASE DO ANTIGO E DO NOVO MODELO DE DESENVOLVIMENTO?

Na altura de 1950, o Brasil enfrentava um desafio econômico, social e político. O desafio econômico, no meu entender, consistia principalmente na decisão estratégica sobre a dinâmica econômica, isto é, como conseguir que o país crescesse rápida e estavelmente. Era preciso encontrar a forma de fazer com que os estímulos do governo, do lado da substituição de importações, preocupação básica da época, conseguissem também impulsionar a demanda interna. Naquela altura, já estava bem claro que, quantitativamente, o que levava a altas taxas de crescimento era a expansão da demanda interna. O Brasil havia desenvolvido a sua indústria e a produção interna representava o grosso da oferta de bens, salvo com relação a alguns setores que eram chamados de dinâmicos. Então, o que se fez na ocasião foi dar prioridade ao desenvolvimento das indústrias de bens de consumo duráveis, principalmente a indústria automobilística, e a algumas linhas de produtos intermediários e equipamentos, os setores dinâmicos. Como havia, de um lado, demanda reprimida e, de outro, as conexões entre setores, segundo a terminologia do Hirschman,[195] conseguiu-se que a demanda interna fosse impulsionada a partir dos investimentos para substituir importações e que houvesse realimentação, porque os altos investimentos continua-

[195] HIRSCHMAN, Albert. *A estratégia do desenvolvimento econômico*. Rio de Janeiro: Fundo de Cultura, 1974.

ram durante vários anos. Gerou-se assim a dinâmica econômica necessária, alimentada e realimentada por conexões entre setores, e obteve-se o crescimento rápido e sustentado, principalmente no período do Plano de Metas. Sem embargo, tivemos uma década perdida para as exportações, como vimos.

Do lado social, curiosamente, o Brasil não fez muito, pois se achava que as melhorias seriam decorrentes do crescimento. Assim mesmo havia tranqüilidade social, por causa da euforia do "juscelinismo", do crescimento rápido e existia muita auto-estima. É preciso notar que a geração de empregos industriais não foi muito grande, houve uma acumulação de subempregos nas grandes cidades brasileiras, que cresceram muito naquele período, tal como aconteceu em toda a América Latina.

O desafio político era evidentemente consolidar a redemocratização, mantendo o crescimento, o bom governo, apesar dos perigos representados pelo populismo, pelo clientelismo e outras formas formas de patrimonialismo. Como os anos 1960 e 1970 mantiveram o crescimento rápido, embora com a desaceleração do governo Jango, tivemos 30 anos de desenvolvimento sob a égide do antigo modelo, com uso freqüente de substitutos históricos, como o Estado, bancos de desenvolvimento, empresas multinacionais, ao lado de políticas fiscais e cambiais razoáveis. O ponto fraco do antigo modelo era principalmente a desatenção à eficiência e à competitividade, em sentido geral, pois a preocupação básica era com a construção de uma grande economia industrial, integrada e diversificada. E isso foi obtido. Mais ainda na década de 1970 houve grande geração de emprego, principalmente na indústria, que apresentou expansão do emprego à taxa de 7% ao ano, a tal ponto que, no I Fórum, em 1988, Cláudio Salm e Fernando Eichemberg da Silva disseram num ensaio[196] que, no final dos anos 1970, o Brasil não precisava de uma política específica de emprego: o crescimento trazia a suficiente geração de emprego. Outros tempos...

Voltando à questão da competitividade, o que dissemos antes não significa que o país não fosse competitivo, e esse aspecto tem de ser ressalvado. Existe, por exemplo, um estudo feito por Fábio Erber, José Tavares e José Ricardo Tauile, de 1985,[197]

---

[196] SALM, Cláudio; SILVA, Fernando Eichemberg. Integração e tendências do mercado de trabalho brasileiro. In: VELLOSO, J. P. dos Reis (Org.). *Crescimento com redistribuição e reformas: reverter a opção pelos não-pobres*. Rio de Janeiro: José Olympio, 1991.

[197] ERBER, Fábio Stefano; ARAÚJO JR., José Tavares de; TAUILE, José Ricardo. *Restrições externas, tecnologia e emprego; uma análise do caso brasileiro*. Rio de Janeiro: UFRJ/IEI, 1985.

que procura identificar as fontes da competitividade internacional do Brasil nessa época, pois estávamos assistindo aos megassuperávits na balança comercial. Eles chegam à conclusão de que havia três grupos de setores. O primeiro era o grupo dos setores mais tradicionais nas exportações, por exemplo, o que chamamos hoje de agronegócio e as indústrias tradicionais de confecções e calçados. Neste grupo, os principais fatores de competitividade eram o domínio da tecnologia e os recursos naturais. Nas indústrias citadas, a tecnologia tinha sido generalizada e havia farta disponibilidade de amplos recursos naturais e de mão-de-obra barata. O segundo grupo refere-se ao que nós, no II PND, chamamos de insumos industriais básicos – siderurgia, petroquímica, alumina, papel e celulose. Aqui os fatores de competitividade eram a idade recente do parque industrial instalado no Brasil – o grande salto foi dado realmente com o II PND. Mas havia um segundo fator de competitividade que era a escala de produção, sem falar na intensidade em recursos naturais.

O terceiro grupo de setores são linhas de produtos em bens de capital, certos bens de consumo duráveis e armamentos. Aí já estava começando a aparecer a área de aviões de pequeno porte, a Embraer. Em geral, nesse grupo o Brasil tinha o domínio da tecnologia e conseguia fazer a adaptação do produto para as condições de países em desenvolvimento, principal mercado para onde exportávamos esses produtos. Então, havia competitividade em certos grupos de setores, mas não havia uma preocupação geral com a eficiência e com a competitividade, mesmo quando se fizeram grandes expansões em indústrias mais dinâmicas. Por exemplo, avançou-se demais na substituição de importações, na elevação do componente nacional, porque a preocupação maior era economizar divisas nas importações e gerá-las com as exportações.

A competitividade do Brasil foi sendo reduzida ao longo da década perdida, tanto que, na altura de 1990, o presidente Collor pôde falar nas "carroças", em relação à indústria automobilística. Ora, até 1984, havia o Befiex, que controlava os resultados dos setores que recebiam grandes incentivos à exportação, e a indústria automobilística foi um deles. Dentro ainda dessa preocupação com os pontos fracos do antigo modelo, devemos mencionar que não se definiu claramente que os incentivos fiscais e creditícios eram por prazo determinado e que haveria uma cobrança de resultados, salvo em projetos de exportação. De modo que houve a instalação de uma grande economia industrial, mas com grande heterogeneidade. E como a competição interna não era muito acirrada, também não se estimulou a eficiência. Na forma tradicional, aqui, novamente, usou-se um substituto histórico, o controle de preços com preocupação de ganhos de produtividade, mas com resultados não inteiramente satisfatórios.

São as ambigüidades do protecionismo.

Vamos com calma, porque já vimos que essa política era assimétrica. Dava-se proteção elevada no setor de bens de consumo, duráveis e não-duráveis, mas na área de produtos intermediários e de bens de capital a proteção efetivamente executada era muitas vezes baixa, ou nula, pois havia os regimes especiais de importação. Através do CDI, era possível importar equipamentos e matérias-primas, produtos intermediários em geral, sem pagar nenhuma tarifa. E o CDI era muito liberal na aprovação de projetos. Mas não se importavam automóveis, a não ser a preços elevadíssimos. Importava-se um pouco de eletrodomésticos, mas o grosso da demanda era atendido pela produção interna.

Nossos modelos de desenvolvimento foram projetados ou foram respostas pragmáticas a certas crises?

Nos anos 1930, o Brasil simplesmente reagiu a uma crise fortíssima provocada pela grande depressão mundial. E terminou se saindo bem, porque tivemos grande expansão industrial e até uma mudança de modelo. A indústria assumiu a função de motor do desenvolvimento, que antes pertencia à agricultura de exportação. A partir daí, começaram a surgir iniciativas com a preocupação de tornar consciente o esforço de industrialização no Brasil, através de certos órgãos criados no primeiro governo Vargas.

Ao longo dos anos 1950, o Estado acelera a criação de órgãos de planejamento central voltados para o desenvolvimento, com o apoio das entidades de classe. Nos anos 1960 e 1970, de diferentes formas, o Estado era o autor da estratégia de crescimento, atuando de forma deliberada para consolidar o setor de bens de consumo duráveis, através do aumento da produção para atender à demanda interna e externa. O Estado facilitou, por exemplo, o crédito ao consumidor e às exportações. Já mencionei o Befiex, que firmava compromissos de longo prazo com as montadoras que assumissem a obrigação de fazer exportações. E, certamente, no governo Geisel, com o II PND, houve um esforço consciente de não reagir à crise do petróleo da mesma forma que os países desenvolvidos. Olhávamos para países da Ásia, que até cresceram mais do que o Brasil depois da primeira crise do petróleo, e também para a reação que o Brasil tivera, nos anos 1930, diante da grande depressão. Procurava-se evitar que a crise se traduzisse em um longo período de recessão e estagnação, nossa versão da depressão norte-americana. E, ao mesmo tempo, dar ao país a oportunidade de voltar a crescer normalmente, mas em novas bases, porque o estilo de crescimento do "milagre" estava inviabilizado.

O Brasil não montou um parque automobilístico nacional. Qual foi a estratégia nesse setor?

O governo Juscelino instalou a indústria automobilística no Brasil dando estímulos para a vinda das montadoras internacionais. Não conseguiu, no primeiro momento, trazer as empresas americanas, que não faziam fé no mercado brasileiro, mas trouxe as européias. Essa indústria se consolidou nos anos 1960, já com a presença das empresas americanas. O Brasil seguiu, em matéria de indústria automobilística, uma trajetória diferente da Coréia, que procurou ter uma indústria própria. *A posteriori*, e vendo a coisa no longo prazo, talvez não tenha sido um passo errado, porque dificilmente a indústria automobilística brasileira iria ser viável: não tínhamos os grandes conglomerados coreanos e isso era essencial para esse tipo de indústria. Mas na área de eletrodomésticos os produtos brasileiros passaram a dominar o mercado nacional. O mercado de geladeiras, por exemplo, ficou praticamente nacionalizado. Nos anos 1990, com a abertura, as empresas estrangeiras voltaram a esse setor de bens de consumo duráveis e fizeram muito estrago, compraram até empresas brasileiras. No caso da indústria de carros, o que veio para o Brasil não foi uma indústria estrangeira, foi uma indústria de montadoras, pois o setor de autopeças ficou sob o domínio das empresas nacionais, pelo menos até os anos 1990.

Com o II PND, vamos ter realmente grandes empresas nacionais em setores dinâmicos, pois prevíamos uma área de ação para a indústria nacional. Na siderurgia, já foi dito, os produtos planos eram fornecidos por empresas estatais. Mas produtos não-planos ficavam com as empresas privadas, por exemplo, Gerdau. Em celulose, papel e outros setores de insumos básicos e de bens de capital, as empresas privadas eram donas do mercado, ou seja, não havia estatais. As empresas brasileiras voltadas para os setores dinâmicos tiveram, de fato, a oportunidade de se tornar grandes. Isso foi feito deliberadamente, na discussão do I PND. No II PND, já se falava claramente em criar um capitalismo industrial brasileiro, sem hostilizar a empresa estrangeira.

No período de 1950 a 1980, houve uma grande transformação na economia e o Brasil cresceu a uma taxa média de 7% ao ano. As mudanças foram estruturais, do ponto de vista econômico e social. O país se firmou como sociedade industrial e urbana e avançamos significativamente em setores dinâmicos. Houve uma grande capacidade de gerar empregos, principalmente a partir de meados dos anos 1960 e mais ainda nos anos 1970. Criou-se uma moderna infra-estrutura de energia elétrica, comunicações e transportes. Esses setores obedeciam a planejamento de, no mínimo, 10 anos. Às vezes, 15, 20. Foi por isso que, até 1980, o Brasil não teve *apagões*. Montamos também uma grande rede de telecomunicações, que chegou à Amazônia, e desenvolvemos fortemente a área do petróleo, com a descoberta da bacia de Campos.

E o lado social desses modelos?

Já observamos que a política social no antigo modelo era feita através de grandes programas, coordenados pela União e executados nacionalmente. Merenda escolar é um exemplo. Como a influência do patrimonialismo sempre foi forte na área social, havia a formação de clientelas ligadas a esses programas. Não houve a devida atenção aos mecanismos de manutenção das desigualdades contidos nas políticas sociais – educação e previdência, principalmente. Ou seja, havia uma expansão quantitativa grande porque o orçamento social cresceu muito. Ao lado disso, acumularam-se problemas de qualidade, principalmente na educação básica pública. Os índices de repetência eram muito elevados. As políticas sociais continham elementos reprodutores da desigualdade e, com isso, se mantém estável a distribuição de renda. Ou seja, não melhora. As mudanças mais significativas vêm nos anos 1970, em função principalmente do crescimento e da geração de bons empregos. Assim mesmo, continuamos entre os 10 países com pior distribuição de renda.

Vários analistas mostram as implicações da falta de crescimento e de emprego sobre a segurança e a criminalidade. Eu sempre falei nas conseqüências da falta de crescimento, mas nunca falava nesse aspecto. As relações, de fato, são várias. Com crescimento, pode-se investir mais no combate ao crime organizado e na área social. São duas forças a favor da redução da violência e da criminalidade, embora seja um problema muito mais complexo.

Nos anos 1990, o Brasil se defrontou com novos desafios econômicos: acabar com a inflação e encontrar alguma forma de crescer estavelmente. Do ponto de vista social, o desafio era continuar promovendo progresso e, do lado político, a meta era consolidar a redemocratização. Em resposta a esses desafios, o Brasil evoluiu para um novo modelo, o de economia continental voltada para a competitividade. Foram feitas as aberturas, a privatização, tudo isso com as distorções e os problemas que conhecemos. Mesmo com crescimento baixo, houve continuação do progresso social, embora de forma mais lenta do que ocorria até os anos 1970. A mais importante conquista foi a constatação de que as próprias políticas sociais continham distorções graves, não tinham foco no combate à pobreza e muitas vezes concediam benefícios, e até privilégios, às classes de renda mais alta. Isso fica claro no acesso às universidades públicas e na previdência. Houve uma descentralização das políticas sociais, transferindo responsabilidades para o estado e o município, o que faz sentido num país imenso como o Brasil. É verdade que isso foi feito, em parte, em função do problema fiscal da União, que teve encargos aumentados com a Constituição de 1988, enquanto estados e municípios tinham mais recursos sem acréscimo de atribuições. Unilateralmente, a União começou a fazer a transferência dos encargos. Como ela sempre complementava os recursos estaduais ou municipais, era estabelecida a condição de que esses entes federados passassem a ser responsáveis pelos programas sociais e de que a União teria uma função mais de coordenação.

Quanto ao desafio político, consolidou-se a redemocratização, embora sejamos ainda uma democracia de massas pouco educadas e bastante suscetíveis ao *appeal* populista e as instituições ainda sejam débeis no âmbito dos três poderes. O país melhorou em certos aspectos políticos, mas em matéria de governo continuamos perseguidos pelas tradições patrimonialistas. Mais: regredimos em certos aspectos porque a reforma administrativa de 1967 havia trazido uma contribuição significativa à criação de uma burocracia weberiana, e isso perdeu forma na década passada – exceto pela tentativa de Bresser-Pereira de trazer para a administração pública uma idéia gerencial.

Concluindo este retrospecto econômico e social do antigo e do novo modelo, gostaria de levantar uma questão: como o Brasil manteve o crescimento sustentado durante cinco décadas? Segundo estudos do Angus Maddison, que já publicou três ou quatro livros sobre esse tema, entre 1900 e 1987, o único país que cresceu mais do que o Brasil foi Taiwan.[198] Por que esse crescimento de cinco décadas foi seguido por duas décadas perdidas? Devemos lembrar que aquele crescimento se deu sem recessões,

---

[198] MADDISON, Angus. *The world economy in the 20th century*. Paris: OECD, 1989.

porque mesmo na crise de 1962, 1963, não houve recessão, houve crescimento mais lento. Mas a razão principal é que naquele período era muito mais fácil crescer. Não havia a globalização de hoje, não estávamos sujeitos a essas crises financeiras que surgem na Ásia ou na Rússia e atingem o Brasil, nem havia um mercado financeiro extremamente atento e nervoso. Hoje, se o presidente da República põe um boné do MST, isso tem efeitos sobre o risco do Brasil. Outro fator a considerar quando dizemos que era mais fácil crescer é que as regras da OMC são muito mais estritas do que as do Gatt (General Agreement on Tariffs and Trade). Ou seja, os países em desenvolvimento tinham muito mais liberdade para fazer suas políticas industriais e de desenvolvimento. Outro fator importante é que, depois de um governo expansionista e até meio inconseqüente, em matéria fiscal, como foi o governo Juscelino, seguia-se sempre outro preocupado com o ajuste: depois de JK, vem Jânio com Clemente Mariani; depois de Goulart, vem Castelo Branco.

Outro elemento que funcionou muito bem foi a dinâmica econômica do período entre 1950 e 1980, particularmente, quando o Brasil fazia grandes blocos de investimentos integrados, complementares, abrangendo infra-estrutura, indústrias dinâmicas, áreas mais modernas da agricultura e dos serviços, e, com esses blocos de investimentos, construía aquela grande rede interna de conexões necessárias ao crescimento global estável e acelerado. Cabe ainda lembrar que, dentro desse padrão de crescimento sustentado, os excessos desestabilizadores e as distorções nunca iam além de certo limite. Não havia choques abruptos nem rompimentos violentos das regras do jogo. Ou seja, havia mais respeito à economia de mercado, que tem as suas regras, havia mais respeito aos contratos, definição de políticas estáveis, ou seja, havia limites implícitos às inconseqüências dos governantes. Juscelino, por exemplo, deixou um grande "abacaxi", mas que pôde ser digerido em seis meses. Quando houve a renúncia do Jânio, a situação já estava praticamente sob controle: dívida externa renegociada, inflação domesticada. Mas... aí veio o Jango e é a história que sabemos.

O Brasil tem premência de desenvolvimento?

Creio que é no desenvolvimento que o inconsciente coletivo do povo brasileiro se reconhece. Começou o governo Lula e todos estavam pensando em crescimento e fazendo cobranças. Há um sonho brasileiro, algo diferente do americano. O sonho brasileiro remete à idéia do país do futuro, o país de um grande potencial. Somos naturalmente lembrados do famoso livro do Stefan Zweig, *Brasil, país do futuro*, de

1941, livro que pouca gente leu e quase todo mundo cita. Tive o cuidado de reler há pouco essa obra que havia lido no final dos anos 1940. Fui conferir o que o Zweig realmente disse. Que história é essa de país do futuro? Verifiquei que a visão do Zweig não é tão simplista como pode parecer, porque fala no potencial de recursos naturais do Brasil, mas também fala no nosso potencial humano, o que é uma idéia moderna. E, no fundo, a razão pela qual ele via no Brasil o país do futuro era o contraste do que denominava civilização e cultura brasileira com o que tinha deixado na Europa, e que está retratado num outro livro, *O mundo que eu vi*. Ou seja, a Europa das guerras, do totalitarismo, da intolerância, da perseguição a judeus, do racismo e assim por diante. No Brasil, ele via tolerância social e religiosa, mestiçagem, população pacífica... Podemos até perguntar o que subsiste daquela civilização "nova" a que Zweig se referiu, se levarmos em conta o que veio depois: industrialização convulsiva, duas décadas perdidas e os problemas decorrentes de uma redemocratização válida, mas acompanhada de falhas graves na tarefa de governar.

O Fórum Nacional tem se comprometido com o debate sobre os novos desafios que se colocam para o Brasil e, portanto, sobre o desafio do governo Lula. O desafio econômico é manter a estabilidade, preservar os bons fundamentos da economia em um mundo globalizado financeiramente. O segundo passo é suscitar uma agenda de desenvolvimento, lançar programas relacionados ao crescimento sustentado que, no meu entender, tem de acontecer de forma gradual.

Do lado social, o desafio é completar os avanços realizados na área da educação, da saúde. Vai ser preciso recriar um sistema financeiro para os setores de habitação e de saneamento, enfim, avançar na redução das desigualdades. Ou seja, a idéia é que a estabilidade sirva de base para o *crescimento com redistribuição*. Do ponto de vista político, o desafio é mostrar que um governo de base popular pode ser eficiente. O governo já demonstrou que é capaz na área macroeconômica, mas existe a dúvida sobre vários setores. Por exemplo, o Programa Fome Zero, a eficiência na reforma agrária, o controle das invasões do MST e das milícias de fazendeiros. O governo precisa ainda mostrar eficiência na área de ciência e tecnologia, fazer o ajustamento dos modelos das diversas áreas de infra-estrutura: comunicações, energia elétrica, transportes. Além do mais, a relação das agências reguladoras com o governo não está muito clara.

No último Fórum, os ministros Palocci e Mantega e o presidente do Banco Central deixaram claro que as medidas macroeconômicas do ano de 2003 tiveram como objetivo preparar o país para o crescimento sustentado. Tiveram de, provisoriamente, adotar uma política monetária restritiva com altas taxas de juros. O setor produtivo naturalmente não gostou, mas o sistema financeiro nacional e internacional aprovou, independentemente de se tratar de banco ou fundos de pensão. O mercado financeiro e as instituições internacionais sabem que uma taxa de inflação baixa é condição para voltar a crescer de forma sustentada.

O SENHOR FOI PROCURADO POR ALGUM ASSESSOR DO GOVERNO LULA?

Não. Se procurado, diria que as contribuições que tenho a dar, dou através do Fórum Nacional. Governos anteriores já solicitaram que eu escrevesse notas sobre um ou outro tópico, mas prefiro que minhas contribuições venham através do que escrevo para o Fórum e dos temas ali debatidos. Certamente eu não me negaria a cooperar com o governo, mas quando se cogitou, alguns anos atrás, no governo Fernando Henrique, de criar um conselho de assessores do presidente, à semelhança do Council of Economic Advisors, e me convidaram a participar, disse: "Olha, vejo uma certa incompatibilidade entre a minha função como coordenador geral do Fórum Nacional e como membro de um conselho como este que se cogita criar, órgão integrante do governo." Afinal, não foi criado. Essas idéias sempre vêm e voltam.

No Fórum, nós debatemos temas nacionais, como desenvolvimento do Nordeste e da Amazônia, economia do conhecimento etc. Por isso, apenas em coisas muito específicas, quando a contribuição pessoal é insubstituível, eu a faço em caráter confidencial. Já fiz isso e voltarei a fazer se necessário, mas prefiro os canais institucionais.

Prefiro que os temas sejam examinados no Fórum. Isso aconteceu, por exemplo, logo antes do Plano Real, quando reunimos uns cinco especialistas em inflação e pedimos que cada um escrevesse um documento para ser debatido. Estava presente o diretor de política monetária do Banco Central, os documentos foram entregues a ele em caráter confidencial. Depois que o governo tomou a decisão do Plano Real, nós os publicamos em um livro.[199] O governo, se quiser, tem inúmeras maneiras de solicitar ao Fórum Nacional que se volte para determinados assuntos.

---

[199] VELLOSO, J. P. dos Reis (Org.). *Inflação, moeda e desindexação*. São Paulo: Nobel, 1994.

O presidente Lula já esteve no Fórum?

O presidente Lula nunca esteve no Fórum. Quando o Fórum começou, ele já era presidente do PT e trazíamos deputados e senadores do partido. Aliás, nunca convidamos presidente de nenhum partido, sempre convidamos congressistas. Desde o I Fórum, o líder do PT na Câmara tem participado e o senador Aloizio Mercadante é membro do nosso Conselho Diretor.

O governo Lula está seguindo parte de suas recomendações no que toca aos "fundamentos da economia", não?

Os dados objetivos da situação brasileira são hoje completamente diferentes, mas há um aspecto que me faz lembrar o início de 1967, início do governo Costa e Silva. O Brasil enfrenta atualmente o desafio de continuar praticando os fundamentos da economia, com uma política macroeconômica que siga os padrões dos países desenvolvidos, mas, por outro lado, querendo a retomada do crescimento, e isso é muito complexo e delicado. A política econômica é realmente uma arte, não é ciência. Então, é preciso ter jogo de corpo, criatividade, flexibilidade, sem esquecer as coisas básicas. Do meu ponto de vista, a retomada só virá de forma bastante gradual.

O senhor deve ter sido chamado por todos os governos para dar consultorias, não?

Como disse, mantenho uma relação institucional com todos os governos. Em função disso, sempre levo ao presidente da República, em todos os governos, uma nota sobre os pontos básicos do Fórum Nacional. Desde que o Fórum existe, faço isso regularmente. E os ministros sempre compareceram ao Fórum, participando dos diferentes painéis, seja na área econômica, social, política, cultural, ou mesmo na de segurança pública. Nosso objetivo, como instituição pluralista e *policy-oriented*, é promover o diálogo para chegar a convergências, se possível.

Epílogo

O teatro mágico da cultura

O SENHOR QUIS DENOMINAR ESTE EPÍLOGO "O TEATRO MÁGICO DA CULTURA". VAMOS ENTENDER ESSA MAGIA.

Já falamos um pouco de minha vida cultural e me lembro de ter dito que a cultura é para nós, Izabel e eu, uma parte muito importante do nosso estilo de vida. Daí fazer sentido encerrar este depoimento falando de experiências pessoais e especiais no mundo da cultura, esse teatro mágico em que nada é o que parece. Lembrando uma reflexão de Picasso, que foi destaque na recente retrospectiva sobre o pintor na oca do Ibirapuera, em São Paulo: "A Arte não é a verdade. A Arte é uma mentira que nos ensina a compreender a verdade."

Seguindo uma ordem vagamente cronológica – vagamente porque as experiências às vezes se interpenetram, e em outras vezes têm raízes em fatos anteriores –, podíamos começar falando da minha descoberta do barroco brasileiro, que aconteceu muito cedo. Eu devia ter uns seis, sete anos, estava fazendo o primário e o livro dado como antologia de leituras chamava-se *Pátria e amor*, de Miguel Milano. Uma das leituras tratava da cabeça de Tiradentes. Todos sabem que Tiradentes foi esquartejado e sua cabeça colocada no alto da rua das Cabeças, em Vila Rica, onde era guardada dia e noite. Só que numa madrugada com névoa, pouca visibilidade, apareceu um vulto e, antes que o guarda de plantão pudesse fazer alguma coisa, ele, com uma vara, tirou a cabeça do poste, segurou-a, saiu correndo e desapareceu. Durante anos a polícia procurou inutilmente quem a tinha roubado. Muito tempo depois, morreu um velhinho que vivia só e, ao entrarem no seu quarto, encontraram a cabeça. Fiquei impressionado com aquilo e com a descrição que se fazia de Vila

Rica e do barroco mineiro. Essa é a raiz, digamos, do meu interesse pelo assunto. Quando fui a Ouro Preto, já durante meus tempos de governo, para receber a Medalha Tiradentes, pude conhecer a cidade e fiz questão de saber onde ficava essa rua que antigamente se chamava rua das Cabeças.

Durante a execução do programa de restauração das cidades históricas, principalmente no governo Geisel, visitei várias cidades barrocas, e o barroco é até hoje uma das minhas grandes paixões em arte. Tenho lido e pensado durante décadas sobre sua importância para o Brasil. A idéia do barroco nos remete à identidade nacional. Em certo sentido, pode-se dizer que o Brasil é um país barroco. Cheguei até a escrever um artigo sobre isso no Caderno Idéias do *Jornal do Brasil*, há muitos anos. É uma referência de identidade menos pela questão de ecletismo e mais pela questão dos excessos, dos desbordamentos, dentro da idéia de que o Brasil nasceu sob o signo do barroco.

O barroco no Brasil alcançou nível internacional e não se reduz a uma manifestação cultural do Nordeste. Está presente no Rio de Janeiro e em Minas Gerais. Há um livro do Eduardo Etzel que mostra ainda sua importância em São Paulo, no Centro-Oeste e até no Sul, o que de alguma forma me surpreendeu.[200] Quando das comemorações dos 450 anos da cidade de São Paulo, visitamos o Colégio São Paulo, uma obra barroca muito importante para as artes do estado. Outro ponto é a multiplicidade de formas de barroco que se desenvolveram aqui na arquitetura, nas artes plásticas, na pintura, na música, na literatura, na ourivesaria etc. Por exemplo, na música, com o padre José Maurício, o barroco brasileiro foi relevante. Agora, certamente o ponto alto foi o Aleijadinho e até se pode dizer que o barroco brasileiro se divide em duas fases: antes e depois dele. Embora tenhamos de lembrar que houve dois grandes nomes do barroco brasileiro, o Aleijadinho e o Athaíde, este último na pintura. E ainda temos de lembrar a longa e profunda permanência do barroco em toda a história do Brasil.

Gostaria de mencionar que talvez a melhor exposição do conjunto do barroco brasileiro tenha sido O Universo Mágico do Barroco Brasileiro, realizada no Centro Cultural da Fiesp, em São Paulo, em 1998. Muito melhor, por exemplo, do que a que se fez no Guggenheim mais recentemente, a exposição Brasil, Corpo e Alma, em 2001.

---

[200] ETZEL, Eduardo. *O barroco no Brasil, psicologia, remanescentes.* São Paulo: Melhoramentos, 1974.

A última observação é que o barroco faz parte da minha vida, do meu cotidiano, não só pelas imagens que guardo das visitas às cidades históricas, das inúmeras idas a Ouro Preto, mas pelo fato de que diariamente, quando vou do Centro do Rio para minha casa, levo duas imagens: no fundo da rua da Assembléia, ao lado do Mosteiro de Santo Antônio, está a belíssima Igreja da Ordem Terceira da Penitência, restaurada recentemente, e a cuja reinauguração assisti. A outra imagem é da Igreja do Outeiro da Glória, que teve as suas paredes de azulejos restauradas. Dela guardo uma lembrança pessoal, porque lá se realizou o casamento da Ana Paula, minha filha.

Do barroco, passamos para as tragédias?

Meu primeiro contato com as tragédias de Shakespeare se deu quando eu tinha 10, 11 anos e assisti ao filme *Romeu e Julieta*, de George Cukor. Contei que até me apaixonei pela atriz Norma Shearer... Ainda jovem, li boa parte das obras de Shakespeare, mas em português, em prosa, numa edição da Melhoramentos. Só mais tarde fui ler Shakespeare no original, o que era uma tarefa de Hércules, não só pelo inglês elisabetano, mas também pelo fato de termos visto inúmeras versões das tragédias no cinema e no teatro. Tivemos a oportunidade de ir duas vezes ao Royal Shakespeare Theatre, em Stratford. Na última, vimos uma produção maravilhosa de *A tempestade*.

A propósito de Shakespeare, gostaria de mencionar nossa relação com Bárbara Heliodora, que considero uma personalidade múltipla e que é uma *expert* em Shakespeare no Brasil. É uma das pessoas que mais entendem do tema, dá com freqüência cursos a respeito e está sistematicamente fazendo traduções das obras desse autor. Conhecemos a Bárbara há uns 10 anos, creio. Izabel tinha ido assistir a uma palestra dela no teatro da Casa de Cultura Laura Alvim, na praia de Ipanema, e fui apanhá-la ao final da palestra. Fiquei na entrada do teatro, assistindo à parte final, porque havia encenação de trechos de peças enquanto a Bárbara fazia a palestra. Depois fomos falar com ela e, a partir daí, ficamos amigos. Fiz um curso de Shakespeare na casa dela, hoje somos praticamente da família e somos freqüentemente convidados para eventos estritamente familiares.

Voltando às tragédias de Shakespeare, gostaria de dizer que a minha ordem de preferência é *Hamlet*, *Rei Lear*, *Macbeth*, *Othello*. No mesmo nível das tragédias de Shakespeare estão as gregas, principalmente as duas trilogias, a de Édipo, de Sófocles, e a de Orestes, de Ésquilo. Vimos a *Orestia*, ou seja toda a trilogia, há alguns anos, num teatro em Nova York, o Pearl Theatre, que tem uma excelente companhia de repertório, creio que a única companhia de repertório de Nova York, algo comum em Londres, mas não em Nova York. Não resisto à tentação de fazer a ligação entre as tragédias de Shakespeare e as dos clássicos gregos, através do problema da vingança, em *Hamlet* e na *Orestia.* É claro, as duas tragédias vão muito além do tema da vingança, mas, nos dois casos, ela era importante na significação da tragédia. Tanto na *Orestia* quanto em *Hamlet*, a vingança era uma solução difícil, os protagonistas tinham dúvidas. No caso de Orestes, ele teve de ser convencido pelo maior amigo a matar Clitemnestra, sua mãe, sob o argumento de que era um ato de justiça, não de vingança. No caso de Hamlet, era mais complexo ainda, porque ele fazia parte de uma geração que tinha cursado a universidade e era humanista. Então, a propósito de Orestes, é relevante assinalar que, na última peça da trilogia, ele foi a julgamento, perseguido pelas Fúrias. Primeiro foi ver Apolo, em Delfos, e de lá foi para Atenas, onde foi colocado em julgamento por ordem de Palas Atena, Minerva para os romanos. O julgamento realizado na Acrópole de Atenas, por júri dos cidadãos atenienses, acabou em empate e Palas Atena teve de desempatar. E o fez em favor de Orestes, que terminou absolvido. Daí vem a expressão "voto de Minerva" e a figura de Minerva como símbolo da Justiça, em todos os países civilizados, inclusive no Brasil.

E SOBRE ROMANCES? QUAL O MAIS MARCANTE?

Para mim foi *Moby Dick ou a baleia*, o título original, uma verdadeira revelação. Li o livro na íntegra, por sugestão de meu irmão mais velho, creio que em 1946 ou 1947. Ele me disse para não ler mais adaptações, e sim o texto completo. Naturalmente, depois vieram os russos: Dostoievski, principalmente *Os irmãos Karamazov*, Tolstoi, *Guerra e paz*, Nikolai Gogol, *Almas mortas*, obras que de vez em quando releio. Mas *Moby Dick* se tornou quase um culto para mim e concordo com Clifton Fadiman quando diz que é "talvez a mais poderosa apresentação, na literatura em prosa, do conflito eterno entre o homem e seu destino".[201] O que está por trás da relação Ahab-Moby Dick? No meu entender, é o fato de que os dois são apenas um e isso por quê? Porque Moby Dick parece um ser humano possuído pelo ódio, tal

[201] FADIMAN, Clifton. Introdução. In: MELVILLE, Herman. *Moby Dick or the whale*. Norwalk, Conn.: Easton Press, 1977.

como era Ahab. Por isso é que a baleia revela tanta inteligência na perseguição e cada um dos dois transforma o outro em sua razão de ser. Daí eu dizer que no fundo são a mesma coisa.

OS AUTORES BRASILEIROS, OU INTÉRPRETES DO BRASIL, SOBRE OS QUAIS JÁ FIZEMOS MENÇÃO NO CAPÍTULO I, CONSTITUEM UMA PARTE IMPORTANTE DA SUA FORMAÇÃO INTELECTUAL?

Talvez o Fórum Nacional ainda represente para mim o que era a Brasiliana no fim dos anos 1940. Estou sempre procurando descobrir o Brasil, mas até hoje não descobri direito, mesmo participando de equipes que propõem soluções para o país. Gostaria de recordar que os meus contatos com a Brasiliana, no sentido amplo, remontam aos meus 16, 17 anos, em Parnaíba, por influência daqueles meus dois gurus que já mencionei: José Rodrigues e José Bonifácio. Ao longo dos anos 1950, fiz a descoberta dos inventores do Brasil, que me revelaram as nossas principais matrizes econômicas, sociais, políticas e culturais. O precursor desses inventores foi Capistrano de Abreu, com *Capítulos de história colonial*. Não chegou a escrever uma nova história do Brasil, como tinha pensado, em oposição à historiografia oficial, representada principalmente por Varnhagem, nem realizou o projeto do Friedrich von Martius, de 1844, de que se tomasse como temática central da nossa história a "fusão das três raças". Isso ficaria, sabemos, para os anos 1930, principalmente com Gilberto Freyre. Mas ainda assim escreveu um livro que prenunciou as diversas gerações de "inventores".

Vamos destacar os principais méritos dos *Capítulos*: a ênfase nos "múltiplos Brasis" e na sociedade colonial, diversificada e complexa, embora com predomínio de forças centrífugas e dissolventes, e o deslocamento de foco, pois não era mais o da história da colonização portuguesa, e sim o da história da colônia e de sua sociedade. Esta é provavelmente a maior contribuição do Capistrano. Em *Os sertões*, de Euclides da Cunha, de 1902, a maior contribuição é, de um lado, a constatação de que o sertanejo, um mestiço, não era uma sub-raça degenerada como dizia a intelectualidade da época, mas "antes de tudo, um forte". De outro, a denúncia do massacre de Canudos pelo Exército brasileiro. Apesar do cientificismo que a gente encontra no livro, por influência das idéias da época, no fundo, a análise de Euclides ainda é válida.

A grande safra dos descobridores veio nos anos 1930 e 1940: Gilberto Freyre, Sérgio Buarque de Holanda e Caio Prado Júnior. Mas, dos três, há uma permanência maior do Gilberto. Por isso, gostaria de voltar a fazer algumas observações, principalmente a respeito de *Casa grande & senzala* – eu sublinharia o *&* –, que completou 70 anos em 2003 e foi objeto de um documentário do Nelson Pereira dos Santos em 2001. A grande questão que se colocou para ele na Universidade de Colúmbia, em Nova York, foi: o que é ser brasileiro? Os colegas dele sabiam o que era ser americano, o que era ser inglês, o que era ser alemão... e ele achava que não sabia direito o que era ser brasileiro. Esse foi o desafio que o levou a escrever a trilogia: *Casa grande & senzala*, *Sobrados e mocambos* e *Ordem e progresso*. O caráter revolucionário da obra é o rompimento com o preconceito intelectual dominante na época, o racismo científico. Gilberto dizia que era anticientífico ou acientífico falar de superioridade racial, porque o elemento cultural precede o elemento racial. Outro rompimento: a refutação da impossibilidade de civilização nos trópicos e a negação do determinismo geográfico. O ponto básico era a interpenetração de etnias, não apenas de raças e culturas, na formação brasileira. Lembrando: casa grande *e* senzala significa interação. Em termos de inovações, podemos citar o papel civilizador do índio, sua influência nos costumes das famílias dos primeiros tempos, na higiene, por exemplo, tomar banho todo dia, nas danças, na religiosidade, na adaptabilidade às condições de vida nos trópicos. Outra inovação gilbertiana: o papel civilizador do negro, lembrando que o negro brasileiro veio dos povos mais adiantados da África, a viabilidade de trabalho organizado nos trópicos, a adaptabilidade a diversos tipos de afazeres, o traço dionisíaco expresso, por exemplo, no caráter sensual da dança, o tipo de música e ainda a amenização da rigidez da religião, que, em parte, já vinha de Portugal, que amenizava tudo. Para Gilberto, tudo que aconteceu na Europa aconteceu em Portugal em escala menor.

Gostaria de citar o livro do Roberto Cavalcanti de Albuquerque, *Gilberto Freyre e a invenção do Brasil*,[202] que fala da utopia gilbertiana para o Brasil, do progresso, ou dos vários progressos, construídos através de um povo crescentemente mestiço, no sangue e na cultura. Acho que essa interpretação vai ao ponto. Quero também falar da perspectiva aberta por Gilberto Freyre, ao fazer pelo mestiço, em geral, o que Euclides havia feito pelo sertanejo: a abertura de caminho para que os homens livres pobres que constituíam cerca de dois terços da população brasileira à época da In-

---

[202] ALBUQUERQUE, Roberto Cavalcanti de. *Gilberto Freyre e a invenção do Brasil*. Rio de Janeiro: José Olympio, 2000.

dependência, na maioria mestiços, passassem a ter história. Até então eram os "desclassificados" e os "sem classe" eram também os "sem história". Porque, em geral, a historiografia oficial brasileira ignorava essa população livre pobre. Depois, com os revisionistas, a coisa mudou.

Com *Raízes do Brasil*, de Sérgio Buarque de Holanda, vê-se a importância da superação das tensões entre as expressões sociais e políticas legadas pelo passado, e que são complicadas, e as novas condições urbanas e industriais do país que se estava tentando construir. Lembrando: estávamos nos anos 1930, Vargas, polarizações e extremismos políticos. A síntese da sociedade brasileira poderia ser esta: raízes personalistas, individualismo ibérico baseado no culto da personalidade, não temperado pela cultura cívica. Esse individualismo ibérico, como sabemos, é muito diferente do individualismo americano, que viceja num ambiente de cultura cívica. Aqui, temos o espírito de aventura que orientou a colonização portuguesa mesclado com a ordem patriarcal. Tudo isso levando à falta de distinção entre domínio privado e domínio público, ao patrimonialismo e à predominância do Estado "modelo de relações gerado na vida doméstica, a esfera dos laços afetivos e de parentesco", como disse Brasílio Sallum Jr.[203] Cabe referência ainda à importância, para Sérgio Buarque de Holanda, de mudar a substância da política brasileira tradicional, incluindo no Estado as camadas sociais até então excluídas. A atualidade desta referência pode ser buscada no fato de que só agora, e pela primeira vez desde a Independência do Brasil, temos a experiência de um governo com origens populares, o governo Lula.

Quanto a Caio Prado Júnior, no seu clássico *Formação do Brasil contemporâneo*, de 1942,[204] creio que a contribuição principal, nas palavras de Amaral Lapa, foi entender o Brasil como parte do "grande movimento encetado pelo capital mercantil, graças às descobertas e avanços tecnológicos com que se aceleram e se mundializam as comunicações".[205] Daí a economia colonial ser entendida como uma vasta empresa comercial, com agricultura de exportação à base da grande propriedade e da escravatura, fornecedora de produtos tropicais para os mercados europeus, "sem maiores

---

[203] SALLUM JR., Brasílio. Sérgio Buarque de Holanda, *Raízes do Brasil*. In: MOTA, Lourenço Dantas (Org.). *Introdução ao Brasil: um banquete no trópico*. São Paulo: Senac, 1999.

[204] PRADO JR., Caio. *Formação do Brasil contemporâneo*. São Paulo: Martins, 1942.

[205] LAPA, José Roberto da. Caio Prado Jr., *Formação do Brasil contemporâneo*. In: MOTA, Lourenço Dantas (Org.). *Introdução ao Brasil: um banquete no trópico*. cit.

preocupações em construir uma sociedade unitária e integrada", na visão do Caio. E esse sistema teria continuado com a Independência, "permanecendo assim o estatuto colonial". Ou seja, o modelo econômico baseado na agricultura de exportação e na escravatura era uma decisão da elite, porque, como sabemos, na altura da Independência havia vários projetos para o Brasil, inclusive um de José Bonifácio, que dava liberdade aos escravos. Mas o que terminou prevalecendo, pelas razões já conhecidas, foi o modelo citado. Porque a grande preocupação era a defesa da monarquia, dada a experiência de fragmentação de outros países sul-americanos, muito longe daquele sonho do Simón Bolívar. Predominou a preocupação com a unidade nacional porque, em certa medida, ainda continuavam aqueles múltiplos Brasis do Capistrano, a idéia de arquipélago, em que cada região se comunicava diretamente com Lisboa e não se havia acostumado a se submeter a uma unidade centralizada no Rio de Janeiro.

A elite formada em Coimbra que tomou as decisões sobre a adoção desse modelo tinha uma ligação muito forte com os senhores de terras, embora não fosse um reflexo deles, e levava muito em conta a unidade nacional para o futuro do país. Por isso, deixamos de fazer o que os Estados Unidos fizeram. O Brasil manteve um modelo à base unicamente da agricultura de exportação, enquanto os Estados Unidos começaram a adotar um modelo que tinha duas pernas, sendo a principal a da industrialização, por conta da inserção que os Estados Unidos tiveram na Revolução Industrial devido à grande ligação com a Inglaterra. Então, mesmo alguns *founding fathers*, a começar por George Washington, que tinham escravos, que não conheciam muito sobre industrialização, terminaram acompanhando Hamilton, que era o secretário de finanças e apoiava a idéia da industrialização como segunda perna para a economia americana. O Brasil não fez uma inserção adequada na Revolução Industrial porque continuávamos achando que éramos fornecedores de produtos tropicais. Por isso é que o Caio Prado fala na continuação do estatuto colonial após a Independência e José Murilo de Carvalho, num de seus livros, mostra que o Conselho do Império, na altura de 1850, reexaminou a questão do modelo e confirmou a opção feita por ocasião da Independência, apenas acrescentando que havia uma economia industrial, mas que era complemento da agricultura de exportação – ou seja, não era o que depois se chamou de industrialização substitutiva de importações, era uma indústria que atendia aos requisitos da economia agrícola.[206] O problema que não foi considerado por Caio Prado explicitamente, mas que temos de mencionar aqui, é a questão dos homens pobres livres, que, como já observamos, constituíam a maioria da população brasileira. No entanto, não tinham função definida dentro desse modelo.

Agora podemos falar do descobridor temporão, Raymundo Faoro, com os *Os donos do poder: formação do patronato político brasileiro*, de 1958. Sua contribuição principal, como é sabido, foi a tese sobre a transferência do Estado patrimonialista português, cooptador dos grupos e das instituições sociais, para o Brasil, colonizado da forma como o foi, e tendo como interface, no plano municipal, o binômio senhor da terra-poder local. O último ponto foi desenvolvido principalmente pelo Richard Graham no livro *Patronage and politics in nineteenth-century Brazil*, ou seja, clientelismo e política no Brasil do século XIX.[207] Por isso, só no final da colonização portuguesa, isto é, nas duas primeiras décadas do século XIX, o Estado central realmente se tornou o poder predominante. Na República Velha, houve o poder dividido entre os estados oligárquicos, mas, na verdade, as oligarquias dos principais estados tinham como principal objetivo influir sobre o poder central.

Nesse contexto, é oportuno fazer referência à fase da decadência do patriarcado rural, quando se destaca a figura do coronel do sertão. A esse respeito, há dois bons livros: o clássico *Coronelismo, enxada e voto*, do Vítor Nunes Leal, e *Coronel, coronéis*, de Marcos Vinícios Vilaça e Roberto Cavalcanti de Albuquerque.[208] Então, sobre a questão central que o Raimundo Faoro coloca, ou seja, a transferência do patrimonialismo do Estado português para o Estado brasileiro, eu diria que, num país da dimensão do Brasil, tinha de haver algum tipo de conciliação do poder central com o poder local. Não endosso a tese de que o poder local seja predominante, mas creio que fica melhor falar em uma conciliação entre esses dois pólos.

No nível federal, na época da Colônia, havia a influência patrimonialista, herdada de Portugal, o que se repete no Império, que era muito centralizador. Mas, ao lado disso, havia um mundo privado que também é mostrado por Nestor Duarte e

---

[206] CARVALHO, José Murilo de. *A construção da ordem: a elite política imperial; Teatro de sombras: a política imperial*. Rio de Janeiro: UFRJ/Relume-Dumará, 1996.

[207] GRAHAM, Richard. *Patronage and politics in nineteenth-century Brazil*. Stanford: Stanford University Press, 1990.

[208] VILAÇA, Marcos Vinícios; ALBUQUERQUE, Roberto Cavalcanti de. *Coronel, coronéis*. 1. ed. Rio de Janeiro: Tempo Brasileiro, 1965.

Oliveira Viana quando falam do clã rural, da relação do clã rural com os senhores de terra.[209] Na verdade, as duas coisas se comunicavam, porque no nível local predominava o poder do clã rural, pois Estado ali era fraco e o senhor de terra era forte. No nível federal, o Estado era forte e, como procura mostrar o Graham, havia o clientelismo fazendo a articulação entre os dois lados, o local e o nacional, e a evolução disso está no livro *Coronelismo, enxada e voto*, do Vítor Nunes, muito bom, embora tenha sido escrito em uma fase de decadência dos senhores de terra e do coronelismo.

Ainda temos no Brasil formas muito fortes desse patrimonialismo. Vamos dar um salto no tempo e depois voltar à cronologia. O Estado brasileiro hoje, depois de um grande esforço para a implantação de uma burocracia weberiana que se estendeu até a segunda metade dos anos 1970, ainda tem, no plano político, a prevalência de formas modernas de patrimonialismo: clientelismo, corporativismo e, como sempre, a tentativa de privatização do Estado por grupos minoritários. O populismo de Vargas e de seus sucessores foi uma forma de patrimonialismo, porque já se sabe muito bem que o populismo é também autoritário, assenta-se na idéia do líder carismático que concede o que acha que deva ser concedido às massas. De toda forma, a partir de Vargas, houve uma tentativa de racionalizar de forma weberiana a administração pública, com a criação do Dasp. Houve depois outro impulso com a reforma administrativa de 1967, fundada no princípio da descentralização e da diferenciação, coisas que me parecem extremamente importantes num país como o Brasil, continental mas diversificado, apesar da integração das últimas décadas. Após o fim do regime militar, em 1985, a redemocratização coincidiu, não por mero acaso, com novas ondas de clientelismo, corporativismo e populismo. Não há ligação necessária entre essas coisas, mas aconteceu aqui pela forma como se fez a chamada Nova República. E cabe registrar ainda as dificuldades para a continuação da modernização administrativa, trazidas pela Constituição de 1988 com a criação do regime jurídico único, no meu entender, uma camisa-de-força e um ataque frontal à descentralização e à diferenciação. Por exemplo: de que adianta ter uma fundação como o Ipea, se está sujeita a todas as regras do serviço público? É uma instituição que, pelo menos no tempo em que estive no governo, tinha um pessoal técnico mais qualificado que a

[209] DUARTE, Nestor. *A ordem privada e a organização política nacional.* Brasília: Ministério da Justiça, 1997; VIANA, F. J. Oliveira. *Instituições políticas brasileiras*. Itatiaia, 1987.

média do serviço público, geralmente com pós-graduação no exterior. Por isso havia uma tabela própria de remuneração, aprovada pelo presidente da República, mas essas coisas acabaram. As fundações públicas hoje são uma repartição como outra qualquer.

RESUMINDO, QUAL A SUA VISÃO SOBRE OS TRÊS CLÁSSICOS DOS ANOS 1930: GILBERTO FREYRE, CAIO PRADO JR. E SÉRGIO BUARQUE DE HOLANDA?

Acho que são complementares. O Gilberto com a idéia das vantagens da mestiçagem, o Caio Prado com a idéia do empreendimento capitalista, representado pela agricultura de exportação, e o Sérgio Buarque com duas idéias: a do individualismo ibérico, um individualismo bem diferente do americano, sem formação de cidadania, e a do homem cordial, uma das idéias mais desvirtuadas na história do Brasil, por causa do sentido comum que se dá à palavra cordial.

A escola revisionista de hoje faz a superação, não a negação, desses três clássicos e procura mostrar a maior complexidade da economia e da sociedade brasileiras. Realmente, se tomarmos, por exemplo, a economia do Brasil colonial à época da Independência, vemos que não havia apenas a agricultura de exportação. João Luís Fragoso, por exemplo, mostra a importância da agricultura familiar, seu relativo grau de autonomia, e a capacidade autônoma de investir da elite mercantil do Rio de Janeiro.[210] Ela controlava o comércio de escravos, era muito rica. Tinha um projeto antigo, porque, diante das opções feitas pelos Estados Unidos na mesma época, a opção brasileira foi pela agricultura de exportação à base de escravos. O arcaico, na referência de Fragoso, vem do fato de posteriormente essa elite assumir pretensões a aristocracia, pois viraram barões do açúcar em Campos. Mas, ao lado disso, havia outros elementos como a expansão territorial e a expansão da fronteira econômica. Quer dizer, isso torna o Brasil econômica e socialmente mais complexo do que aparece no Caio Prado e nos outros intérpretes.

Ainda sobre a opção brasileira, se pensarmos nas opções que os Estados Unidos estavam fazendo, em 1790, já se via um projeto mais moderno de desenvolvimento e principalmente de integração na Revolução Industrial. O Brasil não quis fazer essa

---

[210] FRAGOSO, João Luís; FLORENTINO, Manolo G. *O arcaísmo como projeto*. Rio de Janeiro: Diadorim, 1993.

integração, nem em 1850, como consta dos livros citados do José Murilo. Em 1850, o Conselho do Império reiterou o projeto de agricultura de exportação, embora complementarmente colocasse a indústria. Os estudos sobre a origem da indústria brasileira mostram que, em meados do século XIX, não havia substituição de importações, e sim uma indústria complementar à agricultura, para servir à exportação. E, por causa dessa opção, o Brasil perdeu, de maneira impressionante, a corrida em relação aos Estados Unidos.

Por volta de 1820, os Estados Unidos deviam ter uma renda 30% mais alta que a do Brasil, mas por volta de 1914 já era sete vezes maior. Isso é resultado das opções erradas feitas por nós à época da Independência e ao longo do século XIX. Só em 1930 o Brasil muda seu modelo econômico e, assim mesmo, levado pela crise mundial, a Grande Depressão. Chegamos ao fim do século XIX como um país muito pobre, muito atrasado, social, política e economicamente. Daí a explicação da República em *Os sertões* de Euclides da Cunha, a República que ao mesmo tempo foi civilização e barbárie. Porque era um verniz de civilização em uma sociedade com um descomunal hiato na distribuição de renda. Este foi, aliás, tema de um caderno especial de *O Estado de S. Paulo* quando do centenário do livro.[211]

O SENHOR, NA ÉPOCA, NÃO FICOU CHOCADO COM GILBERTO FREYRE? HÁ PASSAGENS PICANTES...

Eu já estava começando a separar as coisas, já havia lido *A tragédia burguesa* do Octávio de Faria, pelo menos os cinco primeiros volumes, um choque para mim e uma revelação. Depois li o resto, são 15 volumes. Com essa quantidade de volumes eu só conhecia folhetins, como *Rocambole, os mistérios de Paris,* do Ponson du Terrail, que li quando tinha 10 anos, acho.[212] Quando li Gilberto Freyre, já tinha lido cenas de sexo e de aberrações da vida emocional, como a da garota, em *A tragédia burguesa*, que estava em Campos do Jordão fazendo tratamento de tuberculose e que tenta perverter o padre Luís, um dos principais personagens do livro, o mentor do Branco, o protagonista. De modo que já estava pronto para ler sobre as "perversões" que o Gilberto descrevia.

---

[211] *O Estado de S. Paulo*, 31 jul. 2002.

[212] *Rocambole, os mistérios de Paris*, o maior clássico do folhetim, foi publicado inicialmente em Paris, entre 1857 e 1870.

VOLTEMOS PARA OS REVISIONISTAS DOS CLÁSSICOS DO BRASIL.

As principais contribuições dessa escola são as teses sobre: relativa autonomia da Colônia, importância do mercado interno, complexidade da economia e da sociedade colonial, protagonismo dos desclassificados. Ou seja, o núcleo da contribuição dos clássicos dos anos 1930, principalmente a do Gilberto Freyre, continua válido. Mas temos de fazer complementações e qualificações. Por isso gostaria de mencionar os principais historiadores revisionistas: João Luís Fragoso, Manolo Florentino, Hebe Maria Matos, Maria Ieda Linhares, Ciro Flamarion Cardoso, entre outos. Diria que, em essência, o que eles trouxeram foi, como já disse, a idéia de muito maior complexidade tanto para a economia quanto para a sociedade colonial, esta última sendo muito mais que uma dicotomia de senhores e escravos. Daí a importância de se falar sobre as estratégias de sobrevivência dos desclassificados, os homens pobres e livres, geralmente mestiços, e também a noção de diversidade das situações vividas pelos escravos. Sabemos que a escravidão, diferentemente de outros países, era muito disseminada no Brasil, havia um grande número de proprietários com um número pequeno de escravos, e até escravos proprietários de escravos. Quando falamos naquelas estratégias de sobrevivência, referimo-nos aos homens livres pobres trabalhando na agricultura familiar, que sempre tiveram uma importância maior do a que os clássicos lhe atribuíram. Como um senhor de terra podia controlar toda uma sesmaria? As pessoas organizavam formas independentes de vida, usavam vários tipos de artifícios, tornavam-se agricultores, comerciantes, mascates, artesãos.

Sobre escravos, o livro da Mary C. Karasch,[213] por exemplo, refere-se a essa grande diversidade de misteres na escravidão do Rio de Janeiro. Um belo livro, em conteúdo e apresentação. E há uma particularidade quando ela fala dos escravos de ganho, aqueles que faziam comércio, dividindo os ganhos com seus proprietários. Todas as profissões possíveis e imagináveis eram exercidas pelos escravos. Mas continuavam escravos.

OUTRA MANEIRA DE REDESCOBRIR O BRASIL FOI ATRAVÉS DA MÚSICA.

Em meados dos anos 1950, fiz essa redescoberta através do samba e da MPB em geral, quando comprei um álbum do Noel Rosa, cantado por Aracy de Almeida.

---

[213] KARASCH, Mary C. *Slave life in Rio de Janeiro, 1808-1850*. Princeton: Princeton University Press, 1987.

Redescoberta por quê? Quando tinha 14, 15 anos, iniciei a minha discoteca e tinha alguns sambas. Também tinha boleros, valsas vienenses, principalmente Johann Strauss. Um belo dia comprei o *Cavaleiro da rosa*, de Richard Strauss, e, quando fui ouvi-lo na minha eletrola, achei estranho. Não tinha semelhança nenhuma com as valsas vienenses, não sabia se gostava. Mas o fato é que adquiri também discos de samba nesse início de minha discoteca. Todavia, foi realmente a partir desse álbum do Noel Rosa que fui adquirindo a percepção da riqueza do samba e da MPB. Passei a gostar tanto que me viciei e, nos anos 1960, ouvi praticamente toda a coleção da história da música popular brasileira, lançada pela Abril naquela época. Depois, no período em que estive em Yale e dava as minhas escapadas a Nova York, até o Village, para ouvir *jazz*, por causa de um grande amigo meu brasileiro, que vivia para ouvir *jazz* e não era muito de acompanhar as aulas, também aprendi a gostar de *jazz* e hoje considero que Brasil e Estados Unidos têm as duas melhores músicas populares do mundo.

Mencionaria de passagem que, no início dos anos 1980, quando a Izabel tinha uma casa de chá no Rio Palace, eu a ajudei a fazer a promoção de uma série de shows no bar Horse's Neck. Lá tivemos Nana Caymmi, com Dori e Danilo, Paulinho da Viola, Nara Leão, Zizi Possi, Francis e Olívia Hime, Fafá de Belém, Billy Blanco, MPB-4, Quarteto em Cy, tudo gente de muito bom nível. Houve até uma coisa engraçada em um show do MPB-4, pois o líder do grupo agradeceu a atenção do gerente da boate, que no caso seria eu. O mais importante da história é que ficamos amigos de muitos desses grandes intérpretes, de alguns deles até hoje. O caso da Nana é especial, porque ela já era minha amiga de muitos anos e continua nossa amiga até hoje, cada vez melhor e cada vez mais desbocada. Com base em toda essa minha experiência com a música popular brasileira, tive a ousadia de preparar, com a ajuda da Izabel, uma relação de 30 grandes canções brasileiras. Agora estamos com um projeto de comprar em CD todas essas canções, para ter toda a coleção, pois recentemente jogamos fora nossos discos de vinil. Nossa preocupação foi escolher belas canções e as de que eu mais gosto. Além dessas, há ainda algumas menções honrosas, porque eu não poderia deixar de fazê-las.

Minhas 30 (grandes) canções brasileiras são as seguintes:

- ❑ *A banda* (marcha), Chico Buarque de Holanda
- ❑ *Águas de março* (samba-bossa), Antônio Carlos Jobim

- ❑ *Asa branca* (xote), Luiz Gonzaga e Humberto Teixeira
- ❑ *As rosas não falam* (samba-canção), Cartola
- ❑ *Brasileirinho* (choro), Waldir Azevedo
- ❑ *Carinhoso* (samba-canção), Pixinguinha e João de Barro
- ❑ *Chega de saudade* (bossa nova), Antônio Carlos Jobim e Vinícius de Moraes
- ❑ *Chuva, suor e cerveja* (frevo), Caetano Veloso
- ❑ *De onde vens* (samba-canção), Dori Caymi e Nelson Motta
- ❑ *Explode coração* (canção), Gonzaga Júnior
- ❑ *Feitiço da Vila* (samba-canção), Vadico e Noel Rosa
- ❑ *Foi um rio que passou na minha vida* (samba), Paulinho da Viola
- ❑ *Garota de Ipanema* (bossa nova), Antônio Carlos Jobim e Vinícius de Moraes
- ❑ *Manhã de carnaval* (samba-bossa), Luiz Bonfá e Antônio Maria
- ❑ *Marcha da quarta-feira de cinzas* (marcha-rancho), Vinícius de Moraes e Carlos Lyra
- ❑ *Naquela mesa* (samba-choro), Sérgio Bittencourt
- ❑ *Nervos de aço* (samba-canção), Lupicínio Rodrigues
- ❑ *No rancho fundo* (samba-canção), Ari Barroso e Lamartine Babo
- ❑ *Noite dos mascarados* (marcha-rancho), Chico Buarque de Holanda
- ❑ *Pra não dizer que não falei de flores* (guarânia), Geraldo Vandré
- ❑ *Primavera* (samba-canção), Vinícius de Moraes e Carlos Lyra
- ❑ *Quem te viu, quem te vê* (samba), Chico Buarque de Holanda
- ❑ *Quero que vá tudo pro inferno* (iê-iê-iê), Roberto Carlos e Erasmo Carlos
- ❑ *Refém da solidão* (samba), Baden Powell e Paulo César Pinheiro
- ❑ *Só louco* (canção), Dorival Caymi
- ❑ *Travessia* (samba-canção), Mílton Nascimento e Fernando Brant
- ❑ *Trem das onze* (samba), Adoniram Barbosa
- ❑ *Três apitos* (canção), Noel Rosa
- ❑ *Último desejo* (samba-canção), Noel Rosa
- ❑ *Vingança* (samba-canção), Lupicínio Rodrigues

Menções honrosas:

- *Aquele abraço* (samba), Gilberto Gil
- *A flor e o espinho* (samba), Nelson Cavaquinho, Guilherme Brito e A. Caminha
- *Pra dizer adeus* (samba-canção), Edu Lobo e Torquato Neto
- *Nossos momentos* (samba-canção), Luís Reis e Haroldo Barbosa
- *Fim de caso* (samba-canção), Dolores Duran
- *Máscara negra* (marcha-rancho), Zé Keti e Pereira Matos
- *Antonico* (samba), Ismael Silva

Da música, podemos passar para os museus de arte?

Quero começar falando dos grandes museus de Nova York, pois passei a amar a cidade desde os tempos da pós-graduação no exterior. Em 1960, na primeira ida à cidade, visitei alguns dos grandes museus, começando pelo Guggenheim, cuja arquitetura do Frank Lloyd Wright é uma obra-prima. Nas fugas a Nova York, quando a temperatura na universidade estava muito elevada, além de ir ao Village ouvir *jazz*, dava uma escapada até os museus. Depois, nas nossas viagens, Izabel e eu ficamos viciados principalmente no Metropolitan, no Guggenheim, no Moma, no Whitney, de arte americana, no Jewish Museum, Museo del Barrio, Frick Collection. Com exceção do Whitney, todos ficam na Museum Mile. Em viagens à Europa, passamos a visitar também os grandes museus de lá, inclusive o Hermitage, em São Petersburgo, e os de Moscou, principalmente as igrejas e museus do Kremlin, com suas belíssimas coleções de ícones, a Tretiakov Galeri, que só tem arte russa, e outro grande museu de Moscou de arte ocidental.

Uma referência que gostaria de fazer é que todos os livros do I Fórum Nacional tiveram reproduções de Van Gogh nas capas. Tínhamos ido a Amsterdã e visitamos o Museu Van Gogh, que eu já conhecia, especificamente para fazer uma seleção de quadros que eu gostaria de ver nas capas dos livros. Lembraria também que, uns três anos depois, tivemos a aventura de assistir em Londres à exposição do Monet na National Academy, uma retrospectiva de sua obra em que o ponto alto eram as *nymphéas*. Aventura por quê? Nós chegamos lá faltando dois ou três dias para terminar essa retrospectiva, não era mais possível fazer reserva com antecedência, e ficamos na fila das 10h da manhã até as 3h da tarde. Então, lá pelas tantas, eu não agüentava mais de fome, deixei a Izabel na fila e fui comprar dois ou três tipos de queijo, uma garrafa de vinho, e, na fila, fizemos nosso almoço e oferecemos aos que estavam ao nosso lado.

Como símbolo da arte dos grandes mestres, queria destacar a exposição do Guggenheim, de 2000, com o título 1900, Arte na Encruzilhada, em homenagem à Exposição Universal de Paris, de 1900. Nessa exposição, houve o diálogo de três visões: a dos artistas tradicionalistas, a dos grandes mestres modernos, como Cézanne, Degas e Monet, e a dos jovens artistas que vieram a constituir a *avant-garde* emergente, como Picasso, Klimt, Mondrian etc. A título de ilustração, gostaria de listar os temas dessa exposição do Guggenheim, elegendo o quadro ou quadros mais expressivos para mim:

- Nus e banhistas: Edgar Degas, *Depois do banho*; Paul Cézanne, *As grandes banhistas*; Paul Gauguin, *As banhistas*
- Mulher-homem: Pierre Bonnard, *Homem e mulher*; Edvard Munch, *Homem e mulher*
- Retratos: Auguste Renoir, *O pierrot branco;* Gustav Klimt, *Retrato de Marie Henneberg*
- Cenas sociais: Joaquín Sorolla y Bastida, *Triste herança*; Jules Adler, *Os cabisbaixos*
- A cidade: Pablo Picasso, *Le Moulin de la Gallete*; Camille Pissarro, *Boulevard Montmartre*; Henri de Toulouse-Lautrec, *"A ópera Messalina" em Bordeaux*
- Interiores e naturezas-mortas: Paul Gauguin, *Natureza-morta*
- Paisagem: Claude Monet, *O lago de nympheas*; Paul Cézanne, *Château-Noir*
- Cenas rurais: Giuseppe Pelluza da Volpedo, *O quarto Estado*; Camille Pissarro, *A siesta*
- Religião: Edvard Munch, *Gólgota*; Pablo Picasso, *O sepultamento da Casagemas* (Evocação); Henry Ossama Tanner, *A Anunciação*
- Auto-retratos: Piet Mondrian, *Auto-retrato*; Raoul Dufy, *Auto-retrato*
- Trípticos: Constantine Meunier, *A mina – Descida, Calvário, Retorno*

Lembrem-se que aí vários mestres do impressionismo já estavam evoluindo para novas tendências: simbolismo, com Gaughin, Van Gogh; expressionismo, também com Van Gogh; cubismo, com Cézanne. De outro lado, alguns jovens *avant-garde* ainda estavam sob a influência do impressionismo, por exemplo Picasso.

Em outra ordem de considerações, os quadros sobre o tema da religião são de excepcional qualidade. Eu destacaria *A Anunciação*, de Tanner, que é de grande originalidade e serve como contraponto moderno à *Anunciação*, de Fra Angelico. O que se destaca no primeiro quadro é o anjo ser apenas uma luminosidade e a Virgem Maria, uma moça comum. É realmente uma visão moderna, nem por isso menos bonita do que a famosíssima *Anunciação*, de Fra Angelico, que está no Prado, em Madri.

E QUANTO ÀS OBRAS-PRIMAS UNIVERSAIS?

A primeira certamente foi *Mona Lisa*, de Da Vinci, que vi pela primeira vez no Pavilhão Central da Feira Mundial de Nova York, em abril de 1964, após enfrentar horas de filas. O quadro foi realmente a única coisa que me causou grande impressão nessa feira. Posteriormente, revi *Mona Lisa* muitas vezes no Louvre. Da Vinci, como é sabido, talvez tenha sido a mais universal das figuras do Renascimento. Além de artista, era versado em ciências naturais, astronomia e física. Foi engenheiro militar de Cesare Borgia, músico, pensador, inventor. E, recentemente, houve a descoberta de um lado misterioso desse gênio renascentista, ou seja, sua participação em uma sociedade secreta, fundada em 1099 e denominada Mosteiro de Sion, a que pertenceram também Isaac Newton, Botticeli, Victor Hugo. Isso foi descoberto nos anos 1990, nos papéis secretos da sociedade que estão na Biblioteca de Paris. A razão de ser da sociedade era o culto de uma deusa pagã denominada O Eterno Feminino. Mas, para concluir a referência a Da Vinci, numa nota mais no gênero do que a gente sempre conheceu a respeito dele, lembraria o estilo de pintura que ele usou na *Mona Lisa* e na *Santa Ceia*, o chamado *spumatto.* Anos após a nossa primeira viagem à Itália, conheci a segunda obra-prima, a *Pietà*, de Michelangelo, no Museu do Vaticano. Essa *Pietà* revela muito a influência do classicismo e marca o início da Renascença. Michelangelo a fez quando tinha 19 anos. Lembremos que ele foi genial tanto em pintura quanto em escultura e que foi importante também na arquitetura.

Nas visitas às cidades históricas de Minas, encontrei pelo menos duas *Pietàs* barrocas do Aleijadinho e vale a pena assinalar a diferença em relação à de Michelangelo. Nesta, vêem-se formas clássicas, talvez uma certa resignação na expressão de Nossa Senhora, como se a morte de Cristo estivesse implícita na Anunciação. Já nas *Pietàs* do Aleijadinho, há uma visível expressão de dor no rosto de Nossa Senhora.

No ano de 2001, em viagem à Toscana, encontramos no Museu do Duomo, na catedral de Florença, a *Pietà* feita por Michelangelo quando tinha 80 anos e já se havia convertido ao cristianismo. Nota-se uma diferença de concepção em relação à primeira. Há um grupo em torno de Cristo, que está reclinado em Nossa Senhora, mas quase de pé, porque está sustentado por um anjo e por Madalena. Atrás dele está Nicodemo, cuja face, ao que se sabe, é a do próprio Michelangelo. Aqui também há uma expressão mais reveladora de dor e drama.

Ao longo dos anos, conhecemos muitas outras obras-primas da arte universal que quero mencionar: as esculturas *O beijo* e *Os burgueses de Calais*, de Rodin; *Les demoiselles d'Avignon* e *Os saltimbancos*, de Picasso. Gosto particularmente do contraste entre *O beijo* de Klimt e os dois *O beijo*, do mesmo Picasso.

Guernica, de Picasso, só fui ver em 2003, no Museu Reina Sofia, em Madri. Sobre esse trabalho, ele disse uma vez: "Esse não poderia ser o meu melhor quadro, porque foi feito sob encomenda." Mencionaria ainda *Natividade*, de Botticelli, *A tentação de Santo Antão*, de Bosch, *O triunfo da morte*, de Brueghel o Velho, *A conversão de São Paulo*, de Caravaggio, *Aula de anatomia do dr. Tulp*, de Rembrandt, *Cristo agonizante*, de El Greco, *A execução dos rebeldes*, de Goya, *O almoço na relva*, de Monet, *Bailarina com buquê cumprimentando do palco*, de Degas, *As grandes banhistas*, de Cézanne, *No Moulin Rouge*, de Toulouse-Lautrec, *Donde vimos, que somos, para onde vamos?*, de Gauguin, *A noite estrelada*, de Van Gogh, e, como um todo, a obra de Marc Chagall. Completando esta relação, quero incluir uma referência especial ao Dali, que completa 100 anos em maio de 2004. Dele destacaria o quadro *O sacramento da Última Ceia*, com a observação de que, segundo confessou o próprio Dali, Cristo tem feições baseadas na mulher dele, Gala. Outro acréscimo a fazer à lista é uma homenagem especial a pelo menos um brasileiro, Portinari, de quem eu citaria o quadro *Os retirantes*.

A música clássica também faz parte desse teatro mágico, não?

O reencontro com a música clássica se deu através de Mozart. Por que reencontro? Já citei aquele primeiro contato não muito bem-sucedido com Richard Strauss – aliás, essa não é a melhor forma de começar a conhecer música clássica. Também já mencionei que, quando cheguei ao Rio de Janeiro, em 1951, assistia a óperas, lá da torrinha do Municipal, gratuitamente, porque um amigo nosso era namorado de uma das cantoras do Municipal. Agora, o reencontro foi realmente através da leitura do *Steppenwolf*, ou *O lobo da estepe*, de Hesse, na versão que eu tenho de 1965. Uma palavra sobre o livro: o lobo da estepe é Harry Haller, que chamava a si próprio de *Steppenwolf* e só sorria quando escutava música. A música é onipresente no romance e talvez Mozart seja seu personagem principal. Na parte final, o *Steppenwolf* vai a um baile de máscaras, onde encontra Hermine, a mulher que amava, e ela lhe pede que a mate. Ela desaparece e Harry decide entrar no Teatro Mágico, onde nada é o que parece, em busca de Hermine. Lá acontece o encontro com Mozart, que lhe fala dos grandes compositores de sua época e posteriores. Em seguida, o *Steppenwolf* mata Hermine no espelho, ou melhor, mata o reflexo de Hermine com o reflexo de uma faca, numa crise de ciúme, porque ele a apanhou em flagrante fazendo amor com um amigo comum. Há depois um julgamento, ao qual Mozart esteve presente, em que o promotor apresenta assim a acusação: Harry Haller está pronto para morrer, mas não para viver, é desprovido de humor. Então, será condenado a viver. E Mozart acrescenta: viver para aprender o humor da vida, aprender coisas como ouvir rádio, rir. A partir da leitura do livro, passei a ter interesse pela música de Mozart e por música clássica em geral. Há uma explicação da Marcia Davenport, que escreveu uma excelente biografia de Mozart,[214] para a sua perenidade. Diz ela: deve ser a resposta universal à beleza. E acrescentaria algo mais: até o *Requiem*, de Mozart, contém um certo tipo de alegria subjacente. Por isso, realmente, não me perdoarei por não ter feito a aquisição completa de suas obras. Por ocasião dos 200 anos de sua morte, houve o lançamento de uma edição especial que comecei a comprar e, lá pelas tantas, descontinuei. Em síntese, minhas preferências por música clássica são Mozart e Wagner, principalmente no tocante a óperas. Tudo de Mozart é bom.

Gostaria de mencionar que, na primeira metade dos anos 1990, fizemos uma verdadeira peregrinação musical à Europa, ao longo de uns dois ou três anos. Fomos ao Festival de Salzburgo, onde assistimos a dois concertos regidos pelo Karajan, com a Filarmônica de Berlim, considerada a melhor do mundo. Em Viena, estivemos várias vezes e fomos freqüentemente à ópera de Viena ouvir Wagner. E também em Praga, ouvimos concertos de Mozart no Rufolfinum, um teatro muito importante na vida dele.

---

[214] DAVENPORT, Marcia. *Mozart*. [1932]. New York, Barnes & Noble, 1995.

ENTÃO ALGUMAS CIDADES E VIAGENS FAZEM TAMBÉM PARTE DESSA MAGIA CULTURAL.

Começo falando de minha atração por Praga. As raízes deste interesse vêm de muito tempo. Primeiro, pela influência de Kafka, que tinha lido nos anos 1950, principalmente *O processo*, *O castelo* e *Metamorfose*, cuja versão em teatro assistimos em Londres há uns 10 anos. Ele tem também um livro muito interessante com o título *América*. Kafka está indissoluvelmente ligado à vida de Praga. A expressão principal dos conflitos kafkianos é o personagem K., assinalando a luta desesperada de um poder misterioso que perseguia a vítima em *O processo* e cuja ajuda é solicitada em vão em *O castelo*. Kafka, complexo, contraditório, ambivalente, na vida e nos livros.

A segunda razão é a minha atração pela tragédia da República Tchecoslovaca, no final dos anos 1940, símbolo da tragédia do Leste europeu. A República Tchecoslovaca, a República de Masaryk, fundada em 1918, como parte do novo equilíbrio de poder na Europa, que implicava o desmembramento do império austro-húngaro. A idéia do fundador, Masaryk, era criar uma confederação de países independentes, originários do antigo império. Como isso não foi feito, tais países ficaram à mercê de Hitler nos anos 1930 e, acrescente-se, de Stálin, após a II Guerra Mundial. Então, falando sobre esse pós-guerra, Jan Masaryk, filho do fundador, reapresentou o plano do pai, mas houve obstrução da Rússia e Roosevelt cedeu, segundo nos narra Márcia Davenport, que aliás viveu com Masaryk, o filho, quando era ministro das Relações Públicas, em Praga. Segundo Márcia, os objetivos comunistas para o Leste europeu já eram aparentes em 1943.

Aqui cabe outro parêntese: quando Roosevelt foi reeleito, no início dos anos 1940, já se encontrava em avançado estado de arteriosclerose. Há um livro que cheguei a dar de presente ao presidente Geisel, porque perdi outro sobre Roosevelt que ele me emprestara, que começa com um capítulo mostrando que um cardiologista da Marinha, no impedimento do cardiologista do Roosevelt, foi chamado para fazer um exame e descobriu que ele tinha arteriosclerose em alto grau. Há um relatório sobre isso, mas, como sempre acontece nessas circunstâncias, foi abafado e só anos depois divulgado. De modo que, nas conferências em que Stálin decidiu avançar sobre os destinos do Leste europeu, Roosevelt acabava cedendo, não tinha mais capacidade de tomar decisão, e cedia a despeito da oposição do Churchill. Outro ponto é que a Doutrina Truman, que justificava a intervenção dos Estados Unidos para atender a países amigos, aplicava-se à Grécia e à Turquia, mas não à Tchecoslováquia. A razão é óbvia: Tchecoslováquia era Leste europeu, considerado parte da circunvizinhança da União Soviética.

Continuando, em 1948, Stálin forçou Masaryk e o governo tcheco – o presidente era Edvard Benes – a recuar da adesão ao Plano Marshall. E vieram as etapas que se seguiram naturalmente: um *putsch* estabelecendo o governo comunista de Klement Gottwald e que deu origem a uma expressão que se tornou muito conhecida: os *gauleiters*, os títeres, de Stálin. Depois houve a misteriosa morte de Jan Masaryk, oficialmente declarada como suicídio. Mas, na opinião da Márcia Davenport e do pessoal da embaixada americana, havia indícios de que fora literalmente defenestrado, jogado pela janela, como era tradição na antiga Boêmia. Foi daí que surgiu a expressão defenestrar como sinômino para esse tipo de morte.

Para mim, a atitude dos Estados Unidos e do Ocidente, que nada fizeram enquanto Stálin ocupava, através dos seus *gauleiters*, os países do Leste europeu, foi um crime. Eram países de bom nível de desenvolvimento e civilização, e de repente viraram satélites da Rússia, que tinha um nível de civilização inferior. Em 1968, há novo drama com a Primavera de Praga e, em 1989, a Revolução de Veludo trouxe a separação da Tchecoslováquia da União Soviética, porque Gorbatchev se recusou a mandar o Exército russo para combater a revolução. Vem aí a separação em duas repúblicas, República Tcheca e República Eslovaca.

Devido a essa minha atração por Praga, fomos visitá-la em 1997, época em que o país ainda vivia problemas de transição. Os preços dos táxis tinham de ser combinados previamente com os motoristas, não se confiava nos taxímetros. Houve até um incidente quando fomos a um espetáculo teatral, que ficava a uma quadra da Torre do Relógio, na praça central da cidade velha de onde partimos. Sem saber dessa proximidade, entramos no táxi: "Vamos para a Torre do Relógio." O motorista começou a dar voltas e eu lhe disse: "Olha, vamos fazer o seguinte. Você me leva imediatamente para o Teatro Negro ou então nós vamos resolver o assunto na polícia, porque eu sei que para onde vamos é bem pertinho." Ele aí resolveu levar-nos e, quando saímos, batemos a porta com raiva e ele: "Então não custa nada."

A história de Praga é fascinante. A cidade se originou no século IX, na encruzilhada da Europa, e era capital da Boêmia. A Universidade de Karlova foi fundada em 1348, pelo rei Carlos IV. A Cidade Nova é do século XIV e foi uma cidade planejada. Do ponto de vista geográfico, há que lembrar o rio Vltava e suas pontes, algumas belíssimas. À esquerda do rio, está o complexo Hradcãny (Hrad-castelo) e logo abaixo Mala Srana (Lado Menor). À direita, há a Cidade Velha e mais embaixo a Nove Mestro (Cidade Nova). É realmente impressionante a beleza e a preservação desses quatro núcleos e a grande influência do gótico e do barroco. Uma das razões para isso é que, desde a Revolução Industrial, as indústrias se localizam nos subúrbios. Obviamente, uma tarde caminhamos até achar a casa onde Kafka nasceu, hoje o Museu Kafka. E houve um dia em que, em frente à Torre do Relógio, a Izabel ficou deslumbrada, ao ver tanta beleza na praça e nas redondezas. Foi um momento especial.

A ITÁLIA É OUTRA PARTE DA SUA BIOGRAFIA CULTURAL. COMO FOI ESSE ENCONTRO?

Em 2001, fizemos uma viagem à Toscana e Úmbria, terras de arte, vinhos e grandes catedrais, talvez a região mais bela do mundo. Houve uma motivação especial para a viagem, ou seja, a comemoração dos nossos 25 anos de casamento. A sugestão para que comemorássemos lá veio da Piazza Toscana que existe em frente à Igreja de Saint Patrick, em Nova York, um espaço toscano. Ficamos na Toscana e Úmbria de 30 de maio a 7 de junho de 2001. Os ingredientes do mistério da Toscana são a arte, a alma da região, a paisagem, a atmosfera mágica de sol, colinas, ciprestes, vinhos, flores e até florestas. Tudo produto da ação do homem, nada é natural. Os vinhos, símbolo de vida e festa, e o *gelato* de Florença, segundo um autor, uma instituição, principalmente o da *gelateria* Rivoli. Há grandes vinhos, o *chianti* clássico, naturalmente muito superior ao *chianti* tradicional, o Gran Vino di Montepulciano e o Brunello de Montalcino. Normalmente a gente tomava o *chianti* clássico e, nas ocasiões especiais para festejar, o Vino Nobile ou o Brunello. E a quem interessar, os preços dos bons vinhos italianos são bem mais baixos do que os franceses do mesmo nível.

Quero falar de Florença começando pela Piazza della Signoria. O nosso hotel ficava localizado a meia quadra da *piazza*, no centro cívico da cidade. Foi nela que se colocou originalmente o gigantesco *David*, de Michelangelo – o que existe lá hoje é uma réplica. Outras estátuas e monumentos impressionam como a Fonte de Netuno, *Perseu*, de Cellini, o *Rapto das sabinas*, de Giamboloni. E à noite, tivemos sorte, pois sempre havia uma jovem cantora, cantando árias de óperas à luz da lua. Foi nessa Piazza della Signoria que se realizou, em 1497, a Fogueira das Vaidades em que Savonarola, prior do Convento de San Marco, o mesmo em que residiu Fra Angelico, fanático religioso e antítese do espírito florentino, aproveitou um vácuo de poder que sempre pertencera aos Medici, tornou-se governador da cidade-estado e induziu a comunidade a levar para a fogueira todos os objetos que pudessem representar sinal de vaidade: máscaras, cabeleiras, livros de poesias, instrumentos musicais, objetos de arte etc. Só que, um ano depois, houve uma virada política e Savonarola foi queimado na fogueira, no mesmo local.

De Florença também quero destacar o *Duomo* e seu museu. No dia da chegada à cidade, fomos à Piazza do Duomo, na verdade, Catedral de Santa Maria dei Fiori, conhecida pela impressionante fachada, em três lindas cores de mármore. Minha idéia é que o lado de fora é, talvez, mais belo do que o de dentro. Vimos também a torre com a Cúpula de Brunelleschi, o Campanário e o Batistério. Na época, aquela cúpula era considerada impossível de construir por causa da altura e da enorme amplitude da circunferência. Mas Brunelleschi tinha feito viagens pela Itália especialmente para conhecer métodos de construção, em particular do *Pantheon*, que também tem uma enorme cúpula num espaço aberto sem pilastras, sem colunas. Contra o parecer de todos os entendidos de Florença, ele decidiu mostrar que era perfeitamente viável, a cúpula foi construída e resistiu aos tempos. Quando vimos a indicação de acesso à Cúpula de Brunelleschi, a Izabel foi logo dizendo: "Eu não vou." Decidi ir sozinho, subi os 463 degraus. Só que, obviamente, a garotada passava correndo e eu subia meio piso e parava, mais meio piso, parava. E assim fui indo até, como eu queria, ver a cúpula a uma distância de dois ou três metros e ainda saí da torre da igreja para ver a vista de 360° de Florença, famosa nos filmes. Desci e me desencontrei da Izabel, não encontrei o ponto em que ela estava me esperando, fui até o hotel, ela não estava, retornei correndo à Piazza do Duomo, e fui encontrá-la em uma banca de jornais, conversando com o jornaleiro, que era brasileiro. Eu a levei então a uma loja para comprar um presente, afinal esperara horas. Também na Piazza do Duomo, vimos o Campanário de Giotto, que na verdade só foi construído por Giotto até o segundo nível. No caso do campanário, a Izabel é que subiu os 414 degraus, porque no dia anterior eu já havia passado pela aventura da cúpula. O destaque do campanário é a porta Leste, feita por Lorenzo Ghibert, e que tem o título de "Os portais do paraíso", porque Michelangelo quando a viu teria dito: "Por aqui se pode chegar ao paraíso". Destaco também o mural de mosaicos, lindo. Em terceiro lugar, visitamos o Museu do Duomo, onde, como já disse, a peça de destaque foi a *Pietà*, que Michelangelo fez aos 80 anos.

Mas quero falar ainda rapidamente sobre os principais museus de Florença. O problema aqui é que, quanto mais a gente conhece Florença, mais descobre que precisa conhecer. Cito a Galeria dos Uffizi, que tem a primeira parte da coleção da família Medici. Quando chegamos, havia uma enorme fila, tivemos de fazer reserva para o dia seguinte. Os destaques da galeria são conhecidos: a Sala de Botticelli, especialmente o *Nascimento de Vênus, Primavera.* E também *Ognissanti Maestà*, de Giotto, a *Anunciação,* de Da Vinci, a *Sagrada Família*, de Michelangelo, e *Vênus de Urbino*, de Ticiano. No Palazzo Pitti, com seu anexo, o Jardim Boboli, há a Galeria Palatina, que reúne a segunda parte da coleção dos Medici, que vai da alta Renascença em diante. Os pontos altos ali são a Sala de Vênus, com quatro obras-primas de Ticiano, a Sala de Apolo com *Maria Madalena*, de Ticiano, e pinturas de Guido Reni e de Andrea Del Sarto, a Sala de Marte, onde se pode ver *As conseqüências da guerra*, de Rubens, a Sala de Júpiter com *La Velata*, de Rafael, provavelmente um retrato de La Fornarina, amante dele, a Sala de Saturno dominada por obras de Rafael, a Sala de Educação de Júpiter com *Cupido adormecido*, de Caravaggio. No Palazzo Pitti há também um museu de arte moderna italiana, nada memorável.

Um outro grande museu de Florença é a Galeria da Academia, que tem como pontos altos duas obras-primas de Michelangelo: o original do *David*, com dimensões de Golias – não sei qual foi a idéia de Michelangelo ao fazer um David tão grande –, e os famosos *Escravos*, que alguns consideram a sua obra mais fascinante. No Museu Nacional do Bargello, merece menção a Sala de Donatello, com destaque para o *David* de Donatello, um jovem esguio, mais para erótico, considerado por alguns efeminado. É o primeiro nu completo em escultura, quer dizer, sem a folha de parreira, desde a antiguidade clássica. Não revela qualquer semelhança com o hercúleo *David* de Michelangelo. Há também as conhecidas terracotas vitrificadas de Andrea e Giovanni della Robbia. No Museu de San Marco, que já mencionamos, que é o antigo Mosteiro de San Marco, o importante são obras-primas de Fra Angelico, principalmente *A Anunciação, Zombaria à flagelação de Cristo, A crucificação, A deposição* e *O sepultamento.* Como curiosidade, nas celas 12, 13 e 14, há relíquias de Savonarola. Em verdade, visitamos esse museu na ida anterior a Florença, em 1989.

Agora vamos a Siena, cidade medieval e gótica, terra de dois grandes santos: Santa Catarina de Siena e São Bernardino de Siena. Por que Siena permaneceu medieval, enquanto Florença evoluiu para ser uma cidade eminentemente renascentista? É que a peste negra, em 1348, dizimou dois terços da população de Siena, que vivia em luta constante com Florença, luta que durou 400 anos. Então, a partir daí, a preocupação do que restou da população de Siena foi se defender dos inimigos, principalmente de Florença. Ali destaco a Piazza Del Campo e o Palazzo Pubblico. Piazza Del Campo fica no coração da cidade, em forma de leque, com nove divisórias em mármore, para representar o Conselho dos Nove, a oligarquia que dirigia Siena na época medieval. A piazza é ascendente e no topo há a réplica da Fonte Gaia, toda cercada por restaurantes populares. É na piazza que se realiza, duas vezes por ano, o Pálio de Siena, famoso em toda a Itália. É uma corrida de cavalos em pêlo, sem sela, sem arreios, apenas o cavaleiro e o cavalo. O Palazzo Pubblico fica na própria piazza, é centro administrativo da cidade e seu mais belo palácio gótico. Dentro, está o Museu Cívico, que tem como ponto alto as obras-primas dos três principais mestres da escola do alto gótico de Siena, que rivalizava com a escola renascentista de Florença: Duccio, Simone Martini e Ambrogio Lorenzetti. Deste último, temos *A alegoria do bom e mau governo e seus efeitos sobre a cidade e o campo*, considerada a peça mais importante de arte secular que restou da Europa medieval.

A catedral de Siena, em estilo gótico e monumental, foi construída no apogeu da cidade, quando rivalizava com Florença. Tem proporções tais que fazem parecer pequena a Basílica de São Pedro, em Roma. Contém inúmeras obras-primas, como o *Púlpito*, de Nicolas Pisano, e, principalmente, a belíssima Biblioteca Piccolomini, feita para abrigar a biblioteca do papa Pio III. O teto e as paredes são cobertos por 10 gigantescos afrescos de Pinturicchio. Essas grandes catedrais da Itália, para evitar o desgaste das obras de arte pela exposição ao tempo, passaram a colocar os originais num museu que sempre fica ao fundo da igreja. No Museu do Duomo, destaca-se particularmente a *Maestá*, de Duccio, cuja imagem central é a Virgem Maria e sua majestade, uma das maiores obras-primas artísticas da Toscana e Úmbria. Outros museus de Siena que vimos: Pinacoteca Nacional e Casa de Santa Catarina. A pinacoteca tem o mérito de reunir os principais pintores da escola de Siena, em particular, as salas de 5 a 8, que homenageiam Simone Martini e os irmãos Pietro e Ambrogio Lorenzetti. Mas as peças desses autores aqui localizadas não têm o mesmo nível das que se encontram no Museu Cívico.

Uma nota sobre a Casa de Santa Catarina, que dá uma boa idéia da extraordinária mulher e santa que foi Caterina Benincasa. De família rica, optou pelo véu de freira sem tomar as ordens, chegou a ser embaixadora de Siena junto ao papa Gregório XI e conseguiu convencê-lo a transferir-se da civilizada Avignon e voltar para Roma, à época uma atrasada cidade medieval, assolada pelas lutas armadas entre os clãs da nobreza. Não esquecer que Santa Catarina e Santa Teresa de Ávila são as duas únicas doutoras da igreja. Um outro destaque é a cidade medieval em si, suas ruas estreitas e tortuosas, seus arcos e bons restaurantes. O incomparável charme da cidade é em si um ponto a ressaltar. Andávamos para cima e para baixo, vendo tudo, as pequenas lojas, os artesanatos, os ateliês de artistas, ótimos, aliás. Num deles, comprei uma pequena *Madonna*, pintada em tela colada à madeira, usando as técnicas do fim da época medieval e começo do Renascimento. Vi na vitrine, sua beleza chamou-me a atenção, entrei e falei com a dona do ateliê, que era a própria artista e me contou ter estudado durante anos aquela técnica. Comprei, tenho em casa, uma coisa pequena mas preciosa. Outro ateliê vendia pequenas esculturas de bronze, de não mais do que 40cm de altura, e Izabel comprou uma peça denominada *Os equilibristas*, quatro figuras humanas cada uma sobre o ombro da outra. Costumamos dizer que representa a família Velloso. Nessas andanças pelas ruas estreitas e cheias de altos e baixos, certa noite, voltando do jantar, tínhamos tomado mais vinho do que o normal, a Izabel perguntou: "Sou eu que estou vendo a rua oscilar ou é a rua que é meio bamba?". Respondi: "A rua é cheia de altos e baixos, não se preocupe."

Assis é a última das cidades italianas que vou mencionar. Chegando de carro, a primeira vista já impressiona. Pequena cidade, localizada no alto de um monte, tendo numa das extremidades a basílica. Cidade de origem romana, cheia de ruelas medievais, contando com um enorme acervo de pintura da primeira fase da Renascença. E os espíritos de São Francisco e Santa Clara sempre presentes. O primeiro destaque, naturalmente, é a Basílica de São Francisco, em dois planos, duas igrejas quase superpostas. Nela há importantes obras de mestres de Siena, Pietro Lorenzetti e Simoni Martini, e de Florença, Cimabue e Giotto. Mas o terremoto de 1997 na Úmbria danificou muita coisa em Assis, inclusive a catedral e o Mosteiro de Santa Clara, mas principalmente a basílica. Parte do teto do piso superior desabou e quatro pessoas morreram. Os dois pisos já voltaram ao normal, mas quando lá estivemos nesse ano de 2001, ainda estava em curso a restauração de vários dos afrescos de Giotto. No primeiro piso há obras-primas de Simone Martini e Pietro Lorenzetti, mas é no segundo que está a belíssima série de afrescos de Giotto sobre a vida de São Francisco, 28 cenas. Obra que, segundo os especialistas, pelo realismo e emoção humana, tirou a pintura da tradição bizantina da Idade Média e a lançou na trajetória do Renascimento, trazendo a filosofia humanista para a pintura. Uma palavra sobre Giotto e seu gênio: poucos fizeram tanto pela pintura. Ele pintava imagens de seres humanos de carne e osso, refletindo todas as possíveis emoções. Por exemplo, no mural sobre a morte de São Francisco, são lágrimas e dor verdadeira que estão no rosto dos frades. É conhecido que a Úmbria deu três grandes santos: São Bento, que nasceu perto de Spoleto no fim do século VI, São Francisco e Santa Clara, esses dois de Assis, nascidos no final do século XII, três santos que criaram três das mais importantes ordens monásticas modernas: beneditinos, franciscanos e clarissas.

Sobre São Francisco, sua vida é muito conhecida, inclusive por ser talvez a figura humana mais importante do cristianismo, após Jesus Cristo. Não é à toa que recebeu a *Stigmata*, as marcas dos pregos da crucificação. Assim mesmo, quero destacar um ponto que consta da biografia desse santo feita por Chesterton.[215] Ele diz que, quando São Francisco e seus companheiros levavam seus espetáculos públicos de poesia em Assis, chamavam a si mesmo de Trovadores – eram trovadores da Idade Média. E quando ele e seus primeiros seguidores começaram sua obra espiritual, eram chamados pelo seu líder de Jograis de Deus. O espírito da ordem franciscana tem muito de trovador – "minha musa é a Pobreza, uma dama altamente gloriosa e graciosa" – e de jogral, talvez sob a inspiração da lenda chamada *O malabarista de Nossa Senhora*. Conta a lenda que esse malabarista ficava de cabeça para baixo diante do altar da Virgem para agradá-la. E, quando se vê o mundo de cabeça para baixo, de um lado ele parece carente de apoio, de amor, e, de outro, os poderosos do mundo, seculares ou não, ficam um pouco engraçados, não devem ser levados muito a sério. No Convento de Santa Clara, que infelizmente estava em obras, o que de mais relevante se pode ver é o túmulo original de Santa Clara. Com seu amigo São Francisco, seguiu a vida espiritual contra a vontade da família e começou também, à semelhança dele, usando um hábito de estopa.

Em Assis temos uma grande herança de Roma, como o Templo de Minerva e o Foro Romano. O Templo de Minerva está bem conservado, foi achado intacto, no seu interior há uma igreja barroca, embora sem muita graça. Fica na rua principal da cidade, praticamente em frente ao hotel onde estávamos hospedados. Uma lembrança que guardo é que, na nossa segunda noite em Assis, voltando do jantar, ficamos ouvindo durante bastante tempo um coro de estudantes universitários nas escadarias do templo. O museu e o Foro Romano são ruínas, mas com muitos objetos dos séculos I e II d.C. O último destaque é a nossa última noite em Assis. Ficamos num

---

[215] CHESTERTON, G. K. *Francisco de Assis e São Tomás de Aquino*. Rio de Janeiro: Ediouro, 2003.

pequeno hotel com bastante charme, a janela do quarto dava para algumas ruas estreitas, descendo o morro, e em frente do grande vale. Na noite de despedida de Assis, resolvemos jantar no hotel, no jardim, apinhado de gente, ainda com bastante luz. Havia um caramanchão, coberto de videiras, tendo ao centro uma fonte. Andava-se alguns metros e, chegando ao parapeito do jardim, podia-se ver o vale, no início do crespúsculo. Excelente comida e uma garrafa de Brunello. Inesquecível.

E QUAIS AS SUAS PREFERÊNCIAS EM RELAÇÃO À LITERATURA BRASILEIRA?

Depois de pensar e pensar, a minha escolha final para o maior personagem feminino no romance nacional recaiu em Diadorim: "Diadorim é a minha neblina". Tinha pensado em Capitu, mas gente demais já falou sobre ela. Digo que faço a "ronda" com *Grande sertão: veredas*, porque é o livro que sempre carrego nas viagens de fim de semana longo e, quando termino de ler, começo de novo, vou fazendo uma ronda. Minha primeira observação é sobre a modernidade de Guimarães Rosa: a ambigüidade dos personagens, principalmente Diadorim, na verdade mulher, embora fosse um jagunço. E o próprio Riobaldo, narrador da história, se é que se pode falar em história, é fascinante. Será que ele fez ou não um pacto com o diabo nas Veredas Mortas, cujo nome verdadeiro por sinal não era esse?

Revendo um pouco a trama do livro, Riobaldo Tatarana, o personagem principal, foi professor de um chefe de jagunços, terminou sendo por ele induzido a entrar na vida de jagunço e acabou no grupo do grande líder do sertão, Joca Ramiro, pai de Reinaldo/Diadorim, de quem se torna amigo. Joca Ramiro foi assassinado pelo Ricardão, que tinha trabalhado com ele. A partir daí, Diadorim busca vingar a morte do pai e sai no encalço de Ricardão. Para isso, cruzam uma região árida chamada Liso do Sussuarão, considerada impossível de atravessar por um ser humano. E, no ajuste de contas, um duelo, Diadorim salta à frente, mata Ricardão e Ricardão a mata. E somente quando o corpo da Diadorim foi preparado para o sepultamento, se descobre que era mulher.

Dito isso, vamos às minhas observações. Fiz uma releitura de *Grande sertão: veredas* sob o ponto de vista de Diadorim e, com isso, acho que a gente ganha novas percepções. A primeira é que a condição de mulher de Reinado/Diadorim perpassa todo o livro. Por exemplo, na cena em que Diadorim dá um repelão em Riobaldo, que quis abrir-lhe a camisa quando estava ferida. Depois, na página 30, quando se diz: "Tinha tornado a pôr a mão na minha mão, no começo de falar, e que depois tirou."[216] E na página 331, quando diz a Riobaldo para casar com Otacília, revela inveja de não poder usar rendas, como as mulheres fazem: "Estou vendo vocês juntos, tão juntos, prendido nos cabelos dela um botão de bogari. Ah, o que as mulheres tanto se vestem: camisa de cassa branca, com muitas rendas... a noiva com alvo véu de filó..."

A segunda percepção é que, desde o primeiro momento, Diadorim revela o seu amor por Riobaldo. Eles se conhecem garotos, Riobaldo e o "Menino" Diadorim, numa travessia de balsa no rio, conversam, brincam e, desde esse momento, Riobaldo ficou com aquela imagem na cabeça. Anos depois há o reencontro, Riobaldo de costas, numa casa, conversando com alguns companheiros quando percebeu que "mais um homem, tropeiro também, vinha entrando... Agüentei aquele nos meus olhos, e, recebi um estremecer... Os olhos nossos donos de nós dois..." (páginas 117-118).

Na página 28, vemos o acesso de ciúme de Diadorim quando percebe que Riobaldo estava voltando de um encontro com uma prostituta. Reflexão de Riobaldo: "Aí, entendi o que era verdade: que Diadorim me queria tanto bem, que o ciúme dele por mim também se alteava." Mas Diadorim logo se acalma: "Diadorim pôs a mão em meu braço... Me deu a mão, e eu." Na página 30, vemos a reação de Diadorim ante a possibilidade de Riobaldo não querer acompanhá-la no ataque à casa de Ricardão: "mas se você algum dia deixar de vir junto, como juro o seguinte: hei de ter a tristeza mortal..." "Disse. Tinha tornado a pôr a mão na minha mão, no começo de falar, e que depois tirou... Mas nunca eu senti que ele estivesse melhor e perto... Coração, isto é, esses pormenores todos. Foi um esclaro." Na página 127, Diadorim diz: "Riobaldo, nós somos amigos, de destino fiel, amigos?" E a reflexão de Riobaldo foi: "Os afetos. Doçura no olhar dele me transformou para os olhos de velhice de minha mãe. Então, eu vi as cores do mundo." À página 252, Riobaldo, ao acordar, encontrou Diadorim parada, ao lado, olhando para ele: "Apanhei foi o silêncio de um sentimento, um decreto: – Que você em sua vida toda por diante, tem de ficar para mim, Riobaldo, pegado em mim, sempre!... – que era como se Diadorim estivesse dizendo."

Então, depois dessa releitura, queria fazer uma observação sobre a diferença entre a coragem de Diadorim e a de Riobaldo. Diadorim foi educada para lutar, Joca

[216] Todas as citações são extraídas da edição de 1988 da Nova Fronteira.

Ramiro não tinha filho homem. Depois da morte do pai, tinha uma idéia fixa, vingá-lo. Coragem sem hesitações: "Reinaldo guerreava delicado e terrível nas batalhas." A coragem de Riobaldo era complexa, tinha sido professor, vivia filosofando – "Viver é muito perigoso" – viver em geral, não apenas a vida de jagunço. E embora fosse o Tatarana e depois, já feito chefe de jagunços, o Urutu Branco, tinha hesitações. Um dia, chegou a fazer um convite: "Escuta, Diadorim, vamos embora da jagunçagem, que já é o depois-de-véspera, que os vivos também têm de viver por si só, e vingança não é promessa a Deus...". Diadorim teve de chamá-lo às falas: "Riobaldo, você pensa bem: você jurou vinga... eu nunca imaginei um desenlace assim de nossa amizade ...". A reflexão de Riobaldo, na mesma página 328, foi: "Eu era o contrário de um mandador."

Minha palavra final sobre tudo isso é que a morte de Diadorim foi tragédia e reencontro. Por que reencontro? Porque agora Riobaldo podia amar Diadorim abertamente, sem vergonha de ser chamado de homossexual. Para amá-la foi preciso que morresse, foi preciso a tragédia.

E NA LITERATURA UNIVERSAL, QUAL SUA PERSONAGEM FEMININA PREFERIDA?

Cathy, Catherine, de *O morro dos ventos uivantes*, ou *Wuthering heights*, no original, a rigor um título intraduzível. O título em português, que, salvo engano, foi do Tasso da Silveira, é ótimo. Havia pensado em Natasha, de *Guerra e paz*, o personagem favorito de Gilberto Amado no seu livro de memórias, e muito antes havia pensado em Aleta, a rainha da ilha das Névoas, a mulher do Príncipe Valente, das histórias em quadrinhos.

Meu primeiro contato com a história foi o filme dirigido por William Wyler, de 1939, com Merle Oberon e Lawrence Olivier. Li em seguida a tradução do livro e, anos mais tarde, por várias vezes li o original em inglês. *O morro dos ventos uivantes* trata da paixão entre Catherine e Heathcliff, ela filha do proprietário de Wuthering Heights, um solar, e ele um órfão, que fora reduzido à condição de servo pelo irmão de Catherine quando o pai dela morre. Essa paixão é talvez a maior história de amor já escrita e a considero um caso de possessão amorosa. Ou seja, Heathcliff estava possuído por Catherine e Catherine por Heathcliff. Às vezes amor-ódio ou amor-raiva, raiva de amar tanto e não poder, não querer, libertar-se.

Sobre a idéia de possessão, vejamos o lado de Heathcliff. No início do livro, depois que o vizinho, inquilino de uma granja próxima, vê, ou pensa que vê, Catherine na janela numa noite de tempestade (ela já tinha morrido), Heathcliff pede em lágrimas: "Cathy, venha. Venha uma vez mais." A referência a "uma vez mais" fica clara no final do livro, quando Heathcliff desaparece no meio de uma tempestade para reaparecer no dia seguinte na própria cama, morto. Só que na madrugada fora visto por um garoto, pastor de cabras, encaminhando-se com Catherine para o alto do morro onde eles se refugiavam quando eram crianças.

A idéia de possessão pelo lado de Catherine também é dramática. Ela decidiu casar-se com Edgar, filho de uma família rica da vizinhança, mas confessa à dama de companhia que continuava amando Heathcliff. Ia casar-se com Edgar porque Heathcliff, reduzido à condição de servo, havia se tornado um selvagem. Mas quando, depois de desaparecer algum tempo, retorna dos Estados Unidos transformado na aparência em um *gentleman*, o casamento para ela deixou de existir. Cai doente, de um mal misterioso, "febre no cérebro", segundo o médico, vai definhando e acaba morrendo no parto de uma filha de Edgar, o marido.

Quero fazer uma nota sobre a singularidade e atemporalidade do livro: segundo o prefácio da edição especial da Easton Press,[217] ele "permanece sozinho como um monumento de intensidade, nada devendo à tradição". Não tinha a ver com os romances da época, a era romântica. Sua modernidade se exprime no que hoje poderíamos chamar de romantismo ou realismo sobrenatural, para comparar com o realismo mágico de Gabriel García Márquez. Finalmente, uma palavra sobre a autora, o fenômeno Emily Brontë, uma jovem sem experiência da vida, vivendo perto dos pântanos de Cornwall, filha de um pastor protestante, num pequeno lugarejo, e que escreveu dois livros: este romance e um livro de poemas chamado *O vento da noite*, também diferente de tudo que se fazia à época, segundo Lúcio Cardoso, seu tradutor, e hoje considerado um dos mais altos e mais belos da língua inglesa.

MINISTRO, JÁ FALAMOS MUITO DE SUA FORMAÇÃO E DE SUA VIDA PÚBLICA. GOSTARÍAMOS QUE O SENHOR MENCIONASSE ALGUNS ASPECTOS DE SUA VIDA PRIVADA, NO QUE TOCA A HÁBITOS DE ROTINA CULTURAL E VIDA ASSOCIATIVA, POR EXEMPLO.

Pertenço ao Conselho Curador da Orquestra Sinfônica Brasileira. Formalmente, é minha única participação em entidades culturais, embora a cultura seja uma parte muito importante da nossa vida, minha e da Izabel.

[217] BRONTË, Emily. *Wuthering heights*. Norwalk, Conn.: Easton Press, 1980.

Cultura, nós apreciamos sob todas as formas: cinema, claro, teatro, balé, livros, música popular, em shows ou CDs, música clássica, principalmente em concertos, aqui e no exterior. Estamos sempre no Teatro Municipal, na Sala Cecília Meireles, temos várias assinaturas, da Orquestra Sinfônica Brasileira e outras.

Cinema, assistimos praticamente todos os dias, nas salas de cinema, nos fins de semana, ou em casa, em DVD ou num dos canais Telecine da TV a cabo. Televisão, para nós, é quase exclusivamente para assistir a filmes ou jogos da seleção brasileira.

Nossas viagens ao exterior têm sempre alguma motivação cultural. Eu, pessoalmente, não tenho mais curiosidade de conhecer países exóticos. Viagens de lazer são para visitar alguma cidade ou país que tenha grande atrativo cultural ou histórico. Ou, de vez em quando, uma ida ao delta do Parnaíba, no Piauí, para rever amigos e a minha terra.

Algo que faz parte do nosso estilo de vida é a aversão ao convencionalismo, à caretice. Fazemos, com freqüência, programas não-convencionais, como ir a lugares de samba, na Lapa, por exemplo. Ou sair em blocos de carnaval, o que nem sempre acontece, porque freqüentemente passamos o carnaval fora do Rio. Mas, este ano, resolvemos não viajar, e saímos em dois blocos. Primeiro, a Banda de Ipanema, que se tornou uma aventura, tal o mar de gente que entra ali e o perigo representado pelos carrinhos de mão, em alta velocidade, vendendo coca-cola e outros venenos.

O segundo foi ótimo, pois é o bloco da nossa rua, a Nascimento Silva, que se reúne na esquina com a Garcia D'Ávila. Sai há 10 anos, regularmente, e é uma festa, com seu nome pouco convencional: Que M... É Esta? Nós ficamos na ala Minoria Hétero. Muito samba, muita alegria e, inevitável, alguns bêbados, que sempre querem beijar a gente.

E ASSOCIAÇÕES CIENTÍFICAS, O SENHOR PARTICIPA DE ALGUMA?

Sou membro de várias, mas não freqüento nenhuma.

E ENTIDADES DE CLASSE, COMO FIRJAN, ASSOCIAÇÃO COMERCIAL? PERTENCE A ALGUMA?

Vou a essas associações fazer palestras ou participar de seminários. Em função do Fórum, tenho contato freqüente com todas elas, mas jamais me interessei em exercer qualquer função. Veja bem, sou coordenador-geral do Fórum, o que exige muito tempo. Quando terminamos a programação de um, já estamos pensando no outro. E há os seminários, sempre em setembro. Isso me ocupa praticamente o ano todo. Dou uma ou duas consultorias, e sou presidente do Ibmec-Mercado de Capitais, o que também exige algum tempo. Além disso, sou professor na EPGE e todo ano mudo o curso. Nunca seria ator, porque não sei dizer a mesma coisa duas vezes. Ainda há pouco tempo, tive de fazer uma gravação para a TVE e me pediram que fizesse duas gravações sobre determinado tema, uma com duração maior, outra com duração um pouco menor. Acabou em coisas diferentes, não sei como desempataram. Assim é o meu curso: está sempre mudando.

Meu curso na EPGE chama-se Economia Brasileira, mas dentro desse título o que faço é, principalmente, um balanço das estratégias de desenvolvimento do Brasil, notadamente de 1930 para cá. Todo ano tenho de fazer o roteiro de cada aula, uma nova programação e uma nova lista de leitura. Com tudo isso, evito integrar diretorias de outras entidades. Sou do conselho do Instituto Hélio Beltrão, porque não podia deixar de ser. Fui tão amigo do Beltrão, quero ajudar a continuação de sua obra.

O SENHOR MANTÉM CONTATOS, PAGA ANUIDADES À ASSOCIAÇÃO DE EX-ALUNOS NOS ESTADOS UNIDOS?

De vez em quando dou alguma contribuição, se fazem um apelo dramático. Meu raciocínio é que os americanos é que devem contribuir, então contribuo com alguma coisa, apenas para constar que sou ex-aluno. Já voltei lá algumas vezes, mas somente para visitar o Centro de Desenvolvimento Econômico, a que era muito ligado. Mas a idéia que eu tinha de voltar apenas em função da programação cultural da universidade, isso nunca se realizou. Infelizmente.

O SENHOR DEVE SER MUITO CONVIDADO POR ASSOCIAÇÕES ACADÊMICAS E EMPRESARIAIS PARA DAR UMA PALESTRA. SÃO PALESTRAS PAGAS?

Raramente dou palestras, pagas ou não-pagas. Participo apenas de seminários e eventos que dizem respeito aos temas do Fórum, normalmente no triângulo Rio, São Paulo, Brasília. Qualquer coisa fora dessa área é absolutamente excepcional. Fui a Porto Alegre no ano passado porque havia uma discussão do Plano Diretor do Mercado de Capitais, algo diretamente ligado ao Ibmec. E fui a Recife, já faz algum tempo, para apresentar uma espécie de interpretação do desenvolvimento econômico brasileiro de 1930 para cá, numa reunião da Associação Nacional de Economistas. Foi a única do tipo a que fui.

E ASSOCIAÇÕES FILANTRÓPICAS?

Ah, sim. Porque elas me procuram, então vou selecionando. Escolho algumas. Tenho a minha lista de associações filantrópicas que apóio mensalmente. Minha participação se reduz a isso. Dou, às vezes, uma consultoria informal ao Banco da Providência, a pedido do Arcebispado. Talvez a forma de filantropia de que mais goste seja a contribuição semanal para as obras sociais da paróquia, no morro do Pavão e Pavãozinho.

E temos algumas amizades especiais, pessoas a quem ajudamos. Uma delas é o Tobias, que herdamos do Zózimo, que o chamava de "Tobias, o filósofo". Uma das frases dele que o Zózimo publicou foi a propósito de um episódio de mortandade de peixes na Lagoa: "O Rio é uma cidade tão incrível que até os peixes morrem afogados." O Tobias faz ponto na esquina de Aníbal de Mendonça com Epitácio Pessoa, em Ipanema, sempre na sua cadeira de rodas e extrovertido, vendendo latinhas de balas. Um grande papo.

Outro amigo especial é o Jeová, também em sua cadeira de rodas, vendendo balas de todo tipo na esquina de Sete de Setembro com Rio Branco, no Centro. Com o Jeová, discuto política e às vezes a situação econômica do país. Ele mantém o ponto mesmo nos dias de confusão entre os camelôs e a Guarda Municipal. E é respeitado pelos dois lados.

SUA VIDA RELIGIOSA, COMO É?

Como já disse, quem quiser me matar, é só me esperar, todo domingo, na saída da Igreja da Ressurreição em torno de 13h, quando estou saindo da missa do meio-dia. Religião, para mim, é algo de importância essencial, ao mesmo tempo uma questão de valores básicos da vida e uma relação de amor. A "descoberta do outro", para usar a idéia do Gustavo Corção. E quando penso no significado da religião, vem-me sempre à memória uma frase de John Donne, em uma de suas meditações publicadas em 1624, no livro *Devotions upon emergent occasions*: "Nenhum homem é uma ilha, completa em si mesma; todo homem é um pedaço do continente, uma parte da terra firme. Se um torrão de terra for levado pelo mar, a Europa fica menor, como se tivesse perdido um promontório, ou perdido o solar de um teu amigo, ou o teu próprio. A morte de qualquer homem diminui a mim, porque na humanidade me encontro envolvido; por isso, nunca mandes indagar por quem os sinos dobram, eles dobram por ti." A propósito, foi desse trecho final que o Hemingway tirou o título do livro dele, *Por quem os sinos dobram.*

De passagem, Donne, o "poeta do amor e da morte", foi contemporâneo de Shakespeare e sua obra é de tal atualidade que serviu de inspiração para a peça *Wit*, no sentido de engenho, levada com sucesso na Broadway, e no Brasil, há uns quatro anos.[218]

Sobre religião, finalmente, um ponto básico de uma visão moderna de cristianismo: o céu, embora de maneira imperfeita, começa aqui, neste mundo, dependendo da maneira como vivemos. E o inferno também.

---

[218] A peça, de autoria de Margaret Edson, retrata a luta pela vida de uma professora, especializada em John Donne, que contrai câncer. Ganhou o prêmio Pulitzer de 1999 e recebeu no Brasil o título *Jornada de um poema.* Estreou em 2000, com Glória Menezes no papel principal.

Cronologia

1931 – Nasce em Parnaíba (PI), no dia 12 de julho.

1947-49 – Trabalha em uma empresa de exportação, indústria e importação.

1950 – Exerce o magistério e participa, no Piauí, da campanha do brigadeiro Eduardo Gomes, candidato da União Democrática Nacional (UDN) à presidência da República, derrotado por Getúlio Vargas nas eleições de outubro.

1951 – Transfere-se para o Rio de Janeiro, então Distrito Federal, tornando-se secretário do deputado federal Jorge Lacerda, da UDN de Santa Catarina.

1952-54 – Trabalha no Instituto de Aposentadoria e Pensões dos Industriários (Iapi), como oficial de administração, exercendo a função de assistente e secretário da presidência.

1955 – Ingressa por concurso, em outubro, no Banco do Brasil, em São Paulo.

1957 – Inicia, em São Paulo, o Curso de Economia na Fundação Álvares Penteado.

1958 – Transferido para o Rio, assume a função de assessor da presidência do Banco do Brasil. Continua o Curso de Economia na atual Universidade Estadual do Rio de Janeiro (Uerj).

1960 – Transferido para o gabinete da presidência do Banco do Brasil, em Brasília. Neste mesmo ano, termina o Curso de Economia no Rio de Janeiro.

1961 – Deixa Brasília e volta para o Banco do Brasil no Rio de Janeiro. Realiza Curso de Pós-Graduação em Economia no Conselho Nacional de Economia.

1962 – Estuda no Centro de Aperfeiçoamento de Economistas (CAE), atual Escola de Pós-Graduação em Economia (EPGE), da Fundação Getulio Vargas, no Rio de Janeiro. Em setembro, vai para a Universidade de Yale, em New Haven (EUA), onde permanece até maio de 1964. Ali obtém o título de mestre em economia e inicia o doutorado.

1964 – Volta ao Brasil, em férias, e é convidado por Roberto Campos, ministro do Planejamento, para organizar o Escritório de Pesquisa Econômica e Social Aplicada (Epea), atual Instituto de Pesquisa Econômica Aplicada (Ipea). Permanece na chefia da instituição até 1968. Em 1965 cria a Finep, depois transferida para o BNDE e posteriormente transformada em empresa pública.

1968 – No governo Costa e Silva, quando Hélio Beltrão era ministro do Planejamento, assume o cargo de secretário-geral da pasta.

1969-79 – Ministro do Planejamento dos governos Médici e Geisel.

1988 – Participa da criação do Fórum Nacional, tornando-se seu coordenador-geral. Acumula essa função com a de presidente do Ibmec–Mercado de Capitais e de professor da EPGE.

Índices

Onomástico

A

D

E

F

G

H

I

J

K

L

M

N

S

W

X

Y

Z

De instituições

A

B

C

G

H

I

J

K

L

M

N

O

P

R

S

T

U

V

W

Y

Z